집단상담: 원리와 실제

이장호 · 최승애

法 文 社

머리말

저자들의 집필은 두 가지 원칙을 바탕으로 하여 출발되었다. 그 하나는 집단상담의 이론 및 개념들을 자세히 소개하기보다는 기본 원리와 실제 과정상의 틀 및 접근방법들을 설명하는 것이었고, 또 다른 원칙은 남북통일 민족공동체시대 준비에 맞추어 한반도의 북반부 독자들뿐만 아니라 중국, 일본 및 구미의 동포들도 함께 읽을 수 있도록 한다는 것이었다. 주로 선임 필자의 주장이기도 한 이 두 번째 원칙에 따라 가능한 한 외래어를 배제하고 우리 한글로 문장들을 통일하였다. 글 중에 나타나는 '우리나라'는 아직도 한반도의 남쪽 부분을 가리키고 대개의 인용 자료들이 아직도 주로 서구의 이론적 배경에 국한된 인상이지만 필자의 소망은 특히 8천만 한반도 중심의 우리 민족공동체를 지향한 것이다. 그리고 공동체적 민주사회 실현과 인간 잠재능력 발휘에 기여하는 집단상담의 바람직한 가치가 이 책의 출간으로 함께 그리고 더욱 충실히 실현되도록 기여한다는 것이 두 공저자의 공통된 소망이었다.

이 책의 배경은 서울대 제자 윤관현 선생과 연세대 수학의 최송미 박사와 함께 엮은 650여 쪽의 『집단상담: 원리와 실제』였다. 이에 대한 여러 평가 및 독자반응에서도 중요하게는 책읽기의 많은 부담과 지면 분량이 또한 많다는 점이었다. 그리하여 이론부분과 실제 사례부분을 분책하여 출간하기로 하되 '원리' 중심의 전반부를 대학생 상담지도 현장 전문가인 최승애 교수가 대신 합류하기로 협의하였다. 이제 450여 쪽으로 분량이 줄어들었으나 최교수의 '집단상담 사례 슈퍼비전' 글이 추가됨은 이 새 판의 특징인 동시에 자랑거리가 되고 있다.

끝으로 이 신판 출간에 여러 가지 관련 작업을 도와준 법문사 편집부 김제원 부장님의 노고에 감사드리지 않을 수 없다.

2015년 1월

이장호 씀

차 례

제 3 장 집단상담자의 특성과 역할

제 4 장 집단상담의 상담이론적 접근

제 5 장 집단상담의 실제

제 6 장 집단상담의 응용

제 7 장 집단상담 사례 슈퍼비전

부록

집단상담의 기본 개념

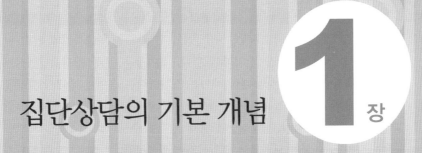

1 장

집단상담은 문제해결과 인간복지(안정-발달)촉진을 위한 상담의 집단적 접근이다. 이 장은 본서의 주제인 '집단상담의 원리'를 학습하기에 앞서 알아두어야 할 기초개념들을 집약하고 있다. 독자들은 우선 집단상담에서의 '집단'의 개념과 일반적으로 흔히 쓰이는 집단이라는 용어의 의미가 다름을 주목할 필요가 있다. 즉, 집단상담에서의 '집단'은 개인들의 집합체로서의 일반적인 의미와는 달리, 상호작용을 통해 변화를 추구하는 역동적인 집단을 말하는 것이다. 그리고 다음으로 확인되어야 할 것으로는 집단상담과 집단지도 및 집단훈련의 개념이 엄연히 차이가 있다는 점이다. 많은 사람들이 아직도 집단지도 및 집단훈련 프로그램을 집단상담과 혼돈하고 있는 실정이다.

1 집단상담의 본질

인간은 집단 속에서 살아간다. 즉 인간이 존재하는 기본조건은 집단생활이라고 볼 수 있다. 사람은 가정, 학교, 직장 및 각종 단체와 국가라는 집단속에서 다른 사람과 관계를 맺으면서 살아가고 있다. 다시 말하면, 사람은이와 같은 여러 가지 집단 속에서의 인간관계를 통해 자기의 생활목표를추구하면서 살아가고 있는 것이다. 그리고 이러한 집단생활을 해나가는 가운데 자기가 속한 집단에 대해 영향을 미치기도 하고, 집단의 속성에 의해영향을 받기도 한다.

최근 우리나라에서도 학교장면과 기업체 등에서 집단상담에 관한 관심이 증가되고 있다. 집단상담에 관한 관심과 이에 관련된 노력이 이루어지고 있는 것은 바람직한 현상이라고 보겠다. 그러나 일부 대학상담실과 몇몇 중등학교의 경우를 제외하고는, 집단상담의 절차 및 방법 등에 관해 극히 제한된 이해와 경험을 가지고 있는 것이 사실이다.

특히 발달과정에 있는 청소년들을 교육하고 있는 학교장면과 직장에서는 집단상담과 집단지도가 필요하다고 말할 수 있다. 두말할 것도 없이, 청소년기는 학교와 직장 등 여러 형태의 집단생활을 통해 신속하게 사회화되고 인격적으로 더욱 개발되는 시기이기 때문이다. 집단상담에서의 인간관계는 1대1의 관계에서보다 훨씬 사실적이고 실존적이라고 말할 수 있다. 특히, 청소년들의 경우에는, 성인과의 개인적인 대면관계에서보다 같은 연령층의 동료집단 속에서 훨씬 편안하게 느낄 뿐만 아니라, 보다 의미 있는 상호작용의 체험을 갖는다.

집단상담은 상담자나 지도자에게는 젊은이들(집단구성원들)의 사회적 태도 등을 관찰하고 지도할 수 있는 편리한 장을 마련해준다. 한편, 집단구성원들에게는 집단상담이 동료들간에 정서적인 유대감 및 소속감을 서로느끼게 하고, 이타주의적 협동심을 배양하는 기회가 된다는 중요한 의미가있다. 즉 집단상담은 다른 집단생활장면에서의 경쟁적 분위기를 떠나서 상호간의 이해심과 협동심을 촉진시켜주는 무대가 될 수 있다.

집단상담에서는 개인상담과는 달리 동료와의 동일시가 많이 이루어지며, 열등감이나 부족감 때문에 위축되는 경향이 적어지게 마련이다. 따라서 생활상의 문제를 새로운 각도에서 보게 되며, 사회관계에서의 자신과 타인을 새롭게 받아들이는 분위기가 형성된다. 집단상담의 참여자들은 자기의 말과 행동에 대한 동료들의 반응을 수용하는 경험을 갖게 되며, 결과적으로 상담자의 지적과 충고보다는 동료들의 자극과 조언에 의해서 많은 문제가 자각되거나 해결되는 경우가 많다. 바람직한 집단상담의 과정에서는 불안과 위협을 크게 느끼지 않으면서, 당사자의 개인적 수용능력과 준비도에 맞추어서 이러한 문제해결의 과정(즉, 문제에의 구체적인 자각→생산적인 대체행동의 모색→시도적 실천행동→결과의 검토 등)이 효과적으로 이루어지는 것이 특징이다.

요컨대, 인간의 문제는 기본적으로 사회적인 것이며, 개인의 인간적 위치는 특히 집단장면에서 분명히 확인될 수 있다. 아울러 집단장면에서 나타나는 언행과 상호작용을 통하여 각자의 자아개념, 생활관, 대인관계 양식 등이 사실적으로 탐색-검토되고 실행될 수 있는 것이다.

2 집단상담의 정의

집단상담의 정의에 대해서는 여러 학자들이 내놓은 개념적 설명이 있으나, 대체적으로 다음과 같이 요약할 수 있다.

> "생활과정의 문제를 해결하고 보다 바람직한 성장발달을 위하여, 전문적으로 훈련된 상담자의 지도와 집단원들과의 역동적인 상호교류를 통해 각자의 감정, 태도, 생각 및 행동양식 등을 탐색, 이해하고, 보다 성숙된 수준으로 향상시키는 과정이다."

이러한 정의에 포괄되어 있는 몇 가지의 내용을 생각해보기로 하자. 우선 집단상담은 생활상의 문제해결과 특히 대인관계 차원의 인간적 성장을 도와주는데 초점을 두고 있다. 즉, 집단상담에 참여하고 있는 각 개인의 관심사인 여러 가지 생활환경과 인간관계 문제들을 다룸으로써, 바람직하고 효과적인 방향으로 자기의 삶을 이끌어가도록 도와주는 것이다. 따라서 집단상담은 '비정상적인 성격'이나 '병든 마음'을 고치거나 수정하기보다는, 생활상의 적응과 인격적 성장에 역점을 둔다. 다시 말해서, 집단상담은 비교적 '정상적인' 범위에 속하는 개인들로 하여금 보다 바람직한 자기이해와 대인관계를 갖도록 도와주는 과정인 것이다. 그러므로 집단상담에서는 극히 심한 개인적인 문제를 가진 내담자는 집단에서 제외되며, 집단의 응집력을 파괴할 위험성이 있는 극단적인 개인행동은 제한되어진다.

다음에 '전문적으로 훈련된 상담자'라는 말은 상담자가 집단상담을 책임있게 이끌어 가기 위한 전문적인 능력을 갖추어야 함을 뜻한다. 여기서 말하는 전문적인 능력이란 개인상담에서의 성공적인 경험, 인간의 성격 및 집단역동에 관한 광범위한 이해, 그리고 타인과의 정확한 의사소통 및 감정교류의 능력 등을 말하는 것이다. 이 같은 전문적 수행능력을 습득하기 위해서는 자격과 경험을 갖춘 선배 집단상담자의 지도아래 실습 및 수련과정을 갖는 것이 바람직하다.

세 번째로, 전술한 정의에 포함된 '역동적인 상호교류'라는 말은, 집단내 개인들 사이에서 끊임없이 진행되고 있는 상호작용의 관계를 의미한다. 이 상호교류를 통해서 집단상담의 기본이라고 할 수 있는 수용적이고 문제해결적인 집단분위기가 형성되는 것이다. 가령, 교육기관에서의 집단상담의 경우, 참여한 학생들간의 상호자극과 상호반응을 통해서 생활경험의 의미와 태도를 재정립하게 된다. 상담집단내에서 이루어지는 상호교류는 수업시간의 학습내용이나 직장인의 업무내용처럼 정적(靜的)인 것이라기보다는 역동적(力動的)인 것이다. 다시 말해서, 상담집단에서는 서로의 자극을 통해 끊임없이 영향을 주고 받는 움직임과 흐름의 '역동적인 상호교류'가 이루어진다.

집단상담은 각자의 대인관계적인 감정과 반응양식, 즉 특히 사회적 태도가 집중적으로 탐색되고, 명료화되고, 수정되고, 그 결과가 확인되는 절차와 과정들로 이루어진다. 여기서 중요한 점은, 이러한 탐색, 명료화, 수정 등의 절차들이 상담자의 안내하에 주로 집단참여자들에 의해서 제기되고 검토된다는 것이다.

한편, 집단지도나 집단훈련 프로그램에서는 지도 및 훈련의 내용과 절차를 주로 지도자가 기획하고 이끌어 간다. 그리고 개인적인 문제나 태도보다는 집단 공통의 관심사를 다루거나 대체로 동일한 학습 및 훈련목표에 따라 진행되는 것이 집단상담과 다른 점이다.

3 집단상담의 목적

　　인간은 타인으로부터의 호감과 수용을 바라고 있지만, 이러한 수용을 받을 수 있는 사회성의 정도는 사람에 따라 다르기 마련이다. 어떤 사람은 다른 사람보다 집단적 교류와 소속감을 더 추구하는 반면에, 다른 어떤 사람은 집단적 교류로부터 떨어져 있기를 원한다. 예를 들어, 성장과정의 청소년들은 성인이나 어린이들보다 여러 가지 사회적 경험을 추구하는 것이 특징이며, 집단에 참여함으로써 상호 교류적 대인관계의 능력을 기른다. 특히 10대와 20대 초반의 젊은이들은 집단에 소속함으로써 얻어지는 소속감과 접촉감을 추구하려는 기본 욕구를 갖고 있다. 즉 이들은 소속된 집단원들과 동질적임을 확인하려 하며, 그들에게 수용되기를 염원한다. 이렇게 동료집단과의 '좋은' 관계를 갖기 위해서는, 어떻게 하면 동료들과 바람직한 인간관계를 맺고 유지할 수 있는지를 훈련(또는 교육적 경험을) 받아야 한다. 이러한 훈련의 내용에는 남에게 부담을 주지 않는 태도나 예의를 갖추는 단순한 것에서부터, 남의 행동과 마음을 이해하는 복잡한 것에 이르기까지 여러 가지가 포함될 것이다.

　　대체로 집단상담의 경험의 목적은 자기의 문제, 감정 및 태도에 대한 통찰력(또는 정확한 자각)을 개발하고, 보다 바람직한 자기관리와 대인관계적 태도를 터득하는 데에 있다고 보겠다. 그러므로 집단상담에 참여한 사람들은 자기 자신에 관한 것, 자신을 괴롭히는 경험과 감정, 그리고 현재의 상태에서 더 발전된 상태로 가기 위해서 무엇을 어떻게 해야 할지를 이야기한다. 즉, 효과적인 집단상담의 목적은 참여자들로 하여금 "지금의 이러한 감정을 왜 느끼는가?"를 이해시키고, "지금의 이러한 문제를 해결하기 위해서 어떤 정보와 기술이 필요하고 어떻게 행동해야 하는가?"를 터득시키는 것이라고 말 할 수 있다.

　　집단참여자들은 집단상담의 과정에서 대체로 다음의 다섯 가지를 학습한다고 볼 수 있다.

　　(1) 나뿐만 아니라 동료들도 비슷한 문제를 가지고 있다는 사실.

(2) 자기의 결함에도 불구하고 집단동료들로부터 배척당하지 않는다는 사실.

(3) 다른 집단참여자들이 이해하지 못하더라도, 적어도 한 사람(상담자)은 자기를 이해하고, 수용해준다는 사실.

(4) 자기도 동료들을 이해하고, 수용하며, 도와줄 수 있다는 사실.

(5) 자기 자신과 타인에 관한 솔직한 느낌을 말하고 들음으로써 자신과 타인을 더 이해하게 되고 수용하게 된다는 사실 등.

이 같은 집단과정에서의 학습(소득)은 이미 앞에서 그 주요내용이 언급되었다고 보겠으나, 여기서는 집단참여자들의 집단지향적인 성향과 상담집단 특유의 분위기가 이러한 학습을 더욱 가능케 한다는 사실에 주목할 필요가 있다. 이 다섯 가지 소득은 집단상담의 과정이 진행됨에 따라 차례로 얻어진다고 볼 수 있다. 즉 참여자들은 우선 다른 참여자들과 심리적 동류의식을 느끼고 적어도 한 사람 이상이 자기를 이해하고 수용해 준다는 것을 확인한 다음에야, 다른 동료들에 대한 이해와 그들로부터의 자극을 수용할 만한 여유(또는 안정감)를 갖게 되는 것이다. 이러한 집단상담의 과정에 관해서는 제3장에서 자세히 논의될 것이다.

집단상담의 목표를 종합적으로 말한다면 다음과 같다.

첫째로, 자기에 대한 이해를 증가시키고, 개인적 성장에의 자신감을 갖도록 하며, 둘째로, 개인 및 사회생활면에서의 발달과제를 해결해 나아가는 데에 필요한 사회적 기술과 대인관계 능력을 발전시키며, 셋째로 자기통제, 문제해결 및 의사결정의 능력을 개발하고, 이러한 능력을 직장(또는 학교), 가정 등의 다른 사회적 장면에서도 발휘할 수 있게 하며, 넷째로 타인과의 대화에서 '공감적 경청자'가 되는 동시에 자기가 생각하고 믿는 바를 정확하게 표현할 수 있는 의사소통 능력을 향상시키며, 다섯째로 각자가 자신에게 필요한 구체적인 행동목표를 설정하게 하고 그의 생산적인 실천과정을 촉진시킨다.

이상의 다섯 가지로 열거된 집단상담의 목표들은 서로 관련되어 있는 것들로서, 다음의 세 가지로 다시 요약될 수 있을 것이다.

(1) 자기이해, 자기수용 및 자기관리 능력의 향상을 통한 인격적 성장.

(2) 개인적 관심사와 생활상의 문제에 대한 객관적 검토와 그 해결을 위

한 실천적 행동의 습득.

(3) 집단생활 능력과 대인관계 기술의 습득.

이것을 다시 축약해 보면, 집단상담의 목적은 생활문제 해결에 필요한 태도와 자기관리 능력을 습득하고, 대인관계 기술을 향상시켜 주는 것이라고 볼 수 있다. 특히 청소년들의 경우 집단상담은 생활문제에 관한 올바른 이해뿐만 아니라, 자기와 타인을 보다 잘 이해하고 수용할 수 있는 발달경험의 장을 마련해 준다. 아울러 청소년들이 외부적 압력이나 위협을 느끼지 않은 채, 현실적 문제상황에 대한 자기 나름대로의 적응 및 대처방법을 실험적으로 체득할 수 있는 곳이 바로 집단상담 장면이라고 말할 수 있다. 사실 근로 청소년들과 중등학교 학생들의 경우, 자신을 있는 그대로 이해받을 수 있고, 동료집단에서의 소속감을 느낄 수 있는 장면은 집단상담뿐인 경우가 많다. 이러한 동료들로부터의 수용과 소속감은 집단상담이 청소년들에게 제공하는 독특한 경험이며, 또한 청소년들뿐만 아니라 소외감과 대인관계 갈등을 겪고 있는 직장인들이 집단상담에서 느낄 수 있는 가장 큰 매력이라고 볼 수 있을 것이다.

4 집단상담의 장·단점

집단상담은 여러 가지 장점과 가치가 있다. 반면에 인간의 모든 접근방법이 그런 것처럼 집단상담도 다소의 제한점을 가지고 있는 것이 사실이다. 이러한 장점과 제한점은 집단상담을 실제로 하고 있는 상담자들의 경험과 집단상담의 효과에 관한 연구결과에서 뒷받침되고 있다.

4.1 집단상담의 장점

집단상담은 다음과 같은 장점들이 있다.

1) 집단상담을 통해 상담자는 보다 많은 내담자들과 접촉할 수 있다.

집단상담을 하는 동안 상담자는 적게는 4, 5명에서 많게는 10여 명의 내담자들을 동시에 면접할 수 있다. 도움을 받아야 할 내담자들이 많은데 비해서 이들을 전문적으로 도울 수 있는 상담자의 인력이 부족한 현실에서는, 이 점이 집단상담의 큰 장점이 될 수 있다. 그리고 본격적인 개인상담이 필요하나 아직 준비가 안된(인식부족, 저항 등으로) 내담자들에게 일차적으로 집단상담을 권유할 수 있다.

2) 내담자들은 개인상담보다는 집단상담을 더 쉽게 받아들인다.

다른 집단참여자들과의 교류를 통해 특별히 자기만이 다르거나 이상하다고 생각하는 경향이 적어지기 때문이다. 개인상담의 내담자들은 자기의 문제가 심각하거나 '비정상적'이라고 믿기 쉬운데, 청소년들의 경우 이렇게 자기를 비정상적으로 생각하고 또 그렇게 받아들이는 것은 인격발달상의 많은 부작용을 일으킬 수도 있다.

3) 특히 청소년들에게 있어서는, 집단상담에 참여함으로써 타인과의 상호교류적 능력이 개발된다.

집단상담을 통하여 청소년들은 일반 생활장면에서 요구되는 다른 사람들과의 인간적이고 생산적인 관계를 경험할 뿐만 아니라, 자기의 위치, 안전감 및 바람직한 정서적 표현의 욕구가 성취된다. 즉, 집단상담에서의 경험을 통해 그러한 욕구들이 바람직하게 발산되고 소통되는 것이다.

4) 집단상담은 시간, 에너지 및 경제적인 면에서도 효과적이다.

도움을 주는 상담자 쪽에서는 한 번에 도움이 필요한 여러 내담자들을 상대하는 데서 오는 경제성은 당연한 것으로써 앞에서 언급되었다. 이와 동시에, 내담자 쪽에서도 개인상담에서보다 더 다양한 정보수집과 다양한 접촉경험을 가질 수 있으며, 유료상담의 경우 상담료도 비교적 저렴한 이점이 있다. 그러나 집단상담의 진정한 효과는 이러한 경제성보다는 전술한 상담목표들이 어느 정도로 달성되었느냐에 의해서 결정됨은 물론이다.

5) 집단상담은 현실적이고 실제생활에 근접한 사회장면을 제공한다.

여기서 말하는 '실제에 근접한 사회장면'이란, 특히 남녀노소의 참여자들로 구성된 집단상담에서의 다양한 상호작용을 가르킨다. 같은 부서의 직장인들이나 같은 학급의 학생들로 구성된 상담집단에서도 비교적 실제생활 장면에 근접한 대인관계 장면이 반영될 수 있다. 이러한 현실적 사회관계는 참여자들의 실제생활에서의 개인적 습관, 태도 및 사고방식 등을 사실적으로 평가 또는 수정하는데 유용하다. 앞에서도 언급했듯이, 집단상담 장면의 안전하고 덜 위협적인 분위기에서 참여자들은 새롭고, 보다 신축성 있고, 실제생활에 필요한 대인관계를 습득하게 되는 것이다.

6) 집단상담의 참여자들은 같은 내용이라도 개인적인 조언은 거부하거나 저항하지만, 동료들의 집단적인 공통의견은 잘 받아들이는 경향이 있다.

이것은 인간의 집단의존적 혹은 집단지향적 성향을 반영하는 것으로써, 같은 의견이나 결정이라 해도 동료집단의 강화에 의해 이루어지면 보다 큰 책임감과 참여의식을 갖게 된다. 반대로, 상담자나 집단동료의 개인적 영향으로 인한 결정은 대체로 권위적 대상에 대한 단순한 순응으로써, 그 실천성과 지속성이 비교적 약화되거나 결핍되기 쉽다.

7) 집단상담은 문제해결적 행동을 보다 구체적으로 실천할 수 있게 한다.

이것은 상담집단이 실제생활에 근접한 사회장면을 제공한다는 점에서 그렇다. 즉, 집단내에서 문제해결적인 행동을 시도하고 다른 참여자들로부터 그 행동에 관한 여러 각도의 평가와 조언을 들을 수 있기 때문이다. 집단상담에서는 참여자들의 공통문제에 관한 집합적 판단을 내릴 수 있고, 주요쟁점이나 의견들이 비교될 수 있으며, 개인상담과는 달리 많은 새로운 아이디어와 정보들이 활용될 수 있다.

8) 집단상담에서는 상담자의 지시나 조언이 없이도 참여자들이 상
호간의 깊은 사회관계적 교류를 경험할 수 있다.

이것은 집단상담이 특히 중반기 이후로 진전되었을 때에 나타나는 현상
으로서, 이 경우 상담자는 한 사람의 집단구성원이면서 동시에 객관적 관
찰자가 된다. 또한 상담자가 집단상담의 한 참여자로서 임할 때에 상담자
로서의 역할이 더욱 촉진적이 될 수 있기도 하다.

이상의 장점들은 물론 상담집단에서의 이해와 수용의 분위기가 형성되
고, 상담과정이 바람직하게 진행되는 경우에 해당된다. 참여자들의 동기,
기대수준이나 상담목표에 따른 상담집단의 특성에 따라 이러한 장점들 중
일부만이 활용될 수도 있다.

4.2 집단상담의 단점

흔히 개인의 성격적 기능(예컨대, 자폐적 경향, 주의력 및 표현력의 부족
등)이나 가지고 있는 개인적인 문제의 심도(불안, 우울, 공포 등의 수준이 아
주 높거나 집단에서의 공개가 바람직하지 않는 사적인 문제를 가지고 있는
경우) 때문에, 집단상담의 구성원이 되기에는 곤란한 내담자들이 있다. 이러
한 내담자들은 개인상담과 같은 일대일의 인간관계를 먼저 경험한 후에 상
담집단에 참여시키는 것이 바람직하다. 이렇게 집단상담에 부적합한 내담자
가 있다는 제한점 이외에도, 다음과 같은 세 가지 주요 제한점들이 있다.

첫째, 상담집단에서는 특정 내담자의 개인적인 문제가 충분히 다루어지
지 않을 가능성이 많다. 이것은 한 참여자의 개인적인 문제를 깊이 다루기
보다는 전체 상담집단의 공통적 문제를 다루거나, 자기 아닌 다른 참여자
들의 문제 및 관심사에 대한 논의가 전반적으로 이루어질 수 있기 때문이
다. 즉 집단상담이 장기간 지속되지 않는 한 참여자 개개인의 문제가 그들
이 원하는 만큼 철저하게 탐색되거나 분석되지 않는 것이 보통이다.

두 번째로는, 참여자들이 심리적으로 준비가 되기 전에 "자기의 마음 속
을 털어 놓아야 한다"는 집단압력을 받기 쉽다는 점이 있다. 즉, 참여자들
의 대부분이 자기 공개를 했는데 "나만 못했구나"하는 심정상의 갈등이 일

어나는 것이다. 물론 집단이 시작될 때에 "누구도 자신이 말하고 싶지 않은 것은 말할 필요가 없고, 말하도록 강요받지 않는다"는 기본약속을 다짐한다. 그러나 집단상담이 진행되다 보면 이러한 약속을 잊어버리고 "왜 감추려고만 하느냐?"라든가 "우리를 불신하지 말라"는 다른 참여자들의 압력을 받기가 쉽다. 그리고 이러한 압력이 다른 사람들로부터 구체적으로 표현되지 않더라도, 당사자는 스스로 말하지 않으면 불안해서 못 견디는 심리상태가 될 가능성이 있다. 또한 "남들은 다 이야기하는데 나만 못하는구나"하는 개인적인 실패감을 갖게 될 경우, 상담자의 조정적 개입이 없는 한 이런 참여자는 집단으로부터의 실질적인 소득을 얻지 못하게 될 수도 있다.

셋째로, 동료들과의 상담집단이 대체로 편하게 느껴지지만, 그 반대의 경우도 생길 수 있다. 즉 비슷한 연령과 생활배경을 가진 참여자들로 구성되면 참여자들의 공통적인 문제가 주로 논의되기 쉬우며, 다른 다양한 성격과 수준의 참여자들로부터 자극을 받거나 배울 기회가 없게 된다. 같은 수준의 참여자들은 서로 비슷한 표현력과 사고방식을 가짐으로써, 새롭게 바람직한 학습경험이 이루어질 가능성이 적어지는 것이다. 그렇다고 너무 이질적인 참여자들로 구성된 상담집단은 특히 초반부에 원활한 상호교류와 공감적 이해가 힘들고, 집단의 응집력이 약한 제한점을 갖게 마련이다. 이렇듯 상담집단의 동질성과 이질성의 문제는 간단하지 않다. 따라서 상담자는 전문적인 경험을 토대로, 참여자들의 상담목적에 가장 적합하도록 상담집단을 구성해야 된다. 이러한 점에서 상담자는 집단역동에 관한 보다 깊은 이해와 경험을 쌓는 것이 중요하며, 상담자의 이러한 이해와 경험의 정도에 따라 집단상담의 제한점들이 많이 극복될 수 있는 것이다(집단역동에 관해서는 제2장을 참조).

5 집단상담과 개인상담의 비교

전술한 바와 같이 집단상담은 개인상담에서는 얻을 수 없는 특별한 도움을 필요로 하는 내담자들에 대하여, 상담자가 여러 내담자들을 동시에 상담하는 접근법이다. 그러나 집단상담과 개인상담은 목표, 기본절차와 기법 등의 내용에 있어서 많은 공통점이 있다. 집단상담의 성질을 보다 구체적으로 파악하는 의미에서, 어떤 경우에 집단상담과 개인상담이 각각 필요하며, 양자의 공통점과 차이점은 무엇인가를 알아보는 것이 필요하다. 먼저 집단상담이 주로 필요한 경우를 살펴보기로 하겠다.

5.1 집단상담이 필요한 경우

집단 상담이 필요한 내담자의 경우를 요약하면 다음과 같다.

(1) 여러 사람들을 보다 잘 이해하고, 다른 사람이 자기를 어떻게 보는가를 알아야 할 것으로 판단되는 내담자.
(2) 특히 자기와 성격, 생활배경 등이 다른 사람들에 대한 배려와 존경심을 습득해야 할 것으로 판단되는 내담자.
(3) 다른 사람과의 대화를 포함한 사회적 기술의 습득이 필요한 내담자.
(4) 다른 사람과의 유대감, 소속감 및 협동심의 향상이 필요한 내담자.
(5) 자기의 관심사나 문제에 관해 다른 사람의 반응, 조언이 필요한 내담자.
(6) 동료나 타인의 이해와 지지가 도움이 되리라고 판단되는 내담자.
(7) 자기 문제에 관한 검토, 분석을 기피하거나 유보하기를 원하고, 자기노출에 관해 필요 이상의 위협을 느끼는 내담자.

5.2 개인상담이 필요한 경우

개인상담이 필요한 내담자의 경우는 다음과 같다.

(1) 가지고 있는 문제가 위급하고, 원인과 해결방법이 복잡하다고 판단되는 내담자.
(2) 내담자 자신과 관련인물들의 신상을 보호할 필요가 있는 경우.
(3) 자아개념 또는 사적인 내면세계와 관련해서 심리검사 결과를 해석해 주는 면담의 경우.
(4) 집단에서 공개적으로 발언하는 것에 대해 심한 불안공포가 있는 내담자.
(5) 상담집단의 동료들로부터 수용될 수 없을 정도로 대인관계(행동, 태

도 등)가 좋지 못한 내담자.

(6) 자기 자신에 대한 탐색, 통찰력이 극히 제한되어 있는 내담자.

(7) 상담자나 다른 사람들로부터의 주목과 인정을 강박적으로 요구할 것으로 판단되는 내담자.

(8) 폭행이나 '비정상적'인 성적 행동을 취할 가능성이 보이는 내담자.

요컨대, 집단상담은 개인상담과 비교할 때, 자기에 대한 타인의 지각과 반응을 알고자 하거나 알아야 될 경우와 특히 대인관계에서의 자신감과 사회적 기술의 경험이 필요한 경우에 더욱 필요하다고 볼 수 있다. 상담집단에서 고유하게 형성되는 수용적 상호교류의 분위기가 이러한 인간관계의 향상(이해와 경험의 면에서)을 위한 노력을 가능하게 해준다.

5.3 공통점과 차이점

그러면, 집단상담과 개인상담의 유사점은 무엇인가?

첫째로, 집단상담이나 개인상담은 다 같이 내담자로 하여금 자기관리, 인격상의 통정(조화 속의 통일상태), 그리고 생활상의 문제해결 등을 달성하도록 도와준다. 두 방법은 내담자의 자기이해를 촉진한다는 점에서도 유사하다.

둘째로, 내담자들의 자기공개, 자기수용을 촉진하기 위해서 양자가 다 이해적이고 허용적인 상담분위기의 조성과 유지를 강조한다. 내담자들은 집단상담이나 개인상담에서 다 같이 자기의 감정과 생활경험 등을 자유롭게 탐색, 검토하도록 허용되는 것이다. 그리고 내담자 스스로 선택한 일에 책임을 질 능력이 있음을 인정하는 면에서도 유사하다고 보겠다.

셋째로, 상담의 기법면에서 유사한 것이 많다, 내담자의 감정을 명료화하고, 반영하고, 해석하는 상담자의 역할면에서는 대동소이하다고 볼 수 있다. 즉 내담자로 하여금 자기의 감정과 태도 등을 자각, 검토하도록 유도하기 위하여 상담자의 여러 기법이 활용된다는 면에서 보면, 집단상담이나 개인상담이나 근본적으로는 동일한 것이다.

끝으로, 집단상담이건 개인상담이건 간에 내담자들의 개인적 자질과 개성을 발휘하도록 하기 위해, 사적인 정보의 비밀을 보장한다는 면에서도 양자는 유사하다고 볼 수 있다.

한편, 집단상담과 개인상담간에는 다음과 같은 몇 가지 주요한 차이점들이 있다.

첫째로, 개인상담에 비해서 집단상담은 타인을 대하는 바람직한 태도나 행동반응을 즉각적으로 시도해 보고 확인할 수 있으며, 타인과의 친밀감에 관한 경험을 가질 수 있는 좋은 방법이다. 즉, 둥그렇게 나란히 앉음으로써 생기는 참여자들간의 신체적 근접성은 상호간의 정서적 만족과 대인관계를 쉽게 시도할 수 있는 기회를 제공해 주는 셈이 된다.

둘째로, 집단상담에서는 개인상담과는 달리 참여자들이 다른 사람들로부터 도움을 받을 수 있을 뿐만 아니라, 참여자 자신이 다른 사람을 도와주는 경험을 가질 수 있다. 집단상담의 분위기가 보다 이해적이고 상호수용적일수록, 이러한 도움을 주고받는 호혜관계는 잘 이루어질 것이다.

셋째로, 집단상담의 상담자는 개인상담에서 보다 더욱 복잡한 과제를 짊어진다고 볼 수 있다. 집단상담의 상담자는 집단원의 감정을 이해하고, 집단원 스스로 자신을 지각할 수 있도록 유도해야 할 뿐만 아니라, 한 집단원의 발언이 다른 집단원과 상담집단 전체에 어떤 영향을 주고 있는가를 유의 관찰해야 한다. 다시 말해서, 이야기되고 있는 대화의 의미를 파악하고 있는 동시에, 참여자들간의 상호관계의 역동에 민감해야 하는 것이 집단상담자의 주요한 과제인 것이다.

6 집단상담 · 집단지도 · 집단치료의 비교

6.1 집단상담과 집단지도의 비교

집단지도는 바람직하고 건전한 학습 및 생활태도를 촉진하기 위해 주로 정보와 자료를 제공하는 예방적인 접근방식이다. 집단지도에서는 필요한 정보를 주고, 새로운 문제사태에 대한 대처방안을 전달하는 데 역점이 주어진다. 학교장면의 경우 학생활동을 기획하고 실천하며, 학습방법이나 진로방향에 관한 결정과 실천을 위한 자료 등을 집단적으로 제공해 주는 것이 집단지도이다. 다시 말해서 집단지도는 주로 학급이나 연수원에서 실시되는 교육적 경험이라고 말할 수 있다.

집단상담에서도 같은 주제가 다루어질 수도 있지만, 집단지도는 어디까지나 교사나 강사의 책임아래 진행된다. 그리고 집단지도에서는 토의되는 주제에 초점이 주어지는 반면, 집단상담에서는 주제보다는 참여자 개인들에게 초점이 맞추어진다. 또한 집단지도에서도 참여자의 행동변화가 기대되지만 어디까지나 일반적인 차원에서 다루어지고, 집단상담에서처럼 어느 개인의 행동변화를 구체적으로 다루지는 않는다. 집단지도에서는 강사나 상담자가 집단의 구조, 활동방향 및 진행내용 등에 있어서 권위적인 책임을 지지만, 집단상담에서는 강사나 상담자의 역할이 주로 '안내자'나 '민주적인 촉진자' 라고 볼 수 있다.

그리고 집단상담과는 달리 집단지도에서 흔히 다루어지는 내용은 학습방법, 수험요령, 진로결정 방법, 여가선용, 인간관리, 그리고 인간관계와 의사소통 등 주로 교육적이고 직업적인 지식이다. 즉 참여자들의 개인적 태도나 정서적 반응보다는 주관자에 의해 제공되는 지도자료의 내용이 강조되는 것이다. 이러한 점에서, 집단지도에는 특수한 정보를 얻고, 특정한 방법을 학습한다는 참여자들의 공통적 목표가 있다. 그러나 집단상담에서는 이러한 공동목표가 없고, 참여자들의 생활상의 문제들을 개인 나름대로 탐색하고 해결하도록 도와주는 것이다.

6.2 집단상담과 집단치료의 비교

집단치료는 임상치료적인 원리에 의해서 정서적 장애나 심리적 갈등이 있는 내담자(또는 환자)들이 '정상적' 인 생활을 할 수 있도록 전문적으로 도와주는 것이다. 여기서 '치료' 라는 용어는 정신과 의사들이 환자집단을 대상으로 일찍부터 시작한 전통 때문에 사용되어 왔지만, 실제로는 내과의학이나 외과의학에서와 같은 의학적 의미는 거의 없다고 보겠다.

집단치료와 집단상담은 인간의 심리적 문제의 해결을 돕는 과정이라는 점에서 유사하다. 양자간의 주요차이는 치료과정(또는 방법)에 있다기보다는 치료대상에 있다고 말할수 있다. 즉 집단치료가 임상적으로 비정상적인 내담자(환자) 집단을 대상으로 하고 있는 반면에, 집단상담은 비교적 '정상적' 인 내담자 집단을 대상으로 한다. 집단상담의 상담자는 집단치료에서

처럼 내담자의 문제의 배경이 되고 있는 억압된 심리적 자료(무의식적 동기)를 주로 탐색하고 해석하기보다는, 현재의 문제에 관련되는 요인들을 검토하고 앞으로의 성장발달을 위한 태도변화를 강조한다. 다시 말해서, 집단치료는 교정적 접근방식이고, 집단상담은 대체로 예방적, 성장촉진적인 접근이라고 하겠다. 이러한 접근방향 또는 목적상의 차이는 다루어지는 대상의 문제 수준에 의해서 많이 결정된다. 즉 집단치료는 주로 신경증이나 심한 심리적 갈등을 가진 사람들을 대상으로 하기 때문에 우선 이러한 증세와 갈등을 해소하는 노력이 앞서야 할 것이며, 집단상담은 자아개념이나 사회적 관계에 관련된 문제가 주로 다루어지기 때문에 예방적이고 성숙 지향적이라고 볼 수 있다.

그러나 이러한 구별은 개념상의 분류에 그치기 쉽고, 어떤 수준의 대상을 다루며, 어느 정도의 전문적인 과정을 거치느냐에 따라 집단치료와 집단상담은 연속선상에 위치한다고 볼 수 있는 것이다. 대체로, 집단상담에서는 참여자들의 심한 정서적 문제가 발견되었을 경우 가능하면 집단상담의 참여자들이 다룰 수 있는 범위와 수준까지만 상담이 진행되도록 하고, 너무 심한 정서적 문제가 있는 참여자는 개인상담이나 집단치료를 받도록 조처하는 것이 바람직하다. 집단상담은 부적응 행동과 개인문제를 해결하는 태도에 영향을 준다는 면에서 교육적일 수도 있고 또 치료적이라고 말할 수 있을 것이다.

집단지도, 집단상담 및 집단치료의 차이를 [그림 1]과 〈표 1〉로 요약할 수 있다.

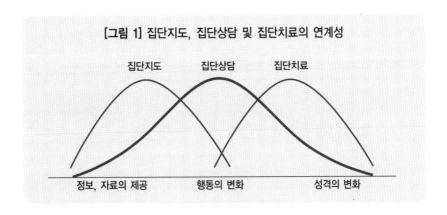

[그림 1] 집단지도, 집단상담 및 집단치료의 연계성

〈표 1〉 집단지도, 집단상담 및 집단치료의 차이

	집단지도	집단상담	집단치료
이끄는 이	교사, 특정분야 강사, 연수원 강사	상담심리전문가	임상심리전문가, 정신과 의사
목 적	바람직하고 건전한 학습 및 생활태도를 촉진	개인의 행동변화	심리적, 정서적 문제가 있는 환자들이 '정상적 생활'을 가능케 함
대 상	공동목표를 지닌 학생 및 일반인	개인적 목표를 지닌 정상인	임상적으로 비정상적인 환자
내 용	필요한 정보 제공, 문제에 대한 해결책과 방향 제시	개인의 심리적 문제, 적응의 문제, 행동의 변화	심리장애, 이상행동
초 점	진로, 공부방법 등 토의되는 주제	참여자 개인	참여 환자 본인
접근방법	지원적	예방적, 성장 촉진적	교정적

연 구 문 제

1 집단상담의 기본 철학은 무엇인가?

2 현대사회에서의 집단상담의 기능과 가치는 무엇인가?

3 우리나라에서는 집단상담이 어떤 형태로 그리고 어느 정도로 활발히
이루어지고 있는가?

참 고 문 헌

김동일 옮김(2011). 우울증 상담 워크북, 교육과학사.
> Copeland, Mary Allen and New Harbinger Publication(2002). The
> Depression Workbook, 2nd Ed.

김진숙 외 5인 옮김(2012). 집단상담: 과정과 실제.
> Gerald Corey, Marianne Schneider Corey, & Cindy Corey(2008), Groups:
> Process and Practice, 8th Ed., CENGAGE Learning.

김창대 외 9인 옮김(2004). 상호작용 중심의 집단상담, 시그마프레스.
> Earley, Jay(2000). Interactive Group Therapy: Integrating Interpersonal,
> Action-Oriented, and Psychodynamic Approaches.

이은경 · 이지연 옮김(2005). 집단상담의 실제: 진행과 도전, 센게이지러닝.
> Gerald Corey, Marianne Schneider Corey, & Robert Haynes(2000). Groups
> in Action: Evolution and Challenges, Cengage Learning.

이장호 · 정남훈 · 조성호(2005). 상담심리학의 기초, 9장 집단상담, 335~380,
학지사.

주은선 · 주은지 옮김(2009). 15가지 집단상담기술, 센게이지러닝.
> Haney, Hutch & Jacqueline Leibsohn(2001). Basic Counseling Responses in
> Groups: A Multimedia Learning System for the Helping Professions,
> Wadsworth, CENGAGE Learning.

최해림 · 장성숙 옮김(2008). 집단정신치료의 이론과 실제, 하나의학사.
> Yalom, I. D. and M. Leszcz(2005). Theory and Practice of Group
> Psychotherapy, 5th ed., NY: Basic Books.

한국인성개발연구원 옮김(2007). 엔카운터 그룹, 인성개발.
> Rogers, C. R.(1970). Carl Rogers on Encounter Group, New York: Harper &
> Row.

집단상담의 역동과 과정 **2**장

　집단역동은 집단구성원들간의 전체적 상호작용과 이 상호작용으로부터 파생되는 집단내 균형과 변화를 일컫는다. 다시 말해서, 집단역동은 집단과 그 구성원들간의 상호작용, 그리고 이 상호작용과 집단의 발달, 구조 및 목표와의 관계를 포함하는 집단의 고유한 성격을 말한다. 집단역동의 개념이 복잡하게 느껴지는 하나의 이유는 개인심리학, 사회심리학 그리고 사회학 분야에서 제각기 다른 전통과 다른 언어로 이 개념을 설명하고 있기 때문이다. 즉, 심리학자는 집단생활에서의 개인을, 사회학자는 집단의 문화적·구조적 측면을, 그리고 사회심리학자는 집단구성원들의 심리적·사회적 경계에 초점을 맞추어 집단역동을 논하고 있다.

　상담집단은 대체로 7~8명 내외의 '소집단'이며 정기적인 모임을 통한 '대면집단'이다. 따라서, 상담집단에서는 상담자와 집단구성원, 그리고 집단구성원들 자체의 상호작용이 끊임없이 일어나게 마련이다. 본장에서는 이러한 집단내 상호작용에 관련된 집단응집력, 집단구성원들의 특성 그리고 집단상담과정 등을 주로 개관하고 있다.

1 집단역동과 집단상담

집단(group)은 흔히 5,6명 이상의 사람들이 모여서 규범, 신념 및 가치를 공유하면서, 서로의 행동이 상대방에게 영향을 줄 수 있는 관계에서, 특정한 목표를 이루기 위하여 상호작용하는 집합체를 말한다. 집단이 존속하기 위해서는 공통되는 목표가 있어야 하는데, 이 목표는 집단을 구성하는 사람들의 요구를 만족시켜 주는 것이어야 한다. 또한 집단원들 사이에는 상호작용과 상호의존성이 존재하기 마련이고 집단과정은 정지상태에 있지 않고 끊임없이 변화하는 역동을 포함한다.

효율적인 집단상담을 하기 위해서는 이와 같은 집단역동에 관한 기본적인 사실을 이해하여야 한다. 집단역동은 집단이 형성되는 단계에서부터 작용하며, 집단으로서 존재하는 한 그 집단 안에서 끊임없이 변화하게 된다. 따라서, 집단역동을 이해하기 위해서는 집단의 형성 및 발달단계로부터 집단의 상호작용과정에 이르기까지 전반적인 이해가 필요하다.

따라서, 집단역동은 주로 집단원간의 상호작용 과정이라고 말할 수 있다. 집단의 상호작용과정은 물리적 환경, 인적 환경 및 사회적 환경으로 나누어 볼 수 있다. 물리적 환경에는 공간배치, 개인적 공간, 의사소통망 등이 포함되며, 인적환경에는 집단의 크기, 집단의 배경적 특성, 성격 등이 포함된다. 또 사회적 환경에는 집단의 응집력과 규범 및 역할 지도력 등이 포함된다. 효율적인 집단상담을 이끌어 가는데 특히 고려되어야 할 것은 집단 응집력, 집단원의 개인적 특성, 집단과정에 관련된 집단원의 역할 등이다.

2 집단의 응집력

집단이 구성된 후 집단과정에 가장 큰 영향을 미치는 것은 집단원들의 활발한 상호작용이다. 이는 집단원들이 서로 얼마나 잘 어울리며, 서로 이끌리고 있느냐를 말하는 것으로써 흔히 '집단의 응집력'으로 불리운다. 이제 집단의 응집력은 어떻게 정의되며, 집단응집력이 집단내 상호작용, 사회적 영향 그리고 집단원의 만족도 등과 어떤 관계가 있는지를 알아보기로 한다.

2.1 집단응집력의 정의

응집력이라는 개념은 흔히 세 가지 의미로 사용된다. 즉 집단에 대한 매력(집단을 떠나는데 대한 저항을 포함), 집단원에 의해 나타나는 동기수준 혹은 사기, 그리고 집단원들의 조화된 노력 등이다. 그러나 이 용어를 사용하는 사람들의 대부분은 응집력이라는 개념이 집단에 남고자 하는 구성원의 동기의 정도를 나타내는 것으로 합의하고 있다. 고도로 응집된 집단의 구성원들은 집단의 모임에 빠지려 하지 않으며, 보다 적극적으로 집단활동에 참여하여 집단이 성공하면 행복하고 집단이 실패하면 실망한다. 이와는 달리 덜 응집된 집단의 구성원들은 집단활동에 큰 관심이 없다. 집단의 응집력은 "집단원이 집단에 남아 있기 위하여 활동하는 모든 힘의 산물"이라고 정의할 수 있다. 이는 집단에 대한 매력의 정도라고 할 수 있으며, 개인의 집단 전체에 대한 친숙도보다는 집단들간의 친숙도의 함수로 나타난다.

집단응집력은 집단원의 다양한 행동에 의해서 반영된다. 집단의 응집력을 측정하는 가장 보편적인 방법은 사회측정적 선택(sociometric choice)이다. 이것은 다양한 활동의 관점에서 집단원들이 가장 선호하는 사람의 이름을 말하도록 하고, 집단내에서 선택되는 사람의 수가 그 집단의 응집력의 정도를 반영하는 것으로 취급하는 방법이다. 이 측정법은 집단원들간의 매력의 정도에 근거를 두고 있으며, 집단에 남아 있거나 집단을 떠나려는 생각과 같은 다른 힘들은 무시하고 있다. 긍정적인 선택의 수만을 셀 수도 있지만, 각자에게 가장 좋아하는 사람과 가장 좋아하지 않은 사람을 물어본 후, 그 자료를 비교하여 응집력을 측정할 수도 있다. 이 밖에도, 집단원들이 토론하는 자리에서 '우리'와 '나'라는 용어를 사용하는 빈도로 응집력을 측정하거나, 집단에 출석하는 정도 혹은 집단원에게 집단에 남아 있기를 원하는 정도를 직접 확인하여 측정할 수도 있다.

집단응집력은 집단내 활동에 전반적인 영향을 미치고, 특히 '집단의 유지'에는 더 큰 영향을 미친다. 집단의 활동에서 가장 중요한 것이 집단유지인 만큼 집단이 존재하려면, 적어도 최소한의 응집력이 요구된다.

집단의 응집력은 여러 가지의 집단과정 변인들과 관계가 있으며, 그 중에서 상호작용, 사회적 영향, 만족도 등은 집단의 응집력과 밀접한 관련이 있는 중요한 변인들이다.

2.2 집단응집력의 관련요인

1) 집단응집력과 상호작용

일반적으로 우리는 호감이 가는 사람들과 사귄다. 사람들이 서로 교류하는 방식은 언어적 또는 비언어적인 것일 수 있다. 이 상호작용의 질과 양은 집단의 응집력과 관계가 있다. 특히 상호작용의 양은 집단의 응집력에 관계될 것이다. 응집력이 높은 집단에서는 보다 많은 양의 의사소통이 있는 반면 응집력이 낮은 집단에서는 의사소통의 양이 상대적으로 적다. 결국, 집단의 응집력은 언어를 통한 상호작용의 양에 비례한다고 말할 수 있다.

한편, 상호작용의 질이 그 양보다 집단기능에서 더 큰 의미를 차지할 수도 있다. 잘 조직화된 집단은 덜 조직화된 집단보다 문제를 해결하는 데 있어서 '우리'라는 말을 '나'라는 말보다 더 많이 사용하는데, 이는 잘 조직된 집단이 응집력에 있어서 더 우수함을 보여준다. 응집력의 기능에 따라 집단내에서의 의사소통의 형태도 달라진다. 응집력이 낮은 집단의 구성원들은 비교적 독립적으로 행동하고, 상대방의 의견을 고려하지 않는 반면에, 잘 응집된 집단은 합의에 도달하는데 매우 적극적이다. 또한 응집력이 높은 집단이라 하여도 응집성의 종류에 따라서 상호작용의 형태는 매우 다양하게 나타날 것이다. 응집성이 대인간 매력에 근거를 둔 경우에는 집단원들은 토론을 연장시키면서 재미있는 대화를 하려고 한다. 과제수행의 관점에서 응집력이 생긴 집단의 경우에는 과제를 빠르고 효율적으로 완성하는 경향이 있다.

요약하면, 집단의 응집력은 분명히 집단 상호작용의 질과 양 모두에 영향을 미친다. 응집력이 높은 집단의 구성원은 의사소통을 더 많이 하며, 상호작용의 내용이 긍정적이다. 반면에, 응집력이 낮은 집단의 구성원들은 응집력이 높은 집단의 구성원들과 비교하여 의사소통을 덜 하며, 상호작용의 내용은 부정적이다. 응집력이 높은 집단에서는 구성원들이 상호협조적이며, 친밀하고, 집단의 통합을 증진시키는 방향으로 행동하는 경향이 있는 반면에, 응집력이 낮은 집단에서는 구성원들이 개별적으로 행동하며, 다른 구성원들을 배려하지 않는다.

2) 집단응집력과 사회적 영향

집단의 응집력은 집단원들이 집단의 기대에 따라 행동하도록 큰 영향을 미친다. 응집된 집단의 구성원들은 집단내의 다른 사람들에게 긍정적으로 반응하려는 동기를 가질 것이며, 그들의 행동은 이 동기를 반영하는 것이 된다. 따라서, 응집된 집단의 구성원들은 집단규준에 동조할 것이며, 집단내의 다른 사람들이 미치는 영향에 대하여 긍정적으로 반응할 것이다.

가령, 대학기숙사에서 생활하는 응집적 집단의 학생들은 대체로 서로 일치하는 견해를 가지며, 그들이 집단표준에 동조하는 방향으로 행동함을 볼 수 있다. 응집력이 높은 집단의 집단원들은 응집력이 낮은 집단의 집단원들보다 상대방의 의견에 자신의 의견을 맞추려는 경향이 강하다. 다시 말해서, 집단의 응집성은 집단원간의 사회적 영향을 증진시키고, 그 결과로 집단표준에 대한 동조성이 증가되는 것이다.

전반적으로, 집단내에서 사회적 영향과 집단응집력은 서로 밀접하게 관련되는 요인임을 알 수 있다. 집단원들이 집단에 대해 호감을 느낄 때, 그들이 다른 집단원들이 바라는 바에 따라 행동하려는 동기를 가지며, 집단의 기능을 촉진시키는 방향으로 행동하게 된다. 그러나, 사회적 영향에 관계되는 변인이 응집성 이외에도 여러 가지가 있으므로 응집성만이 사회적 영향에 관계된다고 볼 수는 없다.

3) 집단응집력과 만족도

응집된 집단의 구성원들은 응집되지 않은 집단의 구성원들보다 집단에 대하여 더 만족한다. 집단에 만족하지 않는 사람은 집단에 남아 있고자 하지 않을 것이다. 물론 집단 전체에 대해서는 만족하지 않더라도 집단의 어떤 측면—예를 들면, 집단 목표—에 끌릴 수도 있다. 그러나 이론적으로는 응집력이 증가되면 만족도는 더욱 커지게 마련이다.

요컨대, 집단의 응집력은 집단과정과 밀접한 관계를 맺고 있다. 보다 더 응집된 집단일수록 보다 많은 사회적 상호작용을 하며 집단원들간에 긍정적인 관계를 맺는다. 그리고 그들은 다른 구성원들에게 더 큰 영향을 주며, 목표를 달성하는 데에 더 효율적이고, 보다 많은 만족을 느낀다.

3. 집단원의 개인적 특성과 집단역동

집단과정에 영향을 줄 수 있는 집단원의 배경적 특성으로는 연령, 성, 신체적 특성, 교육수준, 지능, 사회경제적 수준 등을 들 수 있다. 이러한 개인적 특성들이 집단과정에 직접적 또는 간접적인 영향을 준다.

3.1 집단원의 연령

개인이 연령에 따라 다르게 행동한다는 것은 분명한 사실이다. 그러나 실제로 연령수준이 집단행동에 어떻게 반영되는가 하는 문제는 체계적으로 연구되어 있지 않다.

연령과 상호작용 행동에 관한 연구를 보면, 개인의 접촉유형과 그러한 접촉의 결과로 생기는 우정, 그리고 그동안 보인 행동의 질 등이 연령에 따라 다양하게 나타남을 알 수 있다. 어린이들은 연령이 증가함에 따라 학교 활동에서의 사회적인 참여가 높아지고, 집단 놀이활동이 많아지며, 상호작용의 형태가 복잡해진다. 또한 연령이 증가하면 타인에 대한 감수성이 높아지고, 보다 복잡한 행동을 하게 된다. 대학생들의 경우에는, 나이가 더 많은 학생들이 과외활동을 하는데 더 적극적이고 어린 학생에 비하여 대체로 사회성이 높음을 발견할 수 있다. 이는 아동뿐만 아니라 성인에 있어서도 연령이 중요한 변인이라는 점을 시사한다.

여기서 집단행동의 하나인 동조(同調)와 연령의 관계에 유의할 필요가 있을지 모른다. 동조는 타인과의 관계에서 질서와 안정을 수립하는 유용한 기능을 하며, 동조행동은 발달과정의 하나의 산물이기 때문이다. 즉, 집단의 규준을 학습하는 것은 사회화과정이므로 연령이 증가될수록 더 많은 집단규준을 학습하게 되고, 따라서 연령이 증가하면 동조가 증가될 것이다. 그러나 사회성 발달의 과정은 연령단계에 따라 순차적으로 진행되지만, 동조행동의 수행은 연령발달과 반드시 비례적 관계를 보이지 않을 수도 있다. 아동은 집단놀이의 규칙을 학습하는 데에 있어서, 어릴 때에는 규칙에 의해 영향을 받지 않다가, 그 후 11~12세에 이르기까지 점진적으로 규칙을 따른다. 그 다음에는 규칙을 내재화하고 그것이 절대적인 것이 아니라, 편의를 위해 만들어졌고 필요하면 언제든지 없애버리거나 수정될 수도 있다는 점을 깨닫게 된다.

요컨대, 연령은 집단 상호작용의 여러 측면에 상관이 있는 요인이다. 연령이 증가함에 따라 개인은 타인과 만나는 빈도가 많아지고 상호작용의 형태는 더 복잡하고 정교하게 된다. 동조는 12세 정도까지 계속 증가되다가 그 후 점차 감소된다. 그러나 연령과 지도력간에 상관관계가 있다고 말하기는 어려운 일이다.

3.2 성과 집단행동

남성과 여성은 성역할에 관한 문화적인 규범을 학습하면서 서로 다른 성격 특성을 지니게 된다. 성의 차이에 대한 성격연구에서, 남성은 여성에 비하여 보다 공격적이고, 주장적이며, 지배적이고, 작업지향적인 것으로 나타났다. 반면에 여성은 수동적이고, 복종적이고, 감정적이며, 인간지향적인 것으로 보고되고 있다. 이러한 차이에 대한 원인으로서 유전적인 영향을 무시할 수는 없으나 유아기나 아동기에 경험하는 역할의 차이가 결국 문화적 성역할에 영향을 준다고 할 수 있다. 집단행동에서도 이러한 남·녀 차이를 볼 수 있다.

상호작용 행동에 있어서 남성은 여성보다 더 공격적이다. 아동에 있어서도 남아가 여아보다 더 호전적이다. 이러한 현상은 성인에게서도 많이 관찰되고 있다. 공격적이고 주장적인 행동에 있어서, 성차이 때문에 남성은 여성보다 더 영향력 있는 존재로 여겨지고 있다. 남성과 여성은 동맹형성에 있어서도 차이를 보인다. 여성은 남성에 비하여 반(反)경쟁적인 규준을 더 잘 받아들이고, 모든 사람에게 이익이 되는 방향으로 인간적 동맹을 이끌어간다.

상호작용은 몸을 기대거나 하는 비언어적 의사소통에 의해 전달되기도 한다. 눈으로 하는 의사소통은 문화에 따라 그 의미가 달라진다, 예를 들면, 미국에서는 똑바로 쳐다보아서는 안된다. 그리고 중동에서는 여인들이 베일을 써 눈맞춤을 피하고 있다. 우리나라의 경우에도 어른을 빤히 쳐다보는 행동은 예의바르지 못한 행동으로 간주된다.

남성이 사회에서의 지배적인 역할을 담당하고 여성은 보다 복종적인 역할을 담당하는 문화에서는, 남성보다는 여성에게서 동조하는 경향이 더 많으리라고 예상할 수 있다. 그러나 어떤 과제를 수행하는가에 따라서 성별에 따른 동조행동이 다르게 나타날 것이다. 즉, 과제가 남성적일 때는 여성이 더 많은 동조경향을 보이고, 과제가 여성적일 때는 남성에게서 동조경향이 더 높게 관찰될 수도 있다. 그러나 전체적으로 볼 때 역시 여성이 남성보다 더 높은 동조행동을 보이는 경향이 있다는 것은 거의 틀림 없을 것이다.

요약하면, 여성과 남성은 문화적 차이에서 기인하는 사회적 역할의 차이를 집단행동에서도 나타낸다. 남성은 여성보다 공격적이며, 문제를 많이 일으킨다. 남성과 여성은 동맹형성을 하는 유형에서도 서로 차이를 보인다. 남성은 상대방이 힘이 있다고 생각될 때 보다 협조적이 되며, 여성은 그 반대이다. 동조는 과제에 따른 차이는 있으나 전반적으로 여성이 더 많이 동조경향을 보인다.

3.3 집단원의 능력

집단원의 능력은 자신이 속한 집단에서 얼마나 효율적으로 일할 수 있는가, 그리고 집단에 속한 다른 사람들이 자신에게 어떠한 반응을 보일 것인가에 영향을 준다. 여기서 능력이란 일반적인 지능과 특정한 과제를 수행하는 능력으로 구분할 수 있다. 지능은 다양한 상황에서 문제를 다루어가는 능력을 예측할 수 있게 한다. 지능지수와 집단내 지도력간의 상관관계는 대체로 크지 않은 것으로 보고되고 있다. 지도자와 구성원 사이의 지능의 차이가 너무 크면 오히려 집단의 지도력은 비효율적일 수 있다. 지능은 또한 일반적인 활동, 인기도와는 정적인 상관관계가 있을지 모른다. 동조행동과 지능은 부적 상관을 보이는 경향임을 알 수 있다. 대체로, 지능이 높은 사람일수록 그렇지 않은 사람보다 집단활동에서 더 적극적인 반면 동조하는 경향이 더 낮은 편이나 집단 지도자로서는 보다 효율적이라고 말할 수 있다. 그러나 지능은 집단행동에 관계되는 다른 요인들에 비하여 그 중요도가 미약한 편이다.

 4 **집단상담의 과정**

집단상담은 여러 단계를 거쳐 진행된다. 집단이 거쳐야 할 몇 가지 단계에 대해서는 학자에 따라 조금씩 의견이 다르다. 예컨대, 어떤 학자는 집단상담의 과정을 초기, 중기, 말기의 세 단계로 나누거나, 참여단계, 전환단계, 작업단계, 종결단계의 4단계로 나누기도 한다. 한편, 다른 학자(Yalom, 1995)는 정향단계, 갈등단계, 응집력 발달의 단계, 하위집단 형성의 단계, 치료집단의 갈등 단계, 자기 공개의 단계, 종결단계의 7단계로 나누고 있다. 이상의 몇 가지 견해들을 토대로 하여 집단의 발전과정을 참여단계, 과도적 단계, 작업단계, 종결단계로 나누어 살펴보고자 한다.

4.1 참여단계

상담자는 집단상담을 위한 사전 준비를 철저히 한 후 첫 번째 모임을 시작한다. 집단의 초기단계는 마치 연극의 서막과 같아서 그 내용이 대개 앞으로의 집단상담의 성패를 좌우할 수 있다. 이러한 의미에서, 첫 번째 모임은 다른 어떤 모임보다도 중요하다.

상담자는 첫 번째 모임이 시작되기 전에 사전면담을 통하여 개별적인 구성원의 특성을 미리 파악하고 있어야 한다. 또한 각 구성원이 서로 이름을 알고 있는지 혹은 개인적인 친분이 있는지를 확인하여 집단을 구성할 때 이를 적절히 활용하여야 한다. 상담자는 첫 모임에서 구성원들에게 자기소개를 통해 서로 친숙해지도록 하며, 집단원들에게 집단의 목적과 기본원칙을 확인시켜 준다. 구성원들이 자기소개를 할 때에는 자신의 이름뿐만 아니라, 자신을 소개하는 몇 가지 이야기를 함께 하도록 하는 것이 좋다. 자신의 실제 이름을 말하지 않고 적당한 별칭을 지어 집단과정 동안 그 별칭을 사용하는 경우도 있다. 이때 상담자는 구성원들 사이의 이해를 돕기 위하여 몇 마디 질문을 할 수 있으며, 자신이 먼저 자기소개의 시범을 보여줄수도 있다. 이 소개과정에서 상담자는 구성원 각자가 어떻게 자기소개를하는지 관찰하고, 얼마나 서로가 감정을 공유하고자 하는지, 주어진 주제에 대해서 어떤 태도를 가지고 있는지, 자신과 다른 구성원에 대한 느낌은어떠한지 등을 면밀히 관찰한다.

이 관찰을 통하여 개인이 집단을 받아들일 준비가 어느 정도 되어 있는지, 집단이 작업을 시작하고자 하는 방향은 어떠한지, 그리고 집단에서 각자가 담당하게 될 역할은 무엇인지 등을 파악할 수 있다.

집단상담이 시작되기 전에, 상담자는 사전면접을 통하여 각 구성원들이집단에 참여하는 이유를 개별적으로 알아둔다. 그러나, 집단이 시작되면구성원들이 모인 전체 집단 앞에서 모임에 참가하게 된 이유나 목표를 개별적으로 발표하게 하는 것이 좋다. 이를 통하여 각 구성원들은 다른 사람들이 왜 이 집단에 참여했는가를 분명히 이해하게 되고, 어떤 구성원들은자신이 미처 깨닫지 못했던 집단의 잠재성을 알게 된다. 집단의 목표를 확인하기 위하여 상담자가 할 수 있는 질문의 예를 들어 보기로 하자.

"이 집단에 참가한 이유가 무엇이라고 생각합니까? 자유롭게 이야기해봅시다."

"이 집단에 참여하는 목적에 대해 어떤 분들과 개별적으로 이야기한 바있습니다만, 이제 그것에 대해 좀 더 논의를 해서 모두가 분명히 알 수 있도록 해 봅시다."

"어떻게 해서 우리가 여기에 모이게 되었을까요? 어디 한번 이야기해 봅시다."

집단의 목표가 비교적 명료할 때에는, 이 과정이 쉽게 진행되지만, 목표가 모호할수록 이 과정은 길어지게 된다. 때로는 첫 모임에서 집단참여에대한 이유가 분명해지지 않는 경우도 있는데, 이때에는 두 번째 모임에서이 문제를 다시 논의할 수도 있다.

집단상담의 첫 시간에는 집단의 목표를 분명히 규정하고 서로 친숙해지는 동시에 상담자는 구성원들이 그 시간을 통해 느끼는 정서적 내용을 민감하게 알아차려야 한다. 첫 시간에서 구성원들은 상담자에 대한 반응을 말로 표현하지는 못하지만 상담자를 면밀하게 그리고 비판적인 눈으로 관찰한다. 따라서, 상담자는 집단으로부터 신뢰를 받도록 행동해야 하며 상담자가 자신의 희망과 목표를 집단에게 알리는 것이 좋다.

첫 모임의 마지막 15분 정도는 첫 시간(회기)의 종결을 위한 시간으로 남겨 두는 것이 좋다. 이 시간을 통해서 상담자는 진행된 집단상담의 과정을 검토할 기회를 갖게 되며 구성원들에게 첫 시간에 대해 느낀 점 등을 물어볼 수 있다. 이를 효과적으로 진행하는 한 가지 방법은 각 구성원들로 하여금 돌아가면서 각자가 느낀 바와 서로에 대한 생각을 이야기하게 하는 것이다. 아울러, 남은 시간에 대한 안배를 위하여 집단원들에게 종료시간이 가까워졌음을 적당히 환기시켜 준다. 상담자는 마지막 몇 분 동안에 그 모임에서 있었던 내용을 간략히 요약하고 이후의 모임에서도 구성원들이 계속 자유로운 표현을 하도록 격려하는 말로써 마무리짓도록 한다.

지금까지 첫 모임의 진행내용을 살펴보았다. 참여단계는 한번의 모임으로 완료되는 경우도 있고, 어떤 집단에서는 5~6회가 소요되기도 한다. 참여단계에서는 집단의 목적을 명료화하며, 집단구성원들이 서로 친숙해지고 신뢰롭고, 수용적인 관계를 맺으면서 자신의 느낌과 행동에 관하여 토의하기 시작한다. 다음은 참여단계에서의 상담자 역할과 내담자 관심사를 보다 자세히 살펴보기로 한다.

1) 참여단계 상담자의 역할

(1) 분위기의 형성 및 유지

상담자는 상담집단의 분위기를 형성하고 유지시키는 책임이 있다. 즉, 각 구성원들이 이 집단에 들어오게 된 이유가 무엇인지를 분명히 해주고 서로 친숙하게 해주며, 수용과 신뢰의 분위기를 형성하여 집단상담에서 새롭고 의미 있는 경험을 가지도록 이끌어준다. 이 시기에는 적극적인 참여가 필요하지만, 상담자가 교사와 같이 가르치는 역할을 하는 것은 아니다. 구성원들로 하여금 스스로 집단의 '규범'과 상호협력적인 자세를 갖추도록 함으로써 효율적인 집단분위기를 만들 수 있다. 상담자 자신의 말과 행동은 집단상담의 분위기를 만들고 유지하는데 도움이 되는 것이라야 한다.

이를 위해서 상담자는 상담을 시작하기 전에 각 구성원들에게 다른 사람의 말을 깊이 듣고, 다른 사람이 말할 수 있도록 도우며, 자기 문제에 관련된 감정을 공개하며, 바람직한 행동을 탐색하고 실천하는데 시간을 보내도록 권유할 필요가 있다. 또한 상담자 자신은 인간행동에 대한 자기의 신념과 태도를 분명히 알고 있을 필요가 있다. 집단상담자 자신이 스스로 이러한 신념과 태도를 행동으로 나타낼 때, 구성원들도 다른 사람의 다양한 신념을 받아들이게 되고 신념과 견해의 차이를 존중하게 됨으로써 개인의 존엄성도 수용하게 된다.

(2) 참여과정의 촉진

상담자는 참여과정을 촉진시키기 위해 다양한 경험과 접근방법을 활용할 수 있다. 집단을 시작하는 방법이나 집단구성원들이 서로 경험을 나누도록 하는 '최선의 방법'이란 없다. 집단구성의 일반적인 지침은 중요하지만, 사람들에게 도움을 주는 방법과 집단상담의 과정에 대한 상담자의 이해와 경험이 더 중요하다고 하겠다. 상담자로서 기본적으로 알아야 할 원리가 있다면, 집단 구성원들이 (1) 각자가 자신의 감정을 가지고 있음을 알고, (2) 자기 스스로 무엇을 할 것인지를 결정해야 하고, (3) 어떤 처지인가보다는 주어진 처지를 어떻게 받아들이고 어떤 행동을 하고 있는지를 탐색하는 것이 중요하다는 것이다.

상담자가 집단의 목표를 분명히 하고 서로 친숙하도록 하기 위해 기울여야 하는 노력의 정도는, 집단이 얼마나 성숙되어 있는지와 구성원들의 저항이 어느 정도인지에 따라 다르다. 집단의 구성단계에서 목표를 충분히 설명할 수 없었거나 상담자에 대해 긴장감이나 적대감이 있을 때에는 집단의 목표를 분명히 밝히고 이해시키는 노력부터 다시 해야 할 것이다. 그러나 구성원들이 집단상담에 참여하기를 자발적으로 원했던 경우에는, 이 참여단계가 한두 시간 만에 끝나는 경우도 있다.

2) 참여단계 집단원들의 기대 및 관심사

집단상담의 초기단계에서, 집단원들은 집단의 성질과 한계에 대하여 알고 싶어한다. 즉, 지엽적인 문제와 주위환경에 대해서 토의하거나 즉각적인 행동문제와 증상에 관심을 가짐으로써 집단에 참여하는 동안 무엇을 성취해야 하며 어느 정도의 협동이 요구되는가를 탐색하려 한다. 첫 모임에서 어떤 집단원은 상담자의 주의를 자신에게 집중시키기 위해 그의 고통이나 괴로움을 과장하여 표현하기도 한다.

집단상담의 초기모임에서 흔히 부각되는 심리적인 주제들은 의존성, 독립성, 신뢰, 정보를 교환하고자 하는 욕구, 그리고 새로운 상황에 대한 의심과 두려움 등이다.

어떤 면에서는, 집단의 초기단계에서 집단원의 관심은 집단의 일원이 될 것인지, 아닌지를 결정하는데 있다고 볼 수 있다. 집단상담의 초기단계에서 집단원들이 갖는 관심은 다음의 다섯 가지로 정리될 수 있다.

첫째, 상담집단에 처음 참여하는 사람들은 상담의 이론적 근거를 탐색하고자 한다. 집단원들은 집단에서의 활동과 자신이 가지고 있는 목표 사이에 어떤 연관이 있는지 알지 못하고 혼란을 느끼는 경우가 있는데, 이 경우 집단원들은 상황을 규정하려 하고 그러한 혼란을 반영하는 질문을 하게 된다.

둘째, 집단원간에 서로 평가를 하기도 한다. 이들은 집단에서 자신의 역할을 저울질해보고 타인에게 보여지는 자기를 알고자 하는 것이다.

셋째, 집단의 초기에는 대부분의 구성원들이 상담자에게 의존하려고 하는 경향이 있다. 특히 집단에 참여하기를 주저했던 경우에는, 상담자가 보이는 반응을 매우 중요시하며, 자신이 발언을 할 때에도 상담자를 쳐다보며 하거나 상담자에게 답변을 요구하는 듯한 태도를 보이기도 한다.

넷째, 참여단계에서 집단의 대화는 마치 사교장(칵테일 파티)에서의 대화와 같이 이야기의 내용이나 의사소통의 양식이 비교적 상동적이며 제한되어 있다. 즉, "어디서 오셨습니까?", "결혼하셨습니까?" 등의 대화를 통해 무의식적으로 "친해봅시다", "나를 이해해주시오" 등의 소망을 나타내는 것이다.

끝으로, 집단원들은 서로가 갖고 있는 유사점을 찾으려고 한다. 즉 그들은 새롭고 한편으로는 위협적이기도 한 집단상황에서 이 모임 이전에 경험했던 세계에서의 공통점이나 화제를 찾아 서로를 동일시하려는 것이다.

이렇듯 다양한 관심사를 직접 또는 간접적으로 표현하는 동안, 집단원들은 점진적으로 집단에 대한 신뢰감을 키우고 적절한 행동의 변화를 형성하게 된다고 볼 수 있다.

4.2 과도적 단계

과도적 단계는 참여단계와 엄격히 구분되지는 않는다. 말하자면, 참여단계에서 생산적인 작업단계로 넘어가는 '과도적 과정'이라고 볼 수 있다. 이 단계의 상담집단에서는 집단원 각자가 자신의 위치를 확보하고자 투쟁하며 집단원들과 상담자 사이에, 또한 집단원 상호간에 갈등이 생기며 상담자에 대한 저항이 증대된다.

과도적 단계에서 상담자의 주요과제는 집단원들로 하여금 집단에 참여하는 과정에서 일어나는 망설임이나 저항, 방어 등을 자각하고 정리하도록 도와주는 것이다. 그러므로 이 단계의 성공여부는 주로 상담자가 집단원들에게 얼마나 수용적이고 신뢰로운 태도를 보이며 상담기술을 어떻게 발휘하느냐에 달려 있다고 말할 수 있다.

1) 과정상의 특성

첫째, 집단원들 사이에서 주도권 쟁탈을 벌이게 된다. 각 집단원은 스스로 만족할 만한 주도권이나 세력을 확보하려고 하며, 이 쟁탈전의 결과로 집단내에 일종의 사회적 위계질서가 세워지게 된다. 이때 집단원들은 상대방의 부정적인 측면을 말하거나 비판하며 자신의 장점을 내세워, 보다 지배적인 위치를 차지하려고 한다. 따라서 상대방에 대한 이해나 수용을 하지 않고 지배적인 위치를 차지하기 위한 충고나 조언을 일삼기도 한다.

둘째, 집단상담자에 대한 적대감이나 저항이 표면화된다. 집단상담을 시작할 때 이미 상담자가 전능한 존재가 아님을 알고 있었더라도 집단원들은 은은연중에 상담자에게 마술적이고 비현실적인 기대를 하게 된다. 집단에 참여하기 전에는 상담자가 주로 자기만을 위해 존재할 것이라는 비현실적인 기대를 갖고 있다가 집단상담이 진행됨에 따라 자신의 기대와는 전혀 다르다는 것을 알게 되면, 상담자에게 뿐만 아니라 다른 집단원들에게도 적대감을 느끼게 된다. 이 같은 현상이 일어나는 이유를 집단원에게만 돌릴 수 있는 것은 아니다. 왜냐하면, 상담자 역시 의식적으로는 민주적인 집단을

원하면서도 무의식적으로는 의존적인 집단 속에서 자신이 권위 있는 대상
이 되기를 원하는 욕구가 잠재되어 있기 때문이다. 따라서, 상담자는 집단
상담에서 상담자가 집단원의 문제에 대하여 어떤 대답이나 해결책을 제공
하는 것이 아니고 집단원 스스로의 힘으로 해결을 탐색하는 과정이라는 것
을 집단원에게 알려주어야 할 뿐만 아니라, 상담자 자신도 이 점을 명심하
여야 한다.

셋째, 상담자 자신이 불편감이나 저항에 대한 방어가 일어난다. 특히 초
심자의 경우에는 자신이 반드시 집단에 필요한 인물이 되어야 하겠다는 생
각 때문에 집단원들이나 발생된 상황에 대하여 방어적인 태도를 보이게 된
다. 어떤 경우에는 집단원들의 부정적인 감정을 직접적으로 다루는데 불안
을 느껴 이를 억제하기도 한다. 이러한 경우, 자신의 부정적 감정을 치환시
켜 구성원 중 어느 한 사람에게 집중적으로 분노를 표시하거나, 한 사람을
속죄양으로 만드는 경우가 생기기도 한다. 또한 상담자가 가진 부정적인
감정을 직접적으로 다루지 않게 되면, 상담자 자신이 집단에 대한 흥미가
저하될 수 있다. 또한 구성원들은 상담자를 본받아서 부정적인 감정을 생
산적으로 다루는 방법을 배울 기회를 놓치게 된다. 실제로 활발한 집단이
되기 위해서는, 상담자가 '사람 자체'에 대한 공격과 '한 사람의 행동'에
대한 공격을 구별할 수 있어야 하는 것이다.

의존과 저항 사이의 갈등을 직접적으로 다루어감에 따라, 집단원들은 집
단상담자에 대한 자신의 태도를 파악하게 된다. 그러기 위하여, 상담자는
적극적으로 집단과정에 참여하여 구성원들이 서로 긴밀한 상호작용을 할
수 있도록 도우며, 그 결과 집단의 응집력을 증진시키도록 해야 할 것이다.

2) 상담자의 역할

(1) 갈등경험의 소화 및 상호교류의 촉진

과도적 단계에서 상담자는 집단원들로 하여금 갈등을 경험하고 이해하
도록 돕는다. 상대방을 미워한다는 것은 그들이 서로를 중요한 존재로 느
끼고 있다는 의미이므로, 그런 상황에서 새로운 대인관계를 학습하도록 돕
는다. 즉, 상담자는 구성원들간의 진정한 느낌이 교환되도록 격려하는데

노력을 집중해야 한다. 또한 개인적으로 호감을 느끼는 것이 위험하지 않다는 것을 보여주어야 하며, 이로써 집단원들은 과도적 과정에서 집단원들 간의 느낌과 지각내용의 상호교류가 자신들에게 얼마나 이로운가를 배우게 된다.

(2) 자기개방의 본보기 역할

초기의 불안이 어느 정도 감소되고 나면, 각 집단원은 집단 속에서 자신의 위치를 인식하며 동시에 얼마나 집단을 잘 이용할 수 있을지에 대해 가벼운 불안을 갖는 단계에 들어가게 된다. 이 시점에서, 상담자는 집단원들의 수용도와 준비정도에 따라 자신의 지도력을 적절히 그리고 제때에 발휘하여야 한다. 상담자는 스스로 개방적이 되고 경우에 따라서는 자신의 감정을 집단원들과 나누고, 자신의 행동의미를 탐색함으로써 집단에서의 믿음을 말뿐만 아니라 직접 행동으로 나타내 보여야 한다.

집단상담에서 상담자는 집단의 전개과정 중 자신의 판단과 느낌이 있다하여도 먼저 집단원들로부터 발언과 피드백을 듣는 것이 바람직하다. 즉, 상담자는 집단원들이 각자의 행동을 어떻게 자각하며 집단을 어떻게 보는가에 대해 파악하고, 각 집단원 모두가 효율적인 상담자가 되는 것을 배우도록 도와야 한다.

집단원들이 이런 지도력을 발휘하기 시작한다면, 그것은 집단이 갈등석인 과도적 단계로부터 생산적인 작업단계로 넘어가는 신호라고 볼 수 있다. 작업단계에 들어서면, 상담자의 기능은 어느 정도 완화되게 된다. 다시 말해서, 작업단계에서는 상담자가 주로 '촉진자나 요약자'로서의 역할만 하면 된다고 볼 수 있다.

3) 집단원들의 역할

대부분의 집단원들은 생소한 집단에서 밀접한 대인관계를 맺는다는 사실에 대하여 긴장과 불안을 느낀다. 집단상담에서 무엇을 얻을지 잘 모르는 집단원들은 불안을 느끼거나 다른 사람들 앞에서 자신을 드러낸다는 사실을 두려워한다. 특히 이전에 자신을 공개하였을 때 무시당했거나 거부당했던 경험을 갖고 있는 사람들은 스스로를 공개하고 밀접한 관계를 맺어야 하는 상황에 대하여 더욱 저항을 보이며 행동변화의 타당성을 믿지 않을 수도 있다.

이 시기에 집단구성원들은 흔히 다음과 같은 생각들을 하게 된다.

> "이렇게 개인적인 이야기를 하게 될 줄은 몰랐는데……"
>
> "나는 이렇게 깊이 관여하고 싶지는 않다."
>
> "감정을 나눈다는 것은 좋지만, 어쩐지 부담스럽다."
>
> "나 자신에 대해 잘 알고 싶기는 하지만, 그렇게 드러난 나를 사람들이 어떻게 볼 것인가?"
>
> "내 감정을 이야기한다면 바보처럼 보일 것이다."
>
> "정말 사람들이 나에게 관심이 있을까?"

이러한 생각 때문에 다른 사람을 관찰하기는 하지만 스스로 집단에 뛰어 들어 자신의 감정을 노출시키지는 않는 집단원이 생길 수 있다. 예컨대, 집단내에서 다른 사람들과는 다르게 보이는 '방관자' 적인 집단원이 여기에 해당되며, 그는 집단과정에서 '방해적 존재' 가 된다. 상담자는 이런 사람이 고립되거나 완전히 집단에서 떠나는 것을 방지하기 위해 집단원들로 하여금 그를 이해하고 받아들이도록 노력해야 한다. 또 다른 유형의 인물은 쉽게 거부당하는 사람이다. 이런 사람은 집단의 초기과정에서 유별난 행동으로 주목을 끌거나 다른 사람에게 충격을 주려며, 집단의 구성원들은 대개 그런 사람의 언행을 이해하기보다는 거부하는 자세를 취하게 된다. 그러나, 상담자는 그런 언행의 내면적 의미를 파악하고, 다른 집단으로 하여금 그 내담자가 진정으로 집단원들에게 기대하는 것이 무엇인지를 묻도록 한다. 오히려 직선적인 언행을 나타내는 집단원이 다른 집단원들에게 집단상담과정의 진실한 가치를 경험하도록 해줄 수도 있다. 즉, 상담자를 공격하거나 집단의 전체적 여론에 도전함으로써 집단내 상호작용의 역학관계를 명료화 하는 촉진제가 되는 것이다. 숙련된 상담자는 이런 공격과 도전을 집단의 상호작용 과정을 정착시키는데 적절히 활용한다. 예컨대, 어떤 집단원이 "나는 이런 집단에서는 빠지고 싶다"라고 말했다면, 상담자는 "그건 당신의 마음대로이다. 참석하고 싶으면 참석해도 좋고 그만두고 싶으면 그만둘 수 있다"라고 이야기함으로써, 집단에 대한 참여가 강요된 것이 아님을 집단원들에게 확인해 줄 수 있다.

어떤 집단원은 상담자를 연약한 대상으로 잘못 지각하여, 연약한 상담자를 돕기 위해서는 자신과 동맹을 맺고 다른 강력한 도발적인 집단원에게 대항해야 한다는 생각을 할 수 있다. 이런 집단원은 상담자의 편을 들어서 상담자를 옹호하려고 시도한다. 이 경우에, 상담자는 자신이 그 사람이나 다른 집단원에게 은근히 개인적인 조난의 신호를 보내지는 않았는가를 반성해 볼 필요가 있으며, 자신이 집단원에게 의존하고 있는 것은 아닌지 하는 점을 분명히 파악해야 한다.

과도적 단계에서 집단원들은 여러 가지 경험을 통하여 몇 가지 사실을 학습할 수 있다. 우선 직접적이고 정당하게 분노를 표현하는 방법을 배울 수 있다. 이제까지 자신의 감정을 제대로 표현하지 못해왔던 사람들은 적절한 감정표현을 시도해 볼 수 있으며, 적절한 감정표현이 결코 위험하거나 파괴적이 아니라는 점을 배울 수 있다. 반면에, 맹목적으로 자기주장을 해온 사람들은 다른 집단원으로부터 피드백을 받음으로써 그들의 주장이 대인관계에 미치는 결과를 학습할 수 있다. 그리고, 서로 의견을 달리하고 의견교환을 반복하는 과정에서 자신이 택한 입장을 분명히 알 수 있고, 타인의 공격과 압력에 대해 참는 것을 배우거나 타인과의 상호작용에서 좀더 절충적으로 대응하는 방법을 습득할 수 있다.

4.3 작업단계

1) 과정상의 특성

작업단계는 집단상담의 가장 핵심적인 부분이다. 앞의 단계들이 잘 조정되면 작업단계는 매우 순조롭게 진행되고, 상담자는 집단으로부터 한걸음 물러나서 집단원들에게 대부분의 작업을 맡길 수도 있다. 집단이 작업단계에 들어서면, 집단원들은 저항이나 불편감이 줄어들고, 응집력이 생기게 되며 집단을 신뢰하게 되고 자기의 마음을 솔직하게 공개하기 시작한다. 그리고, 자신의 구체적인 문제들을 집단에 가져와서 활발히 논의하며 바람직한 관점과 행동방안을 모색하게 된다. 이렇듯 집단원들이 자기 자신을 위해 어떻게 집단을 활용하며 다른 사람들을 돕기 위해 어떻게 자신의 생

각과 기술을 활용할 것인가에 대해 분명히 알게 되었을 때, 비로소 작업단
계에 들어섰다고 볼 수 있다.

2) 상담자의 역할

상담자는 집단원들이 대인관계를 분석하고 문제를 다루어 나가는데 자
신감을 얻도록 도와주는 존재라고도 말할 수 있다. 우유부단한 집단원이
자신에 대한 모종의 결정을 집단이 내려주기를 바라더라도, 먼저 자신의
행동을 스스로 결정하도록 권장하는 것이 바람직하다. 상담자는 다른 집단
원들이 어느 한 집단원의 생각이나 선택을 좌우하는 것을 막아야 할 것이
다. 한 집단원이 스스로 어떤 결정을 하거나 자기의 생각을 행동으로 옮기
려고 한다면, 다른 집단원들은 이를 뒷받침해 주고 격려해 주지만, 그를 위
해서 어떤 결정을 대신해 주어서는 안된다. 집단원 스스로 선택한 행동계
획이 실패하거나 부분적으로 성공하더라도, 집단으로서는 그 문제와 관련
된 상황을 토론하고 집단원의 입장을 이해하려고 노력했다는 면에서 그 나
름대로 생산적인 면이 있는 것이다.

집단원 가운데에는 집단에서의 경험이 유익하고 집단상담에 대하여 큰
의미를 느낄 때 이를 외부사람과 나누고 싶어하는 경우가 나타난다. 이때,
상담자는 이 문제를 집단에서 충분히 논의하도록 해주는 것이 필요하다.
이는 집단상담에서 이루어진 집단원들의 사적인 고백들에 대한 비밀보장
의 문제와도 관련되기 때문이다. 대부분의 집단은 비밀보장이 잘 되지만,
그렇다고 하더라도, 상담자가 집단 밖에서 집단의 경험을 이야기할 경우에
발생할 수 있는 문제점을 설명하고 개인의 신상에 관해서는 집단 밖에서
말하지 않도록 적절한 주의를 줌으로써 집단원들 모두가 안심하고 집단상
담에 임하도록 해줄 수 있다.

3) 집단원의 역할

작업단계에서는 집단원들이 높은 사기와 분명한 소속감을 갖는 것이 특
징이다. 이 단계에서, 집단원들은 '우리 집단' 이라는 느낌을 갖는다. 집단
원들이 집단의 모임에 빠지지 않으려 하고, 일상생활의 과정에서 일련의

문제가 발생되었을 때는 집단에 와서 문제해결을 매듭짓기 위해 스스로의 결정을 보류하기도 한다. 그러나 집단에 대한 자부심이 점차로 커지고 집단이 결속되어감에 따라 집단에서 부정적 감정의 표현을 오히려 억제하는 경향이 생길 수도 있으므로, 상담자는 이 점에 유의할 필요가 있다.

이 시점에서는, 집단원들이 전반적인 규칙을 알게 되고 집단내에서의 언행에 대해서는 스스로 책임을 져야 한다는 것을 알게 된다. 그리고 각 집단원들간에 서로 열심히 도우려 하는 경향도 나타난다. 상담자는 이 단계에서 집단원들간에 서로 경쟁적으로 도우려 하거나 명석한 통찰과 처방만을 제공하는 분위기가 되지 않도록 주의해야 하며, 진정한 자기감정의 표출과 교류가 이루어지도록 도와야 한다.

직업단계에서의 통찰만으로는 행동을 변화시키기에 부족하다. 즉, 행동의 실천이 필요한데, 그러기 위해서는 집단원들로 하여금 실천할 수 있는 용기를 북돋아주고, 특히 어려운 행동을 실행해야만 하는 처지의 집단원에게는 기타 집단원들과 함께 강력한 지지를 보내주는 방식으로 행동실행을 위한 용기를 갖도록 한다. 집단상담이 개인상담보다 유리한 점 중 하나가 바로 이런 경우이다. 한 개인이 직면한 문제를 다른 동료가 이해하고 공감해주며, 각자의 비슷한 경험에 비추어 문제를 해결하려는 노력이 이루어지기 때문이다.

그러나 집단원이 된다는 것이 개인에게 행동변화를 보증해 주는 것은 아니다. 어떤 사람들은 쉽사리 집단상담에서 처신하는 '요령'을 배우지만, 이렇게 요령만 가지고는 자신의 문제해결이나 발전에 아무런 혜택을 받지 못한다. 집단원들은 흔히 집단상담자가 변화를 가져다 줄 것으로 기대하고 자신들은 소극적으로 상담자의 지시에 따르기만 하면 되는 것으로 생각하기 쉽기 때문이다.

4.4 종결단계

1) 과정상의 특성

집단상담의 종결단계는 어떤 면에서는 하나의 '출발'을 의미한다고 볼 수 있다. 즉, 상담자와 집단원들은 집단과정에서 배운 것을 미래의 생활 장면에 어떻게 적용할 것인가를 생각해야 한다. 집단원 각자의 첫 면접기록과 현재의 상태를 비교한 후, 일정한 정도의 진전이 있다면 상담자는 종결을 준비한다. 이러한 판단은 적어도 집단에 참여할 때 약정했던 목표가 달성되었을 때 가능하다. 다시 말하면, 자신을 사랑할 수 있고, 문제적 상황들에 융통성 있게 대처하며, 자신의 가치를 신뢰하고, 이를 추구하게 되었다면 집단상담을 종결하여야 한다.

2) 상담자의 역할

(1) 종결시기의 결정

종결해야 할 시간이 가까워지면, 집단관계의 종말이 가까워오는데 대한 집단원들의 느낌을 토의하는 것이 필요하다. 종결의 시기를 미리 결정하지 않았던 집단에서는 언제 집단을 끝낼 것인가를 결정해야 한다. 미리 정해진 한계가 없을 때에는 얼마나 오랫동안 만나야 할지를 결정하기가 어렵기도 하지만, 어떤 시점에서든 상담자가 집단을 종결할 필요가 있다고 느껴지면 이를 공개적이고 정직하게 집단원들과 토론해야 할 필요가 있다. 어떤 경우에는 점진적인 종결이 제안되기도 한다. 즉, 매주 만나던 집단이 2주에 한 번이나 한 달에 한 번씩 만나는 것으로 횟수를 줄여 가다가 종결하는 방법이다. 상담자의 시간은 제한되어 있는 경우가 많으므로, 집단원들은 정규적인 상담이 끝난 후 자기들끼리만 모이기를 원할 수도 있다. 이때에는, 반드시 집단원으로서의 각자의 책임과 성실한 자세에 대하여 다시한번 강조하여 두는 것이 중요하다.

(2) 종결에 대한 감정 다루기

청소년들로 이루어진 집단에서는, 집단이 종결될 때쯤에 정도의 차이는 있지만 거의 예외 없이 거부당했다는 느낌을 받게 되기 쉬우며, 상담자가 아무리 노력을 하더라도 청소년들이 경험하는 이 부정적인 느낌을 막을 수는 없다. 그러나 적어도 그들에게 진정한 관심이 있다는 것을 보여주고, 이후에라도 집단원들간에 서로 돌보아 주도록 해줄 필요는 있다. 그리하여 집단으로서 더 이상 존재하지 않을 때에도, 집단원들간의 유대관계가 지속되도록 노력하는 것이 필요하다는 점을 집단원들이 이해하도록 해야 한다. 또한 상담자와 차후에 연락할 수 있는 방법을 알려주는 것도 한 해결방법이다. 집단원간의 의미 있는 관계가 형성되었을 경우에 종결을 섭섭히 여기는 현상은 필연적인 것이다. 종결단계에서는 대부분의 사람들이 집단의 구성원으로 참여했던 것을 만족해하며 집단에서 자유스럽게 자기의 감정, 두려움, 불안, 좌절, 적대감 등의 여러 가지 행동을 무엇이든 표현할 수 있었던 것에 만족해한다. 실제로 집단상담의 주요목표 중 하나인 누구나 친밀하게 돌보아 주는 인간관계가 가능하며, 또한 자신도 타인으로부터 친절한 조언이나 비판 등을 받을 수 있음을 체험하는 것이다.

(3) 집단원들의 지속적 변화를 격려

상담자는 집단상담의 전 과정에서 집단원들이 각자의 행동에 대한 자기통찰을 향상하도록 훈련시켜야 하지만, 특히 종결부분에서는 앞으로의 행동방향에 대해서 주의를 기울이도록 상기시켜야 한다. 이 단계에서 적용되는 기본적인 원리는, 집단에서 경험하고 배운 것을 일상생활에서 적용할 수 있으며 또 적용하여야 한다는 점과 자신을 보다 더 깊이 이해하고 타인을 수용하면서 살아갈 수 있다는 것이다. 요컨대, 집단상담의 경험은 집단원들이 집단을 종결한 이후에라도 주위 사람에 대해서 지배나 경쟁보다는 조화를 추구하고, 감정의 적절한 조절을 통하여 자신의 수양과 성숙을 위해 더욱 노력하는 계기가 되어야 할 것이다.

3) 집단원들의 역할

집단원들 주요 역할은 자신을 돌아보기와 기타 구성원들에 대한 피드백 나누기의 두 가지 측면에서의 역할이다. 우선, 집단과정에서 가장 중요했던 순간들을 회상하고 서로 나누게 되며 집단과정을 통하여 자신이 느낀 점, 해결된 점, 아직도 남아있는 미해결 문제, 앞으로의 걱정 등 부분에 대하여 생각해보고 나누기를 실시한다. 이러한 과정을 통하여 집단상담과정에서 자신이 받은 경험을 다시 한번 통합하게 되고 앞으로 일상생활에서 더 적용하기 쉽게 되고 자신의 작업이 기타 집단원들에게 미친 영향을 알게 된다. 다음으로 기타 집단구성원에 대한 소중한 피드백과 격려를 나누면서 집단원들과의 친밀감을 공유할 수 있다. 이 밖에 집단원들은 집단과 집단상담자에 대한 평가를 실시할 수 있다.

 연 구 문 제

1 집단의 물리적 환경(공간배치 등)과 집단역동은 어떤 관계가 있는가?

2 집단의 인적환경(집단크기, 집단구성원의 성격 등)과 집단역동은 어떤 관계가 있는가?

3 집단지도 및 훈련, 집단상담, 심리치료 집단에서의 집단역동의 작용정도와 특성을 알아보자.

4 집단상담의 각 단계별 특성과 상담자의 역할은 어떠한지 알아보자.

 **참 고 문 헌**

김진숙 외 2인 옮김(2012). 집단상담의 과정과 실제, 제2부 집단상담과정. 121~325 (M.S. Corey, G. Corey, & C. Corey, 2008, Groups: Process and Practice).

김창대 외 9인 옮김(2004). 집단상담의 실제: 진행과 도전, 센게이지러닝; 첫 번째 프로그램, 20~105 (G. Corey, N.S. Corey & R. Haynes, 2000).

서울대학교 사회심리학 연구실 역(2001), 집단역학(Forsyth, D. R., 1999), 서울: 시그마프레스.

최해림 · 장성숙 옮김(2008). 집단정신치료의 이론과 실제, 하나의학사(I.D. Yalom & M. Leszcz, 2005), 5, 8, 9, 11장.

Brown, R. (2000). Group Processes: Dynamics within and between groups(2nd ed.). Malden: Blackwell.

Corey, M. S & Corey, G. (2003). Becoming a Helper(4th ed.). Pacific Grove, CA: Brooks/Cole.

Yalom, I. D. (1995), The Theory and Practice of Group Therapy (4nd ed.), New York: Basic Books.

집단상담자의 특성과 역할

3_장

본장에서는 집단역동에 관한 기본적 이해를 바탕으로 상담자가 집단과정에서 어떤 역할을 담당하고 어떤 임무와 과제를 수행해야 하는지를 주로 다루고 있다. 그리고 집단상담자로서 거쳐야 할 전문적 훈련과정을 설명했다. 독자들은 특히 집단규범의 형성과 과정중심적 논평에서의 상담자의 전문적 역할에 관하여 집중적인 학습이 될 것이다. 아울러, 집단상담자가 되기 위해서는 이론적 지식 외에 어떤 실제 지도과정이 필요한지를 이해하기를 바란다.

1. 집단상담자의 임무와 과제

여기서는 상담자의 임무와 그 임무를 수행하는 데 필요한 기본적 접근 방법들을 소개하고자 한다. 집단상담의 모든 방법들은 상담자와 집단구성 원들간에 형성되는 궁극적인 관계를 바탕으로 이루어져야 한다. 따라서 집단구성원들에 대한 상담자의 기본자세는 관심, 수용, 진지함 그리고 공감적인 태도를 포함하여야 한다. 이러한 기본자세가 따르지 않는 한 상담자의 어떠한 노력도 의미있는 성과를 가져올 수 없다.

집단상담자의 임무를 다음의 세 가지 주요 차원으로 나누어 살펴보고자 한다. 즉, (1) 집단의 구성 및 유지, (2) 집단분위기의 조성, (3) 집단규범의 설정 등이다.

1.1 집단의 구성 및 유지

상담자는 집단의 발전단계들에 관한 명백한 인식을 가져야 하며, 집단을 구성하고 지속시켜야 할 책임이 있다. 상담자가 집단원들에게 도움이 되기 위해서는 집단원들과의 관계에 있어서 순수성과 긍정적인 관심을 유지해야 하며, 공감적 이해의 표현 등을 집단장면에서 실천할 수 있어야 한다. 또한 집단의 유지를 위해 적합한 장소를 마련하고 집단의 지속기간과 매회 모임에 있어서의 지속시간을 결정하며 집단의 크기에 대한 방침을 수립해야 한다.

집단상담의 구성 및 분위기 조성에 관한 전반적인 틀(원칙)은 초기단계에서 이루어진다. 집단에 참여할 내담자들을 선정하는 문제라든가 집단과정에 임하는 집단 구성원들의 기대 및 자세는 집단과정의 운명에 매우 큰 영향을 주게 마련이다. 집단이 구성되고 나면 집단원의 탈락을 막기 위해, 상담자는 그의 첫 번째 역할인 집단의 '문지기' 역할에 충실하여야 한다. 또한 상담자는 집단참여자들이 소화할 수 있는 적절한 수준의 분석적 해석과 기법들을 사용하여 집단내의 상호관계와 전체집단의 흐름 등을 바람직한 방향으로 촉진시켜야 한다. 그러나 상담자의 이러한 노력에도 불구하고 집단과정의 초기에서 탈락하거나 낙오하는 구성원은 '상담실패자'(혹은 부적격자)로 간주되어야만 한다. 이러한 내담자들은 집단으로부터 도움을 받지 못할 뿐만 아니라 집단에 남아 있는 다른 구성원들에게는 오히려 방해적인 영향을 미칠 수 있다. 따라서 집단상담의 과정에서 이런 낙오자가 생길 경우, 상담자는 폐쇄집단이 아닌 이상 새로운 구성원을 보충하여 집단의 안정성을 유지하도록 해야 한다.

초기단계에서는 집단구성원들이 서로 낯설기 때문에, 자기를 공개하거나 타인을 깊이 이해하기보다는 일상적인 행동양식이나 형식적인 대인관계가 생기게 마련이다. 따라서 상담자는 구성원들이 위협을 느끼는 자극이나 긴장을 감소시키고, 우선 자기탐색(검토)을 촉진시키는 집단풍토를 조성하는 데 노력해야 한다. 또한 초기단계에서는 구성원들이 집단에서 이루어지는 다양한 움직임의 상호관계를 이해하지 못하기 때문에, 상담자가 구성원들간의 사회적 관계, 즉 서로 관심을 갖고 상호작용을 하는 분위기가 되도록 도와주어야 한다. 상담자는 이렇게 집단상담의 과정이 발전되도록 일관되게 따뜻하고, 긍정적이며, 수용적인 태도로서 집단에 임해야 한다. 특히 초기단계에서는 상담자의 긍정적이며 수용적인 태도가 거의 무조건적일수록 집단구성원들이 안심하고 상호작용을 할 수 있으며 집단과정도 바람직하게 진행될 것이다.

1.2 집단분위기의 조성

집단이 구성되면 상담자는 집단을 '상담집단'으로 만드는 데 전심전력해야 하며, 집단의 상호작용을 이끌어줄 일련의 행동규칙과 규범을 설정하도록 해야 한다. 상담자는 집단구성원들의 바람직한 행동변화를 위해 스스로 적극적인 활동을 할 수 있도록 유도해야 한다. 집단구성원들은 이러한 집단풍토에서 자기 개인은 물론 상담자나 전체 집단에 대한 신뢰의 태도를 지니게 된다. 바로 이 점이 개인상담자와 집단상담자의 역할에 있어서의 결정적인 차이이다. 개인상담장면에서는, 상담자가 유일하게 선정된 직접적인 대상인물로 작용한다. 한편 집단상담 장면에서는, 집단 전체 혹은 구성원들간의 상호관계를 토대로 신뢰하고 수용적인 분위기가 개인의 태도 및 행동변화의 중요 결정요인으로 작용한다. 즉 집단상담자가 집단 상호작용에 알맞는 형태로 최대한의 집단분위기를 만들어 내지만, 주로 집단구성원들의 상호관계(또는 상호작용)에 의해서 집단이 변화되어가는 것이다.

집단상담은 일반 사회관계에서의 전형적인 규칙이나 예의와는 근본적으로 다른 규범들을 갖고 있다. 즉, 집단구성원들은 그들이 속해 있는 집단이나 다른 구성원과 상담자와의 관계에서 자신의 감정을 표현하는 데 자유로와야 한다. 다시 말해서, 집단상담에서는 표현의 정직성과 자발성이 존중되어야 한다는 규범이 있다.

집단에서의 응집성은 수용과 이해의 분위기 때문에 예상되는 것이지만, 충돌과 적대적인 표현도 동시에 허용되는 곳이 상담집단이다. 요컨대, 상담집단의 바람직한 분위기는 타인에 대한 긍정적인 수용, 적극적인 자기공개, 보다 사실적인 자기 이해의 노력, 현재의 행동양식을 개선(또는 향상)시키려는 열망 등이 활발하게 나타나는 집단풍토이다. 바로 이러한 집단분위기나 집단규범은 어떤 집단에서도 항상 발생할 수 있다. 물론 그것이 건설적일 수도 있고 때로는 파괴적일 수도 있으며, 명시적으로 나타날 수도 있고 함축적으로 나타나기도 한다.

1.3 집단규범의 설정 및 예시

한 집단의 규범은 집단구성원들의 집단에 대한 기대, 상담자와 비교적 더 영향력이 있는 구성원들의 직접적 · 간접적인 지시나 제안 등에 의해서 설정된다. 집단에 대한 구성원들의 기대가 확실하지 않고 집단경험이 있는 참여자가 한 사람도 없을 때에는, 상담자는 지도자의 입장에서 최선의 상담분위기가 형성되도록 이끌어야 한다.

특히 초기단계에서는, 상담자가 집단규범의 성격과 규범이 형성되는 속도에 있어서 암묵적이지만 강력한 역할을 한다. 여기서 '암묵적' 역할이란 특히 집단원들의 기대가 확실하거나 집단원들 중에서 규범형성에 선도적인 역할을 하는 사람이 있을 경우에 해당된다. 이런 경우에는 상담자가 모든 것을 직접 선도하지 않고 암시적으로 지지하거나 종합해주는 입장이 된다. 초기단계에서 집단구성원의 행동에 대해 상담자가 즉각적으로 논평을 하게 되면 그 사람은 집단과정에서 관심의 초점이 되기 쉽고, 다음의 모임에서도 자신이 주목의 대상이 될 것이라는 생각을 갖게 된다. 이와 같이 상담자의 반응은 집단규범의 형성에 상당한 영향을 미치게 마련이다.

이런 현상을 최소화하면서 집단원들의 언행에 관한 적합한 규범을 수립하지 않으면, 집단의 응집성이 피상적인 수준에 그칠 가능성이 많다. 집단원들 상호간에 그리고 상담자와 집단원 사이에서 적절한 행동과 반응들이 교환될 때, 집단원들이 상담자 및 집단 전체와의 일체성을 느끼게 될 것이다. 초기단계에서 설정된 규범들은 집단과정에서 집단원들의 활동기준 또는 안전판으로써 오래도록 지속된다. 즉, 일단 설정된 집단규범은 영속성이 있다. 따라서 상담자는 집단과정에 관한 자신의 경험과 지식을 토대로, 그리고 세심한 감각으로 규범설정의 촉진자 역할을 수행해나가야 한다.

1.4 집단상담자의 기본적 역할

1) 상담자의 지도력: 강화자로서의 역할

전문적 지식을 갖춘 상담자는 자신이 바람직하다고 생각되는 방향으로 집단을 이끌어 나가는 데 여러 가지 지도력을 발휘한다. 이 중에는 다양한 기법의 활용도 물론 포함된다. 특히, 자부심이 강한 상담자는 자신을 집단에서의 사회적 강화자로 고려하고 싶지 않더라도 무의식적으로 영향력을 발휘하게 된다. 어느 면에서는, 모든 형태의 심리상담은 상담자가 사회적 강화자가 되는 조작적 조건화에 의한 학습과정이라고 볼 수 있다. 즉, 상담자의 반응이 집단원의 성숙한 행동을 강화하고 미성숙한 행동은 제지시키는 상·벌의 단서로 작용하는 사회적 자극이 된다. 자기의 이 사회적 영향력을 의식하는 상담자는 집단과정에 있어 더욱 더 효과적이고 일관성있는 영향력(강화 혹은 제지)을 발휘하려고 노력할 것이다. 그리고 경험이 많은 상담자는 이런 원칙에 신축적으로 또는 직관적으로 대응할 것이다.

2) 모범 제시의 참여자: 본보기로서의 역할

상담자는 집단구성원이 새로운 행동변화를 시도해 나갈 수 있는 환경적 분위기를 만들어주기 위해 상담자 자신이 집단과정에서 본보기가 된다. 상담자는 집단원들의 장점을 인정하고 무비판적인 수용의 자세를 취함으로써 바람직한 집단분위기의 형성을 촉진할 수 있다. 즉 상담자는 구성원들의 자기노출을 유도하되, 구성원들이 가지고 있는 현재의 욕구수준을 감안하면서 대체로 집단의 발달단계에 부합되는 행동을 보여야 한다. 상담자가 완전하고자 하는 욕구가 너무 강하면, 자신의 지도력 및 그 효과에 집착하게 됨으로써 집단의 자발성을 방해하는 결과를 초래한다. 따라서 상담자는 자기가 개입해야 할 시기와 방법에 유의하면서, 동시에 집단 구성원들에게 모범이 될 수 있는 반응을 하는 것이 중요하다.

3) 집단규범 형성을 위한 상담자 역할

〈자기공개의 격려〉 자기공개는 집단상담 과정의 필수적인 요소이다. 바람직한 행동의 변화를 가져오기 위해, 상담자는 집단행동에 관한 구조를 제시한다든지, 약간의 개념적 설명을 함으로써 집단구성원들이 좀더 적극적인 방법으로 자기공개를 할 수 있도록 계속적인 지지와 격려를 해야 한다. 이러한 과정에서 상담자는 부정확한 생각이나 기대 등을 자세히 검토하도록 도와주게 된다. 이렇게 상담자는 집단에서의 효과적인 행동에 관한 기본 원칙과 명백한 지침을 제시하고, 이 원칙과 지침에 따른 모범적인 행동을 격려하고 지지함으로써 집단의 발전을 도울 수 있다.

〈솔직하고 자연스러운 언행의 촉진〉 집단과정에서의 바람직한 행동방식은 틀에 잡혀 있지 않고 사전연습이 없는 자유로운 행동이다. 그리고 자신이 느낀 감정에 솔직히 그리고 가능하면 직선적으로 표현하는 것이 집단상담에서 기대되는 행동규범에 속한다. 상담자는 바로 이런 솔직한 언행을 지지하고 격려한다.

〈상호이해적 태도의 촉진〉 상담자는 집단원과의 관계 속에서 진실된 태도로 임하면서, 스스로 구성원들에 대한 무조건적인 존중을 경험해야 한다. 또한 내담자들에 대한 공감적인 이해반응을 시범함으로써 집단구성원들의 상호 이해적 태도를 유도하거나 촉진할 수 있다. 공감적 이해는 상담자가 구성원들의 입장 혹은 내적 참조준거(internal frame of reference)를 정확하게 인지하고 그 참조준거와 관련된 감정과 의미까지도 함께 느끼며, 그 느낀 감정의 요점을 상대방에게 전달하는 것이다.

상담자의 진실성, 수용, 공감적 이해는 구성원들로 하여금 자신들의 욕구불만을 해소하고 보다 안전하고 자유로운 분위기 속에서 자신들을 이해하고 수용할 수 있게끔 하는 것이다. 상담자는 집단원들간의 유대를 강화함으로써 집단의 잠재력을 증가시키고, 집단에 대한 지지와 정보 제공을 통해서 집단구성원들로 하여금 집단에 대한 중요성을 인식시키고, 소속감을 높이게 된다.

〈비생산적인 행동에 대한 개입〉 집단구성원들 서로가 의미 있는 도움을 주고 있다고 인정될 때 집단에서의 생산적인 변화가 일어날 수 있다. 그러므로, 가령 모든 것을 상담자에게 의존하는 구성원들의 태도가 발견될 때에는 그의 자율성과 자존심을 희생시키더라도 그러한 의존적 언행을 억제, 제지시켜야 한다. 그 밖에 상담자가 개입해야 하는 비생산적인 행동들에는 침묵, 순서대로 말하기, 자기고백의 강요, 화제의 독점, 피상적 화제의 지속 등이 포함된다.

〈'지금-여기'에 직면시키기〉 지속적인 행동, 성격의 변화를 지향하는 집단상담이 다른 집단과 다른 점은 '지금-여기'(here and now)의 상태에서 자신이 느낀 감정을 자유롭게 표현하도록 하는 것이다. '지금-여기'에서의 주된 관심은, 첫째로 집단구성원들이 다른 집단구성원, 상담자 또는 집단에 대한 그들의 느낌을 자유롭게 표현하는 것이고, 둘째로 자신이 느낀 감정이나 신념에 직면함으로써 자기내면세계의 비합리성을 자각하도록 하는 것이다. 이 두 가지 점이 함께 작용할 때 집단상담은 보다 효과적이 된다. 따라서 상담자는 집단을 '지금-여기'의 방향으로 이끌어 나가야 하고, 구성원들의 노력이 이것에 투입되도록 해야 한다. '지금-여기'의 직면과정에서는 상담자가 집단구성원들의 시각이나 호흡을 반드시 함께 할 수는 없다. 그 이유는 직면되는 구성원 당사자나 다른 집단구성원들에게 저항과 당혹감 등을 불러일으킴으로써 대체로 긴장된 분위기를 만들기 때문이다.

한편 집단과정에서는 통제와 지배를 둘러싼 많은 갈등이 생기게 마련이고, 이것은 구성원들뿐만 아니라 상담자 자신에게도 해당되는 문제이다. 그러므로 상담자는 자신의 경험과 지식을 토대로 하여 자기의 통제-지배력 행사로 인한 집단원들의 긴장감과 저항을 최소화시키는 데 유의해야 한다. '지금-여기'에 집중시키는 효과적인 방법은 무엇보다도 집단구성원들이 집단장면에서 '스스로 느끼고 경험하는 것을 자유롭게 표현할 수 있도록 하는 것'으로부터 시작된다. 그리고 상담자는 집단구성원들의 바람직하지 않은 행동결과를 지적하고, 그러한 행동의 의미와 동기에 대해 해석을 해주어야 한다. 중요한 점은 상담자가 효과적인 상담방법에 기초한 상담의 전략과 집단구성원들의 동기 및 수준을 완전히 파악하고 있을 때에, '지금-여기'에의 직면방법이 보다 효과적이 될 수 있다는 것이다.

2 집단과정에서의 상담자의 역할

집단상담은 집단원들이 외부 압력이나 비난에 대한 두려움을 내려놓고 새로운 행동과 문제해결적인 관점 등을 현실적으로 검증해 볼 수 있는 무대를 제공해 준다. 따라서 상담자는 집단원들간에 서로의 관심사나 감정들을 터놓고 이야기할 수 있도록 배려를 해줌으로써, 집단구성원들이 소속감과 동료의식을 느낄 수 있는 분위기를 조성해주어야 한다. 아울러, 집단구성원들의 행동변화에 대한 의욕을 고취시키고 그런 의욕을 행동으로 실천할 수 있도록 도와주어야 한다. 또한 집단과정에서 학습된 것을 자신의 일상적 삶의 현장에서도 실천할 수 있도록 하는, 즉 변화의 일반화를 촉진시켜 주어야 한다. 상담자가 이와 같은 집단상담에서의 주요임무를 수행하기 위해서는, 집단과정에 관한 기본적인 지식과 인식을 갖추고 있어야 한다.

집단상담의 과정에서 상담자가 갖추고 있어야 할 인식 및 고려해야 할 주요 사항들은 다음과 같다.

⑴ 집단상담의 진행과정에 대한 상담자의 관점은 무엇인가? 즉, 상담자 자신은 집단과정을 어떻게 인식하고 있는가?
⑵ 집단원들이 과정중심적으로 생각하고 행동하도록 하려면 상담자가

어떻게 도와주어야 하는가?

(3) 집단과정에 관한 상담자의 명료화 및 해석에 대한 집단원들의 수용 능력을 상담자가 어떻게 증가시킬 수 있는가?

2.1 집단과정에 대한 상담자의 인식

상담자는 집단과정에 대한 해석이나 설명을 하기 전에, 집단상담의 과정에 대한 스스로의 인식을 정리하고 있어야 한다. 경험이 많은 집단상담자는 이것을 의도적으로 하기보다는 자연스럽게 한다. 즉, 집단의 진전과정을 관찰하면서 자연스럽게 집단과정에 참여하는 가운데, 내담자들이 말하는 내용뿐만 아니라 그들이 집단과정의 특정시점에서 정말 말하고자 하는 의미가 무엇인지를 파악한다. 초보적인 상담자가 이런 능력을 충분히 갖추기는 어려운 일이지만, 이것은 집단상담자라면 반드시 갖추어야 할 능력이라고 하겠다. 집단과정에 대한 상담자의 인식을 촉진시키는 몇 가지 지침이 있다면 다음과 같다.

(1) 집단원들의 비언어적 행동에 관한 관찰자료를 활용한다(집단원들의 시선, 자세, 복장 등에 주목하고 누가 어디에 앉고 누가 지각하는지 등을 관찰한다).

(2) 의사소통에서 생략된 부분이나 대상을 주목한다(이야기됨직한 이성 및 가족에 대한 언급을 생략하거나, 특정집단원에 대한 언급의 회피, 결석자에 대한 언급의 생략, 상담자에 대한 당연한 질문의 생략 등).

(3) 상담자에 대한 집단원의 느낌에 주목한다(상담자를 보호막이나 적대적 대상으로 여기는지, 상담자가 없는 모임에서는 어떤 반응들이 있는지 등).

상담자는 위와 같은 몇 가지 지침을 유의하면서 각 상황에 적절한 반응을 하며, 그에 따라 집단상담의 목표에 부합하는 집단분위기가 지속되도록 한다. 요컨대, 상담자는 집단원들이 서로간에 대화를 충분히 그리고 골고루 나눌 수 있도록 고려하면서, 집단원-상담자 및 집단원들 상호간의 바람직한 교류가 일어날 수 있도록 전체 집단의 흐름 등을 정확히 인식해야 한다. 여기에 관련된 상담자의 역할은 다음과 같다.

1) 집단 긴장의 처리

모든 집단에는 어느 정도의 긴장이 존재한다. 예를 들면, 상호지지적인 느낌과 경쟁적인 느낌간의 괴리, 남을 도우려는 태도와 자기를 드러내고 싶은 욕망간의 갈등, 집단의 흐름 속에 몰입하려는 바람과 자신의 개성이 상실될지 모른다는 두려움간의 갈등, 더 나아지려는 소망과 집단 안에 그 대로 안주하려는 생각간의 불일치, 그리고 집단원들 중에서 영향력의 우위를 차지하려는 투쟁 등이 집단장면에서 흔히 나타나는 긴장이다.

이러한 긴장상태는 긴장을 깨는 어떤 사건이 터지기까지 혹은 집단장면에서 그런 긴장이 강력하게 분출될 때까지 수개월 동안 드러나지 않을 수도 있다. 상담자는 이러한 긴장상태를 외면해서는 안 된다. 상담자는 집단적 긴장상태에 대한 인식을 가짐으로써 집단과정의 성격을 그 만큼 더 잘 파악하게 되고, 또 적절히 대처할 수 있게 된다. 때로는 긴장이 집단의 상호작용을 촉진하는 보이지 않는 미묘한 원동력이 될 수 있다.

집단상담자가 취하고 있는 이론적 배경과 집단의 구성요소 등에 따라 다르기는 하지만, 집단상담에서는 다루기 어렵고 집단과정에 방해가 될 수 있는 '문제 내담자'가 있게 마련이다. 이러한 경우에는 가장 먼저 집단원의 전이감정과 상담자의 역전이 현상의 가능성을 검토해보아야 한다. 또한 상담자가 다루기 힘든 집단원이 어떤 특성을 갖고 있는지, 그리고 문제행동의 근본원인이 무엇인지를 충분히 검토해보는 것이 선행되어야 한다. 문제 집단원을 다룰 때에는 문제행동을 확대해석하거나, 집단원의 인격 자체를 거부한다는 인상을 주거나, 또는 집단원을 일방적으로 침묵시켜서는 안된다. 대신에, 집단원으로 하여금 그의 행동이 어떤 영향을 주고 있는가를 발견하도록 일깨워 주어야 한다. 즉 그러한 행동을 하게끔 하는 심리적 갈등을 이해하여 공감해주고, 타인의 반응을 통해 자기가 어떤 위치에 있는가를 알아차리도록 하는 것이다. 요컨대, 문제 집단원으로 하여금 집단교류에 참여하도록 상담자가 초대하는 형식으로 다루는 셈이다. 따라서, 여기서 중요한 것은 다른 집단원들의 공통된 반응이며, 문제 집단원이 자기 태도의 비효율성을 스스로 인식하도록 하는 상담자의 노력이다. 이렇게 하여도 자기의 언행을 바꾸지 않고 계속 문제행동을 할 경우에는, 따로 개인 면담을 통해 이를 해결하거나 집단에서 탈퇴하도록 권유할 수도 있다.

2) 집단원들의 1차적인 과제와 2차적인 만족

집단원이 집단과정을 통해 성취해야 할 과제(문제해결, 행동변화 등의 노력)와 집단원이 집단에서 느끼는 만족감(유대감, 자기에 대한 인정 등)간의 갈등에서 오는 역동적 긴장은 치료적 집단과정을 인식하는 데 유용한 자료가 된다. 이런 유형의 긴장은 특히 집단과정에 관한 상담자의 논평에 대한 집단원들의 저항요인을 밝히는데 유용하다.

〈집단원들의 1차적인 과제〉 집단원들의 1차적인 과제는 그들이 도움을 구하고 괴로움으로부터 해방되거나, 다른 사람들과 보다 생산적인 인간관계를 형성하는 것이다. 집단원들은 상담경험을 통해 무엇을 성취하고자 하는지(즉, 자기들의 1차적 과제가 무엇인지)를 자각해야 하며, 특히 상담자는 집단원들이 자신들의 과제를 수행하기 위해 집단안에서 무엇을 해야 하는지를 분명히 의식하도록 조력해주어야 한다.

〈2차적인 만족〉 집단원들의 2차적인 만족이란 원래는 예상하지 않았으나 집단과정에서 부수적으로 얻게 되는 '소득'이다. 즉 집단에 참여한 근본목적이나 집단에서 수행해야 할 과제와는 별개의 일시적인 만족 등이다. 집단원들은 1차적 과제뿐만 아니라, 집단에서 일어나는 2차적인 만족에 우선적 관심을 갖는 경향이 있다.

2차적 만족에는 다음과 같은 것들이 있다.

- 다른 사람들과의 편안한 관계.
- 원하는 자신의 이미지가 집단에 투사되는 것.
- 집단에서의 자신의 역할(발언, 행동 등)이 주목받는 것.
- 자신이 성적인 매력이 있고, 현명한 사람으로 인정받는다고 생각되는 경우 등.

이러한 2차적 만족은 집단원들의 1차적 과제의 수행을 방해한다. 즉, 자신의 관심과 활동을 상담적인 노력으로부터 집단안에서의 부수적인 만족을 추구하는 쪽으로 전환시키는 것이다. 이렇게 되면, 자신에 관한 정보를 숨기거나 자신을 정확하게 표현하지 않고 상담자의 도움을 거부하며, 다른 사람에게 도움을 주는 것도 거부한다. 2차적 만족의 추구가 상담적 작업을 방해한다는 점에서, 개인상담에서 내담자의 저항과 성격이 유사하다고 볼 수 있다. 집단상담장면은 집단원들에게 2차적인 만족을 느낄 수 있는 범위가 넓다는 점에서 개인상담과 양적인 차이가 있을 뿐이다. 종종 집단원이 자기의 불안 때문에 문제의 탐색과 변화에 저항함으로써 상담 작업이 방해를 받기도 하지만, 집단원 스스로 이 2차적인 만족에 안주하기 때문에 더욱 방해를 받는다. 그러므로 집단과정에 있어서 상담자의 가장 중요한 역할은 집단원으로 하여금 자기들이 수행해야 할 1차적 과제, 즉 집단상담에 참여하는 기본적인 이유를 일깨워 주는 것이라고 말할 수 있다.

3) 상담자 자신의 느낌에 주목

앞에서 말한 것들은 상담자가 집단의 과정을 인식하고 파악하는 데 유용한 자료들이었다. 그러나 상담자에게 있어서 집단과정을 인식하는 중요한 단서는 아마도 집단모임에서 상담자 자신이 체험하는 느낌일 것이다. 집단과정에 대한 상담자의 느낌은 이전의 유사한 집단장면에서 여러 번 겪는 경험에 바탕을 둔 것이다. 숙련한 상담자는 자신의 느낌을 마치 미생물학자가 현미경에 의존하듯이 중요하게 활용한다. 즉 자기의 느낌에 주목하고 필요하다면 자기의 느낌을 집단원들에게 표현함으로써, 상담적 작업의 촉진제가 되도록 한다. 만일, 상담자의 느낌이 객관적인 자료에 바탕을 둔 것이 아니라 자기의 성격 때문에 오는 것이라면, 이것은 상담자 개인의 부적절한 느낌이다. 집단장면에는 부합되지 않는 상담자 개인의 느낌을 그대로 표현한다면, 이것은 집단원들을 위한 것이라기보다 상담자 자신의 감정을 발산하는 것이라고 볼 수 있다. 즉, 상담자가 조심해야 하는 '역전이' 현상이 벌어지고 만다. 상담자의 역전이에서는 상담자가 자신의 감정들을 자신의 문제라기보다는 마치 집단원의 문제인 것처럼 착각하고 집단원들에게 투사하게 된다. 따라서 상담자는 자기의 감정이 주로 자기의 성격에서 연유된 것인지 또는 집단과정에서의 경험단서인지를 구별해야 한다. 상담자가 자기의 느낌을 집단과정의 단서로 인식하고 활용할 때에는 그 느낌이 우선 타당한 것이어야 하고 신뢰로와야 한다. 이런 면에서, 모든 상담자는 상담자로서의 역할을 수행하기에 앞서서 스스로 다른 선배 전문가로부터 개인상담(교육분석)을 받을 필요가 있다.

2.2 과정중심적 태도의 촉진

　개인의 독자적인 노력에 의해 얻은 관찰, 관점 및 통찰들이 다른 사람에 의해 주어진 것들보다 훨씬 더 가치 있는 것임은 주지의 사실이다. 상담자는 집단장면에서 일어나고 있는 일들에 관해 멋있는 해석을 해주려는 유혹에 빠지는 대신, 집단원들이 스스로의 노력을 통해 집단과정에서 자신이 차지하고 있는 위치에 대한 인식을 갖도록 도와주어야 한다.

　상담자는 집단원들이 과정에 몰입하는 것을 중요하게 여기도록 최선의 노력을 기울여야 한다. 즉, 상담자는 집단구성원들이 '지금-여기'의 상황에 초점을 두고 느끼고 생각하도록 하고 과거의 이야기보다 현재의 의사교류 과정을 검토하도록 자극한다. 그렇게 함으로써 상담자는 집단원들의 과정중심적 태도를 촉진할 수 있다. 상담자에 의한 이러한 자극 또는 개입은 집단원으로 하여금 집단에서의 대인관계를 검토해보게 할 뿐만 아니라 집단원들의 자기탐색 또는 자기인식을 강화시켜주는 것이다. 요컨대, 집단과정은 집단원 자신들의 경험과 그 경험의 분석을 통해 이해되는 것이 가장 바람직하다. 집단과정에서 강도 높은 감정표현으로 다소 부담스런 장면에 부딪칠 수 있으나, 솔직한 정서적 표현이 의미 있는 학습에 도움이 될 수 있음을 집단원들에게 밝혀줄 필요가 있다. 상담자는 또 자신의 집단과정중심적 태도와 반응을 시범하면서 집단원들에게 집단과정적 태도를 가르칠 수 있다. 상담자가 집단과정의 주요부분을 명료화하는 언급을 하거나 집단에 대한 상담자의 전망(또는 기대)을 설명해 줄 수도 있다. 또는 늦게 도착한 집단원에게 지금까지의 진행과정을 요약해 주는 형식을 통해서, 전체집단원의 과정중심적 관점이나 태도를 강화해 주기도 한다. 각 모임의 종결부분에서, 상담자는 자기가 관찰한 언어적·비언어적 자료를 바탕으로 하여 진행과정을 집약해 줄 수 있다. 상담자가 이렇게 자기의 의견이나 느낌을 노출하는 것은 대체로 집단에 도움이 되며 상담자가 잃을 것은 없다. 다시 말해서, 이러한 언급은 집단상담의 과정을 더욱 촉진시켜 줄 뿐만 아니라 집단과정에 대한 집단원들의 전망을 명료화하는 효과를 가져오는 것이다.

2.3 과정명료화에 대한 집단원들의 수용

집단상담의 전 과정에서 집단원들은 자신을 돌이켜보고 자신의 생각을 바꾸어 보고, 또 자신의 행동결과를 검토해보도록 요청받는다. 주로 상담자의 자극과 때로는 집단압력에 의해서 수행하게 되는 이러한 과제는 매우 어렵고 부담스럽기도 하고 두려운 것일 수 있다. 상담자는 집단구성원들에게 단순히 정보나 설명(해석)을 해주는 것만으로 충분치 않고, 집단원들로 하여금 새로운 자극과 정보에 동화되도록 촉진하여야 한다. 즉, 상담자에 의한 교육적인 정보제공이나 해석 자체만으로는 부족하며, 집단원들이 그것들을 충분히 소화할 수 있도록 해야 하는 것이다.

이러한 작업에는 몇 가지의 전략이 따른다.

(1) **적절한 해석방법을 취할 것**: 집단원이 폐쇄적이고 상담자의 논평을 받아들이지 못한다면, 상담자의 논평 및 해석은 가치가 거의 없게 된다. 적절한 해석방법이란 해당 집단원이 수용할 수 있는 시점에서, 집단원이 소화할 수 있는 수준, 분량, 내용 등을 감안하여 논평이나 해석이 전달되는 것을 말한다. 따라서 상담자의 언급에 있어서는 그 표현양식, 전달시기 등이 언급되는 내용만큼이나 중요하다.

(2) **집단원의 행동 또는 감정을 범주화하거나 한정시키지 말 것**: 집단원의 행동 또는 감정을 범주화하거나 한정시키는 것은 집단원들로 하여금 자신을 방어하게끔 하는 반생산적인 요인이 된다.

(3) **집단원에게 총체적인 비난을 하지 말 것**: 개인의 행동특성 부분들에 대해 구체적으로 언급하는 것이 성격을 포괄적이고 비판적으로 언급하는 것보다 훨씬 진지한 전달방식이 되며, 집단원들 쪽에서도 이를 수용하기 쉽다.

집단 분위기가 무겁고 갈등적인 상태에서는, 집단원들이 가끔 서로 중요한 개인적 사실을 들추어내어 비난조의 언사를 퍼붓는 경우가 생긴다. 이러한 조건에서는, 물론 진실한 체험과 학습이 일어날 수 없게 된다. 상담자는 갈등의 결과로 노출되거나 발견된 사실을 외면하지 않도록 집단원들의 방어수준과 부담감의 정도를 잘 평가해서 신축성을 가지고 그런 분위기를 처리해야 한다. 요컨대, 자신에 대해 더 알고자 하고 더 발전하고자 하는 집단원들의 의욕이 가장 강력한 치료적 원동력임을 일깨워 주거나 또는 비판, 공격적인 분위기를 어느 정도 제한하는 상담자의 처신이 필요하다. 때로는 어떤 집단원이 자신에 대해 극히 개방적인 진술을 하는 경우가 있다. 상담자가 이런 집단원의 자기공개 내용과 전후의 맥락을 기억해 두었다가, 그 집단이 폐쇄적이고 방어적인 태도를 보일 때 그것들을 집단원에게 회상시켜줌으로써 건설적이고도 지지적인 개입의 효과를 얻을 수 있다.

2.4 과정논평의 원리와 실제

집단상담의 과정을 알기 쉽고 체계적으로 설명하기란 매우 어려운 일이다. 이는 상담과정이 하나의 체험적인 '예술'의 성격을 띠고 있어서 이론적 체계로 습득되기보다는 경험을 통해 터득될 수 있는 것이기 때문일 것이다. 그러나 상담자의 직관적·체험적 시야를 제한시키지 않으면서 상담자를 교육시킬 수 있는 몇 가지 일반적인 원리들이 있다. 이러한 원리들에 의한 접근은 집단상담에서의 기본적인 치료요인들을 명료화하는 것과 아주 밀접한 관계가 있다. 즉, 집단상담자나 집단상담이 어떻게 집단원들을 돕는가? 집단상담의 과정에서 무엇이 핵심적인 요소인가? 등과 같은 질문을 제기하고, 이들에 대한 해답을 생각할 수 있다. 그러나 여기서의 논점은 집단상담이 어떻게 집단원을 돕는가가 아니라, 집단과정을 구체적으로 조명하는 상담자의 활동이 어떻게 집단원들의 변화를 유도하는가에 관한 것이다.

다시 말해서, "집단과정에 있어서 상담자의 해석 및 설명적 논평이 어떻게 집단원들의 변화를 촉진하는가"이다. 비록 임상적 해석이 매우 광범위하고 복잡하기는 하지만, 해석의 목표는 변화를 위한 원칙적이고도 최종적인 통로로 이끌어주는 것이다. 이러한 통로 또는 궤도로의 진입은 집단과정의 체계적인 분석, 즉 상담자의 논평과 해석에 의해서 조명되는 집단과정의 성격과 집단원들간의 행동의미를 정확히 종합해주는 설명 등에 의해서 가능한 것이다. 상담자의 논평은 단순한 행동관찰의 자료에서부터 행동에 의해 야기된 감정을 기술(표상)해주거나 집단원의 행동동기와 의도를 간파한 표현이거나, 또는 집단원의 저항 및 행동의 의미에 대한 논평까지 다양할 수밖에 없다. 또는 보다 추론적인 자료들인 집단원들의 꿈이나 미묘한 몸짓 등의 대략적인 의미에 관한 언급이나, 집단장면에서의 행동방식과 외부 사회에서의 행동방식간의 차이점 및 유사점 등에 주목하는 발언도 할 수 있다. 어느 면에서는 자신의 느낌을 바탕으로 하는 상담자의 논평은 그 내용이 복잡하고 추론적인 경우일수록 더욱 더 '논평자'의 관점이 될 수도 있다.

집단과정에 관한 논평에서, 상담자는 다음의 형식으로 주요사항을 집단원들에게 주지시키거나 실천하도록 격려할 필요가 있다.

> "집단에서의 당신의 행동은 ···게 나타나는군요."
> "당신의 행동으로 다른 사람들이 ···게 느끼고 있어요."
> "당신의 그런 행동으로 당신에 대한 다른 사람들의 인상이 ···하게 되는군요."

즉, 집단원은 다른 집단원들의 피드백을 통해서, 다른 사람들이 자기를 보는 것과 똑같이 자기 스스로를 돌아보도록 하게 한다. 또한 집단원들이 자신의 행동이 다른 집단원의 감정에 어떤 영향을 주는지, 혹은 자신의 행동 때문에 다른 사람들이 자신을 좋아하지 않고 피하거나 하는 것은 아닌지에 대해 학습하도록 한다. 결과적으로 집단원들은 자신에 대해 객관적인 자기평가를 할 수 있게 되는 것이다.

집단원들이 위의 내용들을 완전히 이해할 때, 지금까지의 행동이 자기가 진정으로 원하는 바를 성취하는 데 방해가 됨을 깊이 이해할 때, 또는 현재의 만족스럽지 못한 대인관계가 결국 자신의 행동방식 때문임을 분명히 이해하게 될 때, 집단상담이 비로소 본 궤도에 진입하게 되는 것이다. 상담자는 집단원에게 현재의 사고 및 행동양식에 만족하는지를 질문하고, 만족하지 않을 때에는 만족스러운 사고와 행동양식을 갖추기 위해서는 어떤 변화가 필요한지 살펴보도록 하고, 변화를 위한 실천적인 행동을 확인하고, 또 실천해 갈 수 있도록 격려한다. 이런 과정에서, 상담자는 각 집단원이 기본적으로 자기의지에 따른 선택을 통해 변화할 수 있는 능력이 있음을 가정한다. 따라서 여러 가지 방법을 사용하여 집단원이 스스로의 발전 또는 '자기통합'을 위한 선택을 할 수 있도록 하는 것이 중요하다고 하겠다. 한편, 상담자의 일반적인 상담적 개입은 실제로는 상당히 설득적이고 훈계적일 수가 있다. 만일 인간이 무엇이 '선'인지를 알고 또 무엇이 자기를 위하는 것인지를 안다면, 자기가 변화하고자 하는 방향의 설득이나 훈계는 받아들이게 마련일 것이다. 아마도 이것이 상담과정에서 설득적 방법을 써도 되는 논리적 근거일지 모르겠다. 증상이 심하지 않은 환자나 내담자들에게는 바람직한 설득과 지식의 제공으로도 치료적 변화를 일으키기에 충분한 경우가 많다.

상담자는 해석적 논평을 통해 집단원들이 자신의 의지를 자유롭게 사용하도록 도와주면서, 다음과 같은 기본적 전제들을 수용하도록 안내한다고 말할 수 있다.

(1) 자신이 만들어낸 세계는 다른 사람들이 아닌 자신만이 변화시킬 수 있다는 것.
(2) 변화에는 부담이 따르지만, 큰 위험은 없다는 것.
(3) 자기가 정말 원하는 것을 얻기 위해서는 변화해야만 한다는 것.
(4) 확고한 결심과 실천이 따르면, 누구든 발휘할 수 있는 잠재력을 실제로 지니고 있다는 것.

이렇게 모든 상담과정의 이면에는 자기수용과 자기책임감의 개념이 자리잡고 있다고 볼 수 있다. 따라서 집단구성원들은 집단장면에서 자신의 독자적인 삶의 공간에 책임을 지는 태도로 임해야 하고, 집단과정에서 일어난 자신과 관계된 일들에 대해 책임을 져야 하는 것이 원칙이다. 집단원들이 진실로 이러한 원칙들을 인식하고 있다면, 자기책임을 수용해야 하고 스스로 변화하려는 노력이 없이는 개선이나 변화를 기대하는 것은 공염불에 불과하다는 것도 알아야 할 것이다.

상담자의 중요한 역할은 집단원들이 변화할 수 없는 것이 아니라 변화할 생각이 없다는 것, 그리고 자신의 세계에 대한 책임을 느껴야 하며 자기가 만들었던 자신에게 관련된 세계(환경)를 변화시킬 책임도 자신에게 있다는 점들을 집단원들이 이해하고 받아들이도록 하는 것이다. 그러나 책임감을 느끼는 것만으로는 의미있는 상담적 변화가 일어나지 않기 때문에, 상담자는 변화를 시도할 때 겪을지도 모를 심리적 부담 등에 관한 이해 및 명료화 반응 등을 통해서 집단원의 시도적인 노력을 지원해야 한다. 그러지 않고 책임감만을 강조하면, 집단원들은 예상 불안이나 변화와 더불어 일어날 것으로 상상되는 부담감 등에 사로잡혀 꼼짝 못하게 될 수도 있다.

상담자는 집단원들로 하여금 갈등의 성격을 이해시켜 우선 불안을 완화시킨 다음에 집단원의 욕구와 본성을 이해하고, 자신의 자율적 통합과 발전을 위해서는 지금까지 그런대로 의지해 왔던 습관 등을 변화의 대가로 지불(단념)해야 한다는 것을 인식시키고 또 격려해야 한다.

2.5 과거사의 활용 범위

상담자의 해석에서는 흔히 내담자의 배경적 자료를 토대로 행동의 원인을 추정한다. 인간행동의 가장 심층적인 원인을 밝히기 위해서는 과거를 고려해야만 한다는 것은, 프로이트가 죽을 때까지 믿었고, 또 요즘의 정신분석학자들도 대체로 인정하는 사실이다. 그러나 행동에 영향을 주는 강력하고도 무의식적인 요소들은 과거의 사실에만 한정되어 있지 않으며, 미래에 대한 것과 우리의 감정이나 활동에 영향을 주는 '현재'에도 포함되어 있다고 볼 수 있다. 인간의 내면세계(마음)에 있는 목적의식, 이상적인 자기상, 인간이 추구하고 있는 일련의 생활목표들은 의식적이든 무의식적이든 미래와 연관되어 있고, 바로 이런 것들이 인간행동에 큰 영향을 미치고 있다. 경우에 따라서는 집단원의 욕구를 해석하는 데 있어서, 과거의 배경보다는 미래가 더 중심적 변수로 작용하기 때문에 미래를 전혀 고려하지 않는 것은 극히 부당한 일이다.

또한 현재 환경에서의 영향력을 강조하는 인간관계의 개념은 중요한 해석적 잠재력을 지닌다. 인간의 행동궤도나 방향은 어느 정도는 과거로부터의 압력에 의해서도 영향을 받을 것이나, 그 밖에 미래지향적인 목표의식과 현재의 사고방식과 환경적 변수들에 의해서 더 큰 영향을 받는 경우가 허다하다. 따라서, 해석에서는 의식적이거나 무의식적인 현재의 행동동기를 탐색해 나가는데 소홀히 해서는 안 될 것이다. 먼 과거사에서 행동의 결정요인을 밝히려는 해석방식의 문제점은 그런 해석 자체에서 '치료에의 절망'을 내포하고 있다는 사실일 것이다. 이것은 묘한 역설이 되기도 한다. 즉 만약 문제가 과거에 의해 결정되고 말았다면, 어디서 변화의 가능성 즉 치료의 희망을 찾을 수 있겠는가? 과거는 결코 현재나 미래를 완전히 결정짓는 요인이 될 수 없다. 그러나 상담장면에서는 자신의 과거를 재구성 내지는 재통합하도록 한다. 과거에 대한 재구성을 하게 되면, 그것은 과거를 자료로한 '현재의 것' 또는 '현재형의 새 과거'일 것이다. 한편 이 새로운 과거는 미래지향적인 맥락에서의 자기평가를 하는데 영향을 미칠 수 있는 것이다. 상담과정에서 과거를 언급하는 목적은 어디까지나 과거사에 대한 인식을 재구성하기 위함이지 과거의 조사나 발굴은 아니다.

한편 집단장면에서는 집단구성원들간의 이해와 수용을 증가시키는 데 과거사의 언급이 한 몫을 한다는 점에 유의할 필요가 있다. 비록 문제해결에는 별로 가치가 없지만, 과거의 경험을 서로 주고받고 하는 가운데 집단구성원들간의 상호이해가 성립되고 집단응집력도 발달하는 경우가 많다. 과거는 다른 구성원들과의 관계에서 자신의 내면세계를 개방하고 현재상태를 설명해주는 수단으로서 사용될 때에 특히 의미를 지닌다. 그러나 역시 상담에서는 집단원의 과거사는 부수적인 변수이지 주도적인 변수가 될 수는 없다.

3 집단상담자의 특성과 지도력

3.1 집단 지도자와 지도력

집단에서 지도자의 역할은 가장 중요한 요소 중의 하나이다. 집단의 지도자는 능력, 사회성, 동기 등의 면에서 여타 집단원들과 다른 특성을 가지고 있기도 하다. 일반적으로 지도자는 집단원들보다 지능, 학력, 상황에 대한 통찰력, 언어 표현력, 적응력 등이 우수하다고 볼 수 있다. 또한 지도자는 책임감, 사회적 참여, 협동심, 사회성 등이 높으며, 주도성이나 지속성과 같은 동기의 측면도 더 우월하다고 볼 수 있다.

1) 집단지도자의 정의

일반적으로 집단지도자는 다음의 다섯 가지 측면에서 정의할 수 있다. 첫째로, 집단행동의 초점이 되는 사람을 지도자로 정의할 수 있다. 지도자는 다른 사람보다 더 많은 의사소통을 하며, 집단의 결정에 더 많은 영향을 미칠 수 있다. 따라서, 지도자는 집단에서 주의의 초점이 될 수 있다. 그러나 집단의 주의의 중심이 되는 사람이 지도자가 아닌 경우도 흔히 있다. 집단에서 편중된 행동을 보이는 사람들은 다른 사람의 주목은 받지만 그가 집단의 지도자라고 할 수는 없는 경우가 그것이다. 둘째로, 집단지도자는 집단목표의 관점에서 정의할 수도 있다. 즉, 지도자는 집단을 어떤 목표로 향하게 하는 사람이 된다. 그러나, 때때로 목표가 명확하지 않는 경우에는 이 정의가 만족스럽지 못하게 된다. 세 번째로는, 집단구성원에 의해서 지도자로 지목되는 사람을 지도자로 정의할 수 있다. 이러한 지도자는 집단원에 의해 선택되기는 하였으나 소위 지도자로서의 특성을 갖추고 있는지는 확인할 수 없다. 네 번째로, 집단의 지도자는 집단수행의 수준에 변화를 가져올 수 있는 사람이다. 그런데 이러한 가능성이 있는 사람은 여럿이 될 수 있으므로 집단수행 수준에 가장 큰 변화를 가져올 수 있는 사람을 지도자로 정의한다. 다섯 번째 정의는 일종의 조작적 정의이다. 즉, "지도자란 집단에서 지도적 행동을 하는 사람"이라는 것이다. 이렇게 연구자가 집단에서의 특정한 행동을 지도적 행동으로 정의할 수 있으며, 다른 사람들이 이를 확인할 수 있다. 그러나 이 경우는 정의하는 사람에 따라서 그 내용이 매우 다양해진다는 난점이 있다.

이 밖에도 집단에서 특정한 지위를 가지고 있는 사람을 지도자라고 할 수도 있다. 즉 회사의 사장이나 학생회장, 군대의 지휘관 등은 그들이 차지하고 있는 위치로 인하여 지도자이다. 그러나 이 정의는 지도력보다는 우두머리의 특성을 더 강조하는 것이다. 심리학적으로 볼 때 지도자는 집단구성원을 지지하며, 외적인 권위에 의지하지 않고 집단원의 행동에 영향을 줄 수 있는 사람이다. 따라서, 지도자는 다른 집단원들에게 긍정적인 영향을 줄 수 있으며, 다른 사람들이 그에게 준 것보다 더 큰 영향력을 주는 사람을 말한다. 물론, 집단에 부정적인 영향을 미치는 사람은 집단의 지도자가 될 수 없다.

2) 지도력의 유형

집단지도자는 그의 행동양식과 사고방식에 따라서 집단에 다양한 영향을 준다. 독재적인 지도자의 경우에는 지도자 자신이 정한 목표를 향해 집단이 활동하도록 통솔할 것이다. 이와 대조적으로 민주적인 지도자의 경우에는 집단원 스스로 목표를 정하게 하고, 집단원 각자가 그 목표를 향해 활동하도록 도울 것이다. 일반적으로, 독재적인 방법에 의해서 민주적인 행동을 가르칠 수는 없으며, 집단의 효율성을 높이는 데에는 민주적인 지도자가 더 바람직할 것이다. 그리고 집단에서 이야기거리를 명료화하는 데에는 일방적인 강론보다는 협의가 더 효율적일 것이다. 또한 특정한 목표를 정하는 데 있어서 집단원들이 참여토록 한다면 변화가 촉진된다고 볼 수 있다. 지도자가 어떻게 행동하느냐에 따라서 같은 집단원이라도 다르게 행동하게 된다. 경우에 따라서는 독재적인 지도자가 민주적인 지도자보다 더 효율적인 집단도 있다. 예를 들면, 민주적인 지도자는 사기를 높이고 질적인 변화를 가져오는 데에는 좋으나, 양적인 과제를 수행하는 데에는 독재적 지도자가 더 훌륭하게 목표를 달성하도록 할 수 있다. 또한 집단이 매우 호의적이거나 혹은 반대로 매우 비호의적일 때에는 지시적인 지도자가, 집단이 중간정도의 호의도를 가지고 있을 때에는 비지시적인 지도자가 더 효과적이라는 관찰도 가능하다. 다시 말해서, 집단과제의 상황이 지도자에게 매우 호의적이거나 매우 비호의적일 때에는 통제하고 조정하는 지시적 지도력이 효과적이며, 허용적이고 사려깊은 비지시적 지도자는 다소 비호의적인 과제상황에서 필요한 인물이다.

집단과제상황의 호의성은 세 가지 차원에 의하여 결정된다. 즉 지도자와 구성원 사이의 정서적 유대감, 지도자의 위치에서 오는 힘, 그리고 과제의 구성수준 등이다. 이 중 가장 중요한 것은 지도자와 구성원간의 관계이며, 다음으로 과제의 구조이다. 집단의 과제가 구조화될수록 비지시적인 지도자 보다 지시적인 지도자가 더 효율적이다. 반면에, 과제가 집단상담에서처럼, 다양한 정보와 접근법을 필요로 한다면 비지시적인 지도자가 훨씬 효과적일 것이다. 이때에는 모든 구성원들이 참여하여야 하며, 지지적이고 보상적인 비지시적인 지도자가 필요하다. 여기에서 비지시적인 지도자란 민주적 지도자와 같은 역할을 하는 사람이다. 민주적인 지도자는 소극적일 필요는 없다. 그는 적극적이나 집단원의 의견을 존중하고, 집단이 효율적일 수 있도록 집단원 전체의 생각을 확인해야 한다. 또한 그는 다른 사람의 비판이나 평가를 받아낼 수 있어야 한다.

기본적으로, 집단상담자의 역할은 지도자의 역할과 매우 유사하다고 말할 수 있다. 그는 구성원들을 믿고 존중하며, 구성원 각자가 목표를 달성할 능력이 있음을 확신하여 각 구성원이 공헌할 수 있는 바를 확인한다.

3.2 효과적인 집단지도력의 특성

최근에 집단지도력의 기능에 관한 연구가 광범위하게 이루어지고 있다. 여기서 상담자의 행동과 효과적인 지도력에 관계되는 몇 가지 일반적인 특성을 정리해 보는 것이 집단상담자의 역할을 이해하는 데 도움이 될 것이다. 상담자는 집단의 성격과 집단이 해결하려고 시도하는 문제의 양상이나 그 집단원들이 무엇을 문제시하고 있는지를 고려하여 집단상담의 과업을 결정하게 된다. 상담자의 바람직한 행동을 언급할 때 겪는 어려움 중의 하나는, 상담자의 행동 중에서 어느 정도의 미묘한 차이가 실제적으로 집단 행동에 영향을 주는가를 결정하는 일이다. 두말할 필요도 없이, 상담자의 행동방식은 집단에 영향을 준다. 그리고 이 측면은 상담자의 성격과 집단원들과의 관계에서 나타나는 특성만큼이나 중요하다.

집단상담자가 효과적으로 행동을 하고 있는가를 측정하기 위해, 다음의 질문을 던질 수 있다. "상담자는 집단이 활동하도록 하기 위해서 무엇을 하고 있는가?", "한 구성원이 독단적으로 말을 많이 하거나 지나치게 말을 적게 할 때, 상담자는 무엇을 하고 있는가?". 지도력을 집단구성원들의 감정반응이라는 관점에서 보면, 상담자는 집단의 감정적 관계를 형성할 수 있는 사람이라고 말할 수 있다. 이런 관점에서, 상담자의 세 가지 주요 역할은 동일시대상, 욕구대상, 자아지지라고 볼 수 있다. 즉, 집단원들은 자기들을 좋아하고 돌보아주는 상담자와 동일시하는 반응을 보일 것이다. 그들은 상담자 성격의 여러 면을 모형으로 이용하고 상담자를 그들 자신의 자아이상을 형성하는 데 도움이 되는 한 인간으로 간주한다. 또한 집단원들의 욕구를 충족시키기 위한 대상이란 관점에서 보면, 상담자는 집단원들에게 공격적 욕구나 사랑의 욕구를 어떻게 처리하는지를 보여주는 모형으로서 역할을 담당하기도 한다.

상담자는 그들에게 자신들의 적개심과 감정적 충동을 처리하는 방식을 제시해 주는 것이다. 이 영역은 먼저 언급한 상담자의 주요 기능 중 세 번째 영역인 자아지지와 밀접히 관련되어 있는데, 상담자는 집단원들이 느끼는 죄의식, 불안, 갈등을 처리하도록 도와주게 되는 것이다. 이와 같이 집단원들이 약간 왜곡된 내면적 감정을 공공연하게 나타내 보이도록 상담자가 허용해 줌으로써, 그들이 자기의 감정을 효과적으로 통제하는 방법을 터득하는 데 도움을 주게 된다.

지도자로서의 집단상담자가 갖추어야 할 능력들을 보다 자세히 열거한다면 다음과 같다.

- 집단의 과정, 지도자의 기능, 그리고 집단내의 상호작용에 대한 지식을 가지고 있다.
- 자신이나 집단원의 긴장과 불편을 인내하고, 집단과정에서 집단원들이 담당하는 역할을 이해한다.
- 집단에 속하는 구성원 각자를 비소유적인 마음가짐으로 배려한다.
- 다른 사람이 가지고 있는 태도, 철학, 관점의 다양성을 충분히 수용하고, 특히 지도자의 견해와 기타 구성원들의 견해가 다를 수 있다는 것을 받아들인다.
- 집단과 집단원 각자 그리고 지도자 자신의 기본적인 태도와 감정을 동시에 주목하고 파악할 수 있다.
- 집단원 상호간의 풍부한 상호작용을 창출해 낼 수 있다.
- 집단지도자로서 그리고 집단의 참여자로서의 일관된 입장을 유지한다.
- 구성원들의 잠재력과 집단과정을 촉진할 수 있는 그들의 능력을 확신한다.
- 집단경험에서 만족과 기쁨을 발견한다.

지도력을 권위성에 대조되는 의미로 정의하는 데는 근본적인 혼란이 따른다. 대부분의 사람들은 민주주의를 권위주의에 정반대되는 것으로 간주하고 집단의 형성과 조직에서 권위주의적 통제를 내포하는 것처럼 보이는 어떤 것도 회피하려는 경향이 있다. 집단상담의 상담자가 권위적이 아니고 민주적이어야 한다면, 그것이 어떤 모습이어야 하는지를 정의하기는 어렵다. 따라서, 상담자의 유형을 지시적 지도력과 비지시적 지도력, 구조적 집단과 비구조적 집단, 상담자가 적극 참여하는가 아니면 허용적이어야 하는가 등과 같은 문제들에 관해서는 많은 논란이 있을 수 있다. 마치 자유와 방종이 구별되는 것과 같이, 지도력은 권위주의적인 통제와는 매우 상이한 것이다. 따라서 상담자가 어떤 방식으로 집단에 참여할 것인가를 언급한다는 것은, 상담자가 그 집단의 '방향'을 제시하는 것을 의미한다. 이러한 점에서 상담자가 집단의 목표가 성취되도록 최선을 다할 수 있는 방법의 일환으로서 자신의 집단내 모습을 결정하는 것은 자명한 사실일 것이다.

이러한 논의가 종국적으로 어떻게 매듭지어지든 간에, 집단상담에서의 주요과업은 관심사가 되고 있는 목표나 목적에 초점을 맞추고 그것을 달성하기 위한 방법이 무엇인지를 찾는 것이다. 만일, '정체성'을 추구하는 것이 집단원들이 집단상담에 참여하는 가장 중요한 이유 중의 하나라면, 집단상담자는 그들이 정체성을 추구하고 성장을 촉진시킬 수 있는 방향에 합치되게끔 자신의 상담자로서의 역할과 성격을 규정짓도록 여러 상황들을 고려하여야 할 것이다.

3.3 집단상담자의 바람직한 특성

상담자의 개인적 특성은 상담의 과정에서 직접, 간접적으로 집단원들에게 많은 영향을 미치기 마련이므로, 상담자의 개인적 특성에 대한 이해는 상당히 중요하다. 상담자의 가치관이나 태도가 상담과정에서 드러나는 것은 당연하다고 볼 수 있다. 상담자가 집단에 대해서 정직하고 솔직하면 할수록 상담자와 집단원들간의 교류는 더욱 더 자연스러워질 수 있는 반면에, 상담자의 개인적 특징들이 집단원들에게 영향을 줄 가능성도 커진다.

그러면 집단상담자의 바람직한 특성은 어떠해야 하는가? 이러한 의문과 관련하여 집단원들의 개인적인 성장을 촉진할 수 있는 상담자의 바람직한 상담자세에 관하여 다음의 몇 가지를 지적할 수 있다. 첫째, 상담자가 집단원에 대해 민감하고 정확하게 이해한 것을 토대로 집단원들과 상호교류할 수 있는 능력, 둘째, 상담자가 비소유적 온정과 집단원들과 상호교류할 수 있는 능력, 셋째 상담자가 집단장면에서 성숙되고 순수한 심정으로 임할 수 있는 자세 등이다.

이러한 관점에서 볼 때 유능한 상담자는 자기 자신과 자신의 성격에 대해서 깊은 이해를 갖고 있어야 하며, 이러한 이해에는 자신의 능력·약점·갈등영역·동기욕구·효과적인 행동뿐만 아니라 비효과적이고 저항적인 행동 등에 대해서도 어떻게 반응하는지를 관찰하여야 한다. 이와 같은 상담자의 바람직한 특징들을 종합하여 통합성(integrity)이라고 표현할 수 있을 것이다. 영어로 integrity는 라틴어로 전체와 전부를 의미하는 integer(완전체)라는 단어와 관계가 있다. 즉 상담자가 전체적이고 완전한 사람이 되려고 노력한다면, 집단원들도 좀 더 효과적으로 전체적이고 완전하게 된다고 기대할 수 있기 때문이다.

3.4 집단상담자와 집단원의 상호작용

집단원들은 자신들이 일상생활에서 습관적으로 만났던 대부분의 사람들에게 나타냈던 반응들을 상담자에게 그대로 나타내는 경향이 있다. 이 말은 단순하고 직선적인 언급처럼 들릴지 모르지만, 상담자나 치료자, 집단지도자에게는 많은 의미를 지니고 있다. 상담자에게 자신들의 고통과 신경증적 증상을 가지고 와서 도움을 요청하는 사람들이 한편으로는 상담자가 상투적인 반응을 보여주기를 원한다는 것은 예상 밖이지만 사실이다. 상담자는 이러한 점을 두 가지 수준에서 이해해야 한다. 즉 상담자는 집단원들의 말이나 행동을 가급적 사실 그대로 받아들여야 하지만, 집단원은 상담자가 어느 한 가지 사실에 대하여 어떤 반응을 보여주었으면 하고 기대하는 반면에, 깊은 내면의 한 곳에서는 또 다른 반응을 기대하게 되는 '양가적' 요소가 항상 존재한다는 사실을 명심할 필요가 있다.

상담자가 집단원들에게 처음으로 보여주는 반응은 매우 중요하다. 상담자는 자신을 꾸며서 집단원이 기대하는 반응을 해서는 안 된다. 상담자는 상담의 초기에 집단원이 지니고 있는 양가적 태도의 세부적인 내용을 알지는 못한다. 그러므로 상담자는 집단원을 이해하려고 노력을 기울이되 집단원의 의도대로 말려들지 않아야 하며 동시에 진정으로 이해하려고 노력한다는 사실을 집단원에게 계속 주지시켜야 한다. 다시 강조하면, 상담자는 집단원들이 일상에서 다른 사람들에게 파놓고 있는 '일상적인 함정'에 말려들지 않아야 한다는 것이다. 이러한 감각과 기술은 단순히 가르친다고 해서 습득되는 것이 아니며, 많은 실습을 통해서 향상될 수 있는 것이다. 집단원들에 대해서 상담자가 지각한 것, 즉 상담자의 직관을 믿고 그들을 관찰할 수 있는 기술을 발달시켜야 하며, 그들이 외면적으로 나타내 보이는 것이 항상 그 사람의 실제와 일치하지는 않는다는 사실을 언제나 명심하여야 한다. 한 예로, 내담자중심치료에 관해서 약간 알고 있다고 넌지시 이야기하는 집단원의 경우를 들어보자. 이 집단원은 자신이 이야기할 때마다 상담자가 고개를 끄덕이거나 자신이 한 말 중에서 몇 마디 반복할지도 모른다는 예상을 했다가 그렇지 않은 것에 대하여 신경질이 나 있었다. 이때 이 집단원이 적개심을 가지고 있다는 것이 눈에 보일 정도라면, 상담자는 이 집단원과 주도권 쟁탈전을 하거나, '개인 대 개인' 수준에서 이 집단원과 상호작용하고 있지 않은 것처럼 보이려고 노력할지 모른다. 그러나 이런 경우에, 상담자는 자신의 견해에 대해 솔직한 표현을 (조심스럽게) 하는 편이 오히려 나을 것이다. 이러한 경우를 '한 인간으로서의 상담자'의 능력이라고 할 수 있는데, 왜냐하면 상담자의 개인적인 성격이 얼마나 잘 통합되어 있는가는 상담을 위한 능력 중 가장 중요한 부분이기 때문이다.

만일, 상담자가 문자 그대로 완전한 의미의 '인간적'이라면 집단원들에게 변화와 성장을 촉진할 수 있고, 집단원들 자신이 인간적이 되기 위해 모방할 수 있는 모형의 역할을 할 수 있을 것이다. 많은 학자들이 상담자가 기본적으로 얼마나 인간적인가라는 점이 상담자의 성격 중 가장 중요하고 또 집단원들에게 도움을 줄 수 있는 특성이라고 믿고 있다. 집단상담에서 상담자의 특성은 집단에 강력한 영향을 줄 것이고, 역으로 집단도 그에게 영향을 줄 것이다. 집단상담에서 상담자는 자신의 행동이 집단의 맥락에서 효과적인지 혹은 비효과적인지에 세심한 주의를 기울여야 한다. 상담자는 자기의 언행이 집단의 비효과적인 상호작용의 원인이 되었다고 판단될 경우에 자신의 그런 행동에 대해 공개적으로 솔직하게 논의할 수 있다. 때때로, 상담자는 모임이 진행되는 과정에 비해서 자신의 영향력이 덜 발휘되고 있음을 느낄 수도 있다.

집단상담자는 어느 한 사람에게 쉽게 설득당하든가, 한 사람에게만 지나치게 반응을 많이 해서 다른 사람이 소외감을 느끼게 해서는 안될 것이다. 또한 어떤 사람이 적개심을 표현했을 경우에 부정적인 반응을 보이는 등의 실수를 하는 것에 대해서 지나치게 염려해서는 안 된다. 그러나 자신의 그러한 실수에서 배우려고 하는 노력은 해야 한다. 상담자는 자신의 감정과 행동이 지니는 의미에 대해 솔직해야 하고, 필요한 경우에는 집단원들에게 자기의 느낌을 표현하여 이해를 받을 수도 있다. 상담자도 실수를 할 수 있다는 것을 인정하고 자신의 실수를 집단과 함께 토론하면, 상담자가 완벽하게 보이고 꾸미려는 의사가 없다는 것을 집단원들에게 전달해 줄 수 있다. 그리고 상담자가 자신의 행동을 이해하고자 노력하고 앞으로 개선해 나가겠다는 진지한 자세를 집단원들에게 보여주면, 집단구성원들에게는 그런 태도를 모방할 수 있는 좋은 기회가 될 수 있을 것이다.

여기에서 한 가지 주의가 필요하다. 어떤 상담자는 자신의 행동을 집단원들과 같이 토론할 때, 그들의 비판에 자기가 방어적인 태도를 취하거나 부담스러워질 것이라는 점을 의식한다. 그래서 집단구성원들에게 상담자 자신의 행동이나 태도에 관한 질문을 하여 자신의 행동을 객관적으로 평가받으려는 용기를 잃게 되고, 솔직하지 못한 인상을 남기기도 한다. 따라서, 집단상담자는 "너 자신을 알라"라는 인식상의 교훈을 넘어서 표현의 솔직성과 용기도 지녀야 한다. 상담자는 자기가 과잉반응을 하기 쉬운 경우를 잘 알고 있어야 할 뿐만 아니라, 자신의 강점과 약점의 영역을 알고 있어야 한다. 집단원들과 함께 자기 자신의 행동에 관해 토론을 벌이는 것이 때로는 도움이 된다. 만일 상담자가 자신의 행동에 대하여 집단내에서 토론하기가 불편하다면, 이런 상담자는 좀 더 많은 경험을 쌓을 때까지 집단상담자의 역할을 미루는 것이 좋을 것이다.

집단의 구성원들은 상담자가 집단원들과 어떻게 상호작용하는지를 대체로 쉽게 알아차린다. 또한 그들은 상담자를 골탕먹이고 거부하거나 혹은 화를 내도록 상담자를 자극하기 전부터, 상담자가 어떤 성격을 가졌는지 알아차릴 수도 있다.

그러므로 상담자가 실수했거나 비효과적인 행동을 한 경우에도 솔직하고 진지한 자세로 집단원들을 대하게 되면, 일반적으로 집단의 분위기를 쇄신할 수 있으며, 상담자도 구성원들과 같이 변화하고 성숙하려 하고 있다는 사실을 집단원들이 분명히 인식하게 되는 계기가 될 것이다. 더 나아가서 이런 상담자의 솔직하고 진지한 태도는 집단원들로 하여금 집단내에서의 자신의 행동을 변화시키려는 용기를 갖게 하고, 일상생활의 다양한 문제장면에서 겪게 되는 좌절감 또는 양가적 감정 등을 감소시켜 주게 될 것이다.

3.5 집단상담자의 접근양식과 집단유형

집단상담자들의 지도양식에 따라 집단의 유형을 네 가지 주요 범주로 구분할 수 있다. 이 같은 분류는 대체적으로 부모들이 어린이들을 양육하는 데 활용하는 네 가지 유형들과도 비슷하다고 말할 수 있다.

1) 지도자중심의 집단

이 집단의 상담자는 자녀들에게 비교적 권위주의적이고, 엄격하게 보이는 부모의 인상을 연상케 한다. 이런 유형의 집단에서는, 논의할 주제를 보통 상담자가 제시하게 된다. 그리고 상담자는 구성원들이 무엇을 해야 하며, 어떻게 실행할 것이며, 그리고 그들의 행동의 뚜렷한 의미 등을 구성원들에게 교육할 책임을 지닌다. 이와 같은 상담자는 집단원들에게 학습방법을 강의하고 자신이 준 과제를 신속히 수행하리라고 기대하면서, 집단원들의 비효과적인 학습결과를 처리할지도 모른다. 이런 성향의 상담자는 표면에 나타나기 시작하는 모든 핵심적 부분에 일격을 가하려는 충동을 참지 못하게 된다.

이런 점에 미루어 보면, 가능하다면 지배적인 상담자는 집단상담에서 배제하는 것이 좋을 것이다. 그러나 그와 같은 집단은 현재도 존재하고 앞으로도 존재할 것이다. 오히려 필요한 일은 이 책에서 논의되는 상담의 방법과 절차 및 철학에 철저히 기초를 두고 집단상담자를 효과적으로 훈련하는 일이다. 훈련은 '지배적인 상담자' 집단의 경향을 중화시키는 데 중요한 의미가 있다. 왜냐하면, 집단상담의 방법에 확신을 갖지 못하고 사전 준비가 부족한 상담자일수록 엄격하고 권위적인 방법으로 집단을 통제함으로써 좋은 결과를 얻으려는 경향이 강하기 때문이다.

2) 방임적 집단

이 집단의 상담자의 접근은 허용적인 부모의 접근방법과 유사한 것이다.

허용적인 부모는 자기 자녀에 대하여 행동의 한계를 설정할 수 없고, 자녀들이 부모의 지도나 지시없이 무엇인가를 처리하기를 기대한다. 이와 같은 부모밑에서 자라나는 자녀들은 버릇이 없고, 공격적이고, 세련되지 못하기 쉽고, 행동에 대한 방향감각이 거의 없기 마련이다. 발달심리학자들은 이런 경우를 시계의 추처럼 권위적으로 어린이를 양육하는 방법이 흔들리기 시작하여 반대로 너무 허용적인 쪽으로 멀리 간 것이라고 본다. 그러므로 어떤 부모들은 지나치게 엄격한 방법에 비해서 전혀 아무런 통제를 가하지 않는 것이 바람직하다고 생각하는 오류를 범하게 되는 것이다. 어린이 양육에 있어서의 지나친 방임이나 허용은 이제는 구시대적 양육방법이 되고 있지만, 어느 정도의 허용이 바람직한가에 대한 뚜렷한 경계는 정의되지 않고 있다. 개인상담이나 집단상담의 절차를 계획하는 데 있어서도, 허용과 통제의 범위에 관해서는 뚜렷한 결론을 내릴 수 없다.

수동적이거나 자신감이 결여되어 자기주장을 못하는 상담자는 집단에 과제를 부과하기를 망설이게 되어 적절한 통제를 할 수 없다. 이러한 상담자는 집단구성원들에게 요구하고 싶은 것은 무엇이든지 하라고 말하고 싶은 유혹에 쉽게 빠지기도 한다. 이렇게 접근하게 되면, 대부분의 집단원들은 혼돈을 일으키고 자신들의 방향을 스스로 설정하지 못한다. 그리고 집단원들간에 권위나 지배적인 위치를 차지하려는 경쟁이 야기되어, 상담자를 필요로 하지 않고 집단원 자신들이 모든 계획과 절차를 수립하는 집단 분위기로 바뀌기도 한다. 그러나 이런 종류의 집단 역시 과도한 권위주의적 집단과 마찬가지로 경계할 필요가 있다. 역시 상담자는 폭넓은 훈련과 집단형성 과정에 관한 철저한 지식과 상담기술을 갖춤으로써, 지나치게 수동적인 경향이나 지나치게 권위적이고 지배적인 상담자의 모습으로부터 벗어날 수 있다.

3) 내면적 통제집단

이 집단의 상담자 접근은 통제를 행사하지 않는 것처럼 보이지만, 실제로는 자녀들이 부모가 원하는 것만을 하도록 허락해 주면서 겉으로는 권위나 통제를 나타내지 않는 부모의 접근과 같다. 부모가 습관적으로 사용하는 세밀한 통제방법이 어린이들에게 미치는 효과는 양가적인 혼란과 불확실성 때문에, 부정적인 영향이 될 우려가 있다. 이러한 유형의 상담자는 집단상담에서 집단원들에게 전적으로 책임감을 부여하는 것처럼 보일지 모르지만, 실제로는 예상 밖으로 많은 '허술한 부분'을 노출시킨다. 즉, 지나친 감수성을 소유하고 있으며 상담자가 자신이 처리할 수 없는 문제에 대한 토론을 조심스럽게 회피할 수 있다.

모든 상담자들은 대인관계에서 적개심, 부모나 사회적 권위에 대한 반항심, 성욕, 개인적 무력감 등을 표현시키고 함께 토론하는 데 어려움을 느끼고 있다. 그러나 분명한 사실은, 집단상담에서 토론이 이루어질 경우 자주 이러한 주제들에 봉착하게 된다는 점이다. 그러므로 상담자가 너무나 오랫동안 미적지근한 상태에 있으면 토론주제나 내용의 폭은 매우 제한을 받게 된다. 더구나 지금의 젊은이들은 일반적으로 몇 년 전만 해도 언급하기조차 어려운 문제들에 대해 매우 솔직하고 개방적으로 다루고자 한다. 집단원들이 상담자가 틀에 박힌 듯이 안전하고 보수적인 가치관에 아직 머물러 있다는 것을 알아차리면, 상담자에 대한 신뢰를 잃게 되는 것은 당연한 결과이다. 그러므로 집단원들이 상담자의 보수적인 가치관과 행동을 배우고 그렇게 변화하도록 기대한다는 것은 무리일 것이다. 상담자는 자신에게 어려움을 주는 분야를 스스로 인정하고 집단원들 앞에서 이를 시인하는 한편, 가능한 한 정직하고 개방적으로 이 문제를 다루려고 노력함으로써 상담자 자신은 물론 집단원들의 성장을 도울 수 있을 것이다.

4) 외면적 통제 및 격려집단

이 집단의 상담자 접근은 자신의 자녀들에게 한계를 설정해주고, 자녀들이 자기의 행동에 대한 책임을 느낄 수 있도록 환경을 조성해주고, 스스로의 정체성과 자율성을 유지하면서 자녀들을 지도하는 부모들의 양육방법과 비슷하다고 말할 수 있다. 규율에 근거를 둔 지도력 자체는 집단원들이 자신의 문제해결 방법을 배우게 되는 틀과 동기를 제시해 줄 수도 있다. 한편, 인간을 존중하고 집단원들의 잠재력을 신뢰하는 상담자는 집단원들에게 자존심과 자신감을 고취시키는 데 역점을 둘 것이다. 집단상담에서의 상담자는 집단원들이 자신의 목표와 목적을 명확히 하도록 도와주는 입장에 있다. 또한 집단원들이 집단을 편안하게 느끼며 가치있게 여기도록 격려하면서 집단원들간의 상호작용 행동과 의사소통을 실천하도록 도와준다. 상담자는 집단상담이 진행되는 동안 대부분의 시간을 집단원들이 자기 문제에 관한 스스로의 해결책을 발견하도록 도와줘야 하지만, 만일 그들이 성급하게 바람직하지 못한 결론에 이르면 적극적으로 개입해서 그들에게 대안적인 행동을 고려해 보도록 요구할 수도 있다. 상담자가 분명하게 특정한 문제해결의 접근방식을 알고 있더라도 때로는 집단원들에게 자기의 해결방식을 권유하지 않도록 조심해야 한다. 그리고 상담자는 집단원들이 스스로 바람직한 문제해결 방법을 결정할 수 있으며 상담자가 그들의 자발적인 능력을 기대하고 있다는 점을 집단원들에게 은연중에 보여주어야 한다.

3.6 집단상담자의 자질과 수행능력

1) 인간행동에 대한 깊은 이해

상담자가 집단원들의 성장과 정체성의 추구과정을 도와주려고 한다면, 인간에 대한 깊은 이해와 집단적 인간행동에 대해 거의 완벽한 지식을 필요로 한다. 상담자는 집단원의 행동양식을 이해할 수 있어야 하며, 또한 집단원들이 자신의 행동을 이해하도록 도울 수 있을 만큼 그들의 행동원인을 충분히 알아야 한다. 이 말은 진단이나 정신의학적 증상을 분석하는 일상적 기술을 갖추어야 함을 의미하는 것은 아니라, 한 인간으로서 타인에 대한 실존적 존재의미를 예민한 감수성으로 파악해야 한다는 뜻이다. 인간에 대한 깊은 이해나 감수성은 감정적인 면과 인지적인 요소를 포함하고 있는데, 특히 집단상담에서는 사람들의 행동을 인지적으로 파악하는 것이 필요하지만 동시에 정서적 각성도 필요하다.

2) 개별적 행동의미를 명료화시키는 능력

상담자가 집단원의 행동을 이해하는 것만으로는 충분하지 않다. 상담자가 이해하는 것을 집단원에게 전달했을 때 그가 자기 자신을 더 이해할 수 있어야 한다. 또한 상담자가 집단원들의 주요 생활사건의 의미와 반응양식을 이해한 후에야 문제를 명확히 하고 또 그 해결과정을 도와줄 수 있을 것이다. 상담자는 목표에 도달하려고 노력하는 사람에게 '성공의 심리학'을 강의해봐야 아무런 소용이 없음을 알고 있다. 집단의 경우, 그보다는 차라리 상담자가 개인적인 경험을 털어놓는 것이 집단원들을 조금이나마 도울 수 있을지 모른다.

이와 유사한 경우로 집단원들이 다양한 방어기제를 사용할 때, 상담자가 방어기제에 대한 이론적인 설명을 한다는 것은 아마도 아무런 도움이 되지 못할 것이다. 차라리 상담자가 집단원들의 비효과적인 행동방식을 적절하게 지적해주는 것이 많은 도움이 될 것이다.

숙련되지 못한 집단상담자는 집단원들에게 많은 개인적인 관심을 보여주는 동시에 '유익한' 토론을 통해 집단을 전체적으로 지도하려고 하는 경향이 있다. 본질적으로, 이러한 태도는 심리학에 대한 철저한 지식과 자기 훈련을 쌓고, '인간적 상호책임성'에 바탕을 두고 집단원을 훈련하는 것이 본격적인 상담자의 자세라는 것을 간과한데서 오는 것이다. 또한 경험이 많은 집단상담자들에게는 비중이 약한 '2차적인 속성'에 불과하다. 집단원들이 상호 이타적인 행동을 배우고 나면, 느낌의 교환뿐만 아니라 타인의 행동의 의미를 명확히 하고 자기 행동에 책임을 지는 태도를 학습하는 데 있어서 상담자만큼 또는 상담자보다 더욱 효과적일 수 있다. 그러므로 상담자는 이런 모든 과정을 촉진시켜주고 집단원들이 너무 어려워서 이해하지 못하는 상황을 명료화시켜주는 역할을 맡아야 한다.

3) 개입 및 상호작용의 속도와 깊이를 조절하는 능력

집단원들에게 용기를 북돋아주고 긍정적인 강화를 해줌으로써 자기 자신에 대해서 좀 더 많은 것을 배우도록 도와주는 것 외에, 상담자는 유익한 상담적 분위기를 조성할 책임이 있다. 이는 집단과정에서 매우 중요한 부분이다. 때로는 집단원들이 활발히 움직이도록 상담자가 자극해야만 할 때도 있고, 때로는 집단이나 개인이 지나치게 성급히 진행해 나갈 경우 이를 조정해야 할 때도 있다. 지나치게 충동적이거나 감정적인 사람은 자신과 집단의 이익을 위해서 좀더 차분히 접근하도록 주의를 주어야 할 필요가 있다. 예를 들면 집단원에게 다음과 같이 말할 수 있다.

"당신 문제를 오늘 너무 깊이 말하지 않는 것이 좋을 것 같아요. 우리가 좀 더 친숙해질 수 있는 시간을 갖고 나서 다른 사람들이 여기에서 논의하고자 하는 여러 가지 문제를 고려한 후에 이 문제를 생각해보기로 하고, 그때까지 미루는 것이 어떨까요?"

이것과 관련하여, 집단상담자는 토론이 어느 정도까지는 필요하고 그것이 관련된 사람들에게는 개인적으로 유익하다는 것을 확인시켜 줄 책임이 있다. 다만, 지나치게 시간을 많이 소비하거나 추상적인 철학적 토론은 배제해야 한다.

상담자의 책임에 있어서 근본적인 것은 상담자 스스로 일생동안 보다 선량한 사람이 되고자 하고 인간에 대한 믿음과 존중의 신념을 확고히 하는 노력을 계속하는 것이라고 볼 수 있다. 이러한 노력을 바탕으로 하여 상담자는 자기의 가치관과 인생관을 집단원들과 함께 교류함으로써 그들이 보다 발전적인 일상생활을 할 수 있도록 지지해 줄 수 있어야 할 것이다.

3.7 공동집단상담자의 운영

집단상담에서는 상담자 한 사람이 처음부터 끝까지 상담자 역할을 수행하기가 힘들다. 집단원의 구성, 집단 프로그램의 준비, 집단원들과의 연락, 요청사항 처리, 그리고 집단 회기 중 집단원들과의 상호작용 개입반응의 분담에 이르기까지 상담자 역할을 두 사람이 같이 분담하거나 공조할 필요가 있다. 특히 집단 규모가 7, 8명을 초과하여 10명 안팎에 이르거나 20명을 넘는 중집단의 경우에는 역할분담을 위해 공동상담자의 활동이 당연한 것으로 받아들여지고 있다.

1) 공동상담자 팀의 유형 및 특징

다음에 공동집단상담자의 유형을 살펴보고 각각의 특징을 요약하기로 한다.

(1) 지도교수-제자 팀

지도교수가 상담전공의 제자를 집단상담 실습지도를 위해 공동상담자로 역할분담을 시키는 경우이다. 선배 지도교수가 주 상담자이고 제자 상담자가 조수역할의 '부상담자' 역할을 하는 셈이다. 따라서, 진행과정의 책임은 전적으로 주 상담자인 지도교수에게 있고, 부상담자인 제자는 연락, 기록, 모임준비 관련 일 등을 관장 또는 보조하는 것이 보통이다. 전공 제자는 1년 이상 또는 3회 이상 '부' 상담자로서의 공동상담자 역할 경험을 통하여 실질적으로 많은 부분을 체험하고 배우게 되고 후일 독자적 집단상담자로서의 기초를 쌓는 계기가 된다.

(2) 선배 상담자-후배 전공자 팀

이미 상담전문가로 활동하고 있는 선배를 도와가면서 곁에서 후배 전공자가 배울 기회를 제공받는 팀의 경우이다. 후배 상담자로서는 선배 전문 활동가로부터의 집단회기 전후의 자세한 피드백 성격의 가르침을 충분히 소화해내는 것이 중요한 과제가 되며, 집단 구성원들의 인간관계 및 상담의 성과 자체에 대한 직접적인 책임도 비교적 적은 편이다.

(3) 남성 상담자-여성 상담자 팀

집단상담이 대체로 남·여, 노·소 및 다양한 직업배경의 구성원으로 이루어지는 추세이기 때문에 공동상담자 팀이 남·여 혼성팀으로 연령도 어느 정도 차이가 있는 공동상담자들이면 집단역동 및 구성원들과의 상호작용 측면에서 바람직할 수가 있다고 말할 수 있다. 이 경우, 남성 상담자는 가부장적 성격의 남성상을 그리고 여성 상담자는 자애로운 여성상을 표상하게 되는 경향을 볼 수 있다.

(4) 2인 동성 공동상담자 팀

2인의 공동상담자는 여성인 경우보다 남성들인 경우가 많은데, 10인 이

내의 소집단에서는 이 두 공동상담자가 상담자로서의 역할기능의 분담 경향을 띄게 되는 것이 보통이다. 즉 한 사람이 '지적 · 평가형'의 역할을 하면 다른 상담자는 '수용 · 공감형'의 역할기능을 수행하거나, 한 공동상담자가 진행 안내역의 회기 전반부를 관장하면 또 다른 상담자는 체험 촉진형이나 종합 평가형의 회기 후반부 진행을 주도하는 형식을 취할 수도 있는 것이다.

2) 공동상담자 팀 구성의 유의점

(1) 업무 감량 및 단순 역할분담형의 한계

10명 이상 20여명 중집단 경우, 많은 구성원들의 입장을 파악 · 관리하고 요청사항 처리 등을 위한 단순 '복수 상담자 팀'의 개념이라면, 집단구성원들의 집단경험 측면에서나 공동상담자 팀 자체에도 의미있고 유익한 성과를 기대하기 어려울 수 있다. 다시 말해서, 공동상담자 팀원들 간에 상호보완적인 유익성이 중요하고, 각기 상이한 접근모형으로 집단구성원들에게도 다양한 상호작용을 촉진 또는 경험의 기회를 제공할수록 바람직할 것이다.

(2) 공동상담자간 협의−피드백 시간의 중요성

앞에서 열거된 네 개 유형의 공동상담자들 간에 회기간 쉬는 시간이나 집단상담 시작 전과 종료 후에도 충분한 기획 또는 평가적 협의와 피드백 시간을 갖지 못하는 경우가 많다. 이것은 진행시간의 각박한 제한적 조건 때문이고 공동상담자들 자신의 피로회복을 위한 휴식의 필요성 때문으로도 이해될 수 있다.

그러나 공동상담자간 별도시간의 협의와 상호피드백은 필수적 집단상담자의 의무이며 고유 경험영역인 것이다. 공동상담자 자신들의 전문적 성장을 위해서도 그리고 집단구성원들에 대한 책임완수를 위해서도 결코 게을리해서는 안될 것이다. 시간부족과 신체적 피로는 결코 상호협의 및 피드백의 회피 또는 지연 이유가 될 수 없다.

(3) 공동상담자간 입장차이에 따른 이견 및 이해의 충돌 가능성

서로 다른 학력배경 및 입장차이에 따른 집단회기 중 이견 표출로 집단 구성원들에게 혼란을 줄 수 있고 상담자들 간에도 이해의 충돌 가능성에 유의할 필요가 있다. 기업 및 사회조직원 집단지도의 경우, 조직원에 대한 지속적 교육을 지향하는 입장(예: 해당 기업조직과 교섭관계가 있는 경영 건설턴트)과 일과성 피초청자의 입장(예: 일시 지원성격의 상담심리학 교수)의 상담자는 서로 갈등적 관점으로 집단회기 중에 임하는 수가 있다. 따라서 이런 경우에는 공동 상담자간 사전조율과 회기간 피드백 및 협의가 더욱 중요한 과제로 등장하게 된다.

 집단상담자의 훈련

4.1 집단상담의 관찰과 토론

실습 중의 상담자는 숙련된 집단상담자의 상담장면을 관찰하는 과정을 통해 많은 것을 배울 수 있다. 진행 중인 상담을 관찰하기 위해서 흔히 사용되는 방법은 일방경을 통한 관찰이다. 그러나 실습생들이 사정상 관찰에 참여하지 못하는 경우에는, 상담내용을 녹화해서 선배 상담자와 토의를 하면서 녹화된 상담내용을 볼 수도 있다. 이 절차는 상담자에게는 더 많은 시간을 요하고, 녹화 촬영기가 있다는 것 때문에 집단구성원들에게는 불편감을 증가시킨다. 관찰자들이 한두 명만 있을 경우에는, 집단구성원들의 주의를 과도하게 분산시키지 않으면서 집단상담실에 함께 앉아 있을 수도 있다. 이런 경우에는 말없이 집단원 밖에 머물러 있어야 한다. 관찰을 할 때는 집단구성원들에게 관찰자가 있다는 것과 관찰의 목적에 대해 충분히 알려주어야 한다. 집단구성원들에게 관찰이 훈련에 필요하다는 것과 그들이 관찰자를 기꺼이 허락하는 것이 궁극적으로는 이 관찰자들이 장차 상담하게 될 내담자들에게도 도움이 된다는 것을 알려주는 것도 구성원들로부터 관찰을 허락받는 한 방법이다.

관찰은 적어도 3~4개월 동안 계속되어야 한다. 이 기간은 일반적인 집단의 발달, 상호작용 양식, 개인적 성장 등에서의 변화가 일어나기에 충분한 기간이다.

집단모임이 끝난 후에 집단상담자와 관찰자들이 갖는 토론은 훈련에 필수적이다. 이 토론은 집단모임이 끝난 직후에 갖는 것이 가장 좋다. 토론은 대략 30분에서 45분 정도 진행하는 것이 좋다. 이 시간에는 실습자들의 관찰을 종합하고, 상담자가 특정개입을 했던 이유에 관한 질문에 대답을 하는 등, 집단모임에서 나온 자료들을 토대로 하여 집단상담의 기본원리를 토론하고 학습한다. 토론시간을 집단모임이 끝난 직후에 갖지 않고 며칠 후에 갖는 경우도 있다. 이때에는 관찰자들에게 주로 집단과정(즉, 집단구성원들간의 대인관계)에 초점을 맞추어서 집단모임에 대한 보고서를 쓰는 과제를 내주기도 한다. 관찰자들은 그들이 쓴 보고서 사본을 서로 교환하고 나중에 만나서 토론을 할 수도 있다.

관찰자와 집단상담자간의 관계는 중요하다. 관찰자들의 과도한 비판이 상담자에게 불편감을 주고, 상담자의 효율성을 손상시킬 때도 있다. 관찰자들은 자주 지루하다는 호소를 한다. 그러나 대개 지루함은 경험과 반비례한다. 즉 실습자들이 경험을 더 쌓아감에 따라 모든 교류의 기저에 있는 미묘한 의미들을 인식하게 된다.

집단구성원들은 각기 다양한 내적 세계를 가지고 있기 때문에 관찰당하는 것에 대해서도 다양한 반응을 보인다. 구성원들에 따라 화를 내거나, 의심을 하거나, 즐거워하기도 한다.

대부분의 집단구성원들에게는 타인의 관찰은 '침범'을 의미한다. 따라서 대부분의 집단원들은 실습자의 관찰을 마지못해 허락한다. 관찰과정을 상담에 도움이 되도록 이용하는 방식으로서 관찰자를 상담과정에 참여시키는 것이 좋다. 예를 들면, 집단모임에 대한 관찰자의 관심이 집단상담자에게 도움이 된다는 것을 집단원들에게 알려준다. 그리고 가능하면, 관찰자들이 집단모임을 관찰한 후 언급한 내용을 다음 모임 때에 알려주고, 그 내용을 모임내용의 기록에 첨가했음을 알려주는 것이 좋다. 또 다른 방법은 집단구성원들을 관찰자들의 토론에 참여시키는 것이다. 즉, 모임이 끝난 후 일방경을 통해서 관찰자들과 상담자들의 토론을 관찰하게 한다. 이때 한 가지 조건은 집단전체가 관찰에 참여해야 한다는 것이다. 구성원 중

일부는 참여하고 일부는 참여하지 않는다면, 그 집단과정이 분열되어서 집단응집력의 발달이 지체될 수도 있다.

관찰자들과 상담자의 토론을 상담집단이 관찰하게 하는 것에는 몇 가지 이점이 있다. 우선 상담자가 상담과정에서 완전한 협력자로서의 집단원에 대한 존중심을 전달할 수 있게 해준다. 또한 집단원들이 지니고 있는 상담에 대한 신화(오해)를 없애주며, 집단상담이 강력하고, 이성적이고, 협동적 과정임을 알려준다. 집단구성원들이 집단모임 후의 토론을 관찰하는 경우에는, 관찰전이나 후에 보충적인 토의가 있어야 한다. 집단구성원들에 의해 관찰되는 토론은 전형적인 모임 후의 '재탕'과는 다르다. 이 토론은 그 자체가 상담과정의 한 부분이 되는 것이다.

4.2 교육지도

교육지도(수퍼비전)를 받는 것은 집단상담자 교육에 필수적인 것이다. 상담과정 중에 무수히 많은 상황들이 발생하는데, 그 상황들은 각기 상상력이 풍부한 접근법을 필요로 한다. 바로 이 시점에서 교육지도자(수퍼바이저)는 실습상담자의 교육에 가치있는 기여를 한다. 집단을 처음으로 이끄는 것은 초심 상담자에게 매우 위협적인 경험이다. 따라서 실습자가 집단상담자로서 아무리 배우려는 태도를 취한다 해도 숙련된 임상가의 안내가 없으면, 너무 구조화된 임상적 접근법에 매달리게 되고 그 이상으로 나아갈 수가 없다. 실습자가 계속적인 교육지도자 없이 집단을 이끌어 나갈 경우, 몇 개월 후에는 집단을 이끄는 기술이 처음보다 오히려 악화될 수도 있다. 분명히 집단을 지도하는 경험만으로는 충분치 않다. 즉, 지속적인 교육지도와 평가가 없다면, 처음의 실수가 계속 반복되어 나타남으로써 실수가 더 증대될 수도 있다. 이런 이유로, 모든 훈련과정은 반드시 교육지도의 경험을 포함해야 한다. 미국 집단치료 협회는 집단치료자 훈련에 최소한 180시간의 교육지도를 권한다.

집단상담의 교육지도는 여러 면에서 개인상담의 경우보다 부담이 된다. 먼저, 구성원들의 다양한 성격을 파악하기가 어렵다. 더구나, 자료가 굉장히 많은 반면에 교육지도의 시간은 제한되어 있기 때문에 매우 선택적으로 초점을 맞추어야 한다. 집단상담의 한 회기에 대하여 한 시간의 교육지도가 적정수준이다, 교육지도자는 구성원들의 이름을 익히고 집단의 분위기를 파악하기 위해서, 집단모임을 한두 회기정도는 관찰하여야 한다. 모임을 녹화 혹은 녹음한 내용을 이용할 수도 있다.

교육지도의 시간은 집단모임이 끝난 후 가능한 한 빠른 시간내에, 되도록이면 바로 다음날 갖는 것이 좋다. 시간이 허락한다면, 한가지 좋은 방법은 집단모임의 마지막 30분을 관찰하고, 그 직후에 교육지도의 시간을 갖는 것이다. 모임 후 많은 시간이 경과한 후에 교육지도의 시간을 갖는 경우에는, 모임 중에 있었던 사건들에 대한 기억이 흐려지지 않도록 기록을 해놓는 것이 좋다.

90분간의 집단모임은 풍부한 자료를 제공한다. 실습상담자들이 그 모임의 대본을 설명하고, 그들 자신의 참여와 각 집단구성원의 언어적·비언어적 기여를 논의하고, 구성원 각자와 공동상담자들에 대한 그들의 역전이와 현실에 기초를 둔 감정들을 철저히 탐색한다면, 그 교육지도는 아주 가치있는 시간이 된다. 그러나 실습 당사자가 제시하는 자료가 충분하지 않아서 교육지도가 유용한 방법을 찾아야 한다면, 그 교육지도는 잘못되어가고 있다. 이런 때에 교육지도자는 자신과 실습자간의 관계에 주목을 하는 것이 좋다. 예를 들어, "실습자들이 말을 삼가는가?", "자신들을 교육지도자에게 노출시키는 것을 두려워하는가?", "교육지도자가 특정 방법으로 집단과정에 임하도록 압력을 가하거나 자기들을 감시할까봐 주의를 하는 것인가?" 등의 질문을 스스로에게 해보는 것이 좋다.

교육지도자는 교육지도 시간에 상담자의 행동에 주목함으로써 상담집단 내에서의 그의 행동에 관한 정보를 많이 얻어야 한다. 실습자가 공동상담자로서 집단을 이끈 경우에는, 지도시간의 과정에 초점을 두는 것이 특히 중요하다. 즉, 공동상담자들이 서로에게 그리고 교육지도자에게 개방적이고 신뢰를 갖는가?, 누가 집단모임에서 있었던 사건들을 보고하는가?, 누가 누구의 의견을 따르는가?, 공동상담자들간에 교육지도자의 주목을 끌려는 경쟁이 있는가? 등에 초점을 맞추는 것이 대단히 유익하다.

상담집단에서 공동상담자들간의 관계는 매우 중요하다. 그리고 교육지도자는 이 관계에 주목함으로써 최대의 지도효과를 거둘 수 있다. 예를 들어, 공동상담자들간의 작업관계가 좋지 않으면 상담집단의 작업이 제대로 이루어지지 않고, 구성원들이 모임에 빠지는 경우가 많다. 이런 때의 교육지도는 거의 전적으로 공동상담자 관계에 초점을 맞추어야 한다. 공동상담 자들이 작업관계를 정상화시키면 두 가지 이득이 생긴다. 먼저, 공동상담 자들간의 개선된 관계로 집단의 작업이 향상되어 집단구성원들을 위한 상담에 도움이 된다. 그리고 상담 실습자들은 갈등해결의 기본원리를 직접 배우게 되어 훈련에도 도움이 된다.

지속적인 교육지도에서 교육지도자는 실습 상담자의 집단내에서의 행동에 초점을 맞추어야 한다. 즉 상담자의 언어적·비언어적 개입이 그 자신의 감정과 일관되는 것인가? 집단규범을 확립한 데 도움이 되었는가? 한편, 교육지도자는 자발성이 저지당할 정도로 실습자가 자신을 지나치게 의식하게 만들어서는 안 된다.

4.3 훈련생을 위한 집단경험

집단훈련의 경험은 집단상담자를 위한 훈련과정에서 필수적인 부분으로 간주되어 왔다. 그런 경험은 많은 유형의 학습을 제공한다. 첫째, 이전에는 지식수준에서만 알았던 것을 정서적인 수준에서 학습할 수 있다. 둘째, 집단의 힘—상처를 줄 수도 있고 치료가 될 수도 있는 집단의 힘—을 경험한다. 셋째, 집단에 의해 수용되는 것이 얼마나 중요한가, 자기공개에 실제로 무엇이 뒤따르는가, 자신의 비밀세계, 공상, 취약한 감정, 적개심, 부끄러움 등을 드러내기가 얼마나 어려운가를 배운다. 넷째, 자신의 약점과 강점을 인식할 수 있게 된다. 또한 집단내에서 자신이 선호하는 역할을 배운다. 다섯째, 자신의 의존성과 상담자의 실력과 지식에 대한 자신의 비현실적인 평가를 자각함으로써 상담자의 역할이 어떤 것인가를 배운다.

최근에는 대부분의 집단상담 훈련과정에서 개인적인 집단경험을 제공한다. 훈련생을 위한 집단으로 가장 흔한 집단모형은 몇 명의 훈련생들로 구성되는 훈련집단(T-group)이나, 지지집단(support group)이다. 이 집단은 약 12회기 정도로 단기적으로 이루어지거나 한번의 집중적인 주말집단(또는 마라톤집단)으로 이루어질 수도 있다. 그러나 가장 바람직한 것은 1년 동안 계속되는 훈련집단이다.

동료와의 집단경험은 많은 점에서 유익하다. 즉, 집단경험의 혜택을 얻을 수 있을 뿐만 아니라, 집단이 제대로 이끌어질 경우 훈련생들간의 상호관계와 의사소통을 촉진할 수 있다.

다음에는 훈련생들을 위한 집단과 관련된 몇 가지 사항들을 살펴보기로
한다.

1) 훈련집단에 자발적으로 참여해야 하는가?

훈련생을 위한 집단은 자발적인 참여의 경우에 훈련과정으로서뿐만 아
니라 개인적 성장의 기회로도 효과적이다. 훈련생들은 집단경험에서 개인
적으로, 전문적으로 얻고자 하는 바를 분명히 하고 집단에 참여하는 것이
좋다. 따라서, 훈련생들이 참여할 집단이 자신의 개인적 · 전문적 목표에
부합되는지를 결정할 수 있도록, 훈련지도자가 집단의 특성을 그들에게 소
개하고 설명해주는 것이 필요하다. 정신건강을 다루는 전문가들은 상담집
단의 지도자로서 막대한 시간을 집단에서 보내기 마련이다. 이 역할을 효
과적으로 수행하기 위해서, 상담자는 집단이 어떻게 작용하는지를 알아야
하고, 자신이 집단에서 어떻게 행동하는지를 철저하게 알아야 한다.

실습생이 훈련집단이나 다른 경험집단에 참여하기를 계속 거부한다면,
그런 저항의 이유를 조사해 보는 것이 바람직하다. 그런 거부는 집단 전반
에 관한 잘못된 개념에서 나오거나, 잘 아는 선배의 집단에 대한 부정적인
편견을 반영할 수도 있다. 집단상황에 대한 두려움이나 불신 때문에 집단
훈련의 참여를 거부하는 경우, 그 훈련생이 개인상담이나 순수한 상담집단
에서도 그런 저항을 다룰 융통성을 갖고 있지 않다면, 그 사람은 전문적인
상담자나 심리치료자로서의 직업을 포기하는 것이 나을 것이다.

2) 누가 훈련집단을 지도해야 하는가?

훈련집단의 지도자는 신중하게 선정되어야 한다. 그 이유는, 먼저 집단
경험이 훈련생의 훈련과정에서 매우 영향력이 있는 변수이기 때문이다. 즉
지도자는 훈련생들에게 중요한 역할모형이 되는 경우가 많기 때문에, 폭넓
은 임상경험과 집단경험을 가진 전문가여야 한다. 물론, 지도자의 개인적
자질과 전문적 기술은 무엇보다 우선하는 조건이다.

훈련생들이 처음으로 경험하는 집단은 너무 전문화된 형태가 아닌 것이

좋다. 그 이유는, 너무 전문화된 접근에서는 집단내의 1대1의 작업에 보다 초점을 맞추기 때문에 훈련생들에게 상호작용적인 집단역동의 기초경험을 갖지 못하기 때문이다. 또한 훈련생들이 전문화된 접근법을 소화하지 못해서 집단경험에서의 이득을 얻지 못하는 경우도 있다.

지도자를 신중하게 선정해야 하는 또 다른 이유는, 훈련기간 내내 함께 작업할 정신건강 전문가 지망자들의 집단을 이끄는 것이 매우 어렵기 때문이다. 이들의 집단은 속도가 느리고, 주지화가 흔하고, 자기공개와 위험감수가 아주 적은 편이다. 심리상담에서의 가장 중요한 도구는 상담자 자신의 인격이다. 이런 사실을 깨닫게 되면서, 초심 상담자는 자기공개와 위험감수에 많은 어려움을 느낀다.

3) 훈련집단은 치료집단인가?

'훈련집단이 치료집단인가?' 하는 물음은 자주 제기되는 문제이다. 지도자는 시작단계에서 집단의 명확한 위치를 제시하는 것이 좋다. 훈련집단의 구성원들은 치료집단의 구성원과 마찬가지로, 집단구성원에게 요구되는 조건들을 알고 있어야 한다. 즉 집단에서 기꺼이 자신을 정서적으로 투자하고, 자신과 다른 구성원들에 대한 감정을 공개하고, 변화를 이루고자 하는 개인적 영역을 탐색할 준비가 되어 있어야 한다.

훈련집단은 비록 치료집단은 아니지만, 치료적 작업을 할 수 있는 기회를 제공한다는 점에서 치료적이다. 어떤 구성원들은 그 기회를 이용해서 훌륭한 치료적 경험을 한다. 그러나 모든 구성원들이 폭넓은 치료적 경험을 하리라고 기대해서는 안 된다.

훈련집단의 모형으로써 효과적인 치료집단보다 더 좋은 것은 없다. 또한 구성원들도 치료적인 부산물이 없다면 효과적인 상호작용을 할 수가 없고, 집단구성원의 역할을 충분히 할 수도 없다. 그러나, 훈련집단의 기본적 계약은 치료가 아니라 훈련이다. 치료집단에서는 폭넓은 집단경험, 감정의 표현과 통합, '지금-여기'의 과정을 인식하는 것은 개인의 치료적 변화에 필수적이기는 하나 2차적인 목표이다. 반면, 훈련집단에서는 그런 것들이 일차적인 목표가 된다.

4) 훈련집단에서 흔히 발생하는 문제들

정신건강 전문가들의 훈련집단에서 흔하게 발생하는 문제는 경쟁과 유능성의 문제이다. 집단구성원들은 종종 서로를 경쟁자—직업상의 경쟁자, 전문적인 위치에서의 경쟁자—로 경험한다. 혹은 다른 구성원들을 자신을 평가하는 전문적 기준으로 삼는다. 그들의 전문적 유능성은 인격적 통합에 달려 있다. 흔히 집단원들은 약점이나 결점을 드러내서 동료들로부터 부정적인 판단을 받게 될까봐 두려워한다.

훈련집단의 구성원들이 서로의 유능성의 차이에서 발생하는 경쟁문제를 피하기는 어렵다. 집단원들이 경쟁에서 생기는 긴장상태에 대해 몇 가지 극복방법으로 반응하는데, 그 중 가장 흔한 것이 구성원들간에 동등성에 대한 분명한 합의를 찾는 것이다. 즉 집단은 구성원들간의 차이를 부인하고, 종종 외부세계의 평가적 위협에 대항하여 단결하는 것이다. 이러한 해결책은 구성원들의 수준을 평준화하거나 저하시킨다. 구성원 모두가 집단상담자로서 혹은 개인상담자로서의 경험을 가지고 있지만, 집단에서 이런 기술들을 발휘할 수 없다고 느낀다. 따라서, 환자집단보다도 훨씬 더 훈련지도자에게 의존하는 경우가 생기게 된다. 훈련집단이 흔히 경험하는 또다른 문제들은 책임의 한계에 대한 혼란, 실패경험에 대한 좌절감 등이다.

5) 훈련 지도자의 기법

훈련집단의 지도자는 효과적인 집단을 조성하고 이끌어감으로써 구성원들의 역할모형이 될 뿐만 아니라, 구성원들의 교육적인 욕구를 다루기 위해 여러 가지 기법을 활용하거나 수정하기도 해야 한다.

훈련집단 지도자의 기본적 접근법은 집단상담자의 일반적인 역할지침과 같다. 예를 들어, 지도자는 상호적인 '지금-여기'에 초점을 두어야 한다. 훈련생들이 자기의 내담자들과 치료적 작업에서 접했던 문제들을 주로 토론하는 일반 교육지도의 형식을 취해서는 안될 것이다.

지도자가 훈련생들의 집단경험을 이용할 수 있는 여러 방법들이 있다. 예를 들어, 훈련집단에게 다음과 같이 말할 수 있다. "내가 질문을 했을 때, 여러분은 여러분이 게으르다는 느낌을 갖고 있다거나 혹은 점심 식사

후 너무 빨리 작업을 하는 게 아니냐라고 말했습니다. 만일 여러분이 집단
의 지도자로서 이런 말을 듣는다면 어떻게 할 것입니까?" 또한 지도자의
입장에서 집단과정에 대해 언급을 해주는 것도 매우 유익하다.

　교육이라는 목표 때문에, 훈련집단의 지도자는 상당한 자유가 있다. 지
도자는 훈련생들이 배울 수 있는 것이라면 집단에서 발생하는 무엇이라도
괜찮다는 결론을 내릴 수도 있는 것이다.

4.4 개인상담 및 교육분석

　훈련집단만으로는 실습 상담자가 필요로 하는 모든 교육적 훈련지도를
다하기에는 충분치 않다. 집단상담자의 성숙을 위해서는 폭넓은 자기탐색
의 노력이 필요하며, 이런 노력 중의 하나가 개인상담을 받는 것이다.

　상담자가 자신에 대해 아는 것은 상담활동의 모든 면에서 중요한 역할을
한다. 상담자가 역전이 반응을 지각할 수 없거나, 개인적인 왜곡이나 맹점
을 인식하지 못하거나, 자신의 상담작업에서 자기의 감정이나 공상을 활용
할 수 없다면, 상담자의 효율성은 제한된다. 자신에 대해 아는 방법에는 교
육지도자, 관찰자나 공동상담자 등으로부터 피드백을 받는 방법이 있다.
그러나 자신에 대해 보다 충분한 이해와 철저한 교정을 위해서는 개인 상
담 및 교육분석을 받을 필요가 있을 것이다.

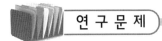

연 구 문 제

1 집단상담자의 바람직한 특성과 자질은 무엇인가?

2 집단상단에서 상담자의 과정중심적 논평(또는 해석)은 어떤 의미를 갖는가?

3 본장에서 설명된 집단상담자의 기본임무나 과제와 집단상담의 '기법들'과는 어떤 관련이 있는가?

참 고 문 헌

김진숙 외 2인 옮김(2012). 집단상담: 과정과 실제. 제2장 집단상담자. 30~111.
　　　Gerald Corey, Marianne Schneider Corey, and Cindy Corey(2008), Groups:
　　　Process and Practice, 8th Ed., CENGAGE Learning.
김창대 외 9인 옮김(2004). 상호작용 중심의 집단상담, 제3부 집단상담과정의 촉진,
　　　219~310. 시그마프레스.
　　　Earley, Jay(2000). Interactive Group Therapy: Integrating Interpersonal,
　　　Action-Oriented, and Psychodynamic Approaches.
이은경 · 이지연 옮김(2005). 집단상담의 실제: 진행과 도전. 두번째 프로그램 집
　　　단지도자들이 당면하는 도전과제, 113~193. 센게이지러닝.
　　　Corey, Gerald, Marianne Schneider Corey, & Robert Haynes(2000). Groups
　　　in Action: Evolution and Challenges, Cengage Learning.
주은선 · 주은지 옮김(2009). 15가지 집단상담기술. 센게이지러닝.
　　　Haney, Hutch and Jacqueline Leibsohn(2001). Basic Counseling Responses
　　　in Groups: A multimedia Learning System for the Helping Professions,
　　　Wadsworth, CENGAGE Learning.
Corey, G. (2004). Theory and Practice of Group Counseling(6th ed.). Pacific
　　　Grove, CA: Brooks/Cole.
Corey, C., Corey, M. S., Callanan, P., & Russell, J. M. (2003). Group
　　　Techniques(3rd ed.). Pacific Grove, CA: Brooks/Cole.
Haney, H. & Leibsohn, J. (2001). Basic Counseling Responses in Groups.
　　　Pacific Grove, CA: Brooks/Cole.
Jocobs, E. E., Masson, R. L., & Harvill, R. L. (2002). Group Counseling:
　　　Strategies and Skills (4th ed.). Pacific Grove, CA: Brooks/Cole.
Kottler, J. A. (2001). Learning Group Leadership. An Experiential Approach.
　　　Boston: Allyn & Bacon.
Yalom, I. D. (1995). The Theory and Practice of Group Psychotherapy(4th ed.),
　　　New York: Basic Books.

집단상담의 상담이론적 접근

4장

상담이론은 인간관, 상담의 목표, 상담참여자의 역할 등에 관한 가정(또는 설명체계)이기 때문에, 상담자가 상담활동을 하는데 있어서 활용할 수 있는 일반적인 지침이 된다. 따라서 아무런 이론적인 모형이 없이 상담집단을 이끌어가는 것은 마치 항해사가 해양지도를 참고하지 않은 채 무작정 항해하는 것과 다름없을지도 모른다. 물론, 여러 이론들을 아는 것만으로는 충분하지 않고 자기의 관점과 경험을 살린 '자기 나름대로의 한 가지 이론'을 차츰 갖추어 가는 것이 가장 바람직할 것이다.

본장에서는 8가지 기존의 주요 집단 상담이론들과 저자가 제시하는 '통합론적 집단수련'을 집단상담의 맥락에서 집약하여 소개한다. 이론적 특징, 접근기법, 상담자의 역할 등의 순서로 요약된 내용이기 때문에 충분한 설명이라고는 볼 수 없을 것이다. 그러므로 독자들은 여기서 여러 이론들의 윤곽을 우선 파악하고 집단상담의 실제를 학습한 다음에 자기 취향에 맞는다고 생각되는 특정이론에 관해서는 필요에 따라 다른 전문적 상담 및 심리치료 이론서를 참고하는 것이 바람직할 것이다.

1 정신분석적 집단상담

S. Freud

정신분석적 집단상담 혹은 집단 정신분석은 정신분석적 기법들(자유연상, 꿈과 환상의 분석, 저항과 전이의 해석과 훈습 등)을 이용하여 8~11명의 내담자(또는 환자)들을 집단으로 면접하는 것이다. 정신분석적 집단상담의 근간을 이루는 고전적 정신분석 이론은 심리적 결정론(psychic determinism)과 무의식이라는 인간에 관한 두 가지 기본 개념을 가정하고 있다. 간단히 말하면, 인간의 행동은 본능을 충족시키고자 하는 욕구와 어렸을 때의 경험에 의해 크게 좌우된다는 것이다. 그리고 무의식적 심리과정이 인간생활에 커다란 영향을 끼친다고 가정한다.

집단 정신분석은 무의식적 심리과정과 동기에 대한 이해를 촉진하고 역사적인 근거(또는 인과관계)를 탐색함으로써 현재의 문제행동 원인을 통찰하는 것을 치료의 초점으로 삼고 있다. 집단상담의 과정에서는 정신병리적 상태로 간주되는 강박적이고 반복적인 행동들이 더 이상 나타나지 않도록 장기간의 훈습과정을 거치게 된다. 또한 집단상담 중 집단원들의 상호작용이나 그들의 직접적인 표출행동의 내용뿐만 아니라, 그 이면의 잠재적인 의미에도 관심을 둔다. 이러한 무의식적 자료에 접근하기 위하여, 환자들의 관념이나 느낌, 환상 등을 우선 거리낌 없이 자유롭게 표현하도록 하는 방법을 사용한다. 이 자유롭게 표현된 관념과 환상 속에는 집단원들의 무의식적 동기나 갈등의 소재가 담겨 있으므로, 이것들을 분석적인 기법으로 명료화시켜 집단원들이 깨닫도록 하는 것이다. 요약하여 말하면, 어렸을 때부터 생긴 무의식적 동기와 갈등의 근거를 자유연상, 해석 등의 기법을 통해 의식화시킴으로써, 집단원들의 통찰을 가져오게 하는 것이 정신분석적 집단상담이다.

1.1 정신분석 이론의 주요 개념

1) 초기 갈등의 탐색

고전적 정신분석 이론에 따르면, 인간행동의 골격은 무의식적 동기와 생물학적 욕구 및 충동, 그리고 생후 약 5년간의 초기 생활경험에 의해 결정된다. 따라서 집단상담에서도 유년기 및 아동기의 경험에 그 뿌리가 있는 것으로 보여지는 미해결된 무의식적 갈등에 초점을 맞추게 된다.

2) 의식수준의 확대

프로이트(Freud)는 성격발달에 있어서 3가지 상이한 의식수준(의식, 전의식, 무의식)의 존재를 주장하였으며, 그 중에서도 무의식적인 심리과정이 인간의 행동에 가장 중요한 영향을 미친다고 보았다. 무의식적 세계는 상당한 힘에 의해서 의식으로부터 제외(또는 억압)되어 있기 때문에, 그것이 의식화되기 위해서는 이 힘이 제거되어야 한다. 이러한 작업은 개인적 노력으로는 불가능하기 때문에 심리치료나 상담이 요구되는 것이다. 상담자는 현재의 부적응적 행동의 원인이 되고 있는 무의식적 갈등을 의식화(자각)시키기 위해 내담자의 무의식적 갈등 내용을 해석한다.

3) 성격구조의 재구성: 자아의 강화

정신분석 이론에서는 인간의 성격이 원초아(原初我, id), 자아(自我, ego), 초자아(超自我, superego)로 구성되어 있다고 본다. 원초아는 심리적 에너지의 원천이자 본능이 자리잡고 있는 곳으로서 본능적 요구의 충족을 위해 작용한다. 자아는 원초아의 본능과 외부 현실세계를 중재 또는 통합하는 역할을 하면서 현실적이고 논리적으로 환경에 적응한다. 초자아는 윤리적 규범과 이상적인 것을 추구하는 정신세계이다.

이러한 심리적 장치들의 기능이 조화를 이루지 못할 때에 긴장, 갈등, 불안 등이 생긴다고 본다. 다시 말해서, 행동의 조정자이며 집행자인 자아가 다른 성격구조(원초아, 초자아)를 적절히 통합시키지 못할 때 부적응적인 행동이 형성된다. 따라서 치료에서는 상담자의 해석을 통해서 원초아, 자아, 초자아 등이 어떻게 기능하고 서로 어떤 관계에 있는가를 탐색하고, 자아의 힘과 조정기능을 강화시킨다.

[그림 2] 프로이트의 진찰실

4) 부적응행동과 치료

고전적 정신분석 이론에서는, 심리치료에서 부딪치는 여러 문제들의 근원이 생후 약 5년간의 가족관계 경험에서 이루어진 행동장애에 있다고 본다. 이 행동장애의 증상들은 대개의 경우, 무의식적인 원망과 그것에 대한 주위 사람들의 부적정인 평가간의 갈등의 형태로 나타난다. 원망과 갈등이 나타나는 양상과 이에 대한 반응들은 표면적으로는 다양할 수 있으나 그 기저에 깔린 부적응적 과정은 동일한 것이라고 할 수 있다.

이러한 인식에 기초하여 분석적 집단상담에서는 상담자가 내담자로 하여금 증상 뒤에 숨겨진 갈등의 성격을 이해시키려고 노력하며, 억압된 충동들에 대한 자아의 통합적 기능을 강화시키려는 노력을 한다.

1.2 상담과정

여기서는 분석적 집단상담의 목표, 상담자의 기능과 역할, 집단원들의 입장과 그들이 겪는 경험, 그리고 집단상담의 과정 등을 개인 정신분석과 비교시켜 제시하고자 한다.

1) 상담목표

분석적 집단상담이 궁극적으로 추구하는 목표는 집단원의 성장과 발전을 저해하는 신경증적 갈등을 경감시켜서 집단원의 인격적 성숙을 도모하는 것이다. 이것은 상담자가 다음과 같은 두 가지의 하위목표들을 달성함으로써 촉진될 수 있다.

첫째, 집단원이 인격적으로 성숙하는 데 방해가 되는 여러 가지 환경적 압력들을 현실적으로 대처해 나갈 수 있도록 판단 및 행동기능의 회복을 돕고, 둘째 집단원이 부적응행동(증상)에서 벗어날 수 있도록 자기 내면세계에 대한 통찰을 얻게 하는 것이다. 이 목표들의 달성을 위해, 상담자는 집단장면에서 유발된 전이(轉移, transference)를 분석하거나, 자유연상 및 해석 등의 정신분석적 기법을 통해 집단참여자들의 심리과정과 행동들을 다루는 것이다.

2) 상담자의 기능과 역할

개인분석적 상담에서는 주로 내담자가 상담자에게 투여하는 전이—이 경우의 전이는 대개 부모와의 관계에서 일어난 전이(parental transference)—에만 초점이 주어진다. 그러나 정신분석 집단에서는 그러한 부모와의 전이뿐만 아니라, 집단원들간의 상호작용에서 오는 다른 형태의 전이와 대인관계 양식에도 초점이 맞추어진다. 다시 말해서, 가령 형제들과의 관계에서 발생한 전이(sibling transference) 등이 집단장면에서 생길 수 있다. 이것은 전이의 개념이 부모로부터 수직적 차원뿐만 아니라 형제를 포함한 대인관계의 수평적 차원까지 확장됨을 의미하는 것으로, 상담자는 개인정신분석과는 다소 다른 위치에서 전문적 기능을 발휘하게 된다.

상담자는 집단원들로 하여금 과거의 경험과 그때 그때의 감정들을 자유롭게 털어놓도록 격려하고 꿈과 자유연상의 의미를 추론하거나 집단원이 보이는 저항과 전이감정 및 행동 등을 해석한다. 이러한 역할에 있어서는, 개인정신분석을 하는 상담자와 크게 다를 바 없으나, 집단분석에서의 상담자는 개인분석에서처럼 권위적인 위치를 갖기보다는 집단구성원들과 적어도 외형적으로는 거의 대등한 입장을 취하게 된다는 점에서 차이가 난다. 또한 두 사람 이상의 집단원들이 상담자의 언어적 · 비언어적인 행동을 살펴보게 되므로 상담자의 투명성 내지 솔직성이 보다 더 강조된다.

분석적 집단상담에서 상담자가 담당하는 기능을 요약하면 다음과 같다.

(1) 집단원들이 명백한 목적이나 결론이 없는 표현과 반응을 할 때, 상담자는 그들이 다루려고 애쓰고 있으나 잘 드러나지 않는 주제들을 확인, 명료화 해주고 그 주제에 초점을 맞추도록 돕는다. 즉, 권유, 지적 등의 기능을 수행한다.

(2) 억압이나 저항, 정서적 피곤과 흥미의 부족 때문에 집단원들이 별 소용도 없는 사소한 주제들에 매달리고 있을 때, 상담자는 집단에 활력을 불어넣기 위한 '자극제'의 역할을 담당한다. 즉, 이전에 논의되었던 주제들에 대해 집단원에게 질문을 던지거나 그 내용들을 환기시킴으로써 집단의 진행과정을 다져주는 역할을 한다.

(3) 집단원들이 어느 영역에 고착되어 그 이상의 의사소통을 하지 못할 때, 상담자는 집단원들이 보다 넓고 깊은 의사소통을 하도록 돕는 '확정적인' 역할을 한다. 상담자는 이 기능을 통해서 집단원들의 의식적 자아와 무의식적 자아간의 연결을 도모할 수 있다.

(4) 분석적 집단상담에서 상담자가 담당해야 할 가장 중요한 기능은 해석적인 기능이다. 상담자는 자유연상이나 꿈, 저항, 전이 등을 분석하고 그 속에 담긴 행동의 의미를 집단원들에게 해석해줌으로써, 집단원들이 미처 자각하지 못했던 의식자료들을 성찰(또는 통찰)할 수 있도록 돕는다.

3) 집단원들의 입장과 경험

분석적 집단상담은 집단원들로부터 개인상담의 경우와는 질적·양적으로 차이가 나는 행동을 유도한다. 집단원들은 동료들과의 상호작용이 중시되는 집단상황에 처해 있기 때문에, 권위적인 치료자와의 2자 대면관계에서보다 자신들의 주장을 더 자유롭게 표현할 수 있고 그 결과로 그들의 사회적 자아가 성숙될 가능성이 커진다. 또한, 집단원들은 상담자와의 관계뿐만 아니라 다른 집단원들과의 다양한 접촉을 통해 다면적 또는 복합적인 전이를 나타낼 가능성이 있다. 한편, 그들은 사적인 비밀이 누설될 것에 대해 걱정을 많이 하게 되고, 자신의 문제로 인해 동료들로부터 거부당할지도 모른다는 두려움을 갖기도 한다. 분석적 집단상담에서는 집단원들에게 자신의 행동에 대한 책임을 요구하며 개인상담에서의 수동적인 입장보다 훨씬 더 적극적이고 다중적인 역할을 하도록 요구된다고 볼 수 있다.

4) 집단상담과정의 특징

(1) 개인분석과 집단분석

개인분석에서는 우선 내담자 개인의 내면적 심리과정이 분석된 뒤에 그의 대인관계 과정을 살펴보게 되지만, 집단상담에서는 이와 반대로 대인관계적 양상이 먼저 분석된 뒤에 각 개인의 내적인 심리과정이 분석되게 된다. 또한 집단상담에서는 어느 한 개인에게만 주의가 독점적으로 기울어지는 경우가 없으므로 주의가 자신으로부터 다른 집단원들에게 돌려진 사이에 다른 집단구성원이나 상담자의 자극에 의해 이루어진 통찰을 소화하고 훈습할 기회를 가질 수 있다. 그리고 집단원들이 다른 사람의 문제를 듣고 반응할 때에는 보조 상담자 또는 공동 상담자의 역할도 수행하게 된다. 따라서 어느 한 집단원을 상담자가 과잉보호하게 될 가능성도 그만큼 줄어드는 셈이다. 그러나 정신분석집단에서는 해석을 시의적절하게 하는 비율이 개인상담에서보다 떨어지게 되는데, 이것은 상담자의 해석에 앞서 집단의 다른 구성원이 미처 준비되지 못했거나 받아들일 수 없는 해석을 시도할 가능성이 있기 때문이다. 또한 집단상담에서는 전이의 대상과 내용이 확장됨에 따라 집단구성원들의 심리적 개인 문제를 깊이 있게 다루기가 힘들다는 제한점이 있다.

(2) 분석적 집단상담과 기타 이론접근

정신분석적 집단상담과 다른 이론적 배경의 집단상담간에는 차이가 있다. 하지만, 그러한 차이는 절대적이라기보다 상대적이다. 다른 이론적 입장의 상담자는 집단을 하나의 전체로서 취급하며 집단 전체의 역동적 관계에 더 관심을 가진다. 반면, 정신분석집단의 상담자는 집단보다 집단 속의 개인들과 그들의 독특한 무의식적 동기에 더 초점을 맞춘다. 즉, 다른 상담자들이 '지금과 여기'에 더 관심을 갖는 반면, 정신분석 상담자는 각 개인의 문제가 발생했던 '거기와 그때' 또는 과거에 뿌리가 되고 있고 현재 속에 지속되고 있는 문제들과 훈습과정에 더 주의를 기울이게 된다. 그리고 다른 상담자들이 집단을 동질적으로 보고 구성원들간의 유사점을 찾으려고 하는데 비해, 정신분석 집단상담자는 집단을 좀더 이질적으로 파악하고 개인들간의 고유성을 찾으려 한다. 그러므로 다른 접근들에서는 적응이나 심리적 안정감이 치료의 주요 성과가 되는 반면, 분석적 집단상담에서는 개인적 고유성이나 환자의 통찰이 치료의 생산물이 된다. 집단의 과정에서도 차이가 있다. 다른 이론적 접근의 상담자들이 집단 구성원들간의 상호작용에서 드러난 명백한 행동이나 대인관계 측면의 심리 및 행동과정에 관심을 기울이는 반면, 정신분석적 상담자들은 구성원들의 개인내적인 심리과정, 즉, 무의식적이고 잠재적인 심리세계와 이 내면세계에 관한 각자의 자기성찰을 중요하게 여긴다. 따라서 다른 이론적 접근의 집단상담에서보다 개인을 심도있게 이해하려는 분석적 집단상담에서는 집단구성원들이 더 높은 불안을 경험하게 될 가능성이 있다.

1.3 주요기법

정신분석적 입장의 상담자 또는 치료자는 상담집단에서 대체로 다음과 같은 세 가지의 특징적 작업을 한다. 첫째, 내담자로 하여금 자신의 문제를 숨김없이 드러내도록 격려하고, 제시된 문제의 뿌리 또는 원인을 탐색한다. 둘째, 집단구성원들의 언행, 꿈, 환상 등에 어떤 무의식적인 재료(충동, 방어 등)가 내포되어 있는지를 유의하고 필요에 따라서는 그 의미를 언급해준다. 셋째, 치료자는 집단구성원들간의 표면적 의사소통이 나타내는 진정한 의미(접근, 저항, 동조 등)를 주목하고 필요에 따라 해석을 한다.

분석적 상담의 주요기법은 자유연상, 꿈과 환상의 분석, 저항의 해석, 전이의 해석, 훈습과정 등으로 분류될 수 있으며, 이들에 공통적으로 적용되는 주요 기법은 '무의식적인 동기에 대한 해석'이다.

1) 자유연상, 꿈, 환상의 분석

집단장면에서는 집단구성원들이 자발적으로 자기를 표현할 때에 그러한 표현이 다른 집단원에 의해 방해를 받거나 제지당하는 경우가 많다. 그래서 정신분석가들 중에는 집단장면에서 자유연상이 자유롭게 일어날 수 있을지에 대해 의문을 갖는 사람도 있다. 그러나 개인분석에서조차 자유연상은 어느 정도까지는 제한되고 범위가 한정되기 마련이다. 즉, 자유연상은 어떠한 경우에서든지 선택적으로 사용될 필요가 있다. 어떤 의미로는, 한 집단원의 자유연상이 다른 집단원에 의해 제지당할지도 모른다는 것에 상담자가 너무 신경을 쓴다는 것은 집단상담에서 그 집단원에 대해 개인분석을 하고 싶은 상담자 자신의 욕구가 작용하기 때문일 수도 있다.

집단에서의 자유연상은 다른 집단원들에 의하여 제지당하거나 촉진될 수 있다. 어떤 집단원이 자유연상을 하는 도중에 다른 집단원에 의해 제지를 받는다면, 상담자는 다른 집단원의 방해적인 자유연상도 복수적인 측면의 해석으로 함께 또는 이어서 분석할 수도 있을 것이다. 한 집단원이 자유연상을 할 때 다른 집단원이 참여할 수 있는 권리를 주는 것은, 한번에 한 사람씩만 상담에 임하는 것이 아니라 한번에 모든 참여자들로 하여금 상담에 참여할 수 있는 권리를 주는 것과 같다.

그러므로 상담자는 한 집단원의 자유연상 도중 다른 참여자가 제지하거나 끼어드는 것에 대해 교류적이며 상호의존적인 상호작용이 일어나는 것으로 파악하여야 한다. 이러한 면에서, 집단에서의 자유연상은 제한되는 것이 아니라 오히려 촉진될 수도 있는 것이다. 가령, 한 집단원이 이전에 탐색하지 않았던 무의식을 자유연상에서 드러낸다면, 이는 다른 동료들의 주의를 끌 것이고 다른 집단원들은 그가 자유연상을 계속하도록 기다려 줄 것이다. 그러나 그가 과거와 유사한 병리적 내용을 반복한다면, 다른 집단원들이 지루하게 되어 좀더 생산적인 꿈이나 연상으로 대체하도록 압력을 가하게 될 것이다.

꿈의 분석은 꿈을 꾼 사람이 꿈의 주요 소재와 관련된 연상을 한 후에 그 연상 내용을 참고로 하여 이루어지게 된다. 꿈을 꾼 당사자뿐만 아니라 다른 집단원들도 그 꿈에 관한 연상을 할 수 있다. 이렇게 해서 다른 집단원들도 한 개인이 말하는 자유연상의 잠재적 의미뿐만 아니라 꿈까지도 해석하려는 노력을 보이게 된다.

2) 훈 습

집단구성원이 자유연상, 환상, 꿈, 기타 떠오르는 느낌을 자유롭게 표현하게 되면, 시간이 흐름에 따라 각각 자신의 전형적인 왜곡심리를 깨닫게 되고 점차 왜곡이나 전이반응의 뿌리가 되는 과거의 가족경험을 구체적으로 추적할 수 있게 된다. 훈습과정이란 현재 상황에서 지속되고 있는 전이적 왜곡반응들을 좀 더 이성적이고 현실적인 대안들로 바꾸어 나가는 의식적 노력을 말한다.

개인분석에서보다 집단분석에서의 집단구성원들은 좀더 현실에 근거를 둔 반응들을 하게 된다. 이것은 집단에서 자신의 생각과 느낌을 드러낼 때 다른 집단원들의 존재와 반응을 고려하지 않을 수 없기 때문이다. 한 집단원이 비현실적이고 병리적인 증후를 나타내는 언행을 보이면 즉각 다른 집단원들의 주목이나 지적을 받기 쉽다. 즉, 타인들을 고려함으로써 각 집단원은 자신의 병리적 행동을 자각하게 되며, 타인에게 미치는 자기 행동의 효과를 의식하게 된다. 훈습과정에서는 각 집단원들과 상담자가 여러 종류의 도움을 제공하게 된다.

구성원들끼리 주게 되는 도움은 어떤 의도없이 즉각적으로 혹은 충동적이거나 강박적으로 제공될 수 있지만, 상담자가 제공하는 도움은 좀더 목표지향적이며 유용하고 변별적으로 제공된다. 상담자는 구성원들이 미처 상대방이 받아들일 준비가 되어 있지 않은 통찰이나 시의성이 없는 해석을 제공하지는 않는지에 관심을 가져야 한다. 한편 집단구성원인 내담자들도 해석이나 통찰의 시의성(타이밍) 여부 등에 관한 전문적 지식은 없지만, 종종 그들 자신의 직관이나 상식에 근거하여 서로에게 유용한 해석이나 통찰을 제공하기도 한다. 그러므로 집단구성원들의 반응이 유용하거나 적절할 경우, 상담자는 집단구성원들의 상호작용이나 해석적 반응이 활발히 진행되도록 격려 또는 중재하여야 한다.

3) 저항의 분석

집단상담에서 발생하는 저항은 비교적 쉽게 그리고 빨리 다루어질 수 있다. 집단참여자들은 다른 구성원들이 보이는 저항이 적절한지 아닌지에 대해 의문을 갖는다. 그들은 다른 집단구성원들이 졸거나 침묵을 지키고 있도록 내버려두지 않는다. 즉, 집단참여자들은 집단에서 고립되거나 집단과정을 독점하려는 집단원, 그리고 강박적으로 자신에게만 집착하는 집단원에게 압력을 가하거나 새로운 행동을 하게끔 요구한다.

1.4 분석적 집단상담의 진행단계

분석적 집단상담에서는 일반적인 집단발달의 '단계'를 설정하지 않는 대신 집단상담에서의 과정을 더 강조한다. 왜냐하면, 분석적 집단상담에서는 집단 그 자체보다는 집단을 구성하고 있는 각 집단원에 관심을 두기 때문이다. 그러므로 집단의 문제보다는 집단내의 개인문제에 더욱 초점을 맞추어 진행한다. 분석적 집단상담의 진행단계를 살펴보면 다음과 같다.

1) 예비적인 개별분석 단계

개인을 집단상담에 적합하도록 준비시키는 단계로써, 상담자는 각 내담자와 개별적으로 면담을 하여 그들이 집단상담에 적합한 정도의 강하고 유연한 자아를 지니고 있는지를 살펴본다. 이때 상담자는 각 내담자가 지닌 현재의 어려움과 집단참여의 목적, 인생에서의 소망(이상)과 동일시 대상 및 자신의 장·단점에 대한 신념들을 탐색한다. 이러한 절차를 통해서 상담자는 집단원들의 성격구조에 대한 인식을 갖게 되고 각 집단원의 문제에 대한 일차적인 진단을 내린다.

2) 꿈과 환상을 통한 촉진관계의 정립 단계

개인분석에서와 마찬가지로 집단상담에서도 꿈과 환상의 분석은 아주 중요하다. 인간이 잠자는 동안에는 방어기제가 휴식상태에 들어가면서 평소에 억압되었던 욕망과 감정이 의식의 표면에 떠오르게 된다. 상담자에 의한 꿈의 분석은 이러한 꿈의 무의식적(또는 잠재의식) 속성을 이용하는 것이다. 즉, 집단에서 집단원들이 꿈이나 환상을 이야기하면 꿈 속의 주요 소재(등장인물, 무대, 접근-회피 등의 역동관계)에 관한 자유연상을 시키고, 이를 토대로 그 집단원이 평상시에 의식하지 못하고 있던 소망 및 충동의 발산기제 등을 해석해 준다. 이렇게 무의식적 자료를 발굴하고 정리함으로써 집단원들로 하여금 자신의 내면세계와 문제영역에 대한 통찰을 얻도록 도와주는 것이다.

집단에서 꿈과 환상이 분석되는 구체적인 절차를 살펴보기로 하자. 첫 번째나 두 번째 회기에서 상담자는 집단원들에게 자주 꾸는 꿈이나 최근의 꿈 이야기를 해보라고 한다. 꿈을 기술하는 주요목적은 집단원들의 집단참 여를 유도하고 집단구성원들간에 상호작용이나 토론이 이루어지도록 하기 위한 것이다. 어떤 집단원이 꿈 이야기를 하면 그 꿈의 내용에 대해 떠오르 는 대로 거리낌 없이 모두 이야기하라고 자유연상을 권유한다. 또는 그 꿈 에 대해 잘 생각해서 해석을 내려보라고 하거나 현재의 환상이나 백일몽도 이야기하게 한다. 여기서 특히 상담자가 유의해야 할 점은 다른 집단원들 이 꿈이나 환상을 말하는 집단원에게 꿈의 내용 등에 대한 비난을 함부로 하지 못하게 하는 것이다. 또한 어떤 집단원이 말한 무의식적 내용을 토대 로 다른 집단구성원들이 자기 나름대로 연상되는 것을 말할 경우, 상담자 는 그 연상자의 성격, 특징, 연상내용, 그리고 관련된 꿈 등을 종합하여 분 석한다.

꿈을 이야기하게 하는 이외에도 집단참여를 유도하는 기법들이 있다. 각 자의 문제를 간단하게 이야기하거나, 참여하여 느끼는 점을 돌아가면서 표 현하도록 하는 기법이 있다. 특히 이 방식은 별로 말을 않는 집단구성원을 위한 좋은 방법이다. 또한 집단구성원 각자에 대해 생각나는 점을 떠오르 는 대로 자유스럽게 말하기도 한다. 이 방법은 자유연상의 원리를 활용하 는 것이라고 볼 수 있다.

3) 저항의 분석

상담의 진전을 방해하고 상담자에게 협조하지 않으려는 내담지의 무의 식적 행동을 저항이라고 한다. 내담자가 저항하는 이유는 자신의 억압된 충동 때문이다. 대개의 경우 단점이 노출되었을 때 느끼게 되는 불안으로 부터 자아를 보호하기 위해서이다. 집단상담에서는 각 집단원의 자유연상 등이 계속되는 동안 저항이 일어나게 되는데, 이 세번째 단계에서 그러한 저항의 발생을 감지하고 검토하여 저항을 제거하는 작업이 진행된다. 각 집단원이 저항을 드러내는 방식에는 여러 가지 유형이 있다. 방관은 집단 분석에서 흔히 나타나는 저항의 한 형태이다. 방관형태의 저항을 하는 집단원은 한 걸음 물러나 앉아서 개인적 참여나 검토를 회피하는 경향을 보인다. 다른 집단원을 분석함으로써 자신을 숨기려는 것 또한 저항의 일반적인 한 형태이다. 이러한 저항을 보이는 집단원은 자신에 대한 분석을 회피하기 위하여 다른 집단원의 신경증적 행동에 초점을 맞추는 경향이 있다. 따라서 이들은 자신을 분석하고자 하는 다른 집단원들에게 집단의 주의를 돌리려고 애쓴다. 이 외에도 불필요하게 길게 개인적 자료를 늘어놓거나 잦은 침묵, 일관적인 침묵행동, 모임에 늦게 나타나거나 동정을 얻기 위해 눈물을 흘리는 행동 등이 상담과정 또는 상담자 개인에 대한 집단원들의 저항으로서 흔히 나타나는 것들이다.

상담자는 이러한 행동들을 항시 유의하고 그에 대한 집단원의 주의를 환기시킨 다음, 그가 소화할 수 있는 수준과 깊이로 해석을 해준다.

4) 전이의 분석

분석적 집단상담에서 가장 중요한 것은 전이의 발견, 분석 및 해결이다. 전이 또는 전이관계는 과거로부터 이월되어 온 비합리적이고 비현실적인 감정과 방어 등을 말한다.

전이경험은 내담자들이 진정한 현실에 접근하는 것을 방해하므로 집단분석에서 가장 중요한 고비라고 볼 수 있다. 따라서 이 단계에서의 목적은 집단원들이 다른 집단원과 상담자에게 자신의 부모나 형제 및 다른 중요한 인물들과의 관계적 특성을 투사하는 정도를 각 집단원으로 하여금 깨닫게 하는 것이다. 개인분석과는 달리, 집단상담은 다양한 집단구성원들로 이루어지기 때문에 다면적 전이현상이 유도되어 보다 폭넓은 전이관계가 관찰될 수 있다.

이 단계는 상담자가 전이의 중요성과 무엇이 전이현상인가를 설명함으로써 시작될 수 있다. 투사는 "옛것의 형태를 띤 현재"라고 볼 수 있는 반사적 반응을 아동기로부터 물려받은 것임을 지적해주고, 상대방이 지니지 않은 특성을 그 사람에게 투사하는 것은 투사하는 사람의 감각이 부정확하거나 욕망 등이 왜곡되어 표현된 것임을 설명해준다. 또한 전이가 일어날 때에 생기는 불안이나 긴장, 무력감 등 여러 가지 관련 특성을 알려준다. 그리고 집단에서 일어나고 있는 과정을 검토해 보거나 집단원들에게 다른 집단원의 전이를 찾아보라고 함으로써 전이관계를 예시해 줄 수 있다.

개인분석에서 신경증적인 환자들은 치료자에 대한 자신의 느낌이나 인상이 정확한 것이라고 고집하며 전이에 대한 해석을 거부하는 경향이 있다. 이 경우, 그런 내담자를 설득하기는 매우 어렵다. 그러나 앞에서 언급한 것처럼 집단에서는 그러한 전이분석이 훨씬 용이하게 이루어진다. 예컨대, 어떤 집단원이 상담자나 다른 집단원들에 대한 자신의 전이가 현실적인 것이라고 주장할 경우, 다른 집단원들의 상이한 의견이나 느낌에 부딪히게 되면서 그 주장의 현실적 타당성을 확인하기 위해 자신의 지각과정을 재검토하게 되는 것이다.

이 단계의 치료적 성과는 각 집단원이 그들의 전이를 어느 수준으로 바로잡느냐에 좌우된다. 다시 말해서, 각 집단원들이 이 단계를 성공적으로 통과하기 위해서는 상담자 및 다른 집단구성원들의 해석에 의해 자신의 전이행동에 대한 통찰을 획득하고, 전이감정을 해소시켜야 한다.

5) 훈습단계

이 과정은 내담자(집단원)가 경험하는 가장 힘든 단계이다. 그 이유는 각집단원이 획득한 통찰에 따라 여러 생활 측면에서의 검증과 적절한 행동변화까지를 시도해야 하기 때문이다. 집단원들이 이 단계를 전후해서 부딪치고 극복해야 하는 힘든 경험들의 예는 다음과 같다. 즉, 집단원 쪽에서 자신의 전이반응이 정당화될 수 없음을 느낄 때, 행동변화가 따르지 않는 통찰을 견디기 어려울 때, 자신의 새로운 판단 및 행동변화를 집단원들에게 설명해보여야 할 때, 그리고 집단의 규범과 분위기 때문에 자기의 사고방식 및 행동양식을 바꾸어야 할 때, 각 집단구성원은 자신의 전이반응과 힘든 싸움을 벌이게 된다. 이 단계에서, 각 집단원의 전이를 분석하고 해결함으로써 현실적으로 자유로와질 수 있는 정도가 상담의 종결 여부 및 종결의 시기에 관한 판단의 근거가 된다.

6) 재교육과 사회적 통합

이 단계의 목표는 내담자가 현재의 여러 대인관계기술 및 사회적 능력들을 검토하고 확인하는 것이다. 검토해야 할 능력이나 기술로는 긍정적인 삶에 대한 보다 건설적이고 자신감 있는 접근태도, 다른 사람들과 관계를 맺을 수 있는 정도 및 현실대처 능력, 직업에서 받는 부담과 긴장(스트레스)을 견디어내는 능력 등이다.

1.5 분석적 상담집단의 운영

1) 집단의 크기

대개의 경우 8~10명이 이상적인 것으로 간주되는데, 이는 오늘날의 가족구성 규모를 고려한 것이다. 즉, 8~10명이 핵가족 시대에 적합한 최대의 전이공간을 제공해 준다는 것이다. 8명 이하인 경우에는 충분한 대인간 상호작용을 기대하기가 어렵고 10명보다 많으면 상담자와 집단원들이 상담과정의 진행에 참여적으로 따라가기가 힘들어진다.

2) 집단의 구성

정신분석적 접근은 주로 전이의 분석으로 이루어지기 때문에, 상담집단은 다양한 특성을 가진 사람들로 구성되는 것이 바람직하다고 본다. 이질적인 구성원들로 이루어진 집단은 다음의 두 가지 측면에서 이득을 준다. 첫째, 이질적인 집단이 동질적인 집단보다 현실세계에 더 접근한 집단형태라는 점에서 유용하며, 또한 그러한 이질적인 집단에서의 경험은 내담자들이 현실세계에서 과거보다는 더 건강하고 정상적인 생활을 하는 데 도움이 된다. 둘째, 이질적인 요소들로 이루어진 집단은 그 다양성 때문에 다면적 상호작용과 다면적 전이를 촉진시킨다는 점에서 유용하다.

3) 치료자가 없는 모임: 교체모임

교체모임은 치료자가 참석하지 않고 이루어지는 모임을 말한다. 정규모임은 1주일에 1회로 1시간 내지 1시간 반 동안 지속되지만, 교체모임은 1주일에 1~2회로 2~3시간 동안 지속될 수 있다. 교체모임은 상담자에게 지나치게 의존적인 집단원에게 자율성을 기르게 하는 기회가 된다. 상담자가 권위적인 존재로서 집단에 참석할 때와 참석하지 않을 때를 비교하면, 집단원들은 교체모임에서 좀 더 자유롭게 자기를 드러내게 되거나 상담자에 대한 부정적인 감정을 표출하기 쉽다. 집단구성원들이 필요하다고 여길 경우, 이 과정에서 표현된 내용들도 정규모임에서 다시 다루어질 수 있다. 교체모임은 '또래 집단상담'의 기회를 제공한다. 즉, 집단구성원들은 지도자가 없는 교체모임에서 더욱 책임감을 느끼게 되므로 동료들과의 자연스러운 교류와 상호작용을 통해 더욱 성숙해지고 자율적으로 성장할 수 있게 된다.

2 개인심리학적 집단상담

A. Adler

아들러(Adler)학파의 집단상담은 아들러의 '개인심리학'의 원리들에 기초하여 집단에서 개인들의 문제를 다루는 접근방법이다. 신정신분석학파의 일원인 아들러는 프로이트의 결정론적 인간관에 반대하여, 생물학적 본능보다는 사회적인 면을, 그리고 무의식적인 면보다는 성격의 의식적인 면을 강조하였다. 그는 특히 가족관계가 개인의 발달에 대단히 중요한 것으로 보았다. 다음에 아들러의 개인심리학에 나타나 있는 성격관과 주요 개념들을 살펴보기로 한다.

2.1 개인심리학(Individual Psychology) 원리

아들러는 인간의 행동을 연구하는 데 있어서 주관적 심리학을 주장하였다. 다시 말해서, 개인의 성격이란 각 개인이 현실을 지각하는 방식을 반영하므로, 인간의 행동을 연구하기 위해서는 행동의 객관적 현실 요인뿐만 아니라 개인이 자신과 현실에 대해 느끼고 생각하는 방법을 연구해야 한다는 것이다. 또한 아들러는 인간의 사고과정이 인간의 행동을 통제하고 조정한다는 인간지향적 입장을 주장하였다. 그의 견해에 따르면, 인간은 유전과 경험을 토대로 자신의 성격을 스스로 조정해 간다. 성격발달에 대한 아들러의 주요 원리들과 개념들은 다음과 같다.

첫째, 인간은 사회적 속성을 지닌 존재이기 때문에, 인간의 행동은 사회적 맥락에서 발달된다. 따라서 그러한 사회적 맥락에서 인간의 행동을 연구해야 한다. 또한 인간은 본래 사회적 관심을 지니고 태어나는데, 이는 바로 사회에 참여하는 능력, 사회에 기여하고자 하는 의지라고 볼 수 있다.

둘째, 모든 인간의 행동은 목표지향적이므로, 그 개인을 이해하기 위해서는 그 목표가 무엇인가를 알아야 한다. 개인이 지니는 목표에는 단기적 목표와 장기적 목표가 있는데, 이들 목표의 설정에는 가족환경 등이 중요한 영향을 미친다.

셋째, 인간은 단순한 행동들의 합(合) 이상의 의미가 있는 통합된 행동단위를 지니므로, 단일욕구를 중심으로 내담자를 분석하지 말아야 한다고 본다. 즉, 개인이 살아가는 보다 총체적인 장면에서 내담자를 분석하여야 한다는 것이다.

넷째, 모든 인간은 자신만의 고유한 생활양식(life style)을 발달시킨다. 생활양식이란, 대부분의 상황에 대처하는 하나의 일반화된 반응양식으로서, 각 개인의 독특한 습관적 행동양식이라도 할 수 있다. 생활양식은 대개 5세경에 학습되며, 각 개인의 생활목표들, 자신과 세계에 대한 견해, 목표를 달성하는 데 즐겨 취하는 습관적인 행동 등을 포함한다. 요약하면, 생활양식은 생각, 행동, 감정 등의 내적인 일관성을 유지시키는 역할을 하며, 부분적인 행동을 다스리는 하나의 '전체'로서 기능한다.

다섯째, 모든 인간은 어느 정도의 열등감을 가지는데, 이 열등감은 자기평가에서 비롯되는 것으로서 모든 인간에게 필연적이고 보편적이며 정상적인 것이다.

여섯째, 인간은 우월성을 추구함으로써 자신의 열등감을 보상하고자 한다.

일곱째, 가족관계가 개인의 성격발달에 대단히 중요한 역할을 한다. 특히 가족 내에서의 출생순위가 어떤 특정의 행동형태를 발달시키는 데 영향을 미친다.

여덟째, 부적응적인 행동은 아동기의 부정적 상황(또는 사건)에 대한 부적절한 지각에서 비롯된다. 건강한 사람은 열등감과 우월성의 추구를 건전하게 나타낸다. 그러나 부적응적인 사람은 사회적 관심이 부족하여 지나친 열등감을 형성하며, 이를 보상하기 위해 보상적 반응체계로서의 자아중심적인 우월성을 추구하는 것이 보통의 경우이다.

2.2 집단상담의 특성

1) 상담목표

개인심리학적 집단에서 추구하는 상담목표는 다음과 같다.

첫째, 집단구성원이 자신의 열등감을 잘 다룰 수 있게 하는 것이다. 열등감은 자신감과 자존심을 낮추고 사회적 관심영역을 제한시키는 경향이 있다. 아들러에 따르면, 인간은 자신감과 자신의 가치와 능력에 대한 믿음을 회복하지 못하면 더 이상 성장할 수도 향상될 수도 없다. 따라서 집단상담에서는 집단원들로 하여금 열등감의 실제에 직면시키고 그들이 가치있는 인간이라는 사실을 인식케 함으로써 '자기 존중감'을 회복시키고자 한다.

둘째, 집단상담을 통해 개인이 소속감을 얻게 하는 것을 목표로 한다. 아들러의 개인심리학 접근에서는 소속감이 인간의 사회적, 정서적 안정에 필수적인 요소라고 본다. 한 개인의 사회적 관심의 정도는 그가 소속감을 느끼는 영역들로 측정할 수 있다. 따라서 집단상담에서는 개인이 소속감을 유지하기 위해 사용하는 방법들을 발견하는 데 중점을 둔다.

셋째, 각 개인의 사회적 관심을 개발시키고자 한다. 이는 사회적 관심이 자신에 대한 병적인 집착을 감소시키고 즉각적인 개인적 관심사에만 얽매이지 않게끔 함으로써 인간의 정신건강에 활력을 주기 때문이다.

요약하면, 집단상담에서의 개인심리학적 접근은 열등감과 그릇된 생활양식의 발달과정에 대한 이해를 통해 잘못된 생활목표를 변화시켜 새로운 생활양식을 구성하게 하고 사회적 관심을 가지도록 하는 것이다.

2) 집단상담의 과정적 특징

개인심리학적 접근에서는 집단과정을 역동적인 것으로 파악하고 집단원들이 서로에게 영향을 미치는 방식과 그들 간에 일어나는 의사교류 유형에 관심을 둔다. 이때, 집단은 가치형성의 추진제로서의 역할을 한다. 즉, 집단은 집단원들의 신념과 가치형성에 있어서 상담자보다 더 큰 영향을 준다. 그러므로 이 접근에서의 집단상담 과정은 '서로에게서 배우고 학습하는 일종의 교육과정'이다. 즉, 어떤 집단구성원의 말이나 행위에 대해 해석이 이루어질 경우, 그것은 그 해석을 받는 사람뿐만 아니라 이를 지켜보는 다른 집단원들에게도 학습의 기회를 제공하는 것이다.

또한 집단과정은 '지금과 여기'의 행동에 초점을 둔다. 상담자는 집단원들간에 지금 이루어지고 있는 의사소통 등이 즉각적으로(직접적으로) 목적하는 바를 집단원들로 하여금 탐색하도록 한다. 그리고 상담자는 집단장면에서 그들간의 상호작용을 살펴보면서 각 집단원의 행동의 목적과 결과를 명료화시킨다. 여기에서 상담자는 각 집단원들에게 자기의 행동의 목적을 명료화시키고 격려하는 적극적인 역할을 수행한다. 요약하면, 집단상담에 대한 아들러의 접근방식은 행동지향적이고 상담자중심적이며 '지금과 여기'에 초점을 둔 방식이다.

3) 상담자의 기능과 역할

상담자는 하나의 인격체로서 다른 사람을 돕고자 하는 진실한 열망을 지녀야 한다. 이러한 상담자의 진실성은 긍정적인 상담관계를 설정하는 데 초석이 된다. 상담자는 가장된 행동을 해서는 안 된다. 즉, 상담자는 자신이 보고 있는 것을 개방적으로 솔직히 표현하고 해석해 주어야 한다.

이와 같은 상담자의 태도는 집단원들에 대한 존중을 표현해 줌으로써 드러난다. 이를 기초로 하여, 상담자는 집단원들과 상담목표를 합의한다. 또한 상담자는 집단원들에게 상담자로부터 도움을 받을 수 있다는 희망을 불어넣어 주어야 한다. 상담자의 영향력은 집단원들의 적극적인 지지를 이끌어낼 수 있는 능력에 좌우된다.

상담자는 집단내에서 일어나는 개인들의 '지금과 여기'의 행동에 주목하고, 집단원들 스스로 그 행동의 목적과 결과에 대한 이해를 하도록 격려하고 도와준다. 때때로 상담자는 집단원들의 모범으로서 처신하기도 하며, 필요에 따라서는 집단원들의 선생님이나 부모 등과 함께 협의를 하기도 한다.

2.3 집단상담의 진행단계

집단에서 이루어지는 내담자들의 감정과 행동의 목적을 분석하는 데 초점을 두는 개인심리학적 집단상담에서는 집단발달단계보다는 집단내의 개인들의 발전에 더 큰 관심을 둔다. 집단상담의 진행단계를 살펴보면 다음과 같다.

1) 상담관계의 설정

건전한 상담관계의 정립이 이 단계의 주목적이다. 이를 위해서는 상호존중과 신뢰의 분위기를 창출하는 것이 매우 중요하다. 상담자의 진실성과 솔직성은 집단구성원들의 신뢰를 형성하는 데 중요한 역할을 하기 때문에, 상담자는 자신이 집단에 대해 보고, 느끼고, 생각하는 것을 솔직하게 표현할 수 있어야 한다.

또한 집단에 참여하는 각 개인의 목적에 관해 상담자와 집단구성원들간의 합의가 이루어지는 것이 중요하다. 이러한 합의에 기초해야만 공동의 목적을 위해 작업을 해나간다는 의식이 분명해지고 그에 따라 생산적인 상담관계가 촉진되기 때문이다. 이외에도, 상담의 성과에 대한 희망을 고취시킴으로써 긍정적인 상담관계의 정립을 촉진할 수도 있다.

2) 역동의 분석과 이해: 심리적 진단

여기서는 다음의 두 가지 목적을 위해 개인의 내면적 심리역동들이 분석된다. 그 목적은 첫째, 개인이 지니고 있는 생활목표들의 기초를 탐색하고, 둘째, 그 개인이 지니고 있는 현재의 갈등상태를 뒷받침해주는 역동을 이해하는 것이다. 즉, 개인의 과거와 현재의 관계에 대한 분석이 그의 현재의 행동양식에 관한 단서를 제공해 준다는 가정 하에, 개인에 관한 행동자료를 수집하고 그가 겪는 갈등의 성격에 대한 가설을 형성하는 것이다.

개인에 관한 자료수집은 집단상담 전에 면접을 통하여 이루어지기도 하고, 본인 이외의 가족이나 교사 혹은 의뢰인으로부터 얻어지기도 한다. 그리고 대개의 경우 집단내에서 일어나는 행동에서 정보를 수집한다. 이런 자료가 수집된 후에, 상담자는 개인의 주관적 조건과 객관적 조건을 탐색한다. 우선, 개인들의 주된 호소 내용과 자신의 문제를 어떻게 느끼고 생각하는가를 알아보기 위해 질문을 한다. 그 다음에는 각 집단원이 처한 상황의 객관적인 성질에 초점을 돌려 그가 자신의 사회적 환경(학교, 동료와의 관계, 가족내에서의 상호작용)에서 기능하는 방식을 탐색한다.

이러한 방식으로 집단원이 지닌 현재의 갈등을 주관적·객관적 측면에서 이해한 후, 문제의 원인에 대한 잠정적인 가설을 세운다. 이 단계에서는 집단원의 '지금과 여기'의 문제들로부터 출발하여 특정행동이 지향하는 목적이 무엇이냐는 관점에서 집단원의 문제를 분석한다.

3) 행동목적의 해석

이 단계에서 상담자는 집단원들이 자신의 행동목적을 의식하고, 느낌이 아닌 행위를 이해하도록 격려한다. 즉, 느낌의 반영이나 기술이 아닌, 그 감정의 목적이 강조된다. 이러한 접근방식은 정서 그 자체보다는 정서의 '기능'이 더욱 중요하다는 아들러의 신념에 기초한 것이다. 가령, 어떤 사람은 우울한 느낌을 "나는 무기력하고 희망이 없다"라는 자신의 내면적인 논리를 뒷받침하는 데 사용할 수 있다. 이런 집단원을 돕기 위해서는 그 우울정서가 기여하는 목적을 이해해야만 한다. 이 단계에서는, 집단원들의 통찰이 중요한 과정을 이루는데, 이것이 반드시 상담의 토대나 선별조건이 되는 것은 아니다. 즉, 집단원들의 통찰은 치료와 적응을 향한 하나의 진보일 뿐이다.

4) 재교육

재교육은 집단상담에서 가장 중요한 단계로서, 이 과정의 기본적인 목적은 집단원들에게 행동목적의 방향을 재조정하게 하는 것이다. 즉, 상담자는 대안적인 행동양식과 사고방식에 대한 집단원들의 학습을 도와준다. 이러한 목적을 위해서, 상담자는 집단원들이 지녔던 그릇된 생활양식을 변화시키도록 격려하고, 그들이 그렇게 할 수 있는 의지와 능력이 있음을 예시해주어야 한다. 집단원들의 재교육 여부에 관한 검토는 그들에게 초기경험에 관한 회상을 시켜 그 회상의 내용에 변화가 있는지를 살펴봄으로써 이루어질 수 있다. 그 회상에 변화가 있다면, 그것은 그 집단원의 삶에 대한 기본적인 태도, 즉, 생활양식이 변화되었음을 의미한다.

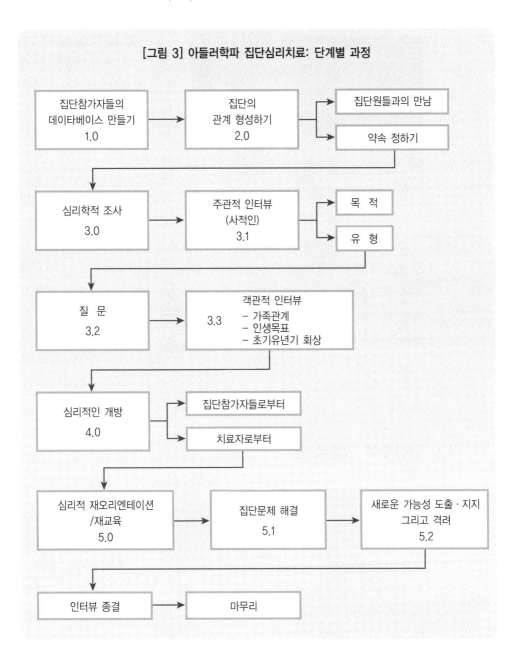

[그림 3] 아들러학파 집단심리치료: 단계별 과정

3 집단상담의 인간 중심적 접근(Person Centered Approach)

로저스(C. Rogers)의 '자아이론'을 바탕으로 한 인간 중심치료는 정신분석이나 행동치료와는 상반된 입장을 지니고 있다. 즉, 상담자는 내담자가 스스로 치료할 수 있는 능력을 지니고 있음을 믿기 때문에 바람직한 행동을 가르치는 교사나 숨겨

1980년 라호야 연구소 앞 로저스와 필자

진 의도를 해석하는 분석가이기보다는, 내담자의 잠재력이 충분히 발휘될 수 있도록 분위기를 제공하는 조력자가 된다. 그래서 무의식적 동기나 행동의 결정원인을 탐색하기보다는 내담자 자신이 경험하는 고유의 주관적 경험세계에 초점을 둔다. 집단상담에서는 집단원 자신이 주관적 측면이 수용되는 경험을 통해, 그들이 본래 갖고 있는 자아실현경향을 드러낼 수 있도록 돕는 것을 목표로 한다. 서로를 굳게 믿고 솔직히 자신을 개방하는 경험을 통해, 인간이 본래 갖고 있는 성장과 발전의 잠재력이 실현되도록 하는 접근이다.

3.1 인간중심 이론의 원리

로저스에 의하면, 인간은 누구나 가치 있는 존재이며 스스로 결정할 능력과 권리를 갖고 있다. 나아가서 인간은 본래 성장하고 발전하려는 자연적인 능력을 갖고 있는데, 이를 자아실현경향이라고 한다. 이러한 경향은 자율성 및 통합성의 방향을 나타내며, 외부의 힘에 의한 타율적인 통제와는 대립된다. 인간은 외부세계와의 경험 속에서 자기 고유의 것을 구별해 내는데, 이것이 그의 자아개념이 된다. 그리고 자아는 자신의 존재 및 기능에 대한 인식(자아개념)이 발달함에 따라 형성된다.

개인은 자아개념과 일치하지 않는 경험을 위협으로 지각하며, 이때 일관된 자아를 지각하기 위해 현실세계를 왜곡하고 부정하게 된다. 즉, 자신의 가치조건과 상반되는 경험을 왜곡, 부정함으로써 현실자각에 있어서 경직성이 발생하게 된다. 이러한 경직성은 인간 고유의 자아실현경향을 가로막는 장애물이 된다.

상담자는 개인이 처한 문제 자체에 초점을 두지 않고, 인간 그 자체에 초점을 둔다. 특정한 문제의 해결보다는 개인을 도와 성장하게 하고, 현재나 장래의 문제에 대해서 통합된 방식으로 유연하게 대처할 수 있도록 해주는 것이 목표이다. 즉, 치료는 개인에게 무엇을 하는 것이 아니며, 또 개인으로 하여금 자신에게 무엇을 하게 하는 것도 아니다. 다만 정상적으로 성장하고 발전할 수 있도록 해방시키고 전진할 수 있도록 모든 장애를 가능한 제거해 주는 것이다.

이를 위해 상담자는 지성적인 면보다는 감성적인 면에 초점을 두고 촉진적 상담관계를 수립하려고 노력한다. 대부분의 부적응은 스스로의 인식여부가 문제가 되는 것이 아니다. 현재의 정서상태가 그 부적응의 인식을 억제하기 때문에 문제인 것이다. 그래서 모든 노력을 기울여 직접적인 감정과 정서적 측면에 깊이 파고 들어가려 한다.

일단 촉진적 관계가 수립되고 나면, 내담자는 현실과 자신의 욕구에 부응하도록 자아개념을 재구성하는 데 보다 유리한 위치에 서게 된다. 내담자의 자기구조(자아개념)는 더욱 현실적인 목표를 선택하고, 행동에서의 성숙도가 증가하며, 유연한 현실파악 및 과거보다는 현재의 주관적 경험을 중요시하는 방향으로 변화하게 된다.

이러한 방향의 촉진적 관계를 수립하기 위해서는, 상담자와 내담자간의 어떤 치료적 조건들이 요구된다. 만약 상담자가 이 조건들을 수립하고 유지해나가면 성공적 변화가 일어날 가능성이 훨씬 커진다.

로저스는 상담에 필요한 이 조건을 여섯 가지로 제시하였다. 첫째, 상담자와 내담자가 서로 심리적 접촉 상태에 있어야 한다. 심리적 접촉 상태란 하나의 관계로서 내담자와 상담자가 그들의 경험에 대한 지각(느낌)을 공유한다는 것을 의미한다. 둘째, 내담자가 다루려고 시도했으나 실패로 끝난 문제에 직면해야 한다. 셋째, 내담자와는 대조적으로 상담자의 인격은 조화와 통합의 상태에 있어야 한다. 상담자가 진지하면서 일관적일수록 내

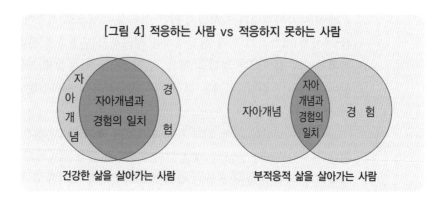

담자의 인격구조에 더 많은 변화가 일어난다. 넷째, 상담자는 내담자에게 무조건적이고 긍정적인 배려를 전달해야 한다. 비평가적인 태도로 내담자의 모든 면을 깊이 수용하며 내담자가 이를 인식할 수 있도록 표현해야 한다. 다섯째, 상담자는 내담자의 주관적 경험세계를 마치 자신의 것인 양 공감해야 한다. 공감이란 '마치~'(as if)의 성질을 잊지 않고 내담자의 주관적 세계를 지각하는 것이다. 여섯째, 내담자가 상담자의 솔직성, 수용 및 공감을 지각할 수 있어야 한다.

3.2 집단상담의 특성

1) 상담목표

상담집단에서는 상담자와 집단원 모두 그 장(場)에서의 상호작용 과정과 심리적 관계에 초점을 맞춘다. 우선 상담자는 집단안에서 자유로운 표현과 왜곡, 부정의 감소가 서서히 일어날 수 있도록 안전한 심리적 분위기를 만들어야 한다. 이 안전한 심리적 풍토(분위기)에서 집단원들은 다른 집단원 및 자신에 대해 즉각적 감정을 표현할 수 있다. 상호신뢰의 풍토는 긍정적이든 부정적이든 진실된 감정을 표현하는 자유로부터 시작된다. 각 집단원들은 자신의 정서, 지성, 신체적인 것에 이르는 인간 전체를 있는 그대로 수용하는 방향으로 변화해간다. 그리하여 각자의 자기방어적인 통제가 줄어들면서 자신의 태도와 행동, 일하는 방식, 대인관계에서의 변화 가능성에 대한 두려움이 감소한다.

2) 체험적 학습의 강조

방어적 장벽이 허물어져감에 따라 집단원들이 상호간에 귀를 기울이고, 상대방으로부터 서로 배울 수 있게 된다. 자기가 타인에게 어떻게 지각되며, 대인관계에서 어떤 영향을 주고 있는가를 배우는 가운데 자유가 확대되고, 의사소통이 개선되며, 새로운 생각, 행동방향의 설정이 가능해진다. 그리고 변화는 두려움이 아니라 오히려 바람직한 것으로 체험하게 된다. 집단경험에서의 이와 같은 학습결과는 집단경험 후 여러 생활장면에까지 확대되고 영속적인 영향을 미친다.

3.3 집단상담의 과정

1) 심리적 탐색

집단상담자가 서두에서 '이 집단은 일상에서는 잘 볼 수 없는 자유가 있고, 상담자가 진행의 직접적인 책임을 지지 않는다'고 설명하는 것으로 시작한다. 그 결과 각 집단원은 '여기에는 우리 자신들이 만들어가는 것 이외에는 아무런 규칙도 없다. 우리는 목적을 모르겠다. 서로를 알지도 못하고 있다. 그러면서도 꽤나 오랜 시간을 함께 지내려 한다'는 집단현실에 직면한다. 이 상황에서, 혼돈이나 좌절이 나타나며, 어색한 침묵이 흐르고, 예의바른 상투적인 대화가 오가거나, 일관성이 결여된 발언들이 나오는 것이 보통이다. 특히 집단원들은 각자의 발언에 일관성이 없다는 사실에 놀란다. 어떤 사람은 집단의 반응을 기대하면서 제안이나 관심사 등을 말한다. 그런데 다른 사람이 마치 앞서 말한 사람의 발언이 들리지 않았던 것처럼 전혀 엉뚱한 각도에서 말을 시작한다. 예컨대, "자기소개를 하면 어떨까요?"라고 제안하는 사람도 있다. "우리가 무엇을 할 것인지 말해 줄 사람은 누구입니까?", "이 집단의 목적은 무엇입니까?" 등 그들이 기본적인 문제라고 생각되는 일에 관해서 열띤 토론이 몇 시간이나 계속되는 경우도 있다.

2) 개인적 표현과 탐색에 대한 저항

집단의 의미를 모색하는 이 단계가 진행되다 보면, 자기의 개인적인 태도를 표명하는 사람도 나온다. 이럴 때, 다른 집단원들이 대단히 상반되는 반응을 나타내기 쉽다.

집단원들은 자신의 두 가지 모습, 즉 내면적인 자기와 밖으로 보이는 자기 사이에서 자기개방에 대한 접근-회피 갈등을 경험한다. 즉, 집단원들이 처음에 나타내 보이려고 하는 것은 '보이기 위한 자기'이며 자기개방을 두려워하면서도 타인들과 친하고자 하는 욕구로 인해, 서서히 사적인 자기를 드러내기 시작한다.

어떤 집단원들은 자기개방이 불편하게 느껴져서 다른 사람이 사적인 느낌을 표현하지 않도록 요청하기도 한다. 이런 과정에서, 그들은 자기의 방어욕구를 자각하기도 한다. 그러나 심리적인 안전과 상호신뢰의 분위기가 서서히 고조됨에 따라 자기개방의 두려움은 감소한다.

3) 과거 감정의 표현

집단에서 나타나는 개인적 표현의 첫 유형은 대개 과거에 관한 것들이다. 아마도 과거에 대해 이야기하는 것이 보다 안전하며, 자신의 과거사를 이해함으로써 남들에게 자신을 더 잘 이해시킬 수 있다고 생각하기 때문일 것이다. 나아가서 어떤 집단원은 과거의 감정을 현재처럼 말할 수도 있다. 예컨대, "당신이 처한 상황에 있어 봤기 때문에, 나는 당신의 느낌을 알 수 있어요."라고 말하는 경우를 종종 볼 수 있다. 이 경우에 그는 다른 사람이 사실상 아직 같은 문제로 힘들어 하는데도 모든 것이 잘 되어간다는 인상을 주려고 노력하는 것이다. 대부분의 경우 집단에 대한 신뢰감이 아직 결여되어 있거나 자기를 드러내는 데 대한 위험이 있다고 여겨지면 과거 감정의 표현이 집단내 이야기의 큰 부분을 차지하게 된다. 집단초기에는 대체로 과거의 일부분을 마치 현재의 느낌처럼 말하는 모습이 자주 나타난다.

4) 부정적 감정의 표현

'지금-여기'에서 일어나고 있는 감정이 솔직하게 표현될 경우, 우선은 집단원이나 상담자에 대한 부정적인 내용으로 나타난다. 이러한 경향은 집단원들이 집단의 자유와 신뢰를 확인해보기 위해서이거나, 또는 부정적인 감정표현이 보다 쉽기 때문이다. 즉, 깊숙한 긍정적인 감정을 표현하면 거부당할까봐 두렵기 때문에 일어나는 것으로 보인다. 가령, "당신을 좋아한다"고 말한다면 나는 약점을 가지는 것이 되며 가장 두려운 거부에 직면해야 할지도 모른다. 그러나 "당신이 싫다"고 말할 경우에는, 기껏해야 공격을 받는 정도이어서 나의 입장을 지킬 수는 있는 것이다. 이유가 어떻든, 부정적 감정이 '지금-여기'의 형태로 긍정적 감정보다 표현되기 쉬운 것이다.

5) 내면세계의 개인적 탐색

초기의 당황, 개인적 감정의 표현에 대한 저항, 집단밖의 이야기에 집중하기, 비판이나 분노의 감정표현 등과 같은 부정적인 경험 다음에 일어나는 것은, 집단원들이 자기의 마음을 솔직하게 집단에 드러내는 것이다. 그이유는 집단원들이 다소나마 이것이 자기의 집단이라고 인식하기 시작하기 때문이다. 이는 그들이 앞에서 부정적 감정이 표현되더라도 그것이 받아들여지는 경험을 하고 위험하기는 하지만 어쨌든 자유가 있다는 사실을 인식한 결과이다. 즉, 신뢰의 풍토가 자라기 시작한 것이다. 이 시점에서 그들은 발언기회를 잡아서 자신의 내면을 알리는 모험을 시작한다. 또한 아주 오랫동안 고통받아왔던 문제에 대해 탐색하고 표현하기도 한다. 이러한 탐색은 언제나 일어나는 과정은 아니며, 집단전체가 그러한 표현을 항상 받아들인다고 볼 수도 없다.

6) 집단내 즉각적인 대인감정의 표현

집단과정의 진행에 따라 어느 때는 비교적 일찍, 또 어느 때는 비교적 늦게 집단원들이 서로 그때 그때 경험한 감정을 표현하게 된다. 여기에는 긍정적인 것도 있고 부정적인 것도 있다. 이는 자신의 진정한 모습과 개인적 갈등을 접어 둔 채 집단원들의 관심이 상호관계에 쏠리고 있다는 징표이다. 그들은 우선 타인의 행동이 자신에게 어떤 영향을 주는지를 '지금-여기'의 맥락에서 경험한다. 로저스가 비록 특별히 언급하지는 않았지만, 이러한 상호 피드백 시기에 전이관계들이 발생하는 것 같다.

이러한 '지금-여기'에서의 상호간 느낌에 대한 표현은 경험적 집단의 핵심부분이다. 집단원들은 이제 서로 무엇인가를 주고 받을 준비가 된 것이다. 집단원들의 이런 태도는 상호신뢰의 집단분위기가 증가하면서 비로소 전개되는 것이다.

7) 집단내 상호 치유적 분위기의 전개

집단원들은 고통과 고민을 가지고 있는 사람에게 원조적이고, 촉진적이며, 치료적인 태도를 자연스럽고 자발적으로 보인다. 인간중심적 집단에서 이런 상호치유적 현상이 나타나는 것은 인간생활에서 보통 생각하는 것보다는 훨씬 많은 치유적 요인이 있음을 보여주는 것일지도 모른다.

이 시점에서 집단원들은 고통과 아픔에서 해방되고 있음을 깨닫는다. 이때까지 망각해왔던 온화함과 동정을 서로 제공한다. 집단원들은 서로의 주관적 세계와 생활공간에 함께 하려는 시도를 보인다. 자신의 보살핌과 이해를 나타내면서 타인들에게 손을 뻗치는 것이다. 특히 중요한 것은 집단 촉진자의 전문성보다는 이러한 집단원들의 보살핌이라고 믿어진다.

8) 자기수용

자기수용이 변화과정의 중요한 요인이라는 사실은 많은 사람들이 인정하는 바이다. 집단경험에 있어서도 자기수용은 변화의 시작이라고 할 수 있다. 진실성과 거짓이 없음을 지금까지의 어느 때보다 더 느끼게 되는 것은 집단원들의 공통적 경험이 된다. 집단원들은 자기 자신을 수용하고, 자기 자신을 확인하고, 또 변화할 수 있는 기반을 준비하는 것으로 보인다. 그들은 자기의 감정에 친숙해지므로, 그 감정은 과거처럼 고정적이고 제약받는 것이 아니라 이미 변화에 자유스러워진 것이다. 이 자기수용 과정을 거치면서, 집단원들은 가장 가치가 있는 것 뿐만 아니라 가장 깊숙한 내면의 두려움까지 나타낼 수도 있다.

9) 가면의 와해

집단과정이 진행됨에 따라 여러 가지 일들이 동시에 일어나기 때문에 어느 것이 먼저라고 말하는 것은 어려울 것이다. 여러 가지가 교차되고 중복된다는 점을 주목할 필요가 있다. 그 사실의 하나로서, 집단원들이 지나친 방어적 태도에 견딜 수가 없게 되는 것을 들 수 있다. 시간이 지날수록 집단원들은 가면이나 껍질 속에 숨어서만 있지는 못하게 된다. 즉, 일상의 관계에서는 당연하게 여겨지는 예의바른 말씨, 상호관계에 대한 지적 이해, 재치 있는 언행, 애매모호한 태도 같은 것 등에는 만족할 수 없게 되는 것이다. 몇 사람의 솔직한 자기표현에 의하여 보다 깊은 기본적인 만남이 가능하다는 사실이 아주 분명해지고, 집단은 이 목적을 향하여 직관적으로 그리고 무의식적으로 나아가기 시작한다. 집단은 어느 때는 평온하게, 어느 때는 거칠게 '각자가 자기 자신이라는 것, 감정을 속이지 않을 것, 일상적 사교의 가면을 벗을 것'을 강조하거나 요구한다. 집단은 일상적 가면이나 '껍질'을 벗어버릴 때에, 때로는 과격해질 수도 있다. 한편으로는 이해적이며 온건한 장면도 있다. 자기를 감추고 있다고 비난받는 사람은 그런 공격으로 깊은 상처를 입고 몹시 괴로워하기도 한다. 그러면 집단원들이 그의 괴로움을 감지하고 부드럽게 대함으로써, 그는 비로소 자신의 사적인 세계를 털어 놓게 될 수도 있다. 그래서 자기의 인생에서 많은 사람에게 거리감을 주던 지적이고 현학적인 태도가 어떻게 형성되었는지를 알게 되기도 한다.

10) 피드백

자연스러운 대화 중에서 집단원은 자기가 타인에게 어떻게 비치고 있는지를 알 수 있는 기회가 많아진다. 집단원은 집단 과정 동안 서로에게 피드백(귀환반응)을 준다. 이 단계에 이르면 집단원들은 보다 건설적인 피드백을 주려고 시도한다. 건설적인 피드백이 반드시 긍정적일 필요는 없다. 그보다는 어떤 개인의 부정적인 면을 강조하는 것일 수도 있다. 피드백이 건설적이 되거나 파괴적이 되도록 하는 요소는 피드백을 하는 사람의 태도, 음성 등에서도 발견될 수 있다.

11) 직 면

피드백이란 말로는 너무 온건하다고 여기는 대인관계가 집단에서 벌어질 때가 있다. 그것은 한 개인이 다른 개인과 직접적으로 충돌하고 있다고 보는 것이 적합할 때이다. 그것은 긍정적인 경우도 있고 부정적인 경우도 있다. 직면은 연속적으로 발생하지는 않는다. 바다의 파도처럼 간조와 만조가 있다. 직면은 보다 깊은 관계를 이끌어내서 집단원들에게 집단과정의 절정이 임박했음을 느끼도록 할 때도 있다. 그 결과 이해가 깊어지고 상호 간의 수용정도가 매우 깊어지게 된다.

12) 집단 밖에서의 지지적 관계

집단경험의 놀라운 효과의 하나는, 자기 자신을 표현하려고 애쓰거나, 개인적 문제로 악전고투하거나, 자기의 결함을 발견하고 상처받거나 하는 사람들을 다른 집단원들이 돕는다는 점이다. 이것은 집단 안에서 일어나는 경우도 있으나, 집단 밖의 접촉에서 보다 빈번히 일어난다. 둘이서 함께 산책을 하며, 조용한 구석에서 이야기하고 있는 것을 보거나, 다음 집단모임에서 다른 집단원으로부터 힘을 얻었다는 말을 종종 듣는다. 이것은 집단원으로서 자기의 이해, 지지경험, 동정 같은 것을 유효하게 수용한 것이고, 자기 자신이 타인을 위하여 좋은 역할을 한 것이다. 집단에서 도움을 제공하려는 의욕을 자유롭게 나타내도록 한다면 믿기 힘들 정도의 집단 치유력이 발휘되는 것이다.

13) 기본적 만남

집단의 가장 기본적인 단계는 집단원들의 경험적 결과를 통해 가장 잘 이해될 수 있다. 집단경험의 결과로서 나타나는 것은, 사람들이 일상의 생활에서 경험하는 것보다 훨씬 더 밀접하고 직접적인 대인관계를 맺는 일이다. 이것이 집단경험의 핵심이며 강력한 변화의 한 원인이라고 볼 수 있다.

집단원들 사이에서 반복되어 일어나는 믿기 어려운 사실은 어느 사람에 대하여 부정적인 감정이 철저하게 토로되었을 때, 당사자인 두 사람의 관계가 성숙해지는 계기가 되고 결국 부정적인 감정이 상대방에 대한 깊은 수용으로 변하는 일이다. 이처럼 진실한 변화는 '기본적 만남'의 관계에서 감정이 경험되고 표현되었을 때 일어나는 것으로 보인다.

14) 친밀감의 표현

집단이 종결에 가까워짐에 따라, 집단원들은 자신의 경험에 대해 긍극적인 느낌을 표현한다. 집단원 서로에 대한 친밀감을 토로하는 것이다. 집단원들은 자신들의 경험에서 어떤 진실성을 느끼며, 과거에 겪었던 고통들이 이제는 가치롭게 보이고, 신뢰, 집단에의 소속감 등이 일어난다. 그리고 집단의 종결이 가시화되면서, 집단원들은 집단에서 학습한 것들을 일상의 생활에 적용할 수 있을지를 걱정하기 시작한다.

15) 행동변화

행동변화는 대개 집단과정중에 일어나기도 하지만, 집단의 말미로 가면서 변화의 깊이가 더해진다. 몸짓이나 말하는 어조가 달라진다. 때로는 강하게 그리고 때로는 온화하게 언행에서의 기교가 적어지고 자발적이 되며, 감정이 깊어진다. 집단원들은 서로에 대하여 놀라울 정도로 배려의 생각과 원조력을 발휘한다.

3.4 상담자의 역할과 기법

상담자가 집단의 촉진자로서 어떻게 해야 한다는 것이 일반화되지는 않았다. 로저스는 다만 촉진자로서의 자신의 기능에 한정시켜 촉진기법을 기술했다. 이러한 점에서, 로저스의 언급은 매우 개인적이다. 다음은 주로 로저스 자신의 경험에 기초를 두고 있는 내용이며, 다른 여러 집단촉진자(돕는이, 상담자)의 역할에 관해 요약한 것은 아니다.

1) 현 상태의 집단을 수용

"학습자의 현재에서 시작하라, 그가 앞으로 이루어야 할 것에 관심을 두지 말라".

이것은 인간중심적 집단의 촉진자가 지켜야 할 지침이다. 집단에는 집단 자체의 성장단계를 나타내는 계기가 있으므로, 집단이 피상적인 이야기의 수렁에 빠졌다고 보일 때조차도 촉진자는 억지로 집단을 전진시키려 하지 않는다. 집단 자체가 촉진적 잠재력을 갖고 있다고 믿기 때문에, 지시를 하는 것보다 촉진적인 분위기를 조성하는 것이 긍정적 변화에 더 유용하다고 여긴다. 마치 백혈구가 아무 목적 없이 움직이고 있다가 병균이 침입하면 그 병균을 '의도적'으로 에워싸서 처치한 후 다시 불규칙적으로 움직이는 것처럼, 집단도 자체의 치유능력을 갖고 있다고 믿는다.

2) 촉진자 '감정'의 활용

촉진자는 자신의 감정을 노출하고 활용하는 것이 강조된다. 촉진자가 자신의 감정을 표현하는 것은 '나-너'의 관계를 완성시키는 시범이 될 것이다. 촉진자가 집단원들과의 상호작용에서 즉각적인 자신의 감정을 순수하게 소유하고 표현할 수 있다면, 그는 매우 촉진적인 상담자라고 볼 수 있다.

3) 해석적, 과정중심적 논평의 회피

집단원들의 행동 원인에 대한 해석은 가치 없는 것으로 여긴다. 해석이 지니는 유일한 중요성은 치료자의 권위와 관련될 뿐이라는 것이다. 집단상담자에게는 이러한 권위적 행동은 피하도록 권고된다. 또한 논평은 집단에 자의식을 갖게 하여 집단의 진행을 둔화시키고, 검토당하고 있다는 기분을 집단원들에게 일으킬 우려가 있다. 또한 이러한 논평은 상담자가 집단원들을 인간으로서가 아니라 한 묶음, 또는 집합체와 같이 보고 있음을 의미하므로, 집단원들과 '함께 하고자 하는 원칙'에 배치된다. 따라서 집단과정에 대한 가장 좋은 논평은 집단원들 중에서 자연스럽게 나오는 것이다.

4) 안정된 풍토의 조성

상담자는 자기를 표현하는 집단원에 대해 가능한 한 주의깊게 정확하고 민감하게 경청한다. 집단원의 표현이 표면적이든지, 중요한 것이든지 간에 성실하게 경청해야 한다. 말하고 있는 개인 그 자체가 무엇보다 중요하고 이해할 만한 가치가 있다. 물론, 듣는 입장에서는 선택적이 된다. 말하고 있는

'집단원' 자신에게 관심을 집중하고 있는 것이지 그 말의 내용에 관해서는 그다지 관심을 두지 않는 편이다. 오히려, 그의 경험이 현재의 그에게 어떤 의미를 갖는지, 그것이 그에게 어떤 감정을 일으키고 있는지에 관심을 둔다. 상담자는 그러한 의미와 감정에 반응하려고 한다. 이렇게 함으로써, 집단의 풍토가 심리적인 안정을 개인에게 가져다주기를 바란다. 한 집단원이 모험을 무릅쓰고 말할 때, 집단에서 최소한 한 사람은 그가 말하는 것을 존중하면서 정확하게 들으려 하고 있다는 사실을 본인이 느끼게 하는 것이다.

5) 공감적 이해

집단원이 전하고자 하는 진정한 의미를 이해하는 것이 집단상담자의 가장 중요한 행동이 된다. 이야기 중 헝클어진 실마리를 찾아내고 그것이 발언자에게 갖는 의미를 분명히 해주는 것은 하나의 공감적 이해이다. 표현의 의미를 명확히 하고, '집단원'의 이해를 돕고, 복잡한 내용에 대한 질의시간을 줄임으로써, 상담자는 집단과정을 촉진한다. 집단원의 발언이 일반적이거나 추상화 되어 있을 때는, 전체적 집단흐름에 비추어 발언자의 자기관여적 의미를 찾아내도록 도와준다. 또한 상반되는 감정이 표명되고 있을 경우, 그 양면적인 느낌을 다 이해하도록 시도한다. 그리고 그 차이점의 의미를 뚜렷하게 하도록 돕는다.

6) 직면과 피드백

집단원들간에 불만, 초조, 노여움 등이 엿보일 때, 상담자는 당사자들로 하여금 그런 감정에 직면시키도록 한다. 개인적 방어에 대한 집단원들의 공격은 평가적인 태도와 같아서 촉진적인 것과는 대립된다. 그러나 상담자로서는 자신의 느낌을 적극적으로 노출함으로써, 집단원들을 직면하는 것이 중요하다. 만약 이러한 직면적 피드백이 그들을 곤란하게 했을 때는, 그들의 생각을 확인한 다음에 곤란에서 벗어날 수 있도록 돕는다. 왜냐하면, 그 사람은 고통스럽더라도 경우에 따라서는 '직면'과 '피드백'이 계속되기를 바라고 있을지도 모르기 때문이다.

7) 자기문제의 표현

상담자의 일상생활에서 문제가 발생했을 때, 이를 집단에서 표현하는 것
이 집단과정을 더욱 촉진시킬 수 있다. 만약 상담자가 자신의 문제를 자유
로이 표현할 수 없다고 느끼면 부담스러운 결과가 나타날 것이다. 그 이유
는 첫째, 집단원들의 말을 충분히 들을 수 없을 것이고, 둘째, 집단원들은
상담자가 혼란되어 있다는 것을 느끼고 자신들이 무엇인지 알 수 없는 잘
못을 범하고 있다고 느끼기 쉽기 때문이다.

8) 계획과 연습을 피하기

인간중심적 접근의 상담집단에서는 계획된 어떤 절차도 쓰지 않도록 한
다. 기법에 관한 한 진실된 것을 더 강조한다. 집단원들에게 진행절차의 개
요는 설명해 줄 수 있으나, 어떤 일이 일어날 것인가는 집단원들에게 달려
있는 셈이다. 그들의 언행이 진정 자발적으로 일어났으면 '기교'는 아니
다. 이와 같이 집단원들이 실제로 그때 그때의 느낌을 표현하고 있는 것으
로 생각될 때, 역할연기, 신체접촉, 기타 연습 등 여러 가지 방법을 써도 무
방할 것이다.

4 합리적-정서적 집단상담

A. Ellis

엘리스(A. Ellis)에 의해 창시된 합리적-정서적 치료는 인간
의 감정과 문제가 대부분 비합리적인 사고로부터 생겨나는 것
이라는 믿음에 기초하고 있다. 합리적-정서적 치료는 내담자
로 하여금 기본적인 생활의 가치를 발견하도록 돕고, 소위 정
서적 문제라는 것을 어떻게 스스로 만들어내는지, 그리고 문
제의 바탕이 되고 있는 비이성적 관념을 지적하고 바꾸도록
한다. 또한 내담자의 비현실적이고 비이성적인 관념(신념)을
바꾸기 위해서, 자신과 환경 또는 대인관계를 합리적으로 접

근하고 수용하도록 논리적인 판단과 자기주장을 강조한다. 이러한 점에서 엘리스의 이론을 '인지적-합리적-설득적 접근'이라고도 말할 수 있다.

4.1 합리적-정서적 이론의 원리

1) 인간관과 성격발달

인간은 환경으로부터 암시를 받기 쉬운 존재인 동시에 스스로 합리적인 판단도 할 수 있는 존재로 본다. 또한 인간은 자기 자신을 형성 또는 재형성할 수 있는 능력을 갖고 있다. 더욱이 인간은 오류를 범하기도 쉽고, 생명뿐만 아니라 발휘할 수 있는 가능성도 유한하며, 존재조건에서의 생물학적인 뿌리를 외면할 수 없다. 특히 어렸을 때의 부모의 양육과 사회적 학습에 의해서 행동이 어떤 경향성(일종의 관성)을 띠게 된다. 만일 부모의 양육과 사회적 학습이 부정적일 경우 그 행동의 경향성은 비합리적이거나 부적응적인 방향으로 발달하게 된다. 인간에게는 두 가지 상반되는 경향성이 있는데, 하나는 자기를 보존하고, 즐거움을 강조하며, 자아를 실현하려는 경향성이고, 다른 하나는 자기 파괴적이고, 쾌락적이며, 자아실현을 방해하려는 경향성이다. 이 두 경향성은 모든 인간이 다 가지고 있는 것이다.

이 이론에서는 성격발달에 대한 뚜렷한 이론이 나타나 있지 않다. 인간은 합리적일 수도 비합리적인 수도 있다는 관점에서, 싱걱의 기능 및 역기능을 설명하려 한다. 개인의 감정이나 심리적인 불안은 주로 비논리적이고 비합리적인 사고로부터 기인하는데, 만일 합리적인 사고능력을 극대화하고 비합리성을 극소화한다면, 정서적 혹은 정신적 불안을 떨쳐버릴 수 있다는 것이다.

2) 성격 및 정서장애의 A-B-C 이론

이 이론에서는 정서적, 성격적 장애가 생기는 과정을 A-B-C 모형을 가지고 설명한다. 이 모형은 인간의 감정이란 주로 사고의 한 형태이거나 사고의 결과이며, 한 사람의 사고 또는 신념을 조절함으로써 그의 감정을 통제할 수 있다고 본다. 이런 가정하에, 이 모형은 다음 [그림 5]와 같이 설명된다.

상담자는 내담자의 감정 또는 정서적 결과(공포, 불안 등)가 과거의 사건

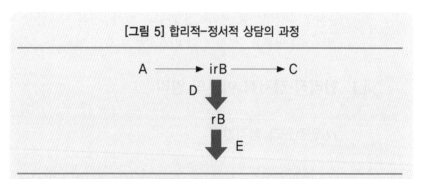

[그림 5] 합리적-정서적 상담의 과정

A (선행사건) ··· 개인이 경험하는 사건이나 경험
B (신념) ··· A에 대한 개인의 신념 또는 관념. 여기에는 합리적인 것(rB)과 비합리적인
    것(irB)의 두 가지가 있다.
C (정서적인 결과) ··· A의 결과. 비합리적인 신념에 의해서 우울, 분노, 적대감과 같은
    장애적 느낌이나 행동이 유발된다.
D (논박) ··· 비합리적인 신념(irB)을 논박
E (효과) ··· 비합리적인 신념(irB)을 적절하게 논박한 효과

때문이 아니라 그 사건이나 상황에 대해 그가 가지고 있는 현재의 비합리
적 태도나 신념 때문임을 지적해주고, 그 과정을 분석해줌으로써 내담자를
돕게 된다.

〈 비합리적 신념들 〉   이 이론은 서구 사회에서 광범위한 신경증을 유발
시키는 주요 비논리적 신념들이나 철학을 다음의 11가지로 제시하고 있다.

　(1) 인간은 주변의 모든 주요 인물들로부터 사랑과 인정을 받아야 가치
　　　있는 존재이다.
　(2) 인간은 모든 생활영역에서 빈틈없이 유능하고, 적절하며, 성공적이
　　　어야 한다.
　(3) 사악한 인간은 자신의 죄과에 대한 엄중한 벌을 받아야 한다.
　(4) 세상일이 원하는 대로 되지 않는다고 하는 것은, 끔찍하고 대단히 슬
　　　픈 일이다.
　(5) 인간의 불행은 환경이나 외부적 조건에 달려 있으며, 인간은 자신의
　　　비극이나 장애를 극복할 능력이 없다.
　(6) 위험하고 두려운 일이 있거나 생길 가능성이 있다면, 그것에 대해 항
　　　상 관심을 두거나 유의해야 한다.

(7) 삶의 어려움이나 자기책임은 직면하기보다 회피하는 편이 더 쉽다.

(8) 인간은 타인에게 의지해야 하며, 의지할 수 있는 강력한 사람이 필요하다.

(9) 인간의 과거사는 현재의 행동을 결정하며, 삶의 큰 영향을 준 사건은 계속해서 영향을 미치게 마련이다.

(10) 인간은 타인의 문제나 어려움에 대해 크게 신경을 써야 한다.

(11) 인간 문제에는 언제나 바르고 정확하고 완전한 해결책이 있게 마련이고, 그것을 찾지 못한다면 끔찍스러운 일이다.

이상의 비합리적인 신념들은 부모나 주변의 생활문화로부터 자녀들에게 주입되거나 가르쳐진다. 부적응적 행동을 하는 사람들은, 특히 다음의 세 가지 비현실적인 요구를 항상 하고 있는 것으로 볼 수 있다.

첫째, 주변의 중요한 사람들로부터 자기가 한 일에 대한 인정을 받기를 요구하며, 둘째, 모든 사람들이 자기에게 공정하게 대하고 적절한 보상, 관심, 사랑 등을 주어야 한다는 요구가 있으며, 셋째, 세상이 살기 쉬워야 하고, 자기 개인에게도 만족할 만한 삶의 장소가 되어야 한다는 요구가 항상 있다. 이러한 요구 및 소망들은 물론 비현실적이고 결코 충족될 수 없는 것들이기 때문에, 필연적으로 좌절과 실망을 초래하게 되거나 부적응 상태에 빠지게 된다. 따라서 이러한 비현실적이고 비합리적인 요구나 신념들을 다음과 같이 현실적이고 합리적인 신념들로 바꾸는 것이 상담 및 심리치료의 과제가 된다.

〈 합리적인 삶의 철학 및 신념들 〉

(1) 타인의 인정을 기대하기보다는 스스로 자신을 존중하는 것(자아존중)에 초점을 둔다.

(2) 인간의 대부분의 불행은 상황 그 자체보다는 그 상황에 대한 관점이나 해석에 따라서 야기될 수 있고, 그렇지 않을 수도 있다.

(3) 타인의 행동을 사악한 것으로 보기보다는, 상황에 부적절하거나 반사적인 것으로 보아야 한다. 즉, '나쁜' 행동을 한 사람은 천성이 사악한 것이 아니라, 불완전하고, 무지하며, 심리적 장애를 가진 사람으로 볼 수 있다.

(4) 세상일이 원하는 대로 되지 않았을 때에 그것을 조절하고 변화시키

려는 시도를 해야 한다. 그러나 이런 조절과 변화가 불가능한 경우가 많으므로, 그런 경우에 차라리 그 불가능을 인식, 수용하고, 매우 끔찍하고 무섭다고 자신에게 말하는 것을 중지하는 편이 낫다.

(5) 위험하거나 무섭다고 생각되는 상황을 용기 있게 그리고 솔직하게 직면함으로써 적어도 덜 무섭고 위험이 적어질 수 있다. 즉 위험과 공포를 완전히 제거 못할 바에야 부딪쳐 보는 편이 마음 편하다. 만일, 부딪쳐보는 것이 불가능하거나 두려울 때에는 다른 것을 생각하는 편이 훨씬 좋다.

(6) 쉬워보이는 방법은 나중에 보면 그렇지 않고 문제해결을 오히려 복잡하게 만드는 경우가 많다. 따라서 문제해결의 실효성과 자존심을 위해서도 문제 자체에 직면하는 것이 낫다.

(7) 강력한 다른 사람에게 의지하는 것보다, 장기적으로는 어려운 상황을 나름대로 다룰 수 있는 자신의 능력을 믿고 미흡한 대로 버티는 편이 더 낫다.

(8) 모든 영역에서 도달 불가능한 완벽성을 추구하기보다는, 인간적 한계와 오류의 가능성을 인정하고 자신의 입장을 수용하는 것이 현명하다.

(9) 과거의 중요한 경험으로부터 배워야 한다. 그러나 과거의 사건에 지나치게 예속되거나 손상을 입은 채로 남아 있어서는 안 된다.

(10) 타인의 문제나 불완전함은 주로 그 사람 자신의 문제이며, 무엇보다 본인의 노력이 필요하다. 타인의 변화를 위한 지나친 압력이나 권유는 오히려 비효과적인 자극이 될 수 있다.

(11) 자신의 운명을 적극적으로 계획하고 창조적인 일을 개발하거나, 자신의 관심을 신경 쓰이는 것이 아닌 다른 일이나 다른 사람에게 돌릴 때에 만족감을 느낄 수 있다.

4.2 집단상담의 특성

1) 상담목표

집단구성원들(내담자)로 하여금 현실을 수용하고, 자신과 타인들을 더욱 인내하는 가운데 자기성장을 도모하도록 돕는 것이다. 즉, 집단장면에서 삶에 대한 비합리적인 신념을 발견하여, 합리적인 신념으로 대체하도록 돕는 것이 집단상담의 주요목표이다. 이를 위해 지적, 예시, 논박, 설득 등의 적극적인 방법 외에도, 집에서 하는 행동숙제, 심상연습 등의 방법도 활용된다.

집단장면에서 상담자가 아무런 개입을 하지 않는 가운데 집단구성원들의 화제나 언행들이 방치되어서는 안 된다. 또는 집단원들의 감정표현을 지나치게 강조할 때에는, 집단과정이 비합리적으로 되기 쉽다. 그리고 훈련이나 게임이 무분별하게 사용되거나 적절한 계획과 행동적 목표가 없이 사용될 때는 집단이 비합리적인 상태에 빠져들 가능성이 있다.

2) 집단상담의 과정적 특성

집단상담의 절차는 집단의 유형에 따라 약간씩 다르다. 종합적으로 말하면, 상담의 과정이 비교적 교육적이고, 상담자가 교육자의 역할을 한다고 볼 수 있다. 다음에 이 이론에 따른 집단상담의 일반적인 절차를 제시한다.

(1) 집단원들 중의 한 사람에게 문제를 내놓도록 한다.
(2) 집단원이 A-B-C모형을 활용하여, 그 사람에게 반응하도록 한다.
(3) 집단원들이 문제를 내놓은 사람의 감정 및 관점, 그리고 스스로에게 다짐하고 있는 '자기진술'에 대하여 질문하고 도전한다.
(4) 상담자는 집단원들에게 행동숙제를 내주고, 다음 모임에서 그 결과를 보고하게 하고 함께 토의한다.

이러한 기본과정은 내담자의 비합리적인 신념이 바뀔 때까지 반복된다. 보통 한 회기(모임)에 2~3명의 참가자들이 자신의 문제를 내놓을 수 있다. 합리적-정서적 집단상담은 원칙적으로 철학적이고 인지적인 접근을 강조한다. 그러나 집단상담자는 역할연습, 자기주장 훈련 같은 다양한 기법을 사용할 수 있다.

4.3 상담자의 역할

합리적-정서적 접근의 상담집단은 상담자중심의 집단이다. 상담자의 과제는 집단원들로 하여금 합리적인 생활철학과 현실적인 사고방식을 배우도록 교육하는 것이다. 따라서 상담자는 대단히 적극적이고, 탐색적이며, 도전적인 역할을 한다. 상담자의 적극적 역할이란 역할학습 등의 행동주의적 방법들을 폭넓게 활용함을 의미한다.

집단구성원들은 상호간에 다양한 피드백을 준다. 집단장면에서는 집단참여자들이 서로 비합리적이고 비논리적인 신념 때문에 고통 받고 있는 사람들로 생각하는 경향이 있다. 집단원들은 집단모임에서 어떻게 서로 만났으며, 어떻게 관계가 형성되었고, 앞으로 어떤 인간관계를 희망하는지 등에 관하여 솔직한 의견과 상대방에 대한 관찰결과를 서로 주고받는 경우가 많다.

심하게 불안한 집단원들은 자기의 비합리적 신념을 고집하기 때문에 상담자와 다른 집단원들로부터 지속적인 개입이나 집단압력을 필요로 한다.

합리적-정서적 치료와 현실치료의 비교

부적응적 행동의 원인으로서의 비합리적 신념들에 초점을 맞추고 현실조건에 직면해야 할 필요성을 인정한다는 점에서, 엘리스의 이론과 글래서(W. Glasser)의 현실치료 이론이 유사하다고 볼 수 있다. 즉 내담자의 비합리적인 신념들을 논박하는 면과 인간이 행복하기 위해서는 삶에 대해 보다 현실적이고 합리적인 접근을 해야 한다는 주장에 있어서는 두 접근이 유사하다고 볼 수 있다.

그러나, 상담자의 개입 정도와 옳고 그름을 판단하는 방식에 있어서 두 접근은 차이를 보인다. 우선 상담자의 개입을 중요시하는 현실치료에서는 상담자가 내담자의 고통을 함께 해야 한다고 주장하며, '실존적인 관점'에서 내담자 행동의 옳고 그름을 판단한다. 반면에, 합리적-정서적 치료에서는 상담관계의 성격 및 내담자의 수준에 따라 상담자의 개입의 정도가 달라지며, 환경적 현실적 규준에 맞추어 옳고 그름을 판단한다.

상담에서 인지과정의 중요성을 강조한 점에서는 현실치료와 합리적-정서적 치료가 함께 공헌을 하고 있다. 엘리스는 인간의 사고와 정신적 문제간의 관련성을 밝히는 데 기여했다. 그리고 엘리스는 비합리적 신념을 교정할 긍정적인 책임을 내담자에게 부여하였고, 다른 이론과 달리 상담의 과정을 신비화하지 않았다. 글래서의 현실치료는 구성인원의 규모가 다양한 집단에서 활용할 수 있고, 내담자의 책임의식을 강조하는 접근이라고 말할 수 있다. 엘리스와 글래서의 접근은 다같이 아들러학파의 이론적 배경을 현대화하고 단순화시킨 것이라고 볼 수 있다.

5 행동주의적 집단상담

5.1 행동주의 이론의 원리

B. F. Skinner

　행동주의 접근에서는 개인상담이든 집단상담이든 정상행동과 이상행동이 모두 동일한 학습원리에 의해 학습된다는 점을 기본 개념으로 삼고 있다. 행동수정적 책략과 개입방법들은 보다 새롭고 적응적인 행동과 인지를 학습시키고, 역기능적인 행동과 인지를 없애거나 탈(脫)학습시킨다는 이론을 바탕으로 하고 있다. 그러므로 행동수정적 집단상담은 사회기술훈련 등 내담자에게 필요한 사회행동을 학습시키는 행동치료와 왜곡된 신념과 사고방식을 수정하는 인지적 재구성, 그리고 문제해결적 사고방식의 훈련을 목표로 하는 '인지적 훈련' 등이 배합된 접근방법이라고 할 수 있다. 다시 말해서, 집단구성원들의 행동양식과 인지과정이 집단장면에서 검토되고 생산적인 방

[그림 6] 스키너 상자

먹이 알맹이 저장소

자극 광선

지렛대

먹이용기

향으로 수정됨으로써 그들의 사회적 기능을 증진시키게 된다.

5.2 집단상담의 행동주의적 접근

행동주의적 집단에서는 구체적인 개입절차를 선택하기 전에, 먼저 집단을 구성하는 개인들과 집단 전체에 관한 자료가 수집된다. 상담의 접근방향은 집단원들에 대한 개인적 평가와 집단과정에서의 행동평가 등을 근거로 하여, 집단원 개인별로 맞추게 된다. 평가과정에서는 개인면접, 다양한 심리검사, 관찰되거나 기록된 정보들을 모두 활용한다. 평가에서는 집단원 문제의 성질과 범위뿐만 아니라, 그 문제들에 대처하기 위한 집단원들의 자질 또는 잠재능력 등을 결정하는 절차도 포함된다. 이렇게 집단원들의 문제와 자질 등을 평가하는 이유는, 집단원 개인과 집단에서의 문제들을 다루는 가장 적절하고 생산적인 접근방법을 선택하기 위해서이다. 집단원 개개인은 상담의 목표설정뿐만 아니라 접근방법 등의 선택과정에 최대한으로 관여하도록 한다. 집단상담자는 이 과정에서 능동적인 자문역과 인도자의 역할을 한다.

다음에 행동적 접근의 집단상담이 갖는 특성을 살펴보고, 상담자의 능동적인 역할이 어떻게 수행되는지 살펴보기로 한다.

5.3 행동주의적 집단의 특성

모든 집단상담이 어느 정도 공통된 요소를 가지고 있기는 하지만, 행동적 접근에서는 다음의 7가지 특성을 강조한다.

(1) 많은 문제들이 본질적으로 사회적 상호작용에서 파생되는 것이기 때문에 다른 집단원들의 존재를 존중하면서, 집단원들과의 상호작용을 통해 생산적인 사회적 기술(접촉, 반응양식 등)을 연습하는 기회를 제공해준다.

(2) 집단원들은 집단과정에서 여러 가지 요구에 반응함에 따라, 자기들의 행동양식과 사회적 관점들을 검토하고, 대인행동을 재학습하고 실행하게 된다. 집단원들은 다른 집단원들에 대한 반응과 조언하는

방법 등을 배우게 됨으로써, 대인관계적 지도력에 필요한 기술들을 개발하게 된다. 또한, 집단원들은 집단의 다른 사람을 도와주는 경험을 가짐으로써 개인상담에서보다 더 효과적으로 자기 자신을 돕는 것을 배우게 된다.

(3) 집단의 상호작용에서는 치료적 규범에서 벗어나는 집단원들의 행동들을 통제하는 경향이 있다. 이 통제는 집단의 규범(풍토) 또는 상담자의 지시 등에 의해서 이루어진다. 집단원들의 잦은 결석, 임무의 불이행 그리고 상담자에 대한 일방적인 비판 등이 치료적 규범에서 벗어나는 행동들이다. 이러한 반 치료적 행동들은 집단에서의 규범에 의해 통제를 받거나 다른 동료들의 압력을 받음으로써 시정되거나 시간이 흐름에 따라 줄어든다. 행동주의적 상담자는 이러한 집단 규범 또는 집단원들의 행동기준을 설정하고 그에 따르도록 집단원들을 적극적으로 교육하기도 한다.

(4) 행동주의적 집단은 집단원들에게 동료들의 언행을 강화할 수 있는 기회를 제공해 준다. 한 사람이 다른 사람을 돕고 강화하는 것은 그 사람도 다른 사람으로부터 강화를 받을 가능성을 높이는 것이므로 양자 간의 상호작용을 증진시키게 됨을 의미한다. 행동주의적 상담자는 집단장면에서 각 집단원들간의 상호교류적 강화와 보상적 행동이 최대한도로 나타나도록 이끌어간다. 다시 말해서, 집단 속에서 각 개인은 배우자, 가족, 친구, 직장동료 등 다양한 사회적 관계에서 필요한 강화 및 보상적 행동능력을 학습하고 증진시키는 기회를 얻는다.

(5) 행동주의적 접근에서는 무엇보다 정확한 평가를 강조한다. 예민한 상담자라 할지라도 잘 발견하지 못하는 문제들의 구체적인 측면들이 철저한 집단토의를 통해 명백하게 드러나게 된다. 집단원이 자신의 문제를 꼭 집어내지 못할 경우, 집단에서의 평가와 토의를 통해서 그 사람으로 하여금 보다 쉽게 자기 문제를 파악하여 수용하게끔 한다.

(6) 행동주의적 집단에서는 생산적이고 문제해결적인 행동을 학습하기 위해서 여러 유형의 본보기(모델), 또는 역할학습의 대상들을 유용하게 활용할 수 있다. 아울러 집단은 여러 가지 치료적 자원(자극, 정보원 등)을 제공하고, 동시에 많은 사람들에게 학습효과를 줄 수 있기 때문에 인력과 비용면에서 경제적이다.

(7) 행동주의적 집단은 상담자 개인의 가치관이 집단원들에게 직접 유입되거나 전달되는 것을 통제할 수 있다. 집단 속에 있는 사람들은 개인적으로 있을 때보다는 상담자에게 쉽게 동의하지 않을 수 있다. 또한 집단상담자는 집단구성원들에 의해서 상담자 자신의 가치를 표현하도록 계속 압력을 받기도 한다.

이상의 특성들은 행동주의적 접근뿐만 아니라 모든 다른 집단치료에서도 어느 정도까지는 나타나게 마련이다. 그러나 행동주의적 집단에서는 이런 특성들이 구체적으로 학습되고 그 과정을 교육적으로 지도하는 것이 강조되고 있다.

5.4 상담자의 기능과 역할

행동주의 집단에서 발견되는 상담자의 역할은 적어도 8가지의 주요 범주로 나누어 볼 수 있다. 어느 정도 중복되는 바가 있지만, 이들을 열거하면, (1) 집단을 구성하기, (2) 방향안내(오리엔테이션), (3) 집단응집력의 고양, (4) 문제행동의 탐색, (5) 처치과정의 평가, (6) 구체적인 변화절차의 계획과 실행, (7) 집단성격의 수정, (8) 집단에서의 행동적, 인지적 변화를 위한 프로그램의 활용이다.

이들 각 범주는 훨씬 더 구체적인 활동들로 구성되어 있음은 물론이다. 또한, 이러한 집단상담자의 기능들은 크게 집단 초기단계와 작업단계에서의 기능들로 나누어 생각해 볼 수 있다.

1) 집단의 초기단계

집단상담의 초기단계에서 상담자는 세 가지 주요활동을 한다. 집단을 구성하는 것, 집단원들에게 방향안내를 하는 것, 집단의 응집력을 형성하고 고양하는 것 등이다. 이것들은 집단상담의 어떤 접근에서도 필요한 것이나, 어떻게 이것들을 수행하느냐에 따라 행동주의적 접근은 다른 접근들과 차이가 난다.

(1) 집단의 구성

집단구성 활동에는 집단의 형태와 집단의 지속기간, 모임의 횟수, 상담자의 수, 만나는 장소, 상담료와 소요경비, 그 밖의 집단운영에 필요한 조건들에 관한 토의나 의사결정 등이 포함된다.

집단이 형성되기 전의 면접(접수면접, 또는 예비면접)과 첫번째 모임에서, 집단구성원들은 의사결정의 일부과정에 직접 참여하게 된다. 접수면접이나 예비면접에서 내담자들은, 예컨대 상담자가 설명하는 집단의 성격과 목적이 자신이 기대하는 것과 일치하는지를 판단하고, 자신의 참여여부를 결정하게 된다. 철저한 상담집단은 대부분 1주 1회씩의 모임을 총 14~18회 정도까지 갖게 되며, 집단과정이 끝난 지 1~6개월 안에 몇 번의 추후 또는 보강모임을 갖는다. 단기적인 상담집단의 경우에는 4~8회 정도의 모임으로 끝날 수도 있다.

(2) 방향안내

방향안내(오리엔테이션)란 상담자가 집단원들에게 집단의 목적과 내용, 집단원 자신과 타인들에 대한 책임 등을 알려주는 여러 가지 교육적 활동(설명, 유인물 배부 등)을 말한다. 방향안내에는 집단상담에 관련된 일반적인 관행이나 약정을 협의하는 과정이 포함되는데, 이 상담약정(상담계약)에는 상담자와 집단원들의 상호기대의 내용을 기록한 유인물 등이 포함될 수 있다.

방향안내 과정에서 상담자는 주도적 역할을 하는데, 집단상담과 관련하여 집단원들이 관심을 두고 있는 정보와 사례연구의 경험 등을 그들에게 제공하기도 한다.

(3) 집단응집력의 조성

집단응집력을 조성하는 것은 집단구성원들 상호간에, 집단구성원들이 상담자에게, 그리고 집단과정에서 활용하는 프로그램에 대한 매력을 높인다는 것을 의미한다. 집단응집력이 높을수록, 집단과정의 효과가 크다는 사실은 여러 연구들에 의해 밝혀진 바 있다. 집단응집력을 반영하는 언어적 행동을 도입함으로써 집단응집력이 고양되기도 한다. 또한 휴식시간에 음식을 나누어 먹거나, 모임의 내용을 다양하게 변화시키거나, 시청각자료를 도입하거나, 적절한 유머의 사용, 집단운동이나 게임 등으로 집단응집력을 높일 수도 있다.

2) 행동주의적 집단과정의 평가: 출발 수준의 평가, 과정의 점검 및 결과의 평가

집단의 초기단계에서뿐만 아니라, 집단의 전 과정을 통해 이루어진다. 특히, 행동주의적 접근에서는 다른 이론적 접근에서와는 달리 이러한 평가과정을 강조한다. 평가의 대상 및 내용에는 수정되어야 할 개인적 사고방식(인지), 스트레스(긴장)를 경험하는 상황 조건들, 문제해결을 촉진할 수 있는 개인적 자원(자질, 능력 등), 환경(지지적 인물 등), 그리고 효과적인 상담에 방해가 되는 집단에서의 활동 등이 포함된다. 효율적 평가를 위해서는 집단이 시작되기 전 사전면접에서부터 하는 것이 필요하다. 면접 외에도 역할수행 검사, 행동진단 검사, 점검문항(체크리스트), 집단 안팎에서의 관찰 등을 통해서 평가의 내용이 보충된다. 그리고 매 모임에서의 참석여부, 만족도, 참여정도, 과제물 또는 연습의 이행정도 등과 같은 집단과정의 자료들은 집단에서의 문제해결경험과 집단목표의 성취정도를 평가는데 중요한 기초자료가 된다.

집단구성원들은 서로가 검사자와 면접자로서, 관찰자료의 수집가로서, 서로의 역할수행에 관한 판단자로서, 그리고 행동목표의 선택에 기초가 되는 피드백의 제공자로서의 역할을 한다고 볼 수 있다. 즉, 집단원들이 서로가 서로를 끊임없이 평가하는 셈이다. 이러한 상호간의 평가적 입장은 긴장을 조성하기보다는 대인간의 매력을 높이며, 각자에 대한 집단 전체의 비중을 증대시킨다고 볼 수 있다.

행동주의적 접근에서는, 당연히 행동과 상황조건들에 대한 체계적 관찰결과를 중요시하게 된다. 예컨대 어떤 집단원들은 하루에 네 번 자신의 불안수준을 확인했다고 말하고, 어떤 집단원은 자기가 하루 동안 갖는 사회적 접촉시간을 시간단위로 보고한다. 또 다른 집단원은 자기가 몇 번이나 스트레스를 주는 상황에서 도망가고 싶어했나를 말하기도 한다. 이렇게 해당 문제에 관한 자료의 수집 및 결과와 관련된 보고와 검토가 상담과정 전반에 걸쳐서 수행된다.

상담자와 집단원들은 상담과정의 중반부터는 개별적인 상담목표가 달성되는 정도와 조건들을 정기적으로 평가한다. 상담자로서는 집단원들의 목표달성에 관련된 자료들을 평가함으로써, 다음 집단과정에서 보다 효과적인 대안적 방법이나 프로그램 등을 마련할 수 있게 된다.

3) 집단의 작업단계

(1) 상담계획 및 실행

집단에서의 상담계획은 두 가지 요소를 가지고 있다. 즉 집단원 각자를 위한 개별계획과 집단과정의 주요방향에 관한 집단계획이다. 집단계획을 세우기 위해서는, 먼저 집단원들 공통의 문제점을 평가할 수 있도록 개인과 집단에 관한 전반적인 자료들을 분석한다. 이러한 분석결과를 근거로 하여 적절한 훈련 프로그램 등이 선택된다. 상담계획의 실행을 위해서 선택할 수 있는 프로그램 및 방법에는 문제해결 연습, 피드백의 주고받기, 이완훈련, 역할수행 연습, 인지적 자기분석 등 여러 가지가 포함된다.

이러한 집단계획의 프로그램 또는 훈련은 6시간 정도의 연속적 집단대화(축소판 마라톤 모임)에서 이루어지기도 하며, 어떤 경우에는 매회 15~30분 정도씩 6~8회의 모임에서 실시되기도 한다. 개별화된 계획은 상담자와 집단원들이 의논하여 세우고, 개별적인 상황의 필요성에 따라 집단의 해당 장면에서 실행하게 된다. 여기서는 집단원 개인사례의 구체적 훈련내용은 생략하기로 한다.

(2) 집단절차

집단절차들은 집단의 과정을 수정하는 상호작용적 활동이나 협동적인 활동을 말한다. 본보기(모델링), 행동연습, 행동지도, 문제해결과정의 검토 및 관련정보의 수집 등이 집단절차로 활용된다. 이같은 절차들은 집단원들간의 표현방식을 보다 생산적인 방향으로 구체화시키는 것이기도 하다.

이러한 집단의 절차 및 과정이 진행되면서 집단응집력의 수준, 집단참여도의 분포, 집단내에서의 심리적 위계 또는 일부 집단규범의 비중 등이 수정되거나 변화되어 간다.

(3) 행동변화의 전이와 유지

행동변화의 전이 또는 일반화는 상담상황에서 생긴 학습의 효과가 현실장면에까지 유지, 확대되는 것을 의미한다. 집단학습의 전이 및 일반화를 위한 두 가지 절차, 즉 집단내 절차와 집단외 절차가 있다. 전자는 집단 밖에서의 수행을 위한 예비적 단계로서, 현실장면과 유사한 행동연습을 집단장면에서 하는 것이다. 후자는 이렇게 연습한 행동을 자기가 살고 있는 현실장면에서 실행해보도록 숙제를 주고 그 결과를 다음 모임에서 검토 보완하는 것 등이다. 또한 행동연습의 현실적 성과를 높이기 위해 해당 집단원의 가정에서 모임을 갖거나, 두 사람이 한 조(팀)가 되어 지역사회(직장, 학교장면)에 출장하여 역할연습을 지원하는 방법 등이 가능하다.

4) 집단의 종결단계

집단상담의 종결 이후 계속하여 학습효과(행동의 변화 등)를 유지시키기 위해서는, 몇 가지 기법—상담절차의 점진적 소거, 보상의 빈도 및 규칙성의 감소 등—뿐만 아니라 무엇보다도 인지적 책략과 요약된 규칙을 개관해 주는 것이 필요하다.

집단과정의 종결을 준비하는 데 있어서, 상담자는 집단원들에게 집단에서의 학습을 실행할 수 있도록, 덜 통제된 비치료적 집단과 어울리도록 격려할 필요가 있다. 종결단계에서는 상담자보다 집단원의 의사결정에 더욱 많은 비중이 주어진다. 상담자의 역할은 직접적인 상담자에서 자문역으로 바뀐다. 상담자의 이러한 역할변화는 집단원들이 쉽게 집단의 종결을 수용할 수 있도록 도와주며, 상담자로부터 독립하여 행동하는 자세를 지원하는 것이 된다. 이런 독립성은 집단의 종결 후에도 학습효과를 유지시켜 줄 뿐만 아니라, 새로운 문제들을 대처하는 데 있어서 필요한 자신감의 기초가 될 것이다.

6 형태주의적 집단상담(Gestalt Approach)

F. S. Perls

집단상담의 형태주의적 접근은 펄스(F. S. Perls)에 의해 개발되어 보급된 상담·치료적 접근이다. 실존주의의 영향을 받은 펄스는 정신분석학에 반발해서 형태주의 심리학을 근간으로 하여 이론을 형성하였다. 그는 정기적인 모임보다는, 대개 집중적인 연수회(워크샵) 형식의 집단상담을 주로 이끌었다. 그리고 상담과정에서 집단 구성원들간의 상호작용에 초점을 두기보다, 상담자가 중심이 되어 한 번에 한 집단원의 문제를 집중적으로 다루었다. 이런 의미에서, 형태주의적 집단상담을 '집단 속의 개인상담'이라고 부를 수 있다. 형태주의 집단상담에서는 상담자가 집단원의 현재의 경험에 중점을 두고, 그것에 대한 집단원의 자각이 이루어지도록 돕는다.

6.1 형태주의 이론의 원리

이 접근의 원리는 형태주의 심리학에서 근원을 찾을 수 있으며, 실존주의의 영향을 받아 더욱 발전하였다. 먼저 형태주의 심리학이 이 상담적 접근에 끼친 영향을 살펴보기로 한다.

1) 형태의 개념

형태(Gestalt)란 '의미 있게 조직화된 전체'라는 뜻으로, 주로 형태주의 심리학자들이 형태지각에서 지각의 집단화원리를 설명하기 위해서 사용한 용어이다. 그러나, 펄스는 개인의 '전체성' 혹은 '총체적인 존재'를 뜻하는 말로서 '형태'라는 개념을 사용하였다. 우리가 시야에 들어오는 여러 물체들을 묶어 단일한 전체로서 지각하는 것처럼, 형태주의 접근에서는 인간의 한 측면(예컨대, 인지적 측면)만을 강조하지 않고 인간 성격의 단일성과 통합을 강조한다. 그러므로, 이 접근에서 주요 목표중의 하나는 내담자로 하여금 이전에 거부했거나 보지 못했던 자신의 부분들을 다시 받아들이

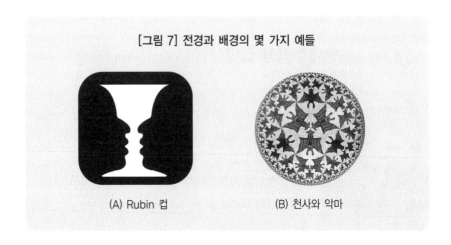

[그림 7] 전경과 배경의 몇 가지 예들

(A) Rubin 컵   (B) 천사와 악마

고 통합하도록 돕는 것이다.

2) 전경과 배경

형태지각에서 집단화가 이루어지고 나면, 집단화된 지각대상들이 전경과 배경으로 구조화되는 이른바 체제화 과정이 뒤따른다. 펄스는 형태주의 심리학자들의 전경–배경 개념을 인간생활의 거의 모든 측면으로 확장시켜 생각하였다. 그에 따르면, 인간의 과거경험은 배경이 되고 현재경험이나 개인의 가장 절박한 욕구가 전경이 된다. 개인의 가장 절박한 욕구는 그것이 만족될 때까지 개인의 행동을 지배하며, 이 욕구가 충족되면 그것은 배경으로 물러나고 그 다음 중요한 욕구가 다시 전경이 된다. 이 이론에서는 건강한 사람은 전경–배경 사이의 상호작용이 유연하고 탄력적인 반면, 신경증 환자들은 전경–배경의 형성을 유연하게 하지 못하므로 과거에 집착한다고 본다.

펄스는 형태주의 심리학자들이 사용한 지각이란 개념 대신 '자각'이란 용어를 사용하였다. 탄력적으로 전경–배경을 형성할 수 있는 사람은, 일반적으로 자신이나 자신의 주위에서 일어나는 일에 대해 보다 분명한 자각을 하고 있다고 본다. 탄력적으로 전경–배경을 형성할 수 없는 사람은, 예컨대, 주차장으로 가면서 주변의 나무와 새, 사람들을 보지 못하고 목표물인 주차장만 볼 수 있다. 그는 환경과 자신에 대한 자각의 수준이 낮다. 펄스는 형태주의 치료의 한 가지 목표로서 자각의 연속체(continuum of aware-ness)를 창출하는 것을 꼽았다. 이는 내담자가 주어진 순간순간마다 자신이나 자신의 경험에 대해 보다 잘 자각하는 것을 말하는데, 이를 위해 상담자는 내담자가 이야기하는 말의 내용보다 신체적 움직임이나 목소리의 높고 낮음, 음성, 억양 등을 관찰하며, 언어적 행동과 비언어적 행동 사이의 불일치한 부분을 지적하기도 한다.

3) 완결성

완결성이란 시지각에서 자극에 빈틈이 있으면 그것을 메워 동질적인 집단을 형성하려 하는 경향이다. 펄스는 이 원리를 개인의 사고, 감정, 전체적 지각에 적용하였다. 개인은 일을 완전히 이루지 못하거나 불완전한 생활경험들을 하게 될 때, 완결성을 추구하는 경향 때문에 불안을 느끼게 된다. 이때 옛 경험을 다시 해 보거나, 현재의 시점에서 옛것과 유사한 상황에 관한 재경험을 하면 그러한 불안에서 벗어날 수 있다고 본다.

다음으로 형태주의 치료에 영향을 끼친 실존주의 철학에 주목할 필요가 있다. 펄스는 실존주의 철학의 개념들이 구체화되지 못했음을 지적하면서,

> ### ● 형태주의 심리치료의 인간관 : 요약
>
> (1) 인간은 통합적으로(전체적으로) 기능한다. 인간의 신체기능, 정서, 사고, 감각, 지각들은 상호관련되어 기능한다.
> (2) 인간은 환경의 일부분이므로, 인간을 환경과 분리시켜 이해할 수 없다.
> (3) 인간은 수동적 존재가 아니라, 능동적 행위자이다.
> (4) 인간은 자신의 감각, 사고, 정서, 지각을 완벽하게 자각할 수 있는 능력을 갖고 있다.
> (5) 인간은 자기자각 과정을 통해 선택할 수 있고, 행동에 대한 책임을 질 수 있다.
> (6) 인간은 스스로 통제할 수 있는 능력이 있다.
> (7) 인간은 일차적으로 현재상황에서 자신을 경험한다. 또한, 기억과 예상을 할 수 있으므로, '지금-여기'에서 과거와 미래를 경험할 수 있다.
> (8) 인간의 본성은 선하지도 악하지도 않다.

형태주의 심리치료가 자신의 힘으로 정립된 최초의 실존주의 철학이라고 말하였다. 펄스의 이러한 실존주의에 대한 비판에도 불구하고, 형태주의적 치료법은 실존주의에 바탕을 둔 개념들을 많이 사용하고 있다. 예컨대, 집단상담에서 집단원들에게 자신의 삶에 대한 책임감을 강조하고 과거보다 현재의 순간에 초점을 두게 하는 것은 실존주의의 영향이라고 볼 수 있다. 형태주의 치료에서는 정신분석적 접근과는 달리, 행동의 무의식적 동기보다는 '현재의 행동'에 관심을 가지므로, 행동의 원인을 알아보려는 '왜'라는 질문보다 '어떻게'나 '무엇'에 관한 질문을 더 중요시한다. 즉, 상담자는 집단원의 과거에 일이나 행동의 원인을 알아보려 하기보다 '현재, 무엇을, 어떻게 하고 있나'에 대해 내담자로 하여금 자각을 하게 돕는다.

4) 성격발달에 대한 관점

펄스는 쉽게 이해할 수 있는 체계적인 성격발달 이론을 제시하지는 않았다. 여기서는, 그가 인간의 건강한 기능과 성장을 위해 필요하다고 본 몇 가지 주요 개념들을 살펴보기로 한다.

(1) 접 촉

아동은 성장함에 따라 자신과 세계를 구별할 수 있게 되고, 환경과의 접촉을 통해 자아의 경계를 갖게 된다. 그리고 성장 중의 아동은 환경 중에서 새로운 것을 동화하고 동화할 수 없는 것은 거부하게 되는 경험을 가지는데, 이러한 과정에 대한 자각을 접촉(contact)이라고 말한다. 접촉은 보고, 듣고, 냄새 맡고, 느끼고, 움직임으로 일어난다. 이것은 환경에 대한 연속적이며 새로운 작용의 창조이다. 이 환경과의 접촉을 통해 아동은 전경-배경의 관계를 형성할 수 있으며 성장이 가능하다. 또한 정상적인 성격발달을 통해 아동은 자아와 자아상을 발달시킨다. 자아란 주어진 순간에 아동이 나타내는 접촉체계 혹은 반응체계이며 아동의 실제적 모습을 말한다. 반면, 자아상이란 다른 사람들의 기대에 부응해서 맞춘, "그래야만 된다"고 보는 자기의 모습을 말한다. 그 결과 자아가 개인을 자아실현으로 유도하는 반면, 자아상은 이 과정을 지연시킨다. 자아의 발달을 위해서는 욕구

좌절 경험이 필요하다. 좌절경험을 통해 아동은 인생의 고난을 견딜 수 있
게 되고, 자신의 행동에 스스로 지지를 할 수 있게 된다.

(2) 부적응 행동

부적응적인 개인은 자아를 실현하려고 노력하기보다 왜곡되고 비현실적
인 관점의 자아상을 실현하려고 노력한다. 그는 자신의 부적응 행동을 유
지하는 데 있어서 흔히 다음과 같은 다섯 가지 수단을 사용한다.

〈 투사 〉   자신이 수용할 수 없는 태도나 감정, 행동을 외부세계에 돌
리는 것이다. 즉, 부적응적인 사람은 자아상에 맞지 않는 속성들을 타인에
게 돌림으로써 자신의 감정에 대한 책임을 회피한다. 예컨대, 다른 사람을
사랑할 수 없는 사람이 다른 사람이 자신을 사랑하지 않는다고 말하는 경
우가 이에 해당된다.

〈 반전 〉   부적응적인 사람이 환경에서 성취할 수 없는 것을 스스로에
게 부과하는 데 사용하는 수단이다. 예컨대, 타인을 해치고 싶은 사람이 외
부세계의 그러한 대상에게 향했던 공격적인 충동을 자신에게 돌려 자살하
는 경우가 이에 해당된다.

〈 내사 〉   개인이 환경과 접촉할 때, 새로운 것을 자신에게 맞게 동화
시키는 과정이 필요하다. 내사란 이러한 동화가 전혀 일어나지 않은 채 새
로운 행동목록을 기계적으로 받아들이는 것이다. 예컨대, 자신의 성격이나
자아실현 경향을 고려하지 않은 채 타인의 행동이나 언어, 신념을 그대로
받아들이는 경우가 이에 해당된다.

〈 융합 〉   자신과 환경의 구별에 혼란이 생기는 것이다. 관계에서 융합은
갈등의 결여나 모든 사람들과 같은 생각이나 감정을 경험한다는 신념을 말한
다. 이는 수용받고 사랑받고 싶은 강한 욕구를 지닌 집단원들이 겪게 되는 특
징적인 접촉 양식이다. 융합은 사람들이 자발적으로 말하고, 생각하는 것을
어렵게 만들고, 지속적으로 진정한 접촉을 할 수 없다. 예컨대, 한 사람이 기
분 좋다고 느끼면 다른 사람도 기분이 좋다고 느끼는 것이다.

〈 **왜곡** 〉　환경과의 접촉을 할 때 방해를 받아 지속적인 접촉을 유지할 수 없는 경우이다. 왜곡된 사람들은 추상적인 일반화나, 과도한 유머, 질문을 통하여 접촉을 혼란시킨다. 예컨대, 집단회기에서 한 집단원이 정서적 경험을 체험하려는 순간에 유머를 사용한 개입으로 집단의 초점을 흐려놓는 경우이다.

투사, 반전, 내사, 융합, 왜곡은 환경과의 건강하지 못한 접촉양식으로서 이런 접촉양식은 부적응행동을 유지하는 데 사용될 수밖에 없다.

6.2 집단상담의 특성

첫째, 집단구성원들의 성장을 돕는다. 상담자는 집단원들로 하여금 자신의 생활에 대한 책임감을 갖게 함으로써, 그들의 인격적 성숙을 촉진한다. 형태주의 치료에서의 책임감이란 주로 집단원들이 '있는 그대로의 지금의 자신'을 수용함을 의미한다. 즉, 집단원들에게 요구되는 책임감은 사회의 규범이나 부모의 명령에서 자유롭게 되어, 있는 그대로의 자신의 모습을 받아들이는 것이 된다. 성숙이란 집단원이 다른 사람에 의한 환경적 지지에 의존하지 않고 자신의 행동에 대해 스스로 지지할 수 있는 능력을 획득함을 말한다. 이를 위해 상담자는 집단원들이 자신이 한 말이나 감정, 행동에 대해 책임을 지도록 압력을 가할 수도 있다.

둘째, 집단원의 자각을 돕는다. 자각이란 개인이 전경에 보이는 것은 무엇이든지 주의를 둘 수 있을 때의 자발적인 의식상태를 말한다. 개인이 자각을 하게 되면, 자신이 무엇을 하고 있으며, 생각하고, 느끼는지를 알게 되어 자신과 환경에 대한 이해를 더 잘 할 수 있게 된다. 따라서 자각의 촉진은 그 자체가 치료적 속성을 갖고 있다.

셋째, 각 집단원이 성격의 통합을 달성하도록 돕는다. 통합이란 성격의 여러 부분들을 완전한 전체로 결합하는 것이다. 특히 사랑과 미움, 의무와 소망 등의 개인내부의 서로 반대되는 힘을 통합하는 것이 중요하다. 그러나, 완전한 성숙의 경지는 없으며, 다만 그것에 가까워질 수 있을 뿐이다. 이러한 통합을 위해 상담자는 집단원으로 하여금 자신의 문제를 직면하도록 한다. 이 직면은 형태주의의 치료에서 매우 중요한데, 집단원들의 언어적 행동과 비언어적 행동간의 불일치를 지적하거나 그들의 느낌과 행동을 자각하게 함으로써, 자신의 문제에 직면시킨다.

넷째, 집단원들로 하여금 불안경험을 생활의 자연스러운 일부분으로 수용하고 다룰 수 있도록 돕는다.

6.3 상담자의 기능과 역할

형태주의 집단상담에서는 상담자가 집단의 중심적인 위치를 차지한다. 상담자가 주로 무엇을 할 것인가, 누구와 언제 어떤 상호작용을 할 것인가 등을 결정한다. 대부분의 경우, 상담자는 집단 전체보다는 한 집단원과의 상호작용을 중요시하며 그것을 우위에 둔다. 집단원들로 하여금 순간순간의 자기경험에 대해 명확한 자각을 하게 하기 위하여, 상담자는 여러 가지 기술, 게임(활동), 연습 등을 계획하고 지도한다. 또한, 상담자는 집단원들로 하여금 정서적 경험을 재음미하여 직면하도록 돕고 다양한 역할을 수행하는 본보기(모델)의 기능도 수행한다.

상담자는 신뢰할 수 있는 사람이어야 한다. 이것은 상담자가 집단원들과 똑같은 역할을 하는 것이 아니라, 집단내에서 자신의 행동에 대해 책임을 질 수 있음을 의미한다. 상담자는 지도자−촉진자로서의 역할도 맡게 되는데, 이것은 상담자가 집단원들에 대한 책임을 전적으로 지게 됨을 의미하지는 않는다. 각 집단원은 스스로의 행동에 대해 책임을 져야 한다.

형태주의 집단상담자는 다음과 같은 역할을 한다고 볼 수 있다.

1) 전문적 조력자

집단상담을 시작할 때, 집단원들은 상담자를 자기의 건강과 심리적 균형을 달성하도록 도울 수 있는 능력과 교육방법을 갖춘 전문적인 조력자로 보게 된다. 상담자에 대한 이러한 기대는, 상담자가 집단원과 의사소통을 하고 접촉하는 데 도리어 방해가 될 수도 있다. 상담자로서는, 상담관계에서 집단원들이 자기책임을 상담자에게 떠넘기려는 소망을 이러한 기대 속에 숨기고 있다는 점을 간과해서는 안 된다.

2) 언어와 의사소통의 관찰자

상담자는 집단원들의 언어적 표현과 신체적 표현 사이의 불일치를 알아챌 수 있어야 한다. 상담자는 집단원들이 표현한 말의 내용뿐만 아니라 맥락, 음성의 높고 낮음, 대명사의 사용, 강약, 설단현상 등에도 관심을 가져야 한다.

3) 좌절경험의 제공자

신경증환자는 적절한 사회적 지지체계를 갖추지 못한 채 상담을 받으러 온다. 그들은 대체로 자신의 생활환경에서 얻지 못했거나 손쉽게 얻었던 지지를 상담자에게 구한다. 그러나, 상담자는 집단원들이 과거에 만났던 사람들이 한 것과는 다른 방식으로 반응함으로써 집단원들이 다른 사람의 지지에 의존하지 않고 자신의 행동을 스스로 지지할 수 있도록 돕는다. 즉, 집단원들의 습관이나 의존적 욕구는 일단 좌절시키고, 스스로의 생산적인 행동을 시도하도록 돕는 것이다.

4) 창조적 역할의 교사

상담자는 집단원들로 하여금 자신의 생활무대에서의 배역을 더 잘할 수 있도록 돕는다는 점에서, '연극의 연출자' 또는 '역할수행 지도자'의 역할을 한다고 볼 수 있다.

형태주의 집단상담에서 집단원들이 자기들의 행동에 대해 책임을 져야 한다는 점 외에는, 다른 상담집단에 비해 명확하게 규정된 집단원들의 역할은 없다. 집단상담에 참여할지의 여부를 스스로 결정하고, 상담도중에도 자신의 의사에 따라 그만둘 권리가 있다. 다른 상담집단과 마찬가지로 집단원들은 상담과정 중에 다른 집단원의 바람직한 행동을 지지해준다.

6.4 주요기법

1) 자기표현에 책임을 지게 하기

형태주의 집단상담의 한 가지 목표는 집단원들로 하여금 자신의 행동이나 기분에 대해 책임을 지도록 하는 것이다. 이 접근에서는 사람들이 책임 지기 싫음을 위장하기 위하여 교묘한 언어를 사용한다고 본다. 예컨대, 어떤 일에 대한 거절을 직접적으로 표현할 수 없을 때, "나는 그 일을 할 수 없다"고 말하는데, 이러한 표현을 "나는 그 일을 하고 싶지 않다"로 대체해야 한다고 본다. 즉, "~하고 싶지 않다"라는 표현을 통해 집단원은 진정한 자기감정을 표현하게 되며 자신의 행동에 대해 통제와 책임감을 느끼게 된다.

2) '지금'과 '어떻게'

형태주의 접근법은 지금(now)과 어떻게(how)라는 주요 개념에 기초하고 있다. '지금'은 당장 경험한 내용에 대한 즉각적인 자각을 의미하며, '어떻게'는 감정을 경험하는 방식을 강조하는 것이다. '지금'을 깨닫게 하기 위해, 상담자는 집단원들로 하여금 과거와 현재를 같이 이야기하게 한다. 그리고 감정을 어떻게 느꼈는지를 확인하기 위해, 상담자는 집단원의 말이 무엇을 의미하는지를 행동으로 보이도록 요구할 수 있다. 집단원은 자신의 말 속에 포함된 감정을 이야기하며, 상담자는 집단원으로 하여금 그 감정을 회피하지 말고 그 감정에 머물러 있도록 격려한다. 이것을 '그 대로 머무르기'의 기법(stay with it technique)이라고 부른다. 이 기법에서는 신경증적인 행동이 공포를 회피하는 반응들에 의해 유지되기 때문에, 공포를 계속 경험하도록 해서 신경증을 치료할 수 있다고 본다.

3) '뜨거운 자리'

집단원의 자기지각을 높여주기 위해 사용되는 기법이다. 처음에 상담자가 뜨거운 자리의 개념을 설명해준 다음, 집단원들 중에서 자기의 문제를 해결하고 싶으면, 누구든지 한 사람 나와서 상담자의 자리와 마주보는 빈 자리에 앉으라고 한다. 이것이 뜨거운 자리이며, 흔히 말하는 '칼 도마 위에 앉는 식'의 장면이다. 지원한 집단원은 자기의 구체적인 문제를 이야기하게 되는데, 상담자는 '지금-여기'에 입각해서 현재의 느낌을 중심으로 이야기하게 한다. 대개 10~30분 동안 혹은 상담자와 집단원 사이에 어떤 결론에 도달했다고 느낄 때까지 그 문제에 대하여 직접적이고 때로는 공격적인 상호작용을 하게 된다. 다른 집단원들은 상담자의 특별한 허락 없이는 해당 집단원과 상담자 사이의 상호작용을 방해하지 않도록 한다.

4) 차례로 돌아가기

상담자가 판단하기에 한 집단원이 집단의 특정 집단원에게 표현해야 된다고 여겨지는 내용을, 그로 하여금 모든 집단구성원들에게 돌아가며 말하도록 하는 방법이다. 이 연습을 통해 그 집단원은 자신이 이전에 수용하지 못했던 성격의 여러 측면들을 알게 되며 직면할 수 있게 된다. 예컨대, 한 집단원이 "이 방에 있는 모든 사람들이 싫어요"라고 표현하면, 상담자는 그 집단원으로 하여금 각 사람에 대한 느낌을 소재로 하여 싫다는 이 말을 각 집단원들에게 돌아가면서 표현하도록 한다.

5) 신체언어

상담자는 각 집단원의 신체언어와 신체적 단서에 주의하고 그것을 지적해 준다. 예컨대, 어떤 집단원이 손으로 의자의 손잡이를 딱딱 치고 있다면 상담자는 그 행동을 지적하되, "당신의 손이 그 의자에게 무슨 말을 전하고 있습니까?"라고 묻는다. 즉, 상담자는 그러한 물음을 통해서 그 집단원의 행동에 대한 해석을 하지 않고, 집단원이 스스로 그 의미를 이야기하도록 한다. 신체언어를 강조하는 형태주의적 관점에서는 마음과 신체가 상호관련되어 있으며, 마음 속에서 일어나는 일들이 신체를 통해 표현된다는 점을 주목한다. 따라서, 상담자는 신체언어를 판독할 수 있는 기술이 있어야 한다.

6) 빈의자 기법

형태주의 상담에서 일반적으로 사용하는 기법으로, 집단구성원은 자신이 자각하고 있는 자아의 다른 측면들을 '빈의자' 위에 투사하여 감정과 사고의 통합을 촉진하게 된다. 예컨대, 어떤 집단원이 자신의 공격적 행동 때문에 화가 났으면, 화나는 감정을 빈자리나 빈의자를 향하여 털어놓게 한 후, 직접 빈자리에 가서 공격적인 행동에 관한 역할을 맡도록 한다. 이렇게 함으로써 그는 공격적 행동을 주지화하거나 단순히 언급하는 대신에 직접 자기의 공격적 행동과 접촉하는 경험을 하며, 사고와 행동, 정서를 통합할 수 있다.

7) 고마움과 원망을 함께 표현하기

상담자는 집단원들로 하여금 서로에게 고마움과 원망을 같이 표현하게 한다. 이렇게 함으로써, 각 집단원은 다른 사람들과의 접촉이 어느 한 방향으로만 이루어지지 않으며, 자신에게도 다른 사람들이 좋아하는 면과 더불어 싫어하는 측면도 있음을 수긍하게 된다.

8) 질문형을 진술형으로 고쳐 말하기

경우에 따라서는 정보를 얻기 위해서가 아니라, 자신의 느낌을 분명하게 밝히기 어려울 때 질문을 할 수 있다. 형태주의 상담자들은 그러한 질문이 혼동되는 의미(메세지)를 전달하고 정직한 의사소통을 방해한다고 본다. 그러므로 이러한 질문이 나올 경우, 진술형으로 대체해서 이야기하도록 한다. 예컨대, 한 집단원이 "나의 문제는…. 한 데서 발생한 것 같다"라고 얘기하면, 다른 집단원이 "당신은 그것이 정말로 당신 문제의 원인이라고 보십니까?"라고 물을 수 있다. 그런데, 이 질문은 얼핏 보기에는 아주 정직한 질문 같이 보이나, 실은 "나는 당신의 의견에 찬성하지 않아요"라는 뜻을 전달하기 위한 것이다. 상담자는 순수한 질문과 이렇게 다른 목적을 가진 질문을 우선 구별하여야 할 것이다.

9) 예감을 말하기

형태주의 상담자들은 해석이 어떤 것을 들어내주기보다 오히려 감추어 버린다고 보기 때문에 집단원들로 하여금 다른 사람의 행동에 관해 해석을 하지 못하도록 한다. 그 대신, 자신의 감정을 예감으로 표현하게 된다. 예컨대, "…일 것이다"는 표현보다는 "…일 것 같다"는 식의 표현이 다른 사람의 방어를 줄이고, 그런 표현 속의 뜻을 받아들이거나 거부할 수 있는 여유를 주게 되는 것이다.

10) 역할 바꾸기

상담자는 잠재적 충동과는 정반대로 행동하는 경우를 이해시키기 위해 역할 바꾸기의 기법을 사용한다. 예컨대, 극도로 소심하고 수줍은 사람으로 하여금 노출증 환자의 역할을 하도록 해서 이전에 거부했던 성격의 한 부분을 받아들이게 만든다.

11) 미완성의 과제를 완성하기

정신분석에서 이 개념의 기원을 찾을 수 있는데, 이는 과거의 일을 현재의 사고와 감정 속에서 회상하는 경향을 말한다. 형태주의 접근에서는 과거에 충분히 깨닫지 못했던 슬픔이나 분노, 사랑했던 사람의 상실 등이 미완성(또는 미해결)의 과제로 남게 된다고 본다. 이 과제들은 전경으로 처리되지 않고 배경으로 남아 자각되지 않은 채, 개인의 현실접촉 기능을 방해한다. 그리하여 개인은 자신과 타인에 대한 현실적인 자각을 하지 못하게 된다. 형태주의 상담에 따르면, 내담자로 하여금 현재에서 과거의 그러한 감정을 인정하고 수용하게 하는 것이 해결책이 된다.

7 교류분석적 집단상담

E. Berne

집단상담에 대한 접근방법의 하나로서 교류분석(transactional analysis)이 있다. 이 접근은 에릭 번(Eric Berne)이 자신의 치료 경험으로부터 이론을 도출한 것이다. 그는 내담자들의 말과 행동, 움직임에서 상이한 유형이 있음을 관찰한 후, 한 개인 내의 각기 다른 몇 개의 자아가 존재하며, 이 자아들이 개인의 행동유형과 전체 성격을 결정한다는 결론을 내렸다. 이들 각각의 자아들을 '자아상태'(ego states)라고 부르고, '부모'(Parent), '어른' (Adult), '어린이'(Child) 자아상태 등 세 가지로 구별했다. 이는 프로이트의 초자아, 자아, 원초아 개념과 비슷한 개념들이라고 볼 수 있다. 교류분석은 자아상태 사이의 교류형태를 분석하여 보다 건강하고 적응적인 자아상태를 모색하며, 각 자아상태간의 배타성이나 오염이 없도록 함으로써 모든 자아를 필요에 따라 적절하게 사용할 수 있는 능력을 지니게 하는 것이다.

7.1 교류분석이론의 원리

인간은 두 가지 원천적인 욕구를 지닌 채 이 땅에 태어난다. 하나는 생리적 부양욕구로서 아이에게 생존에 필요한 물리적 요소들, 가령 물이나 음식 등을 제공함으로써 충족되어진다. 다른 하나는 심리적 부양욕구로서 아이를 편안하게 함으로써 충족되어진다. 여기서 중요한 점은 이러한 기본적인 욕구 중 어느 하나를 만족시키려면, 아이는 다른 개인과 관계를 맺어야 한다는 것이다. 즉 환경 대상과의 교류가 일어나야 한다. 바로 이 시점에서 성격이 발달하기 시작한다. 다시 말해서, 개인의 성격은 생리적·심리적 욕구를 충족시키기 위한 타인과의 교류를 통해 발달한다. 교류분석 이론가들은 이러한 기본적인 생존욕구를 넘어서 자극열망(스트로크 등을 지향), 구조열망(철수, 의례, 한담, 활동, 게임, 친밀 등을 지향), 위치열망(생활자세, 생활각본, 반대각본 등을 지향) 등에서 나타나는 개인의 동기적인 힘에 관해서 설명하고 있다.

1) 자아상태

번(Berne)은 모든 개인이 서로 관련은 있지만, 각자 분리되어 있는 세 가지 자아상태, 즉 부모자아, 어른자아, 어린이자아를 지니고 있다고 생각하였다. 부모, 어른, 어린이 자아상태는 서로 구별되는 몸짓, 버릇, 어양, 말의 내용 등을 지니고 있다. 때에 따라서는 어느 한 자아상태가 개인을 책임지며, 겉으로 드러나는 성격이 된다.

(1) 어린이 자아상태

어린이 자아상태는 기쁨, 창조성, 매력, 자발성 등으로 특징지울 수 있다. 개인에게서 진정으로 즐길 수 있는 유일한 부분이므로, 정상적인 생활

기능에 중요한 역할을 한다. 어린이 자아상태는 세 요소로 구분되는 바, 순진이(natural child), 눈치꾼(adapted child), 꾀돌이(little professor)가 그것이다. '순진이'는 젊고, 행동적이고, 부모의 명령으로부터 자유롭고, 표현이 풍부한, 상대적으로 훈련이 되지 않은 부분이다. '눈치꾼'은 아이가 주변환경과 상호작용 할 때 생겨나며, 경험되고 훈련이 된 부분이며, 부모의 인정을 받기 위해 자신의 기쁨이나 행동을 포기한다. '꾀돌이'는 어른스러운 추리나 행동을 보이며, 부딪친 환경조건에서 해결의 실마리를 찾는 부분이다. 어른에게 있어서 어린이 자아상태는 대략 일곱 살 때까지의 실제 어린이를 표상한 것이다.

(2) 부모 자아상태

부모 자아상태는 기본적으로 부모가 전수해 준 가치, 믿음, 전통 등으로 구성된다. 부모 자아상태는 어렸을 때 부모가 한 것과 유사한 방식으로 느끼고, 이야기하고, 행동한다. 실제로 이 자아상태가 작용하지 않을 때조차도 개인은 이 자아상태의 영향을 받는다. 부모 자아상태의 행동은 우리가 보통 양심적이라고 말하는 것과 비슷하다.

아이는 자신의 부모 자아상태 속에 아버지와 어머니의 부모 자아상태에서 오는 명령이나 규칙을 내면화할 뿐만 아니라, 아버지나 어머니 각자의 행동상의 모순과 아버지와 어머니 사이의 모순을 내면화한다. 가령, 아버지는 아이에게 약속을 지키라고 말하지만, 그 자신은 종종 아이에게 약속을 어긴다. 아버지가 아이에게 뭐라고 말을 하면 어머니는 그 반대 이야기를 한다. 이러한 모순들이 아이에게 부적응적인 부모 자아상태를 가져오게 한다.

정상적인 성장과 발달에서, 아동이 학교에 갈 무렵이면 부모 자아상태의 대부분이 형성되리라는 것을 예상할 수 있다. 또한 정상적인 발달에서는, 부모 자아상태는 새로운 '부모식' 행동으로 흡수될 수 있는 권위적 인물과 상호작용하면서 계속 수정될 것이다.

(3) 어른 자아상태

어른 자아상태는 정보의 조정자, 교사, 평가자 역할을 하는 부분이다.

이는 전체 자아체계에 관해 결정을 내리는 통제기관으로 비유할 수 있다. 그런 역할로 인해, 어른 자아상태는 어린이, 부모 자아상태의 감정을 평가하기는 하지만, 감정 자체는 결핍되어 있다. 어른 자아상태는 지적이며, 현실을 검증하며, 확률을 평가하고, 체계화되어 있으며, 적응능력을 지니고 있다.

아이들이 세계와 분리된 자기를 의식함에 따라 어른 자아상태가 시작된다, 아이가 발달하고 세계를 경험해갈수록, 이미 부모로부터 배운 것(부모 자아)과 느끼는 것(어린이 자아)에 반대가 되는 그 자신의 자료를 축적하고 평가하기 시작한다, 부모 자아상태와 어린이 자아상태는 대체로 과거의 소산이지만, 어른 자아상태는 현재의 자료에 더 관심이 있다. 충분히 기능하는 어른 자아상태는 합리적으로 경험을 평가할 수 있다. 그것은 부모 자아상태의 자료를 조사하고, 그 내용을 대체하거나 제거할 수 있다. 또한, 어린이 자아상태와 관련된 감정을 조사하고, 감정이 현재상황에 적절한지의 여부를 평가할 수도 있다. 이것은 개인에게서 부모, 어린이 자아상태를 제거하려는 것이 아니라, 두 자아상태가 현재상황에 적절한지 여부를 점검하려는 것이다.

2) 교 류

교류분석 이론에서는 한 사람의 행동을 이해하는 데 있어서는 자아상태를 분석하는 것이 유용한 반면, 두 사람 이상의 사이에서 벌어지는 행동은 교류를 분석함으로써 가장 잘 이해될 수 있다고 본다. 교류란 구체적인 두 자아상태간의 자극과 반응으로 구성된다. 유아기부터 개인의 기본적인 욕구를 충족시키기 위하여 교류가 이루어져 왔다. 아이와 부모간의 교류를 통해서 개인의 성격형성 토대가 조성되었으며, 생존을 위한 어루만짐(스트로크) 등의 수단이 제공되어 왔다.

(1) 보충적 교류

사회적 상호작용에 있어서, 개인은 자기의 세 가지 자아상태중 어느 것으로도 교류를 할 수 있는 잠재력을 지니게 된다. 상호작용에서 자극과 반응이 보충적일 때 교류는 계속될 것이다. 예를 들면 다음과 같다.

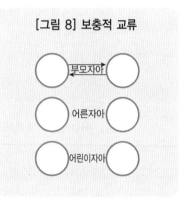

[그림 8] 보충적 교류

> 김: "백화점이 어디 있습니까?"
> 이: "조금만 더 가면 됩니다."

이것은 한 사람의 어른 자아상태로부터 다른 사람의 어른 자아상태로 보내어진 보충적인 교류이다. 보충적 교류(complementary transaction)란 발신된 자극에 대해 예상했던 자아상태로부터 예상했던 응답이나 반응을 듣는 교류방식이다.

(2) 교차적 교류

발신된 메시지나 자극이 예상했던 응답을 얻는 것이 아니고 전혀 엉뚱한 반응을 얻게 되는 교류가 교차적 교류(crossed transaction)이다. 예를 들면, 다음과 같다.

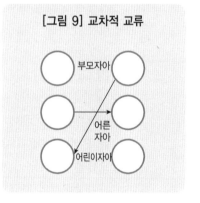

[그림 9] 교차적 교류

> 김: "오늘 시험은 꽤 까다롭더군."
> 이: "그까짓 걸 갖고 뭘 그래"

발신은 어른 자아상태로부터 어른 자아상태로 주어졌으나, 반응은 부모 자아상태에서 어린이 자아상태로 주어졌다. 이러한 교류가 일어날 때 말이 안 통한다거나 대화가 안 된다고 한다.

(3) 이면적 교류

이면적 교류(ulterior transaction)는, 하나의 자극으로 두 가지 사실을 동시에 의미하는 이중적 교류방식이다. 이면적 교류는 여러 가지 혼란이나 정신적 질환의 주된 원인이 된다. 이면적 교류에는 사회적인 차원과 심리적인 차원이 병존한다. 사회적인 차원이란 일상생활에서 용납되는 공개적인 차원으로 명시적이며, 심리적 차원이란 사회적 차원을 은폐물로 이용하여 암시적으로 표현되는 차원으로 잠재적인 동기가 있다. 가령, "아이고, 피곤해 죽겠다"라는 말은 사회적인 차원에서 피곤함을 표현한 것이지만, 이 이면에는 "멀쩡해 보이면, 또 심부름을

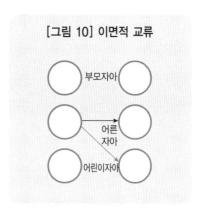

[그림 10] 이면적 교류

시킬라"하는 심리적인 차원이 있는 것이다. 이상의 세 가지 교류형태가 성격을 형성하는 구성재료가 되며, 이를 통해 개인의 욕구가 충족되어진다.

3) 부적응적 삶의 자세 및 자아상태

교류분석의 입장에서 부적응적 행동이란, 부적응적 삶의 자세("나도 옳고, 너도 옳다"가 아닌 삶의 자세)를 선택하고, 그런 자세에 들어맞는 생활각본을 선택하고, 오염된 자아상태를 지닌 경우이다.

(1) 부적응적 삶의 자세

"나는 옳지 않고, 너는 옳다"라는 자세는 부적응적인 정도가 가장 낮은 삶의 자세일 수 있는데, 개인은 즐겁지 않다 하더라도 생산적인 삶을 이끌어낼 수 있기 때문이다. "나는 옳고, 너는 옳지 않다"라는 삶의 자세는 편집증적인 사고에 의해 지배되는 생활각본을 이끌게 된다. 이런 자세를 선택하는 개인은 대부분 반사회적인 행동을 하게 된다. "나도 옳지 않고, 너도 옳지 않다"라는 삶의 자세는 절망과 실망으로 특정지워진다. 이런 자세의 개인들은 다른 사람에게 곤란을 일으키지는 않지만, 대체로 지루하고 즐거움이 없는 삶을 살게 된다.

(2) 부적응적 자아상태

개인은 부적절한 행동을 가져오게 되는 삶의 자세를 선택하는 외에, 부적절한 발달과정에서 배타성과 오염의 두 가지 부적응적인 자아상태들의 구조를 나타낸다.

〈 배타성 〉　건강한 사람의 경우, 자아상태의 경계가 적당히 투과적인 성질을 띠며, 상황에 따라 심리적인 에너지가 자아상태를 옮겨 다닐 수 있다. 그러나, 자아상태의 경계가 때로 느슨하거나 지나치게 딱딱할 수 있다. 자아상태의 경계가 지나치게 느슨한 사람의 경우에는, 주체성이 없어 보이고 행동에 일관성이 없고 제멋대로여서, 사람들이 피하려 들 것이다. 반면, 자아상태의 경계가 지나치게 경직된 사람은 여러 가지 자극들에 대하여 한 가지 자아상태로만 반응하려고 한다. 마치 한 가지 자아상태만 지닌 것처럼 다른 두 개의 자아상태는 배제해 버림으로써 새로운 상황에 적응하기 어렵다.

〈 오염 〉　자아상태의 오염이란, 예를 들면 어른 자아에 부모 자아나 어린이 자아가 침입한 경우를 가리킨다. 부모 자아로부터의 오염은 종종 편견의 형태로 나타나는데, 아이에게는 그것이 마치 사실인 것처럼 받아들여진다. 어른 자아상태가 어린이 자아상태에 의해 오염된 경우, 현실을 흔히 왜곡하게 되고 심한 경우 망상에까지 이른다.

부적응적인 삶의 자세와 배타성 및 오염으로 인해 빈약해진 자아상태는 대체로 부모의 양육행동이 불건전할 때 생겨난다고 볼 수 있다. 조건 없이 긍정적인 어루만짐을 주지 않고, 부모가 원하는 행동을 했을 때에만 조건부로 어루만짐(스트로크)을 제공할 경우, 어린이는 "내가 옳지 않다"라는 자세를 지니게 된다.

적절한 행동과 정상적인 발달이 아이에 대한 부모의 행동의 부산물이듯이, 아이의 부적응적이고 이상한 행동 또한 부모에게 달려 있는 것이다. 아이의 정상적인 발달은 부모가 사랑과 존중의 분위기를 만들어 준 경우에 가능하고, 아이가 부적응적인 행동을 하게 되는 것은 부모로부터 부정적 태도를 경험하며 특정 방향으로만 성장하고 탐색하도록 영향을 받는 경우에 생긴다.

7.2 집단상담의 특성

1) 상담 목표

　교류분석 집단상담에서 집단원들에게 필요한 일반적인 목표는 네 가지로 꼽을 수 있다. 첫째, 집단원들로 하여금 자아상태의 오염을 제거하도록 돕는 것이다. 둘째, 생활장면의 요구에 따라 모든 자아상태를 고르게 활용할 수 있는 능력을 개발하도록 돕는 것이다. 셋째, 각 개인이 부적절한 생활각본을 버리고 생산적인 생활각본을 지니도록 돕는 것이다. 넷째, 상담자와 집단원들에게 적합한 구체적인 목표를 계약형태로 문서화하는 것이다.

2) 상담자 집단원들간의 계약

　이 계약은 집단에서 이루어야 할 목표를 구체적으로 진술한 것이다. 계약에는 관리적 수준, 전문적 수준, 심리적 수준 등 세 가지 수준이 있다. 관리적 수준의 계약에서는 상담자가 잠재적인 집단원들에게 상담자와 상담기관(학교나 정신건강 기관 등)과 집단간의 관계를 설명해 줄 필요가 있다. 전문적인 수준에서는 상담의 목표가 그들이 상담 이외의 장면에서 추구하고 있는 다른 목표와 갈등적인지 아닌지에 관심을 기울인다. 심리적인 수준은 위의 두 수준과 직접적인 관련을 지니고 있다. 즉, 심리적인 수준에서는 상담자가 집단의 가능한 목표를 제시하고 집단과정에 적극적으로 투신할 것임을 밝히는 것 등이다.
　계약은 상호간의 행동 원칙을 바탕으로 하여 바라는 목표가 명확하게 표현되고 간결한 용어로 씌어져야 한다. 계약은 구체적인 행동을 명시하는 것이 좋으며, 개인적으로 작성할 수도 있고 집단내에서 작성할 수도 있다. 집단내에서 작성할 경우, 각자가 무엇 때문에 그 자리에 있는지 그 이유를 정확히 알게 된다는 이점이 있다. 계약은 첫번째 회기(모임)에서 작성할 수 있는데, 모임의 시간이 다소 지난 후에 작성하는 것이 바람직하다. 첫번째 모임 중에 상담자와 집단원들은 서로를 관찰하고 유효한 계약을 맺을 만한 상대가 되는지 결정할 수 있다.
　집단내에서 계약을 작성할 경우의 다른 이점은 뚜렷한 책임감에 있다.

이런 방식으로 계약을 맺게 될 때, 상담자와 집단원은 그들이 왜 그 자리에 있는지, 어떤 목표를 향해 나아가고 있는지 알게 될 것이다. 원래의 계약내용이 달성되면 그 집단이 종결되거나, 또 다른 목표를 이루기 위해 새로운 계약을 맺을 수 있다.

그러나, 계약이 고정적인 것만은 아니다. 집단이 집행되는 동안 상담자나 집단원들은 계약내용에 어떤 변화가 필요함을 느낄 수 있다. 원래의 목표가 너무 높거나, 너무 낮게 작성되었을 수도 있는 것이다. 이런 경우에는 계약을 재작성하는 것이 적합할 것이다.

3) 집단과정

교류분석이란 집단내 개인들과의 일종의 계약에 의한 상담이라고 볼 수 있다. 집단의 역동이 중요하게 고려되는 가운데 집단원들간의 교류에 특히 초점을 맞춘다. 일반적으로 집단과정은 집단원들이 자기 자신을 깨달을 수 있는 토대를 제공하여 준다.

교류분석은 또한 다른 접근들 이상으로 심리적 배경뿐만 아니라 물리적 배경을 중요시한다. 간섭이나 방해 가능성이 적은, 편안한 장면이 제공되어야 한다. 또한 상담자가 집단원들의 얼굴을 모두 볼 수 있게끔 자리를 배치하는 것이 좋으며, 누구나 사용할 수 있도록 칠판을 갖추는 것이 좋다.

상담자는 집단상담이 시작되기 전에 집단원들이 상담에 관해 주의를 기울여 준비하도록 권할 필요가 있다. 교류분석 상담자들은 흔히 집단이 시작되기 이전에 집단원들을 개인적으로 만난다. 아예 예비적 성격을 지닌 집단모임을 갖기도 한다. 어느 경우이든, 이러한 예비모임은 장차 집단원이 될 이들에게 교류분석과 집단과정 및 그들에게 주어지는 기대 등에 관한 정보를 제공하여 준다.

4) 집단의 구조

교류분석 집단은 외적인 경계와 내적인 경계를 지닌 단순한 구조로 파악할 수 있다. 외적인 경계란 그 집단과 다른 사람들을 분리시켜 주며, 내적인 경계란 상담자와 집단원 사이를 분리시켜 준다. 외적인 경계가 고정되어 있는 것은 아니지만, 집단의 응집력이 강해질수록 이 경계도 강해진다. 내적인 경계는 상담자와 다른 집단원들을 명확하게 분리한다. 만약 상담자가 집단원이 되어버리면 다소간 지도자로서의 책임을 저버리는 결과를 낳을 것이다. 상담자는 두 가지 방식으로 행동한다. 집단의 지도자로서 행동할 때는 집단원들과 상담목표와 직접적으로 관련된 교류에 참여하게 된다. 이와는 달리, 집단의 내부질서를 유지하는 '내부장치'로서 행동하기도 한다.

가족상담이나 부부상담의 경우에는, 종종 하위집단이 있을 수 있다. 이런 상황의 집단상담자는 그가 개별 집단원들과 교류중인지 아니면 하위집단을 대표하는 이와 교류하는 것인지 주의 깊게 살펴보아야 한다. 하위집단의 역동을 제대로 깨닫지 못할 경우, 집단과정에 심각한 손상을 끼칠 수도 있다.

5) 집단역동

교류분석 집단의 과정은 중요한 내면적 경계와 덜 중요한 내면적 경계를 중심으로 이루어진다. 상담자와 집단원 사이에 일어나는 교류를 중요한 교류로 파악하며, 집단원들 사이의 교류를 덜 중요한 교류로 파악한다. 집단이 충분히 기능할 때, 모든 집단원은 중요한 교류와 중요하지 않은 교류에 다같이 참여하게 될 것이다. 중요한 교류와 덜 중요한 교류로 구분하는 것만으로도 교류분석 집단은 상담자 중심임을 알 수 있다. 대부분의 교류분석 이론가들은 집단원들간의 교류보다 상담자와 집단원간의 교류를 더 중요하게 다루지만, 오히려 집단원간의 교류를 더 중요하게 하는 전문가도 있다. 결국 집단내의 모든 교류가 다 중요한 것임에는 틀림없을 것이다. 대체로 집단원 대 집단원의 교류는 필요한 어루만짐(스트로크)을 받기 위한 그들의 행동수단을 분석하고 삶의 자세를 유지하는 방식을 평가할 수 있는 자료를 제공해 준다. 상담자 대 집단원간의 교류 또한 비슷한 자료를 제공해주는 동시에, 각 집단원들간의 교류에 실제로 어떤 일이 일어나는지를 분석할 수 있는 기회를 제공해 준다.

7.3 상담자의 기능과 역할

교류분석의 입장에서 상담자란 집단과정을 촉진시키는 촉진자 이상의 역할을 한다. 어떤 경우이든, 상담자는 상담자이지 집단원이 될 수는 없고 집단원과는 다른 역할을 해야 한다.

교류분석의 상담자에게는 '구조자'의 역할을 하게 되는 위험이 따른다. 모든 조력적 상황에서 상담자는 구조자나 '희생자'의 역할을 강요받을 수 있다. 구조자란 결국 다른 한 사람의 역할을 부정하거나 감소시키는 역할을 하게 되는 것이다. 좋은 상담자는 구조자의 역할을 수용하지 않음으로써 집단원을 '스스로 자신의 삶을 꾸려나갈 수 있는 완전한 인간'으로 본다. 그러므로, 유능한 집단상담자는 집단원이 "나는 옳다"라는 삶의 자세를 채택하고, 필요한 어루만짐을 받기 위해 적절한 수단을 개발하도록 조력하는 능력이 있다.

1) 상담자의 준비

계약을 통해 집단상담에 접근함으로써 교류분석은 집단상담자와 집단원이 동등한 상대임을 강조한다. 더구나 모든 과정에서 집단원은 상담자가 그에 관해 알고 있는 바를 같이 알고 이해할 권리가 있다고 본다. 그러므로 집단상담자는 개방적인 분위기에서, 집단원들의 행동을 어떻게 지각했는지 알려주면서 집단원들과 상호작용 하도록 한다.

이러한 상담자가 되기 위해 상담자는 자신의 자아상태와 생활각본을 이해하는 훈련 프로그램에 참가해야 한다. 그래서 상담자 자신의 동기와 행동을 미리 이해하고 있어야 한다. 자신의 부모, 어른, 어린이 자아를 인식함으로써 집단과정의 어떤 시점에서든 현재 작동하고 있는 자기의 자아상태를 분별할 수 있어야 한다. 즉, 교류분석의 집단상담자는 교류분석적 시각에서 자기 자신을 완전히 이해해야 하는 것이다.

2) 집단초기의 상담자 행동

집단참여자들이 교류분석의 개념을 모르고 있을 때, 상담자는 1~3회기 동안 이 개념을 가르치는 데 활용한다. 그 다음에 집단상담의 실제 과정이 진행되는 것이다. 초기단계에서의 성공 요건은 집단원들을 관찰하고 경청하는 상담자의 능력에 있다. 특별한 기법보다는 좋은 관찰기술이 훨씬 더 중요하다.

또한 초기단계에서는 특별히 집단원들과 상담자가 하나의 목적을 위해 모였으며 상담자는 과정이 진행되는 데 아무런 방해가 없도록 최선을 다하겠다는 신념을 심어주는 것이 중요하다. 전술한 초기 상담자의 행동이외에, 교류분석 집단에서는 '보호, 허용, 유능성, 조작기술' 등 네 가지 중요한 상담자 행동이 있다. 여기서 말하는 유능성은 기법을 효율적으로 활용하는 상담자의 능력을 뜻한다. 조작기술에는 질문, 구체화, 직면, 설명, 예시, 확인, 해석, 공고화 등 교류분석 상담자들이 사용하는 면접기법들이 포함된다.

교류분석 이론가들은 자아도표(egograms)와 '카프만 삼각관계' (Karpman Triangle)의 두 가지 절차를 개발하였다.

〈 **자아도표** 〉 개인이 특정 자아상태에서 내보이는 에너지의 양을 상징적으로 나타내기 위해 자아도표가 사용된다. 자아도표를 고려함으로써 특정 자아상태에서 변화시키거나 증가, 감소, 개발시켜야 할 것이 무엇인지를 알게 된다. 자아도표의 개념은 개인이 자아상태에 따라 소모되는 에너지와 시간의 양이 달라진다는 생각에 근거한다. 한 개인이 지닌 에너지의 총량은 일정하다고 볼 수 있다. 그러므로 한 자아상태의 에너지를 감소시킨다면, 다른 자아상태에서는 더 많은 에너지가 이용될 수 있게 된다. 변화를 위해 흔히 고려되는 자아상태는 '비판적 부모', '양육적 부모', '어른', '순진이', '눈치꾼'으로서 이들의 상대적인 양이 도표에 제시된다. 자아도표는 집단원들에게 그들의 자아상태 구조를 이해하도록 돕는 데 편리하다.

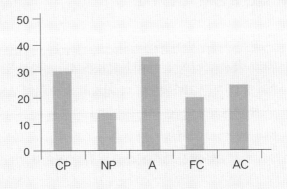

〈 **카프만의 삼각관계** 〉 게임을 이해하는 데 유용한 절차이다. 이 삼 각형은 게임을 하는 개인이 박해자(P), 구조자(R), 희생자(V)의 세 가지 역할 중 하나를 취하리라는 가정에 근거한다.

게임을 하는 사람들은 이 세 가지 역할을 알고 있다. 게임이 진행됨에 따라 한 역할에서 다른 역할로 이동해 갈 수 있지만, 대부분의 사람들은 자기가 실현시키고 싶어하고 주로 선호하는 어느 한 역할이 있게 마련이 다. 박해자 역할은 대부분 자신이 다른 사람보다 낫다고 여기는 사람이 맡게 된다. 구조자 역할은 다른 사람보다 많이 안다고 생각하는 사람이 맡게 되며, 희생자 역할은 무력해지기를 원하는 사람이 맡게 된다. 대부 분의 게임에서 발견되는 이 기본적인 역할을 알고 나면, 상담자는 '카프 만 삼각관계'의 개념을 이용하여 집단원들이 대인관계에서 연출하는 게 임을 분석할 수 있게 된다.

[그림 11] 카프만의 삼각관계

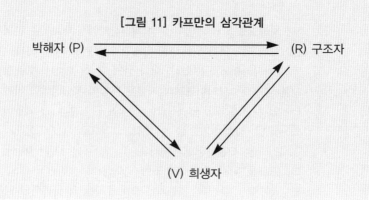

7.4 **집단상담의 접근수준**

교류분석 집단의 목적은 각 집단원들이 교류분석의 단계를 거치는 과정 에서 자신의 삶의 유형이나 목표를 재구성하도록 돕는 것이라고 볼 수 있 다. 물론 모든 집단원들이 다 전체적인 삶을 재구성하려는 것은 아니고, 단 순히 구조적 수준에서의 작업에만 관심을 가질 수도 있다. 그러므로 상담 자는 네 가지 각각의 상담수준(구조분석, 교류분석, 게임분석, 각본분석)에 서 그 정도와 예상되는 성과를 인식할 필요가 있다.

1) 구조분석

사람들은 부모, 어른, 어린이라는 세 가지 자아상태를 작동시킬 능력이 있다. 정상적이라면, 상황이 요구하는 데 따라 한 자아상태에서 다른 자아상태로 옮겨갈 수 있다. 그러나 사람들은 종종 자아경계가 너무 느슨하거나 경직됨으로써 고통을 받는다. 또한 보통의 경우, 어른 자아상태가 부모나 어린이 자아상태에 의해 오염되는 일이 종종 일어난다. 이러한 오염은 물론 어른 자아상태가 적정 수준에서 제 역할을 하지 못하게끔 한다.

구조분석이란 개인으로 하여금 자신의 자아상태를 검토하도록 돕는 과정이다. 그 목표는 과거의 내용에 의해 오염되지 않은 현실검증적인 자아상태의 우위를 확보하도록 하는 것이다. 이는 상담자가 각 자아상태의 행동적인 특징과 아울러 자아상태의 역기능이 어떻게 드러나는지 인식해야 함을 의미한다. 집단에서 행동의 부적절함과는 관계없이 항상 자아상태를 바꾸는 사람은 아마 대부분 약한 자아경계로 인해 고통받는 사람일 것이다. 배타성은 상황과 관계없이 항상 한 가지 자아상태만을 유지하려는 집단원에게 나타난다. 배타성이란 결국 다른 자아상태의 존재를 부정하려는 시도이다.

한 자아상태의 오염은 편견이나 망상에서 찾아볼 수 있다. 편견의 경우, 오염은 부모 자아의 내용이 어른 자아로 침입하여 이루어진다. 망상의 경우는, 어린이 자아의 내용이 어른 자아를 침입하여 이루어진다. 어느 경우이든, 구조분석에서의 상담의 목표는 앞에서 언급한 조직적인 기법을 사용하여, 집단원들이 각 자아상태에서 비롯된 태도와 행동을 인식하도록 돕는 것이다. 상담자는 오염을 제거하거나 자아경계를 확인한 후 집단원들의 어른 자아가 전반적인 책임을 지도록 인도한다.

2) 교류분석

교류분석의 수준은 집단원들이 맺는 교류의 성질을 평가하는 것과 관련된다. 자아상태간의 교류는 세 가지 형태를 지닌다. 상보적 교류란 반응이 자극에 적절한 경우였고, 교차적 교류란 반응이 적절하지 않은 경우였으며, 이면적 교류란 명시적인 내용과 묵시적인 내용이 동시에 전달되는 경우였다.

집단상담자는 집단원들이 자기가 관련된 교류의 성질을 검토할 수 있도록 해야 한다. 이러한 과정은 대부분 의사소통이 끊겼을 때나 이면적 교류가 나타날 때 칠판을 사용하여 지적해줌으로써 촉진될 수 있다. 즉 칠판을 사용하여 어떤 교류가 일어났는지 그려 보일 수 있다. 그 다음에는 교류에서 나타난 내용을 처리하게 되는데, 이는 다음 수준인 게임분석으로 넘어가기 위해 극히 중요한 단계이다. 그 이유는 집단원들이 교류의 대부분을 분석할 수 있게 된 연후에야, 게임분석의 단계로 들어갈 수 있기 때문이다. 또한 교류분석은 집단원들에게 상호작용을 증진시키는 데 도움이 되는 기술을 제공하여 준다. 교류의 성질을 인식하게 될 때, 비효율적인 의사소통 행동을 버릴 수 있으며 보다 생산적인 교류방식을 터득할 수 있는 것이다.

3) 게임분석

게임은 숨겨져 있지만, 잘 정의된 이득을 얻도록 계획된 이면적 교류의 연속을 가리킨다. 생산적인 방법으로 시간을 구성하는 데 실패한 사람들은 필요한 어루만짐을 받기 위해 게임에 아주 매달리게 된다. 문제는 그러한 행동이 잘못되었으며 의미있는 방식으로 환경과 상호작용하지 못하도록 한다는 데 있다.

게임분석의 수준에서는 게임에서 얻는 집단원들의 이해득실을 상담자가 평가하는 능력을 지녀야 한다. 이러한 평가는 세심한 관찰과 경청에 의해 이루어져야 한다. 일단 이해득실이 파악되면 직면, 확증, 예시, 공고화 기법을 사용하여 집단원들이 게임을 파악하고 게임을 포기할 수 있도록 도울 수 있다. 때로는 집단원들에게 다른 집단원과 게임을 하지 말도록 지시할 수 있다. 게임이 더 이상 이득이 없다면 당연히 새로운 상호작용 방식을 시도하게 될 것이다.

4) 각본분석

이 단계는 매우 진전된 집단에서만 가능한 것이다. 생활각본이란 개인의 생활계획이며, 삶에 관한 기본적인 결정에 근거한다. 어려움에 처한 사람들의 경우 대개 이러한 결정이 "나는 옳지 않다"는 자세에서 이루어진다. 이러한 결정은 무의식적으로 이루어지기 때문에 밝히기 어렵고, 그래서 대부분의 상담집단은 이 영역으로 들어가려고도 하지 않는 경향이 있다. 조금 들어간다 해도 전술한 세 분석을 거친 연후에야 가능하며, 고도로 훈련된 전문가만이 각본분석의 수준으로 들어가도록 권고되고 있다.

8. 심리극적 접근

J. L. Moreno

모레노(J. L. Moreno)에 의해 창시된 심리극은 언어보다는 행동으로 심리적 갈등, 스트레스 사건, 정서적 어려움을 무대에서 실연하는 방법을 통하여 문제를 해결해 나가고 극에 참여한 구성원들은 주인공의 문제해결 과정을 도와주게 된다.

개인은 문제상황에서 과거 혹은 일상적인 반응과는 다른 대응방식을 취하였을 때 문제를 효율적으로 해결할 수 있음에도 불구하고, 융통성을 저버리고 관습적인 방식에 얽매어 힘들어 하고 있

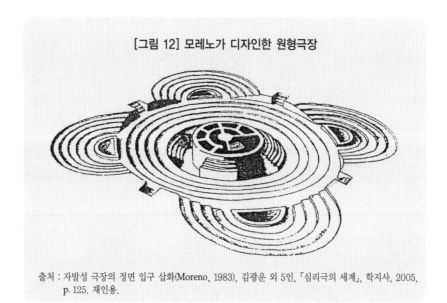

[그림 12] 모레노가 디자인한 원형극장

출처 : 자발성 극장의 정면 입구 삽화(Moreno, 1983), 김광운 외 5인, 「심리극의 세계」, 학지사, 2005, p. 125. 재인용.

다. 따라서 개인 및 집단의 갈등이나 문제의 핵심은 창의력의 결핍에서 기인된 것이며, 창의력은 미리 짜여진 각본에 따르거나 강요로는 나타나지 않는다. 오히려 특정 상황에 몰입하여 적극적으로 대화를 할 때 나타난다. 심리극은 사람들이 연극이라는 즉흥적인 세계에서 자발성을 통해 창의력을 발휘하며, 갈등상태나 문제상황을 연기하여 보다 깊은 문제의 근원을 밝혀내고, 건설적인 해결책을 발견할 수 있게 한다.

8.1 심리극의 주요 원리

1) 자발성

자발성은 두 가지 의미를 지니는데 '지금−여기'에서 과거에 경험해 보지 못했던 새로운 상황에서 적절한 행동을 이끌어내는 것과 과거의 습관화된 상황에서 새로운 반응을 하는 것이다. 적절한 반응은 모든 조건과 상황에서 반드시 표준화된 반응을 가리키는 것이 아니라 자신이 처한 조건에서 모든 상황을 통합시키는 결과를 만들어내는 것이다. 자발성은 새로운 반응을 만드는 힘이다.

인간은 자발성을 가지고 태어나 주위환경에 반응하고 새로운 환경에 적응해 나가지만 성장하면서 언어를 배우고 사회적 규칙과 규범을 내면화하는 과정에서 강박적이고, 완고하고, 관습적인 사고와 행동을 보이게 된다. 사람들은 고유의 자발성이 억압되거나 무시당하면서 삶의 어려움을 겪게 된다. 정신병리에서 자주 나타나는 강박적인 사고, 융통성의 결여, 열등감, 현실에 대한 왜곡, 집중력의 결핍, 수동적인 태도 등 대표적인 증상들은 자발성의 결여와 연관시켜 볼 수 있다.

2) 창조성

창조성은 자발성과 더불어 또 하나의 중요한 개념으로 인간의 창조적 생각은 자발성이 없이는 구현될 수가 없기에 자발성은 창조적 활동의 시작이며 창조적 활동의 촉매제이다.

상담에서 내담자의 심리적 갈등과 문제점들은 내·외적 상황에 대한 자발성과 창조성의 결여로 일어나게 된 정형화된 해결방법에 있다. 인간이 자발성과 창조성을 활발하게 적용하게 될 때 삶의 순간순간에서 부딪치는 어려움과 터널을 극복해 나갈 수 있고 새로운 적응방식을 운용하게 된다. 결국 삶에 대한 용기와 자신을 실현시킬 수 있는 힘을 얻게 된다. 일상적이고 틀에 박힌 삶의 현장은 창조성과는 대립되는 것으로 사람들이 창조성을 복구하거나 활용할 수 있는 조건을 빼앗아 가고 있다.

3) 잉여현실

잉여현실은 현실의 상실을 의미하는 것이 아니라 상상력과 창조성을 동원하여 얻어지는 보다 풍성한 현실을 의미한다. 심리극에서는 '과거에 한 번도 일어나지 않았고, 앞으로도 일어나지 않을 것이며, 결코 일어날 수 없는' 장면들도 실연하게 되고 그 과정에서 희망과 두려움, 미해결된 사건들이 나타난다. 주인공은 잉여현실적 장면들과의 상호작용 과정을 거쳐 자신의 내면에 숨겨진 심리적 갈등과 감정이 탐색되고 명료화되고 감정적 정화를 경험하게 된다.

4) 텔레(tele)

텔레는 인간, 동물, 사물을 포함하는 모든 가능한 존재나 물체를 포함하여 집단과정에서 존재하는 상호적 현상, 실제적 역동을 의미한다. 텔레 개념은 항상 능동적인 상호현상으로 서로 간에 움직이는 에너지를 말하며 자발성, 창조성, 행동과 관련되는 것이다.

텔레는 실제현실과 잉여현실을 포함한 모든 상황에서 나타나며 역할 바꾸기와 같은 기법을 통하여 '지금-여기'에서의 상호교환인 텔레관계를 볼 수 있고 자신의 문제나 갈등상황이 더욱 명료해지는 것을 느끼게 된다.

5) 참만남

참만남의 원리는 심리극의 본질적인 원리이며 개인이 자신의 삶에서 중요한 사람과 즉각적이고 의미 있는 직면을 하여 정서적인 교환을 할 때 일어나는 경험이다. 심리극에서의 참만남은 중요한 타인과의 만남에서뿐만 아니라 진실한 자신과의 만남에서도 경험하게 된다. 주인공은 극의 분위기나, 보조자의 도움, 빈의자 기법, 거울기법 등 방법을 통하여 직면하거나 인정하기 두려워 부정하려 했거나 억압하였던 자신의 모습을 구체적으로 바라보게 되면서 참만남이 이루어진다.

8.2 심리극의 특성

1) 목 표

심리극은 우선 개인의 자발성을 고양한다. 심리극에서 즉흥적인 '지금–여기'에서의 다양한 표현과 상상력을 통하여 개인이 주도적·자발적으로 문제를 해결하게 하고 창조성을 복구시킨다. 다음으로 개인의 정서적 정화를 경험하고 심리치료가 이루어진다. 자신의 내면갈등을 극적으로 표현하는 방식은 갈등을 완화시키고 상황을 새롭게 조망하는 시각을 가지며 과거에 억압된 감정에서 벗어나서 새로운 대안을 떠올릴 수 있다. 세번째로 심리극은 문제해결능력과 역할훈련을 가능케 한다. 심리극에서는 주인공이 가지고 있는 다양한 문제 상황 심지어 결코 일어날 수 없는 상상까지도 잉여현실이라는 경로를 통하여 '지금–여기'에서 표현하게 된다. 주인공은 시연된 극을 통하여 문제해결대안을 실제로 경험해 보면서 새롭고 다른 방식으로 문제를 해결해 나갈 수 있게 된다. 더불어 새로운 역할을 연습해 보거나 관습적으로 해왔던 역할보다 나은 역할을 안전한 집단 내에서 시험해 볼 수 있다. 마지막으로 언어, 행동, 신체 등 다양한 감각기관을 통하여 타인과 상호작용을 하게 되며 육체와 정신을 유기적으로 결합시켜 삶에 활력을 불어넣어 준다.

2) 과정적 특성

상담과 심리치료에서 언어만을 치료적 도구로 사용하는 것은 많은 한계를 지니고 있으며, 상담자가 내담자의 말을 제대로 해석한다는 것은 굉장히 어려운 일이다. 이런 측면에서 공간형태, 그림, 음악, 춤, 얼굴표정, 신체적 표정 등 비언어적인 수단은 의사소통에 필수적인 것이며 내면적 심리상태를 더 구체적으로 표현해 줄 수 있다. 심리극의 전반 과정에서 주인공의 상황은 언어에 국한되지 않고 인지적, 언어적, 신체적 동작 등 모든 차원을 동원하여 표현되며, 주인공은 '지금-여기'에서 구체적, 직접적, 현실적으로 문제상황에 뛰어들어 재경험을 하게 된다.

결국 행위와 상상, 감정과 사고, 직관과 감각, 정신과 신체의 유기적인 통합과정을 통하여 개인의 성장을 조력한다는 점과, 다른 집단상담과 달리 대부분 일회성으로 마무리되는 것이 심리극의 주요한 과정적 특징이다.

8.3 상담자의 기능과 역할

심리극은 즉흥적이고 구성원들의 자발성과 주도성을 이끌어내야 하며 '지금-여기'에서 개인의 문제상황을 시연하기 때문에 상담자의 역할이 매우 중요하다. 흔히 상담자는 분석가, 연출가, 치료자, 집단상담자의 네 가지 역할을 한다.

상담자는 심리극에서 구성원들의 갈등상황이나 문제점들을 경청하고 언어적, 비언어적 표현방식을 통해 그들의 즉각적인 역동을 이해하는 분석가의 역할을 수행한다. 그리고 심리극이 주인공의 핵심문제를 중심으로 시연되도록 극 분위기를 조성하고 유도하는 연출가의 역할도 중요하다. 심리극의 궁극적 목표는 개인의 문제해결을 돕는 것인 만큼 심리극적 집단상담자는 주인공의 변화를 가져오는 치료자의 역할은 물론이고 집단 구성원들이 서로 신뢰하고 문제해결을 도와주며 집단에 적극적으로 참여할 수 있는 집단 분위기를 형성하는 집단상담자로서의 일반적 역할도 감당하여야 한다.

8.4 진행단계

심리극의 진행단계는 크게 준비단계, 시연단계, 나누기단계로 이루어지고, 수련을 목적으로 하는 경우 과정분석단계가 더 포함될 수 있다.

1) 준비단계

신뢰롭고 안정된 분위기를 만들어 자발성을 불러일으키고, 심리극의 주

인공과 다루게 될 문제를 선정한다. 준비과정은 구성원들이 극에 몰입하고
타인 및 자신과의 참만남을 이루는 데 중요한 부분이다.

2) 실연단계

주인공의 갈등이 무대 위에서 행위로 표현되고, 연출자는 무대 조명, 의
자, 음악과 같은 외부환경과 더불어 보조자아와 함께 '지금-여기'에서 주
인공의 내면적 감정과 생각들을 표현하도록 도와준다. 주인공의 문제상황
은 주변상황에 대한 탐색으로부터 점진적으로 핵심문제로 들어가게 되며
잉여현실이 동원(표상)되어 내면의 정서들이 구체적으로 표현된다.

핵심갈등을 다룰 때 내면적 정서들이 외현화되고 구체적으로 표현되면서
주인공은 지금까지 억압 또는 무시했던 감정들을 의식하게 되고 자신의 감
정 및 행동을 탐색하고 더불어 경험하게 된다. 강렬한 정서적 재경험은 주
인공의 감정을 정화시키고 지금까지 경직되고 틀에 박힌 방식보다는 유연
하고 건설적인 방법을 찾아가게 된다. 시연단계에서 심리극의 5대 요소인
무대, 주인공, 연출가, 보조자아, 관객들은 하나가 되어 호흡을 하게 된다.

3) 나누기 단계

실연단계가 끝나고 주인공과 보조자아들은 무대에 둥그렇게 모여 집단
시작할 때처럼 집단의 구성원으로 돌아와 극의 진행과정에 대한 느낌을 나
눈다. 주인공은 구성원들이 자기와 비슷한 반응과 감정을 보면서 집단에
수용되고 있음을 감지하게 되고, 주인공의 개인적인 느낌이 집단의 느낌으
로, 소외되었던 느낌이 보편적인 느낌으로 연결된다. 또한 집단 구성원들
이 주인공을 통한 대리학습과 감정정화의 경험도 이 단계에서 나눈다. 이
런 제반 과정을 거쳐 주인공은 점차 현실세계에 돌아오게 되고 심리극은
종결을 이루게 된다.

4) 과정분석

과정분석은 일반적으로 앞으로 심리극을 인도할 수련자가 심리극 지도

과정을 배우고, 분석하고, 평가하기 위하여 활용된다. 따라서 과정분석에서는 심리극이 끝난 후에 심리극의 기술적인 측면부터 집단, 주인공, 연출가, 보조자아에 대한 분석, 심리극의 각 단계에 대한 분석, 사용된 전략과 그 이유에 대한 분석 등 다양한 자료를 다루고 검토한다.

9. 통합상담론적 집단수련

이장호

통합상담론(統合相談論)은 이장호가 개발 중인 이론이다.

그는 2001년까지 서울대에 재직 중이던 30여년간 Freud 정신분석, Skinner 행동주의, Rogers 인간중심 접근 등의 서구(西歐)이론들을 가르쳤고 과외 시간으로 심리치료 상담의 실제활동에 종사하거나 후학들을 위한 교육지도(supervision)를 해왔다. 1980년대 말경부터, 서구이론 및 접근방법의 한계를 지적하면서, 동 · 서양 횡(橫)문화적, 심신(心身) 일원적인 통합상담적 관점의 접근 필요성을 제기했다.

그는 미국유학 후 초기 10여년간 상담전공생과 국내 기업체 간부사원 대상의 인간관계훈련(T-group)과 감수성훈련에 참여했으나 차츰 소집단 수련회(워크샵) 형식의 집단상담으로 방향을 전환했다. 그는 집단 전체의 연습활동이 강조되고 의사소통훈련 중심의 집단은 '집단지도 또는 집단훈련'이며, 집단원 개인적 관심문제에 접근하는 '집단상담'과 구별되어야 한다는 점을 평소에 강조하였다. 그의 집단은 '집단수련회'라는 명칭으로 모이고 그 자신의 입장은 '집단상담자'가 아닌 '집단수련 안내자'의 역할이라고 말한다.

그의 집단수련에서는 집단원 개개인의 현재 관심사에 대한 자기점검, 가족 · 사회구성원으로서의 현실적 인간관계 검토 등을 통해 보다 성숙한 자기수련과 자기통합의 접근노력을 강조한다. 이와 같은 성숙지향적 집단수련 과정에서는 명상 · 요가와 같은 동양적 심신수련법이 포함되며, 자기통합 수련으로서 평정심(平靜心)의 유지 및 주체성(얼과 밸) 회복의 의식화가 강조되고 있다.

9.1 통합상담의 원리와 특징

1) 요가명상으로 신체와 마음을 통합하기

삶의 방식을 '행동-결과 중심'에서 '존재-과정 중심'으로 전환할 필요가 있다.

우리는 존재 의식을 갖지 않고 행동방식 위주의 의식으로 살고 있는 경향이 있다. 즉 무언가 얻기 위해 행동하거나 성취 지향적 삶의 양식에 너무 익숙해져 있다. 행동 목표와 성취결과에 집착하다보면 자신의 참된 존재경험을 할 기회가 줄어든다.

요가명상은 신체가 여러 형태의 자세를 취하는 동안 호흡과 신체 감각에 순간순간 마음을 집중하면서 자기 스스로의 존재를 의식할 수 있고 생명 유기체로서의 자기 존재를 체험할 수 있게 도와 준다. 호흡과 신체 감각에 의식을 집중하면서 자기 존재를 체험하는 것이 인간 심신의 질병을 치유하는 데 그리고 자기존재를 발달 고양시키는 데 가장 강력한 접근임에 유의할 필요가 있다.

운동형의 명상이라고 말할 수 있는 요가(yoke)는 산스크리트어로 결합한다는 뜻을 지녔다. 즉 마음과 신체를 통합한다는 뜻을 내포하고 있다. 또한 개인과 우주를 하나의 전체로 연결하는 경험이라고 말할 수 있다. 요가명상을 수련하면 연결감(connectedness)과 전체감(wholeness)을 체험하게 된다.

2) 심신의 고통과 함께 하기

우리 사회는 심신의 고통과 통증을 불편해 하고 혐오하며 그것을 제거하려는 경향이 있다.

통합상담은 통증과 고통을 인간 경험의 자연스런 부분으로 수용한다.

고통은 통증에 대한 많은 반응 중의 하나이며, 신체적 또는 정서적 통증으로부터 생길 수 있다. 고통은 우리의 생각과 감정의 결과이며, 따라서 경험의 의미를 어떻게 파악하느냐에 따라 그 경험은 달라지게 마련이다. 다시 말하면, 우리가 경험하는 고통의 정도는 고통의 통증 그 자체만이 아니라 우리가 통증을 바라보는 방식과 그에 대한 반응에 따라 달라지는 것이다.

우리는 온갖 정서적 소요와 사회적 혼란의 시기에 살고 있는 가운데 슬픔, 소외감, 분노, 공포, 상실감 등을 경험하고 있다. 이런 시기와 환경에서, 우리는 인간적 존재의 핵심을 안정시키고 동요 없이 의연한 삶을 이끌어가기 위해 명상 요가를 이용할 수 있다. 명상 요가를 통해서 우리는 고통을 회피하려 하거나 기존의 교정 방법에 의존하지 않고, 마음과 신체를 전체적으로 연결한 자기존재에 접근할 수 있다.

3) 공동체적(共同體的) 관점에서 살기

우리는 고립된 개인으로 살아가는 것이 아니라 가족, 직장을 포함한 여러 사회집단에 소속 구성원으로 살아가고 있다. 한 개인의 문제는 가족의 문제로 연결되며, 직장의 문제도 개인적 문제로부터 영향을 받고 있다. 따라서 우리는 개인주의적 이익추구 자세에서 탈피하여 내가 소속된 사회집단 전체의 공익을 추구하는 과정에 참여할 책임이 있다. 내가 속한 사회집단이 건강하면 나 자신도 행복해질 수 있고 사회집단이 혼란스러우면 나 개인도 불안정하기 마련이라는 사실을 간과해서는 안 될 것이다.

다름을 인정, 수용하고 '더불어 함께 살기'의 지혜를 발휘하면서 그것을 실천하는 삶이 제대로 된 인간 존재양식일 것이다. 그럼에도 불구하고 우리는 개인주의적 이기심에 사로 잡혀 있고, 결과적으로 여러 가지 불행을 직·간접적으로 자초하고 있다. 통합상담은 가족주의적, 사회집단적 공동체의식의 발현을 주요 목표가치로 포함하고 있다.

4) 일원론적 전체와 '밝고 유능한' 인간성을 찾기

통합상담에서는 정신과 신체를 분리시키지 않고 통합하여 접근되어야 한다는 심신 일원론을 주장한다. 심리적 문제와 신체적 고통을 별개로 이해하거나 따로 따로 접근함은 인간존재의 일원적, 전체적 유기체로서의 성격을 간과한 모순이 있다. 마음이 불안정하면 신체적 고통이 따르고 신체적 고통이 있으면 심리적 불안이 따르는 철리를 간과한다면 어떠한 상담 및 심리치료도 제대로 된 성과를 얻지 못할 것이다. 따라서 통합상담에서는 심리적 치유와 신체적 단련을 함께 하는 통합적 수련과정을 강조한다.

통합상담은 인간 본성을 '선·악'의 2분법적으로 분류하는 것을 초월하는 접근이다. 인간성은 태초로부터 '밝고 맑음'을 바탕으로 하고 있다고 보며 선과 악은 인간사회의 자의적 분류에 불과한 것이다. 그러므로 밝고 맑은 정신상태를 지향하면서 인간 잠재력의 유능성을 인식하고 고양시키는 것이 상담 및 심리치료의 명제가 되어야 할 것이다. 밝은 바탕과 유능한 잠재력을 실현하는 과정으로서의 통합상담은, 이런 의미에서 단순한 상담 및 치료 방법만이 아닌 통합적 인간수련과정이라고 말할 수 있을 것이다.

9.2 통합상담론적 접근 방법의 특징

통합상담의 기본철학은 동도서기(東道西器)론과 화이부동(和而不同), 자연조화(自然調和)이다. 동양문화적인 '도(道)'를 바탕으로 하면서 동시에 서구적인 방법론을 함께 활용하는 것이다. 즉 화이부동의 공동체의식을 중요시하고, 상담과정은 무위자연(無爲自然) 및 중용적(中庸的) 조화의 회복을 강조한다. 통합상담이 기존 상담과 어떻게 다른지, 그리고 통합상담의 과정적 특징을 집약하면 다음과 같다.

(1) 이해−공감−분석적 대화에 치중하기보다는 협동적 탐구, 교육적인 대화를 추구한다.
(2) 요소주의적 관점보다는 전체적, 유기체적 통합 관점을 강조한다.
(3) 의식의 분류, 평가보다는 마음과 신체적 체험과정을 중시한다.
(4) 인간 욕구의 충족, 긴장의 발산보다는 인내 및 수용경험의 과정을 집중 수련한다.
(5) 문제행동의 교정적 측면보다 양생적(養生的) 잠재능력의 발휘에 주목 한다.
(6) 고통에 대한 대처행동과 적응기제뿐만 아니라 인간가치 및 이념적 갈등의 극복을 중시한다.
(7) 자기성찰과 개인적 발달뿐만 아니라 사회공동체적 관심과 책임을 유의하도록 강조한다.

9.3 통합상담론적 접근에서의 회기 진행

1) 회기 초반

상담자, 내담자(또는 집단원)가 함께 요가의 기본 동작(약 5분)과 명상(약 10분)으로 시작할 수 있다. 명상은 명상음악 테이프를 사용해도 무방할 것이며, 지난 회기 내용을 명상동안 상기하거나 '현재-지금'의 관심사를 화두로 하는 '유도된 명상기법'을 활용하기도 한다. 이완 반응훈련도 활용된다.

2) 회기 중반

관심사 관련 내담자의 '활동 일지'를 중심으로 상담자가 내담자의 경험과 생각에 대해서 논평한다. 협의적 협동 탐구의 방식을 취한다(collaborative exploration). 활동일지의 내용은 내담자 자기와 주변 가족 · 접촉 인물관계 경험(사랑, 도움의 주고 받음의 균형 및 편중성 등)이 포함된다. 또한 일상적 평정심 유지와 공동체의식 실천과정에 대한 공동 점검과정이 포함된다.

3) 회기 종반

회기 전체과정 경험을 종합하고 다음 회기의 협의과제를 점검한 후 상담자 내담자가 함께 하는 '종료명상'으로 회기를 마감한다. 실생활장면에서의 일일 명상법을 시범, 교육하거나 사회봉사적 활동을 구체적으로 권유하기도 한다.

4) 회기과정 : 감정 · 사고의 표현 → 이해 반응 → 정리 · 계획하기

회기 중 내담자-상담자 관계에서의 내담자 관심사 관련 상호작용에서는 '서구적 합리성과 동양적 직관, 통합성의 균형'이 이루어지도록 한다. 필요에 따라서, 공감적 이해반응과 인지적 오류 교정의 교육 방법도 활용될 수 있다.

이론별 집단상담 방식들의 비교

앞에서 설명된 아홉 가지 이론에서의 집단상담의 접근 방식을 〈표 2〉로 요약해 보았다.

〈표 2〉 이론별 집단상담의 비교

정신분석	구조화 및 책임	• 상담자 : 직접적인 지도를 피하고 집단이 스스로 과정을 결정하도록 한다. 특정 행동양식의 의미를 해석해 준다. • 집단원 : 문제를 말하고 무의식적 자료(꿈, 환상 등)를 표현한다. 자발적인 상호작용에 관한 책임을 갖고, 해석적 언급을 하고, 다른 구성원들에 대한 통찰을 함께 이야기한다. 경우에 따라 서로에게 보조상담자가 된다.
	기 법	• 해석, 자유연상, 꿈의 분석, 저항의 분석, 전이의 분석 등 무의식적인 경험자료들을 의식화시키고, 통찰을 불러일으키도록 고안된 모든 기법들.
아들러 학파	구조화 및 책임	• 상담자 : 초기에 목표설정을 위해 작업한다. 치료적 관계를 형성, 유지하고, 개인의 역동을 탐색, 분석하고, 기본적인 관심과 희망을 전달하기 위해 적극적 개입을 한다. • 집단원 : 자신에 대한 통찰을 발달시킨다. 변화를 이루기 위해 적극적인 활동이나 개입을 할 책임을 갖는다. 대안적인 신념, 목표, 행동들을 탐색한다.
	기 법	• 분석과 평가, 가족구도의 탐색, 최초의 기억에 대한 회상, 직면, 해석, 인지 재구조화, 개인의 신념체계에 대한 도전, 사회적 역동의 탐색 및 개인의 고유한 생활양식에 대한 탐색.
인간중심	구조화 및 책임	• 상담자 : 구조화나 방향제시를 거의하지 않는다. • 집단원 : 의미 있는 방향을 발견하고, 서로를 도울 수 있고, 건설적인 성장을 향해서 움직일 수 있는 능력을 가진 존재로 간주된다.
	기 법	• 집단촉진을 위한 태도와 행동이 강조되고, 구조화된 기법이나 계획된 기법은 거의 사용되지 않는다. 기본적인 기법에는 적극적 경청, 감정의 반영, 명료화, 지지 등이 포함된다.

합리적-정서적 치료	구조화 및 책임	• **상담자** : 잘못된 생각에 기초한 행동이 보이면, 이런 행동을 계속해서 다루어줄 책임이 있다. 집단경험을 구조화해서 집단원들이 건설적인 변화를 이루는 작업을 지속하게 한다. • **집단원** : 자신의 자기 패배적 사고와 다른 집단원들의 자기패배적 사고를 논박할 책임이 있다. 집단 밖에서 자기직면적 행동을 실행하고, 비합리적 사고를 변화시키기 위한 작업을 열심히 해야 한다.
	기 법	• 기본적인 기법은 적극적으로 가르치는 것이다. 지도자는 조사하고, 직면하고, 도전하고, 강력하게 이끌어준다. 지도자는 합리적 사고의 모범이 되고, 이를 가르치고, 설명해주고, 설득하고, 강의를 한다. 속사포처럼 빠른 방법으로 집단구성원들이 자신의 인지적 기술을 끊임없이 사용하도록 요구한다. 합리적-정서 치료는 탈조건화, 역할연습, 행동분석, 숙제, 주장훈련과 같은 광범위한 행동기법들을 사용한다.
행동치료	구조화 및 책임	• **상담자** : 적극적으로 가르치고, 미리 결정된 활동절차에 따라 집단이 진행되도록 이끌 책임이 있다. • **집단원** : 적극적으로 활동하고, 집단에서 배운 것을 일상생활의 상황에 적용하며, 집단 밖에서 새로운 행동을 연습하도록 한다.
	기 법	• 주요 기법들은 행동적 학습원리에 기초하고 있고, 행동변화와 인지 재구조화를 목표로 한다. 단계적 둔화, 주장훈련, 조작적 조건화, 자조기법, 강화, 지지적 방법, 행동분석, 모델링, 피드백, 인지양식에 도전하고 인지를 변화시키는 방법들을 사용한다.
형태주의	구조화 및 책임	• **상담자** : 자신의 현재 경험들을 자각하고, 그런 자각을 집단내에서 활용할 책임이 있다. 정서 경험을 심화시키기 위한 기법들을 도입함으로써 집단을 구조화한다. • **집단원** : 적극적이어야 하고 스스로 해석을 해야 한다.
	기 법	• 여러 행동지향적 기법들이 사용될 수 있으며, 이 기법들은 모두 현재의 감정들에 대한 자각과 즉시적 경험을 심화시킨다. 직면, 빈의자, 대화게임, 순회하기, 공상에 대한 접근, 반전절차, 예행연습, 행동화, 감정에 충실하기, 자기나 현재의 중요한 타인들과의 대화, 꿈의 작업 등이 포함된다. 참여자들이 점차로 신체의 긴장과 신체적, 정서적으로 밀접하게 되는 것에 대한 두려움을 자각할 수 있도록, 그리고 집단구성

		원들에게 새로운 행동으로 실험을 해보고 감정을 발산할 기회를 주도록 여러 가지 연습을 구성한다. 공상, 심상 및 상상을 자극하도록 고안된 다른 기법들도 사용된다.
교류분석	구조화 및 책 임	• 상담자와 집단원들간의 동등한 관계가 강조되기 때문에, 책임이 나누어지고, 서로의 책임을 계약서에 명시한다. 집단구성원과 상담자는 구성원들이 어떤 변화를 이루고 싶어하는지와 그들이 집단에서 어떤 문제들을 탐색하고자 하는지를 계약서에 자세히 기록한다.
	기 법	• 초기의 명령과 결정을 알아보기 위한 각본분석 평가목록이나 질문지의 사용, 게임과 삶의 위치분석, 가족 모델링, 역할연습, 자아구조 분석 등이 활용된다.
심리극	구조화 및 책 임	• 연출자/상담자 : 감정을 심화시키고, 과거의 상황을 재창조하고, 갈등에 대한 자각을 증진시키도록 고안된 구체적인 기법들을 제시한다. 주인공이 역할을 통해 구체적 경험을 하도록 적극적 개입을 하고, 집단의 다른 구성원들은 심리극 과정에 자신들이 경험한 것을 함께 이야기할 기회를 갖게 한다. • 집단원 : 심리극을 위한 경험 자료를 내놓는다. 주인공 역할을 할 때, 그들 자신이 심리극을 연출하기도 한다.
	기 법	• 자기 모습과 상대방 모습의 표현, 상대방 역할과 자신의 역할에서의 대화, 독백, 역할전도, 이중역할기법, 보조자아 역할, 거울에 비추기, 미래의 투사, 삶의 예행연습 등
통합 상담론적 집단수련	구조화 및 책 임	• 상담자:'자기점검-숙제풀기-관점 통합-함께 즐겨하기'과정의 체험을 상담자가 안내, 지도한다. • 집단원: 적극적으로 학습하고 체득할 책임이 있다. 아울러, 자기존재의 발견(바라보기)과 자기통합 및 공동체적 행동을 학습, 실천한다.
	기 법	• 통합상담적 집단수련의 방향은 '그대로 놔두기, 현존재 바라보기, 함께 체험하기'로 특징지워진다. 이러한 과정에는 '점검-풀기-통합' 목적의 집단내 대화가 진행됨과 동시에 몇가지 실습체험적 기법들이 활용된다. 그 중에는, 누은 자세의 단전호흡, 仙도행법, 식사전 묵언, 동작-감사 명상, 상대집단원에 절하고 절받기, '지금 이 자리의 마음' 나누기, 실내외 봉사노동, 향후 5년간 경험을 예상하기 등이 있다.

연 구 문 제

1 정신분석적 접근에서는 집단구성원들의 저항을 어떻게 처리하는가?

2 아들러학파는 집단원들의 '초기기억'을 어떻게 수집하고, 그것을 어떻게 사용하는가?

3 인간중심적 접근에서의 집단상담과정의 특성은 무엇인가?

4 행동주의적 상담집단에서의 전형적 진행단계와 절차는 무엇인가?

5 합리적 · 정서적 접근의 지시적이고 직면적인 기법들에 대한 집단원들의 저항(또는 불편감)은 어떻게 극복되는가?

6 형태주의적 접근기법들 중에서 일반 상담장면에 비교적 자연스럽게 활용될 수 있는 것은 무엇인가?

7 교류분석적 접근에서 상담자와 집단구성원들간의 '계약'은 어떤 치료적 의미를 갖는가?

8 상담집단의 발달단계별로 어느 이론적 접근이 비교적 더 유용할 것이라고 생각되는가?

9 여러 이론적 접근에서 독자가 선호하거나 활용하고 싶은 것들은 무엇인가?

참 고 문 헌

김광운 외 5인 역(2005). 심리극의 세계(Karp, M., Holmes, P., & Tauvon, K.B., 1998), 서울: 학지사.

김정희 역(2004). 현대 심리치료(Corsini, R., 2000)(6th ed), 서울: 학지사.

김창대 외 9인 옮김(2004). 상호작용 중심의 집단상담, 시그마프레스.
　　　　Earley, Jay(2000). Interactive Group Therapy: Integrating Interpersonal, Action-Oriented, and Psychodynamic Approaches.

이장호(2005). 통합상담론 서설. 한국심리학회 2005년도 연차대회 발표논문집.

이장호(2012). 통합상담적 집단수련 과정의 단어기반 언어분석: 한국어 글 분석 프로그램(KLIWC)의 탐색적 적용. 상담학 연구, 14(3). 1609~1629.

이장호 · 손영수 · 금명자 · 최승애(2013). 노인상담의 실제. 서울: 법문사.

이장호 · 최송미 · 최원석(2009). 통합상담론석 진단수련 프로그램 개발을 위한 예비연구. 한국심리학회지. 건강, 14(1), 147~157.

이형득 외 6인(2005). 상담의 이론적 접근, 서울: 형설출판사.

최윤미 역(1996). 사이코드라마 기법(Blatner, A. 1996), 서울: 시그마프레스.

Ajaya, Swami(1983). Psychotherapy East and West, The Himalayan International. Institute of Yoga Science and Philosophy of the U.S.A, Honesdale, Pennsylvania.

Corey, G. (2003). Theory and Pracrice of Group Counseling(6th ed.). Pacfic Grove, CA: Brooks/Cole.

Lee, Chang-Ho(1990). Comparisons of Oriental and Western Approaches to Counseling and Guidance, Korean Journal of Counseling and Psychotherapy, Vol.3, No.1, 1~8.

집단상담의 실제

5장

이 장에서는 상담자가 집단상담을 실제로 어떻게 구성하고, 진행과정에서 "어떤 반응으로 어떻게 집단구성원들을 이끌어갈 것인가?"의 문제를 주로 다루고 있다. 즉, 4장의 이론적 개관에 이어 집단상담의 운영 실제를 설명하고 있다. 아마도 복잡한 개념적 이해보다는 집단상담의 실제적 윤곽을 학습하기를 원하거나 상담현장에서의 활동지침에 더 관심을 둔 독자들로서는, 특히 이 장의 내용과 3장, 6장이 또한 많이 참고가 되리라고 믿는다. 집단상담의 윤리문제는 상담활동에 이미 종사하고 있는 전문가들이나 앞으로 집단상담을 하려고 하는 분들에게는 진지하게 고려되어야 할 주요과제라고 하겠다.

1. 집단상담의 준비

상담집단을 구성할 때 기본적으로 갖추어야 할 요소들이 있다. 즉, 집단과정이 시작되기 전에 집단구성에 관련된 몇 가지 사항들이 미리 결정되고 준비되어야 한다. 무엇보다도 상담자 자신이 집단목표를 구체적으로 제시할 수 있어야 한다. 이것은 집단원들과의 모임에서 목표를 재조정하거나 집단원들의 기대가 무엇인지를 확인하는데 도움이 된다. 상담자는 이 목표에 맞추어 집단의 크기, 집단원의 선정과정, 집단의 개방성과 관련된 문제, 만나는 빈도, 각 상담시간의 길이, 물리적 장치 및 집단의 지속기간 등을 '어느 정도'는 정해 놓아야 한다. 여기서 '어느 정도'라고 말하는 이유는 집단원들과의 사전모임이나 집단초기에 융통성있게 결정할 수 있기 때문이다. 그러나 훈련과정이 아닌 상담·치료과정으로서의 성격이 짙은 상담집단에서는 하나의 준비로서 집단원측의 준비가 필요하다. 즉, 상담자는 사전면담을 통해 집단원이 갖고 있는 집단상담에 대한 잘못된 기대나 개념을 바로 잡고, 집단참여의 동기를 고취시켜 집단효과를 높임으로써 집단초기의 시간적 손실을 줄일 수 있도록 집단원들을 준비시켜야 한다.

1.1 집단구성원의 선정

집단원을 선정하는 데 있어서는 성별, 연령, 과거의 배경, 성격 차이 등을 고려하여야 한다. 흔히 흥미나 문제가 비슷한 사람들을 모아야 한다고 생각하나, 반드시 그렇지는 않다. 집단상담은 비슷한 사람끼리만 모여서 이루어지기도 하고 아주 다양한 특성을 가진 사람들로 이루어지기도 한다. 비슷한 사람들이 모인 집단을 동질집단이라 하고, 전혀 다른 특성을 가진 사람들이 모인 집단을 이질집단이라고 한다.

동질(同質)집단은 응집력이 빨리 생기며, 갈등도 적고, 서로에게 지지적이며, 자기와 비슷한 사람이 있음을 보고 안심하는 보편성의 경험을 갖게 되며, 긴장감에서 빨리 벗어나게 된다. 그러나 이러한 지지와 이완은 자칫 피상적이기 쉬우며, 보다 성숙한 변화에 방해가 되기도 한다. 대개는 연령,

지적 능력, 성별 및 문제영역에 따라 동질적으로 묶을 수 있으나 성별은 발달수준에 따라 고려하는 것이 좋다. 아동의 경우에는 남·녀를 따로 모집하는 것이 좋으며, 청소년기 이상에서는 남·녀가 섞인 집단이 더 바람직하다. 학생들의 경우에는 같은 또래끼리 만나는 것을 더 편하게 여기지만, 성인들의 경우에는 다양한 연령층이 모임으로써 서로의 경험을 교환할 수 있는 이점이 있다. 인구학적으로 동질적인 집단의 경우라 하더라도, 언어능력과 지적 능력이 높은 몇몇의 사람이 집단과정을 장악하여 활발한 상호작용을 방해할 수 있다. 따라서 특히 정신연령이나 지적 능력을 고려한 동질화가 이루어져야 한다. 비슷한 문제를 가진 사람들의 모임에서는 소속감이 쉽게 발생하지만, 비슷한 문제라도 각자가 독특하며 개별성이 있음을 경험하기도 한다. 그리고 서로간의 유사점과 차이점을 발견하여 서로를 도와주는데 더욱 촉진적일 수 있다.

반면 이질(異質)집단은 다양한 상호작용을 경험할 수 있다. 이질집단에서는 두드러진 이질적 특성에 의해 서로 자극되어 그 차이점을 점검하고 이해하게 된다. 또 이질적인 집단상황은 현실생활과 비슷하기 때문에 현실검증을 할 수 있는 기회가 보다 많아진다. 그러므로 집단에서 얻은 학습의 전이가 쉽다. 예를 들어 연령과 성별이 각양각색인 이질집단의 경우, 우리들의 가정처럼 집단원들에게서 부모, 형제의 모습을 발견하게 되어 문제해결의 실마리로 사용할 수 있다. 집단상담의 핵심적 상담원리 중 하나인 '가족관계의 올바른 교정'이 이질집단에서는 어려움없이 이루어진다. 이처럼 이질집단은 상호작용이 증폭되고 갈등이 심화될 수 있기 때문에 집단상담자는 상호작용의 역동을 충분히 다룰 수 있어야 한다. 그러므로 이질집단을 구성할 때에는 집단원의 선정뿐만 아니라 집단상담자의 입장을 신중히 고려해야 한다.

집단상담에서 효과를 얻을 수 있는 사람들을 선정하는 일반적인 지침은 다음과 같다. 즉, 집단원이 되고자 하는 내담자는 반드시 도움받기를 원해야 하고, 자기의 관심사나 문제를 기꺼이 말해야 하며, 집단분위기에 잘 적응할 수 있어야 한다. 즉, 집단상담에 대한 자발성과 동기가 적절하게 갖추어진 사람이 적당하다. 자발성과 동기가 부족할 경우 집단과정에 참여하는데 어려움이 있을 것이며, 지나친 자발성과 비현실적인 동기 또한 집단과정에 해가 되기도 한다. 이런 점에서도 집단을 구성하기 전의 사전 면담이 필요하다. 상담자는 집단원이 되고자 하는 내담자들에게 가장 적합한 집단을 어떻게 구성할지를 결정해야 한다. 그리고 예정된 상담집단의 기능이 무엇이며, 집단원들에게 무엇을 기대하고 있는지를 알려준다. 그런 후 집단상담의 구성원이 될 것인지의 여부는 내담자 스스로 결정하게 된다.

이 밖에도 집단원을 선정할 때에는 개인의 배경이나 성격에 주의를 기울여야 한다. 지나치게 공격적이거나 수줍은 사람은 상담집단이 제 기능을 발휘하기 어렵게 만든다. 또한 보다 정직하게 자기노출을 하게 하려면, 친한 친구나 친척들을 같은 집단에 넣지 않는 것이 좋다. 요컨대, 집단상담의 목적과 기능에 따라 내담자들을 선정해야 할 것이다.

1.2 **집단의 크기**

상담집단의 크기를 결정하기 위해서는 집단의 목표와 내담자들에게 기대하는 몰입 정도를 고려해야 한다. 적절한 상담집단의 크기에 대해서는 학자에 따라 주장이 다르나, 일반적으로 4~5명에서 10명 이내의 수준이 보통이다. 대체로 5~8명의 구성원이 바람직한 것으로 여겨지고 있다.

집단의 크기가 너무 작으면 집단원들의 상호관계 및 행동의 범위가 좁아진다. 이것은 집단 안에서의 역동이 충분히 활용될 수 없음을 의미한다. 그리고 침묵을 한다든지, 활발한 집단참여에서 빠져나와 집단을 객관적으로 보며 쉰다든지 하는 자유로움이 박탈되는 등 각자가 받는 압력이 너무 커지므로 오히려 비효율적이다.

이와 반대로 집단의 크기가 너무 커지면 집단원들의 일부는 전적으로 참여할 수 없게 되고, 상담자가 각 개인에게 적절한 주의를 기울이지 못하게 된다. 또 집단이 커지면 몇몇이 편을 이루어 집단활동에 장애가 되는 하위집단을 구성하는 경우도 생긴다. 집단이 너무 커지면 오히려 집단원들간의 상호작용이 줄어들게 마련이다. 즉, 각자가 한마디씩 돌아가며 이야기하는 마치 '광고시간'과 같은 과정이 되기 때문에 진정한 상호작용이 어려워지게 되는 것이다.

때로는 큰 집단의 구성이 불가피할 경우도 있다. 학교나 교정기관, 교회 등에서의 집단지도(프로그램)에는 흔히 20명 이상이 한 집단에 속하게 된다. 이러한 집단에서는 구성원들이 '상담경험'보다는 오히려 '교육적 경험'을 하게 된다. 이런 지도집단의 구성원들은 상담자(지도자)에게 많이 의존하게 되고, 상담자가 구성원을 개별적으로 다루기보다는 집단 전체에 관심을 기울이게 된다. 그러나 이런 집단에서도 행동의 상호작용이나 개인적 성찰면에서는 좋은 성과를 거둘 수 있다.

1.3 모임의 빈도

집중적으로 이루어지는 집단은 1주일에 두 번이나 다섯 번까지도 만나지만, 대개의 경우는 1주일에 한 번 만난다. 실제로 문제의 심각성이나 집단의 목표에 따라 모임의 빈도를 증감시킬 수 있으며, 때로는 불가피한 주위 여건 때문에 일정이 변경될 때도 있다.

집단을 구성한 이유가 시급한 해결이 필요한 긴박한 문제 때문이라면, 어느 정도의 진전이 보일 때까지는 매일 혹은 격일로 만날 수도 있다. 그러나 이런 경우는 드물며, 현실적으로도 어렵다. 주 2~3회 이상의 모임은 병원의 정신과에 입원하고 있는 환자들이나 특정기관에 수용되어 있는 사람들에게는 가능하나, 이 경우는 다른 치료 형태(개인상담이나 치료)가 병행되기 마련이다.

경우에 따라서는 격주, 혹은 그 이상의 시간간격으로 만날 때도 있으나, 집단상담자들은 대체로 한 주일 이상의 간격을 두고 만나는 것은 좋지 않은 것으로 보고 있다. 상담시간 사이에 어느 정도의 간격을 두는 이유는 상담경험에 대하여 생각해 볼 기회를 주기 위한 것이라고 말할 수 있다. 그러나 그 간격이 길어지면 집단의 역동을 재조정해야 하며, 분위기 조성의 준비과정을 다시 가져야 하는 등의 시간적 낭비가 있게 된다.

한 집단에서의 모임의 간격은 항상 일정하게 가질 필요는 없다. 초기의 집단참여를 촉진하기 위해 1주일에 2~3번 만나다가, 초기과정이 지나 작업단계로 가서는 1주일에 한 번 만나고, 집단의 말기로 갈수록 집단에서의 학습을 집단 밖에서 활용하도록 하고 집단으로부터 결별을 준비시키기 위해 모임의 간격을 넓혀갈 수 있다. 집단이 끝난 후의 추수모임도 간격을 늘려가며 가진다. 요컨대, 시간적 손실 없이 치료효과를 최대로 얻고 일상생활에서의 원활한 적응을 위해 모임의 간격이 융통성있게 조정될 필요가 있다.

1.4 모임의 시간 및 전체기간

집단상담의 적절한 시간 양은 내담자의 연령이나 모임의 종류, 크기 및 모임의 빈도에 따라 달라진다. 그러나 한 회기(모임)의 길이는 상호간의 의사소통을 할 수 있도록 하는 분위기 조성과 그 회기의 주요작업이 충분히 이루어질 수 있도록 조정되어야 한다. 또 개인의 집중능력이 고려되어야 한다. 1주일에 한 번 만나는 집단은 1시간에서 1시간 반 정도로 지속되는 것이 필요하며, 2주일에 한 번 만나는 집단이라면 한 번에 두 시간 정도가 바람직하다. 청소년의 경우라면 1시간 내지 1시간 반 정도가 좋으나, 아동의 경우는 20~40분 정도가 적당하다. 학교장면에서는 학교 수업시간의 길이와 일치하는 것이 보통이다.

집단상담의 일반적인 시간보다 더 오랫동안 한 모임을 계속하는 것을 '연속대화(마라톤)집단' 이라고 한다. 연속집단에서는 한 번에 15~20시간 혹은 그 이상을 계속한다. 집단원들은 그 시간동안 줄곧 같이 있게 되는데, 식사시간이나 휴식시간도 집단원들이 강의하여 계획되기도 한다. 이렇게 장시간 지속되는 집단과정에서는 구성원 각자가 다른 사람의 생각과 감정을 탐색하고, 서로의 관계를 이해하고, 모험적인 대인관계에 대한 반응양식을 효과적으로 배우게 된다. 그러나 상담자는 계속되는 치료적 상호작용 때문에 피곤해진다거나 잠이 부족해지는 경우를 예상해야 한다.

상담시간에 대하여 반드시 한정된 원칙이 있는 것은 아니지만, 일단 정해진 시간은 반드시 시킬 필요가 있다. 일반적으로 시간의 통제가 없으면, 집단원들이 정해진 시간을 넘기는 경향이 있으므로 상담자는 이런 가능성에 대하여 주의해야 한다. 집단상담이 습관적으로 시간을 넘기는 것은 바람직하지 않기 때문이다.

전체 상담기간 역시 집단이 특성이나 목표에 따라 상담자가 잠정적으로 결정하게 된다. 개방집단인 경우, 집단과정 중간중간에 새로운 집단원이 들어오기 때문에 각 집단원에 따라 그 기간이 약간씩 달라지게 마련이다. 그러나, 폐쇄집단의 경우는 일정기간을 정해 놓고 출발하게 된다. 이렇게 정해진 기간은 각 집단원들로 하여금 제한된 시간 내에 목표를 성취하게끔 고무하기 때문에, 집단원의 저항을 줄이고 집단과정을 촉진시킬 수 있다. 반면 상담기간을 정해놓지 않을 경우에는, 집단원에 따라 충분한 목표달성이 이루어지지 않거나 만족 정도가 다를 수 있기 때문에, 지루하게 생각하거나 '종료의 갑작스런 도래'로 실망하는 사람이 생길 수 있다. 처음에는 상담기간을 구체적으로 정하지 않았어도 집단과정이 진행되면서 종료의 시기를 다루는 것이 바람직하다.

집단상담 시간이나 기간은 집단의 목표와 특성에 따라 다양하고 융통성 있게 정해야 하지만, 실제로는 집단상담이 이루어지는 기관이나 대상자에 따라 행정적으로 결정되는 경우가 대부분이다. 예를 들면, 재학중인 학생의 경우는 한 학기에 보통 13주에서 16주의 교과과정이 정해지므로 학기의 시작 및 종결에 관련된 사무처리 기간과 집단의 준비기간을 제외하고 보통 8~12회의 집단과정이 이루어지는 것이 상례이다. 그러므로 집단상담자들은 현실을 고려하여 집단상담의 목표와 특성이 최대로 반영된 집단상담의 시간과 기간을 정해야 된다.

1.5 물리적 장치

상담자는 집단과정이 이루어질 장소뿐만 아니라 사전준비를 할 수 있는 방을 먼저 선정해야 한다. 대개의 경우 어떤 집단에 참여하기 위해서는 집단참여 신청을 한다든지, 사전검사를 받는다든지 혹은 사전면담을 하는 등 사전에 이루어져야 할 과정이 있으므로 이를 수행할 수 있는 연락사무실과 같은 방이 요구된다. 사전준비실은 집단상담자의 개인상담실이 될 수도 있고 상담기관의 접수실이 될 수도 있지만, 상담집단을 위해 따로 정해놓을 수도 있다. 그 방에는 면담을 할 수 있는 의자들과 집단상담을 신청할 수 있는 신청서, 집단원의 선정과 관련된 각종 심리검사 용품 등이 갖추어져 있어야 한다.

실제 집단상담이 이루어지는 방은 너무 크지 않으며 외부로부터 방해를 받지 않는 것이 중요하며, 효과적인 참여를 위해서는 모든 집단원이 서로 잘 볼 수 있고 잘 들을 수 있는 공간이어야 한다. 콘크리트 벽의 방인 경우 소리가 울려 잘 들리지 않을 수도 있으므로 이에 대비할 수 있어야 한다. 외부로 난 창에 의해 지나친 햇빛이나 소음이 들려오지 않도록 조치를 취하는 세심한 준비도 필요하다. 휘장(커튼)이나 양탄자는 방안의 분위기를 부드럽게 해줄 수 있을 뿐만 아니라 빛이나 소음을 감소시키는 데 도움이 된다. 대개 원형으로 앉는 것이 장방형으로 앉는 것보다 효과적이다. 의자는 등받이가 있는 것으로 하며, 앉을 때 소리가 심하게 나지 않아야 한다. 또한 집단과정 시 자유롭게 마음대로 몸을 움직이거나 자리를 옮길 수 있어야 하며, 각 내담자가 자기의 의자를 스스로 골라 앉도록 하는 것이 중요하다. 책상을 사용하는 것에는 장단점이 있다. 하반신을 가려주는 책상은 집단초기에 집단원들을 보호하여 심리적 안정감을 줄 수 있다. 즉, 집단초기에 집단과 집단원을 경계하면서 자기노출을 꺼려하는 분위기에서는 가리워진 상태가 훨씬 안정적이다. 반면, 가리워진 책상에 의해 각 집단원들의 비언어적 반응이 전달되지 않는 단점이 있다. 사람들은 자기의 전면이 드러날 때 손을 어디에 두어야 할지, 다리는 어떤 모양으로 있어야 하는지 등을 고민하게 되는데, 이러한 고민은 집단초기에 좋은 상호작용 자료가 될 수 있다. 이 점은 상담자의 관심이나 목표에 따라 결정할 수 있다.

별도의 상담실을 가지고 있는 기관에서는 녹음시설을 해놓는 것이 좋다. 이전과는 달리 요즈음은 비디오 카메라가 대중화되어 있으므로, 상담교육이나 상담의 실제과정이 비디오 녹화를 이용하여 진행되기도 한다. 특히 초심자는 집단상담의 녹음자료나 녹화자료를 보면서 자신의 접근방법을 향상시키는 노력이 중요할 것이다.

1.6 집단참여에 관한 집단원의 준비

집단상담을 시작할 때 내담자들을 적극적으로 참여시키는 노력이 대단히 중요하다. 가능하다면 개별면담을 통해 비현실적인 기대와 불안을 줄이고, 적극적인 자세로 참여하도록 준비시키는 것이 좋다. 사전면담에서는 집단과정이 이루어질 장소와 시간, 간격, 전체시간 등 집단의 운영과 관련된 정보와 집단과정에 대한 간략한 설명을 전달한다. 집단과정과 관련된 내용으로는, 집단에서 이루어지는 작업은 그렇게 쉽지 않음을 경고하거나 자신을 개방적으로 솔직하게 보이면 자신뿐만 아니라 다른 집단원들에게도 도움이 된다고 밝히는 것 등이다. 또한 집단원들의 역할을 고취시키며, 집단목표와 진행과정을 사전에 설명한다. 이때 바람직한 내담자 행동이나 집단과정이 녹화된 자료를 보이는 것이 유인물이나 말로 설명하는 것보다 훨씬 큰 효과를 얻을 수 있다. 사전준비를 시킨 집단원들은 그렇지 않은 집단원들에 비해 중간 탈락률이 감소하고 집단과정에 적극적으로 참여하며 더 많은 의사소통을 하기 때문에 집단상담의 예후가 대체로 좋다. 사전면담은 집단원들뿐 아니라 상담자에게도 집단원들을 미리 알고 집단구성의 균형을 맞출 수 있는 기회가 된다.

집단상담에 참여하는 내담자가 자발적으로 오는가 혹은 비자발적으로 오는가에 따라서 참여에 대한 준비가 다르다. 경우에 따라서 학교 및 교정기관에서 교사 또는 지도 책임자가 문제아동을 지정하여 집단상담에 참여하도록 권하기도 한다. 이 때에는 왜 상담실에 오게 되었는가를 분명히 알려주는 것이 좋다. 다시 말해서 사전면담이 더욱 요구되는 경우라 하겠다. 그 외의 경우에는 대부분이 자발적으로 상담에 응하게 되며, 집단의 참여 여부는 개인 스스로 결정하게 된다. 물론 자기 스스로 결정해서 집단에 참여할 때에는 참여의식과 책임감이 보다 더 크다.

1.7 폐쇄집단과 개방집단

집단의 목표에 따라 집단의 운영을 폐쇄형으로 할 것인가 혹은 개방형으로 할 것인가를 미리 정해야 한다. 폐쇄집단은 상담이 시작될 때 참여했던 사람들로만 끝까지 밀고 나가는 것이다. 도중에 탈락자가 생겨도 새로운 집단원을 채워 넣지 않는다. 대개 학교에서의 집단상담은 이 형태를 취한다. 폐쇄집단은 정해진 인원과 시간을 정해놓고 출발하기 때문에 무엇보다도 집단의 안정성이 개방집단에 비해 높다. 안정된 분위기에서는 집단원 상호간의 집단응집력이 강해진다. 이러한 집단은 여러 가지 장점을 갖고 있으나 일부 집단원이 도중에 탈락할 경우 집단의 크기가 너무 작아질 염려가 있다.

개방집단은 허용하는 한도 내에서 새로운 사람을 받아들이는 집단형태이다. 처음부터 다소 작은 크기로 출발한 집단이나 중간에 탈락된 집단원의 자리를 메우기 위해 새로운 집단원이 들어오게 되는 경우가 대부분이다. 이 때에는 집단원들간에 의사소통이나 수용, 지지 등이 부족해지거나 갈등이 일어날 수 있다. 기존의 집단원들은 이미 어느 정도 자신의 내면적인 이야기를 하여서 그들간의 공감대가 형성되어 있으나, 새로운 집단원은 자기공개의 교환이 없이 일방적으로 자기를 공개하도록 종용받기도 한다.

일종의 '텃세'가 작용하여 집단과정의 흐름이 멈춰지거나 후퇴하기도 한다. 그러므로 새로운 구성원을 받아들일 때는 반드시 집단 전체가 그 문제를 충분히 논의해야 한다. 이러한 논의를 통해 집단의 기본적인 특성을 분명히 유지할 수 있다. 새로운 집단원은 간혹 집단의 흐름을 방해하는 경우도 있으나 오히려 집단과정에 활기와 도움을 줄 수도 있다. 개방집단에서는 이 불안정성이 약점이기는 하나 그때마다 집단내에서 평형을 유지하고 안정감을 얻으려는 움직임을 경험할 수도 있다. 폐쇄집단의 상담자에 비해 개방집단의 상담자는 개방집단의 이러한 약점을 치료적으로 사용할 수 있도록 전략을 지니고 있어야 한다. 새 집단원이 들어와서 깨지는 안정성을 극복할 수 있도록 미리 집단원들에게 대처 기술을 학습시킨다거나 이질성을 경험케 할 수도 있다.

또 폐쇄집단에 비해 개방집단은 보다 현실상황과 비슷하기 때문에 집단효과의 전이가 용이하다. 특히 정신과 병동처럼, 입·퇴원이 계속되는 가운데 병동 환자 전부를 대상으로 하는 집단인 경우는 개방집단일 수밖에 없으므로 집단상담자는 개방집단의 특성을 최대로 살릴 수 있어야 한다.

1.8 구조화집단과 비구조화집단

집단상담의 일반적인 목표는 집단원 각자의 긍정적인 심리적 변화이다. 대부분의 싱담자는 이러한 목표를 성취하기 위해 집단원에게 자기탐색, 통찰, 자기이해를 강조한다. 그러나 이 목표를 성취하기 위해 상담자가 계획하는 집단의 조직성 혹은 구조성의 정도는 다양하다.

비구조화된 집단의 특징은 보다 집단원의 욕구에 맞춘다는 것이다. 비구조적집단은 집단의 목표, 과제, 활동방법 등에 대해 미리 정해놓지 않고 집단 스스로 정해나가는 과정부터 시작하기 때문에 집단원의 자발성이 더욱 요구되며, 집단의 심리적 관계가 중요한 작업 대상이 된다. 다시 말해서 집단원들간의 관계를 분석하여 개인내 또는 개인간 갈등을 이해하고 해결하고자 하는 것이 비구조화 집단의 주요방법과 목표이다. 그런데 집단원에 따라서는 관계분석에 저항과 불안을 표현하기도 한다. 또 어떤 경우에는 자기 문제와는 무관하다고 항변하거나, 자기의 원래 모습이 집단과정에서 그대로 반영되는 것을 자각하지 못하기도 한다. 비구조적 상황에 내재하는 불편함과 불안을 피하기 위해 집단의 과제, 규범, 활동, 목표 등을 부분적으로 몇 번에 걸쳐 구조화할 수 있다. 즉, 집단초기에 구조화된 회기를 통해서 상담자로부터 개인의 적응문제와 관련된 강의를 듣는다든지, 집단상담의 과정이나 규범, 집단원의 역할에 관한 설명을 듣거나 녹화자료를 본 후 두세 명씩 나누어서 토의하는 식의 구조화된 절차를 경험한 후 비구조화집단으로 넘어갈 수 있다.

구조화집단은 상담자가 집단의 목표와 과정 등을 정해놓고 집단을 주도적으로 이끌어가는 형태이기 때문에, 비구조화집단에 비해 더 깊은 수준의 경험을 하기 어려운 것도 사실이다. 그러나 합의된 공동 목표를 달성하는 데는 시간과 경비를 절약할 수 있다. 또한 너무 수줍음을 탄다거나 적극적이지 못해 의사소통과정에 참여하기 어려운 사람은 비구조화집단보다는 구조화된 집단에서 성격변화의 기회를 얻기 쉽다. 대학에서 이루어지는 스트레스(긴장)대응훈련, 가치명료화 훈련, 잠재력 개발 훈련, 대인관계 훈련 등 소집단 훈련 프로그램들 대부분이 구조화 집단이며, 이 경우의 집단상담자는 상담자라기보다는 집단지도자라고 함이 적절하다. 이러한 집단지도에서는 집단지도자(상담자)가 주로 조직적인 프로그램에 의지해서 집단을 진행시키는 것이 특징이다.

2 집단상담의 기법들

2.1 구체적 기법의 필요성

집단상담을 이끌어가는 데 있어서 상담자가 활용하는 기법들은 과연 무엇인가? 집단상담자로서 상담장면에서 효과적으로 행동하는 행동지침은 무엇인가? 이 장에서는 이러한 물음에 답하는 집단상담의 여러 기법들을 설명한다. 이 기법들은 집단상담의 성과를 결정하는 중요한 변수이며, 상담자에게 바람직한 행동지침을 제공할 수 있을 것이다.

상담자가 집단에서의 행동지침에 대한 기초개념을 파악하고 있으면, 언제라도 이 기법들을 행동에 옮길 수 있을 것이다. 우리 주위에는 친절이나 온정, 신뢰감, 개방성, 공감성, 사랑 등의 특성 외에 집단상담의 구체적 기법들이 있다는 사실을 인식하지 못하는 상담자들이 많다. 즉 온정과 공감을 토대로 한 개방적 대화를 하면 집단상담이 되는 것으로 착각하는 사람들이 적지 않다. 온정, 공감, 사랑 등의 특성은 바람직한 것이긴 하나, 이들 특성들이 집단상담에 어느 정도로 효과적으로 기여하는지는 미지수인 것이다

다음에 제시하는 20가지 집단상담의 구체적인 기법들은 상담의 진행절차에 따라서 배열된 것은 아니며, 각각 저마다의 중요성과 시의성(時宜性)을 가지고 있다. 처음의 세 가지 기법들—정서적·행동적·인지적 자료를 확인, 명료화하고 반영하는 일—은 본질적으로 집단적인 성질을 띤 것이며, 표현양식은 비슷하지만 그 활용대상은 다르다. 유능한 집단상담자는 집단구성원에 대한 행동자료들을 확인하고, 명료화하고, 반영하는 기법에 숙달해 있다. 즉 상담자는 집단구성원들이 나타내는 많은 행동자료들을 단순히 관찰할 뿐만 아니라 그것들을 우선 정서적·행동적·인지적 자료로서 분류하고 확인한다. 상담자가 어느 시점에 정서적·행동적·인지적 자료들을 확인하고, 명료화하고, 반영하는지에 대해서는 명확히 구별하여 말할 수는 없다. 왜냐하면, 그러한 노력과 행동은 집단상담의 과정에서 항상 반복되는 상담자의 책임사항이기 때문이다. 상담자는 모호하게 표현된 집단원들의 관심사, 이해하기 어려운 행동, 뚜렷한 감정의 회피 등에 대해서 언제나 민감해야 한다. 집단상담의 초기에 집단원들은 상담의 초점 영역이 되는 정서적·행동적·인지적 자료들을 무시하고 회피하거나 부인하는 것이 보통이다. 유능한 상담자라면 그럴 때마다 확인과 명료화를 한다. 이러한 개입은 집단원들 자신이 다루지 않거나 포착하지 못한 문제 및 관점에 관한 자료들을 확인하여 집단원들이 주목하도록 하는 작업이라고 볼 수 있다. 상담자가 이와 같은 작업에 주력하면 할수록 상담과정은 생산적으로 진행될 것이다. 집단상담의 과정에서 정서적·행동적·인지적 자료들이 상담자에 의해 확인되어감에 따라 집단원은 그러한 확인작업이 얼마나 가치있고 필요한 것인지를 점차 인식하게 된다. 그리하여 집단상담이 어느 정도 진행되면 집단원들 스스로 그러한 확인작업에 함께 참여하게 된다. 그렇게 되면, 상담자는 집단원들의 그러한 행동과 실천을 지지하고 강화(격려)한다.

일상생활 장면에서는 사람들의 행동이나 감정이 다른 사람들에 의해 지

적되거나 명료화 또는 반영되는 경우가 극히 드물다. 사람들은 그러한 일에 서투를 뿐만 아니라 자기의 습관적인 행동이 뜻하는 바가 무엇인지를 인식하지 못한 채 살아가고 있다. 일상장면의 사람들은 구성원들에게 공손함과 상호존중적 태도를 권장하지만, 직접적이고 솔직한 개인적 반응이나 정서적 표현은 삼갈 것을 요구한다. 또한 "그럴듯하게 말하지 못할 바에야 아무 것도 말하지 말 것"을, "칭찬이나 아첨식으로 자신 또는 타인의 결점을 덮어 줄 것"을, 그리고 타인이 "기분 좋게 느끼도록 말하거나 부담을 최소한 느끼지 않도록 표현할 것"을 요구하고 있다. 다시 말해서 우리들의 문화는 화를 잘 내는 사람을 회피하고, 파란을 일으키지 말 것을 권장하고 있다. 또한 생활과정의 '원만한 흐름'을 위해서 대인관계에서의 부정직한 행위에 대해서도 익숙해질 것을 요구한다. 이러한 생활문화는 분명히 우리들 자신의 이익과 건전한 정신적·사회적 발달을 저해하는 것이다. 즉 이러한 것들은 일시적으로 또는 표면상의 사회적 관계에서 무난하게 넘어가는 행동양식이 될 수 있을지 모르나 우리의 정신생활과 인간적 성장에는 아무런 보탬이 되지 않는 것이다. 만일 일상생활장면에서의 이러한 관행이 집단상담에서도 적용된다면, 집단원들의 자기 패배적인 감정, 사고 및 행동을 더욱 악화시킬 것이 분명하다. 따라서 상담자는 집단원들에 의해 포착되지 않는 정서적·인지적·행동적 자료들을 구체적으로 확인하고, 명료화하고, 반영함으로써 상담의 목표를 달성할 필요가 있다. 다시 말해서, 상담자가 그러한 자료들을 소홀히 하거나 수박 겉핥기식의 피상적 언급만으로 지나치면, 집단원들도 편안한 상태로 시간을 보낼 수 있을지 모르나 효과적이고 생산적인 변화에 대한 노력은 외면하게 되는 것이다.

2.2 집단상담 기법들 : 20가지 실례[1]

1) 감정의 확인, 명료화 및 반영

감정은 인간생활의 어디에나 존재한다. 즉 인간이라면 감정에서 완전히 떠나 있은 적이 없다고 하겠다. 감정은 사고에 대한 반응으로서 신체에서

---

1) 이 부분은 필자들과 관점을 같이 하는 Dyer & Vriend(1975)를 참고했음.

체험된다. 얼굴표정, 몸의 자세와 움직임, 말의 억양과 어조, 시선의 움직임 등 모두가 사고 과정에 수반되는 감정상태의 지표들이다. 땀이나 심장 박동의 증가, 위의 수축과 긴장 등의 생리적 지표들은 감정상태의 변화와 밀접히 관련되어 있다. 이들 신체적·생리적 지표들은 쉽게 관찰되거나 판단하기 어려운 경우도 있지만, 하여튼 인간은 항상 감정을 지니고 있다(단순하게 구별한다면, 인간의 감정은 흥분상태, 흥분이 안 된 상태, 그리고 그 중간상태에 속해 있다고 말할 수 있다). 우리는 가끔 따분해하거나 무관심한 채로 있거나, 또는 자신감을 느끼며 적극적으로 움직일 각오를 가지고 있다. 숙련된 상담자는 이와 같은 인간의 감정상태에 대한 이해와 반응을 결코 소홀히 하지 않는다.

상담자는 집단상담의 과정에서 이러한 감정상태를 확인하고 그것에 초점을 둔 발언을 한다. 다음의 예를 보면, 상담자는 감정적인 색채가 짙은 주제에 대해서 말하기를 꺼리고 있음을 간파하고, 그러한 감정상태를 확인, 명료화하는 개입을 하고 있다.

> "지금 이 모임에서는 모두가 다루기 힘든 일이나 생각을 말하기 꺼려하고 있는 것 같습니다. 가령, 장호가 자기 선생님과의 갈등을 이야기하면서 목소리가 떨린다고 했는데, 아무도 반응이 없었습니다. 오히려 장호는 다른 화제로 돌리고 말았습니다. ······ 장호에게 반응을 보이지 않은 것으로 여러분은 장호가 고민하는 내용에 대해 말하기를 두려워한다는 사실을 드러낸 것이며, 장호의 문제를 같이 해결하기를 꺼리는 셈입니다. ······ 아마 장호가 더 자세히 이야기해주는 것이 좋을지 모르겠군요."

위와 같은 상담자의 개입(발언)은 집단상담 전체에서 나타나고 있는 감정적 흐름을 명료화하고 반영하는 동시에 내담자인 장호의 생각 및 상급자에 대한 행동방식의 개선노력을 자극하기 위한 것이라고 볼 수 있다. 이와는 반대로, 바람직하지 못한 개입의 예를 들면 다음과 같다.

> "장호, 너 자신의 감정표현을 꺼려서는 안돼. 집단상담은 너의 상처받은 감정을 검토하고 해소하는 곳이야. 다른 사람들도 모두 여기서는 부정적인 감정이 두려워 표현하기를 회피하지 말아야 함을 명심해주기를 바래. 자! 장호가 담임선생님에게 왜 그렇게 화가 났었지?"

2) 행동의 확인, 명료화 및 반영

사람들은 어떤 형태로든 계속 움직이고 있다. 상담집단의 구성원들도 어떤 순간이고 소극적이든 적극적이든 어떤 행동을 하고 있을 것이다. 민감한 상담자는 이 사실을 명심해야 하며, 한 개인이 어느 순간에 보인 특정 행동의 의미를 탐색하여 반응해야 한다. 상담집단의 어떤 집단원은 적절한 시기에 적절하게 보이는 유쾌한 행동을 하는 반면에, 다른 어떤 집단원은 불안의 표시로 보이는 행동을 하는 경우(안심을 시켜주기를 바라거나 그대로는 견딜 수 없다는 심정의 표시 등)도 있을 것이다.

이렇게 집단원들의 모든 행위와 반응에 원인과 의미가 있다면, 그 원인과 의미를 이해하고 그에 적절한 반응(개입)을 하는 것이 바로 집단상담자의 역할일 것이다. 집단원들의 행동반응을 적절하게 확인하고, 명료화하고, 반영하는 것이 상담의 과정, 집단원들간의 상호작용 또는 집단원들의 행동목표에 관한 개입이라고 볼 수 있다. 다음의 상담자 발언은 집단원들의 행동을 확인하고 그것을 집단원들과 나누고 있다.

"지금 여러분이 보이고 있는 행동은 각자가 장호를 평가하고 충고하는 셈입니다. 가령, 장호가 학교수업이 지루해서 빼먹는다고 이야기했을 때 창환이는 지루한 감을 느끼게 하는 책임이 학교에 있는 것이 아니고 장호 자신에게 있는 것처럼 말했고, 지환의 말은 지루함을 처리하는 기술을 가르쳐주는 것 같이 들렸습니다. 옥진이만이 실력 없는 선생님들에 대해 솔직한 불평을 말했습니다. 장호, 당신이 말하려는 의미를 이해하지도 못하면서 당신을 평가만 하려 드는 동료들의 이런 태도를 눈치챘습니까?"

민감하지 못한 상담자들은 집단원들의 행동에 관해 위와 같은 명료화적 개입을 하지 못한다. 다시 말해서, 숙달되지 않은 상담자는 행동자료에 대한 개입시기를 놓치거나 개입해야 할 행동자료 자체를 발견하지 못하는 수가 많다. 발견된 집단원들의 행동자료에 대해서 잘못 해석을 하는 경우는 그래도 개선의 여지가 있는 상담자의 개입이라고 말할 수 있다. 이 경우에는 행동자료에 대한 부정확한 상담자의 발언에 대해서 적어도 집단원들이 반응을 해주기 때문이다.

3) 인지적 자료의 확인, 명료화 및 반영

여기서 말하는 인지적 자료란 논리적이고 분석적인 언급과 동기, 의미, 이해, 의견 등에 관한 설명들이다. 이런 언급과 설명에 대한 상담자의 반응은 결국 생산적인 사고방식이나 의사소통과 밀접히 관련되는 것이다. 다시 말해서, 생각과 언어소통을 분명히 그리고 합리적으로 하도록 격려를 하고 시범을 보이는 것이야말로 집단상담자의 책임영역에 속할 것이다. 집단상담의 초기단계에서는 집단원들이 흔히 구체적인 사실에 대해 직면하고 해결하기보다는 그저 설명을 하거나 분류하는 식의 발언만으로 넘어가고 마는 경향이 있다. 상담자는 집단원들의 이러한 인지적 반응(설명식 반응경향)에 대해서 다음과 같이 개입할 수 있다.

> "지난 모임에서도 다소 그랬지만, 오늘은 특히 다른 사람의 행동이나 감정을 서로 해석하고 설명하는 분위기가 되고 있습니다. 각자가 마치 청소년 문제의 권위자이거나 변호사와 같은 입장에서 설명하기만 하고, 다른 사람이 신경을 쓰는 문제를 공감하거나 도와주려는 기색이 안보이는 것 같습니다. 가령, 창환이는 ······했고, 대웅이는 ······라고 말했는데, 장호, 이러한 창환이와 대웅이의 설명들이 도움이 됐다고 생각합니까?"

위와 같이 상담자는 인지적 경향을 명료화하고 장호에게 다시 초점을 맞춤으로써 집단상담을 본래의 과제로 이끌어가고 있다. 만일 다른 사람들의 설명식 반응들이 도움이 되었다고 하면, 무엇이 어떻게 도움이 되었는지 구체적으로 말하도록 다시 요청하는 것이 요령이다. 집단의 인지적 경향에 대해 비생산적으로 대처하는 상담자는 자신도 집단원들과 마찬가지로 인지적 경향에 치우친 발언을 한다. 이런 상담자는 흔히 권위적이고 지적인 해석을 많이 한다. 다음에 그러한 예를 볼 수 있다.

> "잠깐, 자네들이 지금 무엇을 하고 있는지 지적해야겠어. 여러분들은 지금까지 서로 상대방과 남을 위해 주로 설명들을 하고 있는데, 이것은 집단상담의 초기에 많이 생기는 현상이지. 그러나 각자가 그렇게 서로 변호하거나 의존적이 되어서는 안되지 ······ 자, 이제부터 설명이나 해설은 줄이고 가능한 구체적인 문제의식을 갖고 이야기를 계속 하자구 ······"

이와 같은 발언은 결국 상담자가 주지화나 불필요한 논리적 설명의 함정에 빠진 경우이다. 이런 경우에는 집단원들 입장에서 상담집단의 목적, 의사소통의 '방법론' 또는 그렇게 발언한 '이유'에 대한 또다른 설명적 반응을 불러일으키기 쉽다. 따라서 유능한 상담자는 이러한 함정에 빠지지 않도록 자기의 발언양식에 대한 주의를 게을리하지 않는다.

4) 초점자료에 대한 질문과 탐색

집단원들의 행동자료에서 적절한 초점자료를 추출해내는 것은 집단상담자의 중요한 기술이다. 여기서 말하는 적절한 초점자료에는 집단원들의 현실적 생활과제에 대한 개인적 생각과 구체적인 행동양식들이 포함된다. 집단원 개개인의 관심영역과 대인관계에 관한 사고, 감정, 행동양식을 검토하고 개선의 노력을 도와주는 것은 바로 집단상담의 핵심내용이 된다. 흔히 집단원들은 스스로 정의한 자기의 '문제'를 가지고 집단상담에 참여하고, 어떤 집단원들은 집단에 참여한 후에 과거에는 문제시하지 않았던 진정한 문제를 발견하기도 한다. 자기 문제에 대한 정확한 재정의나 올바른 발견은 대개 집단에서 보인 그 집단원의 사고방식 및 행동에 대한 다른 집단원들의 솔직한 지적과 피드백에 의해서 촉진된다. 따라서 상담자로서는 이러한 집단원들의 자기탐색, 평가, 방향모색의 과정이 보다 구체화되고 생산적으로 되도록 해야 할 책임이 있다. 따라서 상담자는 집단원들이 걱정, 권태, 불안 등을 어떻게 처리하고 있으며, 얼마나 효과적으로 의사 및 감정을 소통하고 있는지 등에 관한 파악을 위해 적절한 질문을 던져야 한다.

상담의 초점자료에 관한 효과적인 질문이 집단상담자의 중요한 기술이기는 하나, 너무 많은 질문은 오히려 집단상담의 생산적인 흐름을 무디게 할 가능성이 있다. 왜냐하면, 질문의 양이 결코 효과적인 노력의 기준이 될 수 없기 때문이며, 경험이 부족한 상담자들이 흔히 사용하는 '낚시질' 하는 식의 유도질문이나 의미가 없는 질문을 집단원들도 모방하기 쉽기 때문이다. 초점자료를 추출해내고 구체화하기 위해서는 상담자가 알아내고자 하는 자료에 대한 논리적 목적의식을 가지고 있어야 하며, 추출된 자료에 대한 후속처리에 있어서도 올바른 판단을 구사해야 한다. 다음에 생산적인 질문의 몇 가지 예를 들어 본다.

　　"장호, 지금까지 이야기한 일들에서, 당신이 뜻하는 대로 안된다고 해서 신경질을 부림으로써 얻는 소득이 무엇인지 생각해봤습니까?"

　　"옥진이, 지환이나 창환이도 당신과 비슷한 관심사(걱정거리)가 있다는 사실을 주목했습니까?"

　　"대웅이, 아무도 당신을 이해하지 않는다고 했는데, 한 가지 구체적인 실례를 말해주면 좋겠는데……"

다음은 극히 비정상적인 질문의 예들이다.

　　"왜 그렇게 질질 끌면서 당장 실천하지 않습니까?"

　　"왜 모두들 가만히 앉아만 있고 자기 문제를 말하지 않죠?"

　　"자네는 항상 그런 식으로 행동하나?"

　　"왜 모두들 다른 사람의 눈치만 보고 있나? 다른 사람의 반응이 그렇게 두렵나?"

　　"당신네 가정에서는 누가 돈을 관리하죠? 외식을 자주 합니까? 부인 자신이 남편에게 관심을 보이지 않으면서 어떻게 남편의 태도가 달라지리라고 기대합니까?"

5) 직면시키기: 사고, 감정, 행동양식의 모순 및 원인에 대한 지적

　　직면 또는 시적은, 그 지적을 받은 사람의 개인적 성장을 위한 것이고, 개인의 성장을 위한 노력은 바로 상담의 기본동기라는 전제를 바탕으로 한다. 집단원 개인의 변화(성장)를 효과적으로 돕기 위해서는 집단상담자가 집단원의 관심사(문제)에 대한 사고, 감정, 행동반응의 모순 및 비일관성 등을 확인하고 지적해 주어야 한다. 그러나 이 직면기법을 부적절하게 사용했을 때는 집단구성원들이 '공격'이나 '위협'으로 받아들이기가 쉽다. 직면과 지적은 우리 사회에서는 흔히 무례하고, 불친절하고, 부정하거나,

적대적인 행동으로 지각되는 경향이 있다. 그러나 숙련된 상담자는 직면을 시키면서도 상대방에 대해 수용적이고 이해적인 태도를 취하며, 결코 자기 개인적인 의도에서 반응하지 않는다. 다시 말해서 상담자가 집단구성원들을 싫어하거나 자기의 취향에 맞추기 위해서 지적을 한다는 인상을 주지 말아야 한다. 직면을 요구하는 집단구성원들의 모순적 반응은 여러 가지가 있겠으나, 다음의 몇 가지 사례에서 상담자의 직면 및 지적반응을 보기로 한다.

"장호, 지난 모임에서는 회사 승진시험에 자신이 있다고 했는데, 오늘은 자신이 없다면서 떨어질 경우 무엇을 어떻게 해야 할지 막연하다고 말하는 군……"(전후 발언의 차이에 직면시킴)

"장호는 대개 무슨 일을 해낼 능력이 있다고 말하면서도, 윗 어른 앞에 가면 말하기가 무척 힘들어진다니…… 말하는 내용과 실제 행동 사이에는 거리가 있는 것 같은데……"(언행의 불일치를 직면시킴)

"옥진씨, 부모님들이 무척 좋은 분들이라고 강조하면서도, 그분들이 옥진씨를 대하는 태도에 관해서 말할 때에는 다소 흥분이 되어 보입니다. ……"(발언의 내용과 감정의 차이에 직면시킴)

비효과적인 직면적 발언과 지적은 대개 듣는 이로 하여금 불안하게 하거나 반발하도록 만든다. 다음이 그러한 상담자 발언의 예들이다.

"너는 자신이 지능이 높다고 말하면서 여기서 보이는 행동은 현명하지 못한 것 같애. 다른 사람들은 어떻게 생각하지?"

"장호, 너는 정말 왔다 갔다 하는구나. 지난주에는 승진시험 공부에 걱정이 없다고 하더니 오늘은 다른 이야기를 하고 있네. 사람이 일관성이 있어야지"

"장호, 당신이 취하고 싶어서 술을 자꾸 마신다는 말을 믿을 수가 없어요. 내 생각에는 다른 사람들이 당신을 좋아해주기를 바라고 있으나, 다른 사람들은 당신이 먼저 호의적으로 나와야 한다고 생각하고 있는 것 같아요. 남들이 당신을 소외시키고 비판할까봐 두려워하고 있는 모양이죠?"

한 가지 덧붙일 것은 상담자가 '수용적으로' 직면시킬 때에는, 말의 내용뿐만 아니라 그의 자세, 안면표정 등에 있어서도 수용적인 태도가 전달되어야 한다는 사실이다. 다시 말해서, 유능한 상담자라면 항상 자신의 말과 태도간의 불일치가 없도록 유의해야 한다.

6) 중요자료의 개관 및 요약

요약과 개관(또는 집약)은 상담의 기본자료를 분명히 하고 방향을 잡으며 초점을 맞추도록 하는데 기여한다. 여러 내담자들이 함께 참여하는 집단상담에서는 각자의 생각과 발언내용들이 잘못 이해되고 의미가 불분명한 채로 넘어가기 쉽다. 또한 집단원들은 주의를 집중하지 않았기 때문에 중요한 것을 놓치거나 잊어버리는 경우가 많고 중요하지 않은 내용의 발언을 반복하기도 한다. 적절한 요약과 개관은 이러한 내용을 추려내고 상담목적에 부합된 의미있는 자료를 집약함으로써 상담과정의 궤도를 바로잡는 것이라고 말할 수 있다. 요약과 개관은 특히 모임의 마지막 순서에서 그리고 한 집단원의 관심영역에서 다른 집단원의 관심문제로 옮겨갈 때 반드시 활용되어야 할 중요한 기법이다. 또한 면접모임의 중간 부분에서 상담목적을 성취하는 데 별 도움이 안되는 이야기들이 오고갈 때에도, 상담자의 효과적인 개입방식으로 활용될 수 있다. 이런 경우에는 상담자가 집단에서 이미 이야기되고 관찰된 것들 중에서 집단상담 목적에 의미있게 관련된 집단원들간의 상호작용을 예시하고 그 특성을 부각시켜 말하는 것이 요령이다. 다음 예문이 이러한 요약을 하는 상담자의 개입이라고 볼 수 있을 것이다.

"내 생각에는 장호가 꺼낸 화제로 많은 의견들이 나왔다고 보여지는군요. 그래서, 내가 대략 지금까지 이야기된 것을 요약해 보면 ..... 라고 말할 수 있겠지요.

그런데 대부분의 동료들이 장호가 그냥 ○○대학에 남아 있기를 설득하는 셈이 되었고, 아마도 압력을 느껴서인지 장호가 좀 초초해 보이기도 합니다."

상담자의 비생산적인 요약은 흔히 상담자가 어떤 집단원의 발언과 태도에 불쾌감을 느꼈거나, 집단상담이 잘 진행되지 않고 있다는 불안감 등에서 생기게 된다. 부적절한 요약은 집단과정의 한 단위를 마무리하기 위해 이미 부각된 내용을 불필요하게 언급하는 데서 볼 수 있다. 다음의 예에서 시간이 낭비되었다는 초조감과 집단원들에게 그 책임을 은연중에 돌리는 상담자의 심리가 담겨 있다.

> "내 생각에는 우리가 동규에 관한 이야기로 너무 많은 시간을 보냈습니다. 각자 다른 내용의 의견을 마구 이야기하는 바람에 동규는 마음이 더욱 착잡해져 있을 겁니다. 그러나 그 문제는 동규가 집에 가서 스스로 생각하도록 하고 다른 사람의 이야기로 넘어가는 것이 좋겠습니다."

7) 집단원의 발언 및 경험의미에 대한 해석

집단원들의 발언내용과 경험한 것들이 어떤 의미가 있는지를 설명해 줌으로써 보다 분명한 자기이해와 현실적인 세계관을 갖도록 하는 것이 해석이다. 집단원들의 모든 행동이 목적과 의미가 있기 마련이지만, 그러한 목적과 의미들은 분명히 드러나지도 않거니와 집단원들 자신은 거의 깨닫지 못하는 것이 보통이다. 그리고 유능한 상담자의 해석이라도 때로는 집단원들의 행동의미를 정확하게 파악하지 못하고 있는 경우가 있다. 해석은 결국 추측이며, 상담자의 해석은 비교적 잘 파악된 추측이라고 볼 수 있다.

해석은 가설의 검증이라고도 말할 수 있다. 즉 "왜 저런 발언과 행동이 나왔으며, 그 의미는 무엇인가"라는 상담자 자신의 물음에 대해 스스로 가능한 해답을 제공하는 것이 해석인 것이다. 해석은 특히 비생산적인 관습적 행동에 대해 잘못된 관심을 가지고 있을 때 이를 시정해 주어야 할 경우에 유용하다. 다음의 예에서, 상담자는 내담자로 하여금 평상시와 다른 보다 합리적인 관점으로 자기를 돌아보도록 하기 위해 해석을 하고 있다.

> "옥진이, 다른 참여자들의 발언과 반응에 위축되어 있군요. 내 생각에는 당신이 자극적인 반응을 받을 때마다 뒤로 물러나서며, 다른 사람들이 자신보다 강하기 때문에 양보해야 상처를 입지 않을 것으로 생각하는, 당신의 그런 태도는 다른 사람에게 책임이 있기 때문에 자신은 고칠 필요가 없다고 믿고 있는 것 같습니다. 그렇게 모험을 피하면 당신의 대인관계가 향

상될 기회가 줄어들까봐 염려가 됩니다."

비생산적인 해석은 해석자(상담자)가 전문용어를 나열하며, 초점이 불분명한 내용을 장황하게 설명하거나 권위적인 표현을 쓰는 경우에 볼 수 있다.

"당신이 일차 심사에서 탈락되었다고 해서 지도교수에게 그렇게 반발하는 것은 자기중심적 사고와 의존갈등이 있기 때문입니다. 그러니까 기본적으로 자기 자신의 실력에 대한 현실감각이 없이 상황의 책임을 가까운 사람에게 전가하려는 투사심리가 작용한 것입니다."

이런 식의 해석은 비록 정확한 관찰에 의한 것이라도 전문적 용어를 나열한 우둔한 발언이며, 내담자들의 마음에 불신감을 조성하기 쉽다.

8) 초점내용의 반복적 언급

집단원들의 발언내용 중에서 애매한 부분을 추리고 요점이 되는 부분을 다른 말로 되풀이하여 표현하는 것이다. 이것은 개인상담에서도 활용되는 비교적 쉬운 기법이지만, 경험이 적은 상담자들은 이 기법의 가치를 제대로 파악하지 못하고 잘 쓰지 않는 경향이 있다. 반복적 언급(또는 인지적 내용의 재반영)은 내담자가 깨닫지 못하는 발언의 의미와 배경을 설명하는 해석과는 차이가 있으며, 중요부분을 분명하게 다시 말해준다는 점에서 단순한 반복발언도 아니다. 한 집단원이 자기의 관심영역을 애써 길게 이야기했으나 다른 사람들이 분명히 이해하지 못하고 있다는 판단이 들 때, 상담자는 즉시 개입하여 발언의 주요부분을 분명한 말로 반복해 줄 수 있을 것이다. 다음이 상담자가 반복적으로 언급하는 개입의 예이다.

장호: "난 항상 맡은 일을 미루다가 마지막 날에 가서는 바짝 긴장해 가지고 쩔쩔 맵니다. 원고 쓰는 것도 그렇고, 강연준비도 그래요. …… 그리고 늘 이것저것 뒤져가며 무척 힘들여 써보아도 한번도 만족스러울 때가 없어요. …… 몇 년 전에 계약한 책의 원고도 조금 쓰다가 말고 집어쳐 놓고는 걱정만 하고 지내죠."
상담자: "당신은 무슨 일이나 긴장해서 흡족하게 해내려고 하다가는 시간이 걸리고, 또 걱정만 하다가 마감기일을 전후해서 불안해하고, 일은 일

대로 진전이 없는 그런 상태를 문제시하고 있군요.”

반복적 언급이 비생산적으로 되는 경우는 다음의 예에서처럼 내담자에게 방향감각을 주는 것이 아니고 말한 것을 단순히 되풀이하는 데 그치는 발언이다.

“당신은 항상 많은 일을 미루다 마지막에 가서 긴장하고 쩔쩔 맨다고 말했지요. 원고 쓰는 일도 그렇고 강연준비도 이것저것 뒤져가며 준비하지만 제대로 만족해본 일이 없다는 말이군요. 그리고 출판사와 계약한 원고작업도……”

이와 같은 단순한 반복언급은 집단원에게 자기의 말을 상담자가 빠짐없이 듣고 있다는 확신은 줄지 모르나, 상담의 생산적인 흐름에는 아무런 도움이 없을 것이다. 위와 같은 상담자의 발언은 다른 집단원들에게 “왜 저런 앵무새 같은 말이 필요할까?”, “혹시 상담자 선생님이 청력이 약해서 저러시는 걸까?”, “우리의 말하는 방식을 어쩌면 교정하려는 의도가 있으신가?” 등 여러 가지 회의를 불러일으키기 쉽다.

9) **문제관련 자료의 연결**

집단원들이 서로 연결되는지를 모르고 있거나 잘못 연결시키고 있는 문제와 관련된 자료들을 상담자가 연결하여 말하는 것이다. 이런 연결발언을 제대로 하려면, 집단상담자가 내담자들의 단편적 표현에 주목하고 그 의미상의 관련성을 생각해내야 할 것이다. 그래서 이는 상담집단에서 나오는 집단원들의 수많은 발언자료들에 대한 정확한 기억력과 또 이들을 적절히 의미있게 구성하는 능력을 요하는 어려운 기법이기도 한다. 다음의 예는 상담자가 내담자의 발언내용들 중에서 공통점을 부각, 상호 관련된 내용들을 재구성해 줌으로써 내담자의 문제해결 노력이 생산적인 방향으로 가도록 자극하는 경우라고 하겠다.

“옥자는 지난주까지의 모임에서 어머니와의 사이가 원만치 않다고 했지요. 언니와도 가끔 말다툼을 한다고 말했습니다. 그리고 직장의 선배 여직원들로부터 오해를 산다고 지금 말하고 있습니다. 내 생각에는 옥자가 자

기보다 나이가 위인 여성들이 자기에게 이래라 저래라 말해오는 것을 무척
싫어하고 미워하는 것 같습니다."

이렇게 상호관련성이 있는 자료들을 한데 묶어 연결시켜 말하는 것은 집
단원들로 하여금 미처 몰랐던 생활단면 및 경험들의 전체적 의미를 깨닫게
하고, 나아가서는 현재보다 발전된 형태의 행동양식을 모색하도록 촉진하
는 것이다. 비효과적인 상담자의 연결발언은 흔히 지레짐작의 가정을 바탕
으로 한 가지 논리로 여러 발언내용을 묶으려 하는 경우에 생긴다. 다음이
그 한 가지 예이다.

> "성호, 몇 주 전의 모임에서 너는 야간수업에 출석하지 않았다고 말했
> 고, 지난주에는 모든 일에 실수가 없도록 신경을 많이 쓴다고 했고, 오늘은
> 친구의 생일을 축하하지 않아 꺼림직하다고 말하고 있는데, 이 모든 것들
> 에서 느끼는 바가 없어? 내 생각에는 수업에 나가지 않은 것이나 자기 일에
> 신경을 많이 쓴다는 이야기나 친구한테 미안하게 느끼는 일 등이 모두 남
> 으로부터 부정적 평가를 받지 않으려는 불안이 작용하기 때문이라고 보이
> 는데 …… 남의 눈을 너무 의식하는 너의 태도가 모든 면에서 나타나고 있
> 단 말이야."

10) 집단원에게 필요한 정보의 제공

정보제공과 안내식설명은 집단상담에서 꼭 필요한 것임에도 불구하고,
일부 상담자들은 정보제공을 목적으로 한 설명이나 충고를 기피하는 경향
이 있다. 아마도 이들의 생각은 상담자가 정보를 일일이 제공하기보다 집
단원들이 스스로 발견하고 알아차리도록 해야 하며, 상담집단은 교실에서
의 지도집단이 아니라는 논리를 바탕으로 하고 있는지도 모르겠다. 그러나
집단상담에서 상담자는 어쩔 수 없이 여러 가지 정보와 유의사항에 관해
잘 알고 있는 '전문가'의 입장이 되어 있기 마련이다. 즉 집단상담의 절차
에 관련된 사항, 집단원으로서의 유의사항, 집단상담의 결과로서 얻어지는
소득 등 여러 가지에 대해서 상담자는 집단원들에게 정보를 주고, 경우에
따라서는 자세한 설명까지 해야 할 것이다. 이런 정보제공과 설명은 흔히
집단상담의 초기에 한 번 해주면 충분할 것으로 여기는 상담자들이 있으나

그렇지 않다. 초기에는 물론이고 집단참여자들이 요청하고 기대할 때 상담자는 수시로 이에 응할 자세로 임해야 할 것이다. 문제는 어떤 정보가 어느 집단원에게 언제 어느 정도로 필요한지를 상담자가 판단하는 것이다. 또한 유능한 상담자는 자기가 제공한 정보가 집단원들에게 정확하게 이해되고 그 의미가 소화되었는지를 반드시 확인한다. 그리고 생산적으로 정보제공을 하는 상담자는 집단과정에 관한 참고사항 등을 짤막한 강의식으로 요약해 주거나 가끔 질문—응답 시간을 마련해 주기도 한다. 가령 집단의 모임이 어떻게 진행되었는지, 그리고 모임에서 객관적으로 관찰된 집단원들의 행동특성 및 변화는 무엇인지에 관해 상담자가 정보를 제공하는 것은 극히 유익한 일이다. 다음 상담자의 발언이 그 예일 것이다.

"오늘은 지난주보다 서로 이해적이면서도 솔직한 교류가 있군요. 또 전보다 침묵하는 시간이 줄어들었고, 모두가 화제의 초점이 되는 것을 덜 불안해하는군요. 또 지난주까지 별로 이야기가 없던 영호와 영숙이가 오늘 적극적으로 참여하고 있군요……"

집단상담자가 비생산적으로 정보를 제공하는 한 가지 경우는 집단상담에 관한 교과서적인 언급이다. 다음의 발언 예의 경우, 아무리 인상적인 내용이라도 상담과정의 진전에는 구체적인 도움이 되지 않는다.

"우리는 이제 집단상담의 준비단계를 지나서 '참여단계'로 접어들었어요. 이 단계에서는 여러분들이 소속감을 더 느끼게 되고 집단의 고유한 분위기가 형성되지요. 그리고 집단역학적인 표현으로 말하자면, 지금까지 '방관자'였던 상호와 '도발자'의 역할을 해왔던 수연이의 모습이 앞으로는 달라질 것입니다. 집단에서 대화도 더 개방적이 되면서 의사소통도 보다 내면적이고 본질적인 내용으로 바뀔 것입니다."

11) 참여적 행동의 주도

상담자의 솔선적 주도는 집단과정의 어느 순간에 집단원들의 참여적 행동을 유도하고 집단에서 초점자료를 새로 도입하는 능력을 말한다. 이러한 상담자의 주도적 방식이 없으면, 특히 모임의 초반에서는 집단원들의 화제가 초점이 없는 중구난방식이 되기 마련이다. 또한 불필요한 신경소모와 긴장된 순간이 지속되며 "선생님, 이제부터 집단상담이 어떻게 진행되는 거지요?" 하는 식의 의문이 나온다.

상담자의 주도 및 솔선수범은, 결국은 어떻게든 굴러갈 것이라는 식의 기회주의와 우유부단한 입장을 갖기보다는, 여러 가지 중에서 한 가지 행동계획을 골라서 하는 것이다. 즉 비록 행동계획이 매번 필요한 것은 아니더라도 상담자는 여러 가지 계획을 마음속에 준비하고 있어야 한다고 볼 수 있다. 그리고 주도적 행동을 위해서는, 상담자가 집단에서의 진행사항에 유의하면서 누가 어떤 종류의 도움이 필요한지에 따라 그에 맞는 반응을 보여야 된다. 상담자의 주도적 행동에는 집단의 과정이 시작되도록 하는 것과 한 주제(또는 관심영역)의 종결후 새로운 주제나 영역에 진입하도록 하는 것의 두 가지 종류가 있다. 먼저 집단모임을 시작하는 데 관련된 상담자의 주도적 행동에는 지금까지 행동변화의 노력들이 어떻게 이루어지고 있는지에 대한 집단원들의 보고, 이 보고내용에 대한 다른 집단원들의 반응, 각자의 관심사에 대한 발언 등을 요청하는 것이 포함된다. 상담자의 주도적 행동의 예를 다음에서 볼 수 있다.

> "오늘이 여섯번째 모임이 되겠군요. 이제부터는 지난주 형춘이와 수연이가 설정했던 행동목표가 어떻게 실천되어가고 있는지 들어본 다음에, 다른 사람들이 각자 이야기하고 싶은 것을 들어보도록 하지요……"

이와 같은 상담자의 주도적 발언은 집단원들로 하여금 결국 집단과정의 생산적인 상호작용에 참여케 하고, 그러한 참여가 자신들의 변화에 도움이 됨을 깨닫도록 한다. 그러나 집단원들의 보고 및 반응의 필요성에 관한 애매한 표현이나 상담자 자신의 책임을 전가하는 듯한 발언은 집단원들의 불안과 압박감을 유발하기 쉽다. 다음의 상담자 발언이 그러한 예일 것이다.

> "오늘이 여섯번째 모임인데도 여러분들 대부분이 모험이나 부담에 직면하지 않고 있어요. 이 상담집단은 바로 여러분을 위한 집단이라는 것을 명심해야죠. 여러분들이 집단과정에 적극적으로 참여하여 이 집단이 능률적으로 움직이게 하지 않으면, 또 그저 가만히 앉아 서로 쳐다보기만 하는 분위기가 되고 말지요."

상담자의 두번째 주도적 행동은 한 집단원의 주제가 종결된 후 다른 집단원의 새 주제로 들어갈 때에 필요한 것이다. 이 때에는 상담자가 흔히 진행과정에 대한 짤막한 요약을 한 후 집단 내의 다른 집단원이 자기의 관심사를 자발적으로 말하도록 권하거나, 이전에 진전을 보지 못했던 자료를 다시 정리해보도록 권하는 발언을 할 수 있을 것이다. 이런 종류의 주도적 행동을 다음 상담자의 발언에서 볼 수 있다.

"승환이, 지난번에 철우가 가까운 사람과 거리가 생겼다고 말했을 때 진지한 반응을 보였는데, 그때 너는 구체적으로 말하지는 않았지만 그런 화제가 너 자신에게도 상당히 중요한 의미가 있을 것 같애. 철우가 했던 것처럼 승환이도 오늘 그런 측면을 여기서 같이 생각해 볼 의향이 있나?"

12) 집단원들에 대한 격려와 지지

집단원들이 불안하여 표현을 억제하거나 두려워할 때, 그리고 자신의 바람직한 행동에 자신감을 느끼지 못할 때 상담자는 격려와 지지를 해야 한다. 상담자의 격려, 지지, 강화 등은 적절하게 시기에 맞추어서 집단원들에게 주어야 한다. 즉 부드러운 지지적 발언과 격려는 집단원들의 발전적 노력을 북돋아주기 위해 필요한 것이지, 결코 자기패배적인 자세나 불편한 심정을 단순히 강화해주는 것이 되어서는 안 된다.

상담자의 격려와 지지는 우선 집단원들이 개인적 고민을 검토하면서 느끼기 마련인 저항 및 방어적 태도가 나타날 때 필요하다. 사람들은 과거로부터 가지고 있던 생각, 습관적 행동, 도덕적 태도 등이 비록 자기의 개성을 발휘하는 데 장해가 되고 바꾸어야 한다는 것을 알지만, 그것들을 바꾸는 데는 굉장한 저항을 느끼기 마련이다. 왜냐하면, 그것들이 이미 생활을 지탱해가는 수단이 되어 있고 어떠한 방어도 그 나름대로의 소용이 있기 때문이다. 그리고 새로운 생각과 행동의 가능성을 인정하고 옛날 습관을 포기하는 것은 자기의 일부를 부정하는 것이 되기 때문에 위협까지 느끼게 되는 것이다("내가 달라지면 옛날의 나는 좋지 않았다는 것을 의미하고, 또 나의 불완전함을 인정해야 한다"). 그러나 집단상담자로서는 집단원들의 그러한 생활방식의 인식 및 개선 노력을 지지하고 격려하지 않으면 안

되는 책임이 있다. 집단상담자와 다른 집단원들의 지지와 격려가 없이는 사실상 집단원들의 어떤 변화도 불가능하다고 볼 수 있다. 그러나 지지 및 격려는 동정이나 심정의 이해와는 다름을 명심해야 한다. 단순히 동정이나 위로가 아닌, 집단원에게 도움이 되는 지지와 격려의 예를 다음에서 볼 수 있다.

> "명숙이, 당신한테는 아버지에 대한 마음 속의 이야기를 하기가 무척 힘들고 자신이 없어 보였습니다. 그런데 오늘 용기를 내어 시작한 셈입니다. 그러니까 스스로 아버지와의 관계를 개선하려는 노력을 하는데 자신감과 능력을 보인 것이지요. 이런 모임에서는 그런 이야기를 하기란 여간 힘든 것이 아님을 우리는 잘 이해합니다. 일단 명숙이 고민을 이해하니까 우리가 다같이 어떻게 도움이 될지를 생각하게 됩니다."

만일 상담자가 감상적인 말로 동정이나 내담자의 자기연민을 위로하면, 고민의 해결보다는 자기연민의 감정을 강화하게 될 것이다. 그리고 고민거리를 슬프게 표현할 때에만 다른 동료들이 경청해주고 위로해줄 것이라는 잘못된 분위기가 형성되기 쉽다. 다음 상담자의 발언은 그러한 결과를 가져오기 쉬운 비생산적인 발언의 하나일 것이다.

> "명숙이 당신은 정말 비참한 기분을 느낄거야. 모든 사람들이 고민을 가지고 있지. 우리가 이 집단에서 당신의 그런 우울한 기분을 덜어줄 수 있을 거야. 부모로부터 사랑을 받지 못하면 정말 외롭게 느껴지지. 그러나 여기서는 우리가 당신을 생각해주니까 외롭지 않을 거야. 여기서는 우리가 격려해줄 테니까 아무 때고 부모와의 관계에 대해서 이야기를 하라구. 자! 이걸로 눈물을 닦지."

13) 비생산적인 집단분위기에 대한 조정과 개입

여기서 말하는 상담자의 조정 및 개입적 발언은 상담자의 일반적인 발언들과 성질상 구별되는 것이다. 즉 일반적인 발언들은 대개 집단원들의 언어, 행동 등이 나타나고 진행된 다음에 하는 것이지만, 조정과 개입은 비생산적으로 진행되는 집단구성원들의 행동과정을 중단시키면서 발언하는 것이다. 기본가정은 집단원들이 상담시간을 헛되이 보내고 있을 때 이를 가능한 한 중단시키고 생산적으로 진행되도록 할 책임이 상담자에게 있다는 것이다. 미숙한 상담자들은 그러한 개입을 하기 꺼리거나 개입의 시기를 놓침으로써 집단의 비생산적인 흐름을 방치하는 경우가 많다. 상담자가 개입하여 조정해야 할 비생산적인 집단분위기는 여러 가지가 있겠으나, 다음에 몇 가지 예들을 열거하였다.

- 각자가 다른 모든 사람을 대변하는 경우.
- 한 사람이 다른 한 사람의 대변인 역할을 할 경우.
- 집단 밖의 사람, 상황, 사건에 관해서만 이야기되는 경우.
- 발언하기 전후에 꼭 상담자나 다른 동료의 승인(동정, 응운, 인정)을 구하는 경우.
- 집단원이 "저 사람의 감정을 건드리기 싫기 때문에 말을 안하겠다"고 말하는 경우.
- 자기의 문제를 마치 딴 사람의 책임인 것처럼 떠넘길 경우.
- 집단원이 "난 항상 그래왔다"고 넘겨버릴 경우
- 집단원이 "시간이 흐르면 고쳐지겠지요"라고 말하는 경우.
- 전후 차이가 있는 말과 행동이 보여 질 경우.
- 한 집단원이 길게 횡설수설함으로써 다른 집단원들이 지루해 할 경우 등.

14) 침묵에 대한 처리

경험이 부족한 상담자는 집단에서의 침묵에 상당한 불안을 경험한다. 그 이유는 사람들이 모이면 이야기를 하게 마련이고 이야기가 중단되면 불안해지는 일상생활에서의 경험으로 조건형성이 되어 있기 때문일 것이다. 또한 인간 존재의 의미는 다른 사람들과의 의사소통에 있다는 논리에 지배되어 어떤 내용이든 이야기를 하는 것이 침묵보다 낫다는 생각에 흔히 젖어 있기도 하다. 그러나 침묵도 인간 행동의 한 형태이며 침묵 중에 많은 느낌과 생각이 진행될 수 있다. 유능한 집단상담자는 이것을 잘 알고 있으며, 집단원들이 이야기를 하지 않고 침묵을 지킬 권리도 있음을 인정한다. 그리고 어떤 침묵도 그 원인은 있게 마련이고 그 원인은 사람마다 다를 수 있다.

집단상담자가 침묵을 처리하는 첫번째 요령은 집단원들이 침묵에 대해 아무리 압박과 불안을 느끼더라도 자신은 말을 해야 한다는 압박감을 느끼지 않는 것이다. 상담자가 불안한 나머지 먼저 이야기를 하면 대개는 별로 도움이 되지 않는 발언을 하게 되기 때문이다. 두번째 요령은 결코 침묵을 항상 깨뜨리는 입장이 되지 않고 집단원들 쪽에서 침묵을 깨고 발언하도록 한다는 것이다. 그리고 세번째 요령은 침묵이 진행되는 동안을 집단원들에 대한 자료수집의 시간으로 활용하는 것이다. 상담자는 다음과 같은 물음의 형식으로 집단원들에 관한 자료를 탐색한다. 즉 "누가 긴장해 있고, 무기력 상태에 있으며, 또는 킥킥 웃고 있는가?", "누가 다른 사람이 이 침묵을 깨뜨리기를 가장 기다리고 있는가?", "누가 이야기를 꺼내고 싶으면서도 말 할 용기가 없어 보이는가?" 등이다. 요컨대, 상담자는 침묵 중에 가만히 있거나 아무것도 하지 않는 것이 아니다. 그리고 숙련된 상담자는 침묵에 대해서 놀라지도 않고 실망을 하지도 않는다. 한편, 상담집단에서 침묵이 깔려 있을 때 상담자는 다음과 같은 발언을 통해 생산적으로 개입할 수 있을 것이다.

> "집단상담에서는 가끔 침묵이 흐르기 마련입니다. 여러분은 대개 이런 집단에서 자신에 관해 이야기하는 데 익숙하지 않고, 한참 생각해야 무엇을 어떻게 이야기할지 감을 잡게 됩니다. 또한 '이런 이야기를 지금 해서 괜찮을지' 조심스러워 남이 먼저 말을 꺼내주기를 기다리기도 합니다. 그래서 어떤 의미에서는 실속 없는 이야기가 마냥 계속되기보다는 이런 침묵이 오히려 의미가 있기도 하지요. 침묵하는 자체가 불편하면 그 자체를 이야기해도 되니까요."

이와 같이 상담자의 개입은 집단원들의 불안을 덜어주며 상담집단의 목표달성을 위한 노력을 계속하도록 촉진하는 것이라고 볼 수 있다. 이와는 대조적으로 다음과 같은 말은 집단원들이 발언하기를 더욱 꺼리게 하고 침묵기간을 연장시키는 상담자의 개입이 될 수 있다.

> "여러분이 이렇게 침묵만 지키고 시간을 끌면 결국 여러분에게 손해가 됩니다. 그러나 나로서는 침묵이 낭비가 되더라도 여러분이 억지로 말하도록 하지는 않겠습니다."

만성적인 침묵 또는 번번히 계속되는 침묵에 대해서는 상담자가 해석적 발언을 통해 개입해야 한다. 상담자는 개인 관심사를 공동으로 정리하고 서로 도와준다는 집단상담의 목적에 따라서 다음과 같은 해석을 할 수도 있겠다.

> "내가 보기에는 여러분은 한 사람의 관심사에 대한 이야기가 끝난 다음에는 누가 이야기를 꺼내야 할지를 생각하느라고 가만히 있는 것 같군요. 생각의 정리나 말할 준비를 위해서 가끔 침묵이 필요하기는 하지만, 불필요하게 계속되면 진이 빠질 수도 있겠지요. 아까까지 수연이의 이야기가 진행되면서 수연이가 어떻게 도움을 받았는지 우리가 보았지만…… 성호도 그러고 싶은 마음이 있으나 혹시 여러 사람의 주목을 받기가 거북해서 그렇게 가만히 있는지도 모르겠구만요. 성호는 내 말을 어떻게 생각하나요?"

15) 비언어적 행동에 대한 인식과 설명

상담자는 집단원들의 자세, 얼굴표정, 몸짓 등 말 이외의 행동들이 상담과정에 극히 중요한 자료들임을 알아야 한다. 집단원들의 비언어적 행동단서들은 개인상담에서보다 여러 사람들로부터 여러 가지 행동이 나타나기 마련인 집단상담에서 그 의미가 더 중요하다고 보겠다. 예컨대, 집단원들의 행동반응에는 얼굴표정의 변화, 고개의 끄덕임, 항상 앞으로 기울여 앉거나 뒤로 젖혀 앉기, 턱을 고여서 앉기, 머리를 긁적이거나 어깨를 긁는 행위, 팔장끼기, 다리의 위치를 자주 바꾸어 앉기, 자주 움직이는 시선 및 단조로운 미소 등 여러 가지가 포함될 것이다. 집단상담자는 우선 이러한 비언어적 행동자료들을 관찰하고 주시하는 노력을 게을리해서는 안 된다. 그리고 이러한 자료들에 대한 정확한 피드백, 즉 그러한 행동반응들이 어떻게 관찰되었고, 상담자에게 어떤 느낌을 주고, 또 그 행동을 하는 집단원들에게는 어떤 소용이 있을지에 대한 의견을 말해주는 것이 필요하다. 상담자와 다른 집단원들의 이러한 반응은 그 집단원으로 하여금 자기를 보다 정확히 인식하고 또 상담목적에 부합된 노력을 하는 데 도움을 얻도록 하는 것이다.

집단원들의 비언어적 자료를 인식하는 것은 상담자가 할 일의 절반에 불과하다. 즉 인식한 자료를 적절히 설명해주는 것이 나머지 절반이며 이 부분이 더 어렵다고 하겠다. 여기서 어떻게 말하는 것이 비언어적 행동자료에 대한 적절한 발언인지 일일이 설명하기는 힘들 것이다. 요컨대, 유능한 상담자는 우선 비언어적 행동반응이 있을 때마다 매번 언급을 하지는 않는다. 즉 비언어적인 행동들을 예민하게 관찰하되, 다른 집단원들의 반응과 함께 그 사람의 집단상담에서의 노력을 촉진하는 방향으로 비언어적 행동을 언급하는 것이 필요하다. 다음의 예는 상담자의 그러한 발언의 하나이다.

"성호, 아까 명숙이가 이야기할 때 말을 하지 않았지만 무엇인가 반응을 보였는데…… 얼굴표정이 다소 달라졌었고 손가락을 만지작거리는 것을 보았어요. 혹시 명숙이가 이야기한 내용과 관련해서 마음이 불편하였을지도 모르겠네요."

집단원들의 비언어적 행동에 대해 비생산적으로 다루는 경우는 행동에 대해 자료가 아무런 의미가 없는 것처럼 말하거나, 의미를 부여할 필요가 없는 것에 잘못 해석을 하는 사례에서 발견된다. 다음의 두 가지 사례가 그런한 경우라고 할 수 있겠다.

"명자, 너는 아까부터 계속 불안한 표정을 하고 있는데, 다른 사람이 너에 대해 이야기할 때마다 긴장된 얼굴이고 팔짱을 끼거나 손을 움직이는 것을 보았어. 그리고 말을 할 때는 조금 더듬거리고 말이야. 왜 그러지? 그렇게 긴장할 필요가 없을텐데."

"성호, 너는 명숙이가 자기 가정 이야기를 할 때 오른손을 움직이더니 나중에는 발을 자꾸 흔드는 것 같더군. 너의 그러한 반응과 자세는 너 자신의 어떤 마음을 위장하는 것이 아닐까?"

16) 분명하고 간결한 의사소통의 시범

집단상담자의 말을 집단원들이 잘 이해하지 못한다면 상담이 잘 진행될 수가 없음은 물론이다. 아무리 집단상담에 관한 이론과 전문적인 기법을 익힌 상담자라고 하더라도 그러한 기법을 집단에서 제대로 구사하기 위한 의사소통이 불충분해서는 안 될 것이다. 실제로 충분한 경험이 없는 상담자에게는 이러한 모순적 현상이 가끔 있게 마련이다. 따라서 집단상담자는 자기의 언어적 기술, 즉 의미전달의 효과적인 행동을 향상시키기 위한 노력을 꾸준히 하지 않으면 안 된다. 다시 말해서, 자신의 반응과 질문이 집단원들에게 어떻게 받아들여지는지, 혹시 자기의 개입적 발언을 집단원들이 잘못 이해하지는 않는지 주의해야 한다. 상담자의 말은 집단원들이 정확히 이해하고 정확히 반응할 수 있게끔 표현되어야 한다. 가령, "이제 그 말을 다시 한번 이야기해 주세요"라든가 "그 말씀을 잘 이해하지 못하겠어요"와 같은 반응이 나오지 않도록 하는 것이다. 흔히 집단상담에서는 이러한 반응이나 상담자에 대한 의문을 제기할 용기가 없어 그냥 지나치는 집단원들이 있게 마련이다. 따라서 상담자로서는 자기의 언어행동이 뜻하는 의미의 명확성에 대해 집단원들이 공개적인 반응(또는 비판들)을 하도록 해야 한다. 또한 "에—", "그건 말이야", "내가 말한 것은" 등의 표현이 불필요하게 반복되지 않도록 노력한다. 유능한 집단상담자는 집단원들의 피드백을 기꺼이 수용하는 사람인 것이다.

한편 집단상담자의 비효과적인 발언 형태에는 다음과 같은 것들이다. 설교를 하는 것, 번드르한 웅변, 우물거리는 말, 과장된 표현, 복잡한 표현, 다른 사람을 깎아내리는 말, 주지화된 이야기, 애써 설득하려는 말, 여러 가지 비유와 예를 드는 것, 설명을 반복하는 것, 말해놓고 웃어넘기는 것, 암시만 하고 구체적인 내용을 밝히지 않는 것, 자신의 주장과 경험을 고집하는 것, 관심사의 다른 측면을 무시하는 것 등이 있다.

17) 상담의 초점을 맞추기

상담의 초점을 맞춘다는 것은 집단상담의 과정에서 어느 한 집단원의 관심사(문제)에 관해 모든 집단원들이 같이 생각하도록 하며, 주제에 관련된 자료를 중심으로 이야기하도록 하는 것이라고 말할 수 있다. 집단상담에서는 한 집단원이 자기 관심의 어느 한 자료에 대한 이야기로 쉽게 다른 집단원들의 반응을 끌어들일 수 있다. 이런 경우에 언급되는 자료들은 대개의 경우 상담문제의 초점에서 벗어난 것이 되기 쉬운데 이에 대한 다른 집단원들의 반응도 대개는 만담(좌담)의 형식으로 흐르기 마련이다. 집단상담자는 집단원들이 의미 있는 자료에 관해서 생각하고 말하도록 유도하면서 상담

문제에 직접 관련되지 않은 좌담식 발언의 흐름을 바꿀 필요가 있다. 집단원들은 다른 사람의 관심사에 초점을 맞춘 반응을 하는 경향이 있기 때문에 상담자의 개입이 없으면 집단상담 자체의 초점이 흐려지고 만다. 여러 가지 의견이 속출하기만 하고 초점이 없는 이야기들이 오고 갈 때 상담자는 다음과 같은 질문을 통하여 상담 초점이 흐려지지 않도록 유도할 수 있을 것이다. 즉, "우리가 지금 이런 식의 이야기를 계속하는 것이 무슨 의미가 있을까요?", "그런 의견들이 상담목적에 얼마나 부합될까요?," "우리의 이야기가 지금 문제의 초점에서 벗어나 옆길로 흐른 것은 아닐까요?" 등이다. 또한 다음과 같이 직접적인 발언으로 집단원들의 주목을 환기시킬 필요가 있을 것이다.

"옥진씨, 당신은 성호가 노망이 들기 시작한 어머니와의 관계를 이야기한 후 곧 화제를 자기의 경험으로 돌려버렸습니다. 내 생각에는 성호의 갈등에 관해 어느 정도 정리가 되어 행동목표가 세워질 때까지 성호의 이야기에 초점을 맞추었으면 좋겠군요. 그런 다음에 옥진씨의 이야기로 넘어갑시다."

"성호, 당신과 형춘이는 지금 다른 사람들이 보는 앞에서 누가 옳게 생각하는지를 경쟁적으로 말하고 있는 것 같습니다. 그 논쟁은 당초에 계숙이가 학교의 교칙에 관련된 고민을 말한 데서부터 시작되었습니다. 두 사람다 교칙에 관해서 잘 알고 있기 때문에 논쟁을 하게 되었고, 또 그러는 바람에 계숙이의 문세는 뒤로 젖혀놓게 된 것 같습니다. 자, 이제 다시 계숙이의 고민을 어떻게 해결하는 것이 좋을지 같이 생각해보면 어떨까요. 성호와 형춘이의 토론은 나중에 집단상담이 끝난 다음에 두 사람 사이에서 결말이 나도록 하고⋯⋯"

집단상담의 초점을 맞추는 데 있어서 집단원들의 주의가 어디에 집중되어야 할지를 상담자가 적절히 판단하는 것이 중요할 것이다. 그러나 상담자가 이러한 주목 및 주의의 환기를 너무 직선적으로 하거나, 집단원들을 비난하는 식으로 해서는 안 될 것이다. 다음이 그러한 비생산적인 상담자의 발언의 예이다.

"성호, 너는 번번이 다른 사람의 이야기 주제를 다른 것으로 바꾸어 버리고 있어. 그리고 다른 사람들도 모두 상담문제와는 직접관련이 없는 이야기에 시간을 많이 소비한 셈이지. 이제부터 한 번에 한 사람의 관심주제를 하나하나씩 다루어 나가도록 하자구.”

18) 비생산적인 행동 및 태도의 억제

상담자가 집단상담의 목적을 잘 설명하고 집단원들이 할 일을 명확히 정의해주고 타인을 돕는 행동을 시범해주면, 대개의 집단은 응집력이 생기고 상호 이해적인 분위기를 유지한다. 그러나 집단에 따라서는 상습적으로 논쟁적이고, 예측할 수 없는 행동을 하거나, 다른 사람과 도저히 어울릴 수 없으며 심한 장애를 겪고 있는 집단원들이 섞여 있는 경우가 있다. 상담자는 이러한 집단원들이 집단에 미칠 영향에 대해서 주의해야 하며, 상담집단이 그들 때문에 혼란을 겪거나 불안정한 집단이 되지 않도록 할 책임이 있다. 상담자가 집단의 혼란을 억제 또는 회피하도록 노력하는 데는 우선 집단분위기가 언제 비생산적으로 바뀌고 있는지를 간파해야 할 것이다. 집단원들의 무질서와 집단분위기의 혼란을 파악하기 위하여, 상담자는 다음과 같은 물음들에 스스로 답해보는 노력을 할 수 있을 것이다. 이런 물음에 대체로 ‘그렇다’는 판단이 서면 상담자가 개입하여 분위기를 진정하거나 이야기의 초점을 조정해야 할 것이다.

“집단원들이 편을 갈라서 서로 적대적인 상호작용으로 치닫고 있는 것은 아닌가?”

“집단원들 중에 다른 사람의 의견을 전혀 수용하지 못하고 타협도 할 수 없는 사람이 있는가?”

“집단원들 중에 현재의 집단분위기를 참아내지 못하는 사람이 있는가?”

또한 집단원 중 개인면담이나 집단 밖에서 자문을 해주어야 할 필요가 있는 사람이 생기면, 즉시 그러한 행동을 실행에 옮길 필요가 있다. 그리고 집단원들간의 비생산적 논쟁과 흥분으로 인해 상담자의 개입이 필요할 때는 다음과 같이 발언할 수 있을 것이다.

“장호와 옥진이, 두 사람은 상대방의 말을 경청하거나 이해하기보다는 논쟁에서 서로 이기려 들기 때문에 말다툼으로 줄달음치고 있군요. 이제 두 사람은 가만히 있고, 다른 사람들이 장호와 옥진이에게 이야기하도록 허용해 주었으면 좋겠습니다. 그리고 난 다음에 두 사람이 소득이 없는 흥분은 억제하고 차근차근 서로의 의견이 어디서 엇갈렸고 어떻게 서로 이해될 수 있는지를 생각해 주면 좋겠어요. 자, 창환이가 먼저 두 사람 사이에 무엇이 오고 갔는지 이야기해볼까요?"

집단이 혼란스럽고 폭발직전의 험악한 분위기가 될 때에는 상담자의 권위와 공신력이 손상될 우려가 있다. 그러나 아무리 상담자가 소극적인 태도로 임하고 미리 개입과 조정을 하지 않는다고 하더라도, 집단이 아주 혼란스러운 채로 지속되거나 상담자를 완전히 불신하게 되는 경우는 거의 없다. 집단상담은 비록 생산적 방향으로 전환하는 기점을 찾지 못해 방황을 하는 경우도 있지만, 대부분의 경우 스스로 혼란과 흥분을 진정하는 자생력이 있다. 상담자가 비생산적인 집단분위기를 흔히 잘못 처리하는 경우는 상담자가 집단의 혼란 및 그 가능성을 부인하거나 사탕발림식의 피상적인 처리를 할 때이다. 다음의 상담자 발언이 그 예가 된다.

"창환아, 무진이가 너를 '새 대가리같은 바보'라고 불러서 화가 무척 나 있구나. 그러나 화를 내고 언성을 높인다고 해서 해결될 일은 아니지. 두 사람 다 어린애들처럼 행동하고 있어. 너희 두 사람은 기본적으로 서로 좋아하고 있다고 난 생각해. 무진아, 네가 그렇게 말한 것은 진심이 아니지? 그렇지?"

상담자가 집단의 혼란상태에 대해 어느 한 편을 두둔하거나 단순히 집단원들간의 예의가 회복되도록 하기 위해 위와 같이 사과를 유도하는 것은 결코 생산적인 개입이라고 볼 수 없다.

19) 행동목표의 설정을 도와주기

집단상담에서 집단원들이 생산적인 행동목표를 세우도록 돕는 것은 상담과정의 주요 핵심이며, 상담자의 전문적인 노력을 필요로 하는 것 중의 하나이다. 흔히 상담자와 집단원들이 생산적 목표설정을 너무 당연한 것으로 여기기 때문에 단순히 생각하고 처리하는 경향이 있다. 예를 들면, 모든 집단원들이 상담에 대한 목표의식을 가지고 참여할 것이라는 생각에서 상담과정에서 특별히 목표설정에 관한 노력을 별도로 기울이지 않는 경우이다. 미숙한 상담자의 경우에는 개인상담에서도 이런 경향을 보이는 수가 있다. 내담자가 제시한 문제(상담실에 가지고 온 문제)와 상담에서 다룰 수 있고 접근할 수 있는 '목표문제' 간에 차이가 있음을 정확히 알지 못하는 데서 이러한 현상이 생긴다.

개인상담에서의 목표설정과 집단상담에서의 목표설정 간에는 두 가지 뚜렷한 차이가 있음을 유의해야 할 것이다. 그 첫번째 차이는 집단상담에서의 목표설정은 집단과정 내에서 이루어진다는 점이다. 즉 집단에 참여하기 전에 가졌던 목표의식과 참여목적을 집단원들의 지지, 평가적 반응 등을 참작하여 구체화하고 수정하는 과정을 거쳐서 목표설정이 이루어진다는 것이다. 상담집단의 이해적, 수용적 분위기와 피드백에 힘입어서 집단원은 자기가 바라는 목표행동을 시도할 수 있고, 그 결과를 다른 집단원들과 함께 검토하고 보완하게 되는 것이다. 두번째 차이점은 집단상담에서는 집단원들 앞에서 어떤 목표를 달성하겠다고 '선언'(또는 공약)하게 되면, 그 목표를 달성하기 위한 노력에 있어서 개인상담의 경우보다 더 책임감을 느끼게 된다는 사실이다. 즉 집단상담의 구성원들은 선언한 바를 시도해보지 않은 채 다음 모임에 나가기를 꺼림직하게 여기게 된다. 그리고 완전히 만족스러운 결과를 얻지는 못했어도 시도한 바를 집단에 와서 보고하면 다른 집단원들이 그러한 시도적 노력을 격려해주고 계속 노력하는데 참고가 되는 정보와 의견을 말해주게 된다. 바로 이런 점에서 집단상담이 개인의 자기 발전적 노력을 실효있게 하도록 만드는 강력한 무대가 되는 것이다.

효과적인 목표를 설정하기 위해서는 다음의 다섯 가지 사항에 주의하여야 한다. 첫번째로, 집단상담에서의 목표는 집단원들간의 상호협조로 이루어지는 것이 보통이다. 즉 어느 한 집단원이 달성하려고 하는 목표에 관해 주저하고 확신을 갖지 못할 때, 다른 집단원들의 자극과 도움에 의해 결국 이 목표를 자기 자신의 것으로 구체화하여 성취하려는 의욕이 생기게 된다는 것이다. 두번째로, 목표는 구체적이어야 한다. 즉, 목표달성을 위한 현실적인 순서 또는 기준 등을 분명히 밝히는 것이 중요하다. 구체적 목표는 목표달성을 위해 어떤 행동을 언제, 어디서 할 것인지 등을 반드시 포함하게 된다. 세번째로, 목표는 현재의 비생산적인 행동('문제행동')을 대치하는 것이어야 한다. 자기가 문제시하는 행동을 단순히 중단하는 것만으로는 충분하지 않고 생활장면에서 취해야 할 바람직한 새 행동이 목표가 되어야한다. 네번째로, 목표는 성취가 가능한 것이어야 한다. 아무리 바람직한 행동이고 구체화된 행동목표라도 비현실적으로 세워졌기 때문에 달성될 수없는 것이라면 아무 소용이 없을 것이다. 즉 목표행동을 시도는 했으나 달성하지 못하는 경험을 하게 되면 "아무리 노력해도 달라지지 않는다"는 생각만을 굳히게 된다. 다섯번째로, 목표는 관찰가능하고 측정가능한 것이어야 한다. 즉 시도하는 새 행동을 다른 사람이 관찰하여 어느 정도로 목표가달성되었는지를 밝힐 수 있어야 할 것이다.

집단상담은 한 개인의 목표행동의 시도결과를 집단원들 앞에서 실연할수 있는 기회가 많다는 점에서 유익하다고 볼 수 있다. 동료 집단원들 앞에서 실연할 수 없는 행동은 생활장면의 주변 인물들의 평가, 또는 적어도 집단원 스스로의 평가기준이 마련되어야 할 것이다. 다음에 상담자가 대중앞에서의 긴장문제에 관한 한 집단원의 목표설정의 과정을 돕고 있는 예를들었다.

"지금까지 이야기로 보아, 성호 당신은 매력을 느끼는 상대에게 접근하기가 두렵고 어떻게 하면 효과적으로 대화를 이끌어갈지 익숙치 않은 모양이군요. 우리 모임에서는 순진이나 명숙이와 대화를 할 수 있었다는 사실에 어느 정도 만족을 하고 있다고 했어요. 당신은 다른 사람들, 특히 두 사람의 솔직한 반응에 안심을 하고 있어요. 자, 당신이 전혀 모르는 새 여성과 이야기해 보는 노력을 하기로 약속할 수 있습니까? 그럴 수 있다면, 어느 장소에서 언제 어떻게 대화를 할 수 있다고 생각하십니까?"

다음의 상담자 발언은 한 집단원의 목표설정에 관한 생각을 모호하게 남겨둔 채 상담과정을 너무 일찍 종결하려는 경우라고 하겠다.

"자, 그만하면 될 것 같아. 우리는 모두 성호가 남 앞에서 느끼는 긴장을 줄이기 위해 오늘처럼 계속 노력하기를 바라고 있어. 다음 주에 성호의 이야기를 더 듣기로 하고, 이제부터는 영숙이의 직장관계에 관해서 생각해보기로 할까?"

20) 생산적 종결의 촉진

일상생활 장면의 모임에서도 헤어질 때는 머뭇거리거나 "그만 일어섭시다"라는 제안을 쉽게 하지 못하는 경우가 많다. 집단상담에서는 상담자가 필요 없이 지체되는 시간이 없도록 개입할 책임이 있으며, 이것은 화제가 끝나는 때와 상담면접이 종결되는 때나 다 해당되는 것이다. 한 모임(시간)에서의 주제를 종결할 때는, 개인의 관심사 또는 문제에 관한 이야기가 더 이상 생산적 결과를 얻을 수 없다고 생각되기 때문에 그 개인이 그만 다루어지기를 바라는 경우가 된다. 비생산적인 이야기는 대체로 집단원들이 다른 주제로 넘어가기를 회피하고 두려워하는 경우와 진행 중인 이야기들이 의미가 없음을 알지 못하는 경우에 반복된다고 말할 수 있다. 이런 때에는 이야기의 초점이었던 집단원이 '관심사의 탐색 → 자기이해의 확대 → 대안적 행동방향의 모색 및 그 결과의 검토 등' 효과적인 상담과정의 어느 단계에 와 있는가를 상담자가 파악하는 것이 필요하다. 만일 어느 집단원이 이러한 과정의 일부만을 거치고 나머지 단계에서는 좌절되고 있는 상태라면, 상담자는 그 집단원이 부딪친 장애물이 무엇인지를 밝혀주고 다시 본래의 단계를 밟도록 격려한다. 사정이 여의치 않으면 다음 기회에 반드시 다루도록 약속을 받아두는 것이 필요하다. 앞에서 말한 모든 단계들을 거쳤으면 상담자가 개인적 관심사의 처리가 종결되었음을 알리게 되는 것이다. 이런 종결의 발언은 초점이 되었던 개인의 의사를 확인하고 또 진행내용을 간결하게 요약하는 형식이 될 것이다. 다음이 그러한 상담자의 발언 예이다.

"내가 지금 요약해보았지만, 성호, 당신은 여러 사람 앞에서 이야기할 때마다 긴장하고 땀을 흘리는 습관을 어떻게 고쳐나갈지에 관해 이 모임에서 구체적으로 연습을 해보았습니다. 그리고 연습한 결과에 대해서 대체로 만족스럽다고 했고 동료들의 격려에 대해서도 고맙다고 말했습니다. 집에 가서 그런 연습을 더해보고 그 결과를 다음 모임에서 검토해 보지요. 그러한 노력을 실생활에서 계속해 나가는 것이 바람직합니다. 어때요, 오늘은 여기서 끝내는 것이? 더 붙일 말이나 덜 합의된 것이 있습니까?"

비생산적인 종결의 경우는 종결이 요구되는데도 종결발언이 없거나 상담자의 좌절감 등으로 인해 너무 일찍 종결적 언급이 있는 경우에 볼 수 있다. 그리고 적절한 시기를 택한 종결적 언급이라도 상담자가 권위적이고 도덕적인 태도를 표현하는 경우에는 비생산적인 결과가 초래될 것이다. 모임의 시간을 부드럽게 종결한다고 해서 예정시간이 다 될 때까지 기다리는 것은 결코 아니다. 각 모임은 적어도 상담자의 간결한 요약과 정리로 끝내야 하며, 다음 모임까지 밖에서 해야 할 과제에 관한 합의를 확인하고, 모임의 과정에서 이루어진 경험은 잠정적일 수 있기 때문에 지속적 연습과 노력이 필요하다는 것을 강조하면서 종결하는 것이 바람직하다. 또한 다음 모임에서 다룰 주제나 '주인공'의 순서와 시간변경 및 개인면담의 문호를 개방하고 있음을 알리는 것도 좋을 것이다. 다음은 효율적인 상담자의 종결발언과 권위적이고 기계적인 종결의 예를 차례로 볼 수 있다.

> "성호는 이제부터 무엇을 해야 할지를 구체적으로 알게 되었죠. 그러면 다음주에는 명숙이나 미경이의 관심사를 가지고 이야기하기로 하죠. 그 밖에 다른 사람도 혹시 그럴 의향이 있으면 여기 오기 전에 미리 생각을 좀 하고 오는 것이 좋을 거예요. 다음주에는 시간은 같지만 사정 때문에 수요일이 아니라 화요일임을 잊지 말아요. 혹시 개인적으로 나와 꼭 이야기하고 싶은 사람이 있으면 근무시간 중에 이곳으로 전화를 하십시오. 그럼 내주에 만납시다."

> "장호의 문제에 대해서 우리가 충분히 시간을 할애했지요. 다음부터는 다른 사람의 관심사를 다룹시다. 모든 사람들이 골고루 집단상담의 혜택을 받아야 하니까요. 그리고 다음주 모임은 수요일이라는 것을 잊지 마세요."

집단상담의 전 과정을 종결할 때는 마지막 모임에서 대개 특별한 활동이나 순서가 필요하게 된다. 특별활동이란, 대체로 집단원들이 서로 전체 진행과정에 대한 종합적 평기를 하도록 하고, 상남집단이 해산된 후 각자가 어떤 개선노력과 생활진로를 가지고 있는지 등에 관해 이야기를 나누도록 하는 시간이다. 이 때에 상담자는 집단원들간의 상호연락 등 유대감의 유지노력을 격려할 필요가 있다.

3   집단과정별 상담자의 개입반응

3.1 집단회기를 시작하고 마감하는 개입반응

훈련중인 집단상담자들은 집단회기(모임)를 시작하고 마무리할 때 비효율적으로 하는 경우가 많다. 예를 들어, 회기의 초반부에 상담자가 이전 회기에 대한 아무런 언급도 없이 한 집단원에게 재빨리 초점을 맞추는 것을 종종 볼 수 있다. 집단구성원들은 지난 회기 이래 집단밖에서 실제로 무엇을 했는지에 관해 발언할 기회를 짧게라도 가질 수 있어야 한다. 그 외에도 이번 회기에서 각자 원하는 것에 대해 짧게 언급하도록 하는 것이 유익하다. 한편, 한 집단회기를 마감하는 것은 시간이 다 되었음을 알리는 것 이상의 무엇이 필요하다. 집단상담자가 진행과정을 요약하고, 통합하고, 집단에서 배운 것과 외부 상황에 적응하는 방법을 찾을 수 있도록 집단구성원들에게 자극을 주는 것이 좋다.

다음에 나오는 개입반응(진술, 질문)들은 상담자가 집단회기를 개시하고 마감할 때 사용해볼 수 있는 것들이다. 이 목록을 자주 읽고 다양한 경우에 사용해보면 도움이 될 것이다. 이러한 구절들은 기계적으로 사용하기 보다는 시기에 맞게 적절한 표현으로 사용해야 할 것이다.

1) 집단회기를 시작할 때의 개입반응들

- ○○씨가 이번 회기에서 제일 원하는 것은 무엇입니까?
- 지난주 우리는 ……의 이야기를 끝내지 못했었습니다.
- 지난 모임에 대해 그 이후에 어떤 생각이 들었습니까?
- 지난 회기에 관해 얘기를 나누고 싶군요.
- 이번 시간에 나는 ……을 기대하고 희망합니다.
- 지난 회기에서 배운 것을 이번 주에 활용해 보았습니까?
- 돌아가면서 "지금 나는 ……"라는 문장을 완성시켜 봤으면 좋겠군요.
- 여러분은 지난 회기에서 자신의 모습과 오늘 모습이 어떻게 달랐으면

좋겠습니까?

- 돌아가면서 이번 회기에서 다루고 싶은 주제가 무엇인지 각각 짧게 얘기해 봅시다.
- 당신이 오늘 집단에 참여하지 않는다면 어떨 것 같아요?
- 눈을 감으십시오. 지금부터 두 시간은 당신을 위해 있다는 것을 생각하십시오. 오늘 이 집단에서 자신이 바라는 것과 자신이 기꺼이 하고자 하는 것이 무엇인지 스스로에게 물어보십시오.
- 오늘 이 자리에 있다는 것이 당신에게 어떻게 느껴집니까?
- 오늘은 우리집단이 본격적으로 시작되는 날입니다. 앞으로 12주 동안에 당신이 변화시키고 싶은 것이 있는지 얘기해보고 싶군요. 당신은 어떻게 달라지고 싶습니까?
- 지난 회기에서 다 끝내지 못한 얘기가 있습니까?
- 돌아가면서 "오늘 나는 ……함으로써 적극적으로 이 집단에 몰두할 수 있을 것 같다"는 문장을 완성해서 말해주었으면 좋겠는데요.

2) 집단회기를 마감할 때의 개입반응들

- 오늘 끝내기 전에 여기에 있는 다른 사람들에게 무언가 말하고 싶은 사람이 있습니까?
- 오늘 회기에서 배웠다면 무엇을 배웠습니까?
- ○○씨가 오늘의 모임에서 특히 의미 있었던 것은 무엇이었습니까?
- 오늘 우리가 탐색했던 핵심주제를 ○○씨가 요약한다면 무엇일까요?
- ○○씨는 오늘 여기에 참석한 것이 어떠했습니까?
- 다음 회기에 특히 다루고 싶은 주제를 가진 사람이 있습니까?
- 돌아가면서 "집단 밖에서 연습할 필요가 있는 한 가지는 ……이다"라는 문장을 완성해서 말해 주었으면 좋겠는데요.
- 또 "이 회기에서 내가 가장 좋아했던(혹은 가장 좋아하지 않았던) 것은 …이다"라는 문장도 완성해볼까요?
- 나머지 10분 동안 다음 일주일 계획을 얘기해봅시다. 여러분 각자 집단 밖에서 기꺼이 해보고 싶은 것은 무엇입니까?
- ○○씨가 생각해보았으면 하는 숙제는 …입니다.

- ○○씨가 이 집단에서 이루고 싶은 변화가 있습니까?
- ○○씨에게는 지금까지의 집단이 어떤 것 같습니까?
- 지금까지 당신은 이 집단에 얼마나 공헌했습니까?
- 우리는 오늘 의미가 깊은 시간을 가졌습니다. 누군가 석연치 않거나 채 정리 안 된 기분을 느끼고 있지는 않은지 궁금합니다. 지금 기분이 어떤지 말해보시겠어요?
- 오늘 여러 사람들이 어려운 문제들을 꺼냈습니다. 그 문제들이 당장 해결되지 않더라도 여러분이 받은 피드백에 대해 생각해 보기 바랍니다.
- 끝내기 전에 이번 회기에 대한 나 자신의 소감을 나누고 싶군요.
- ○○씨는 이번 시간에 말이 별로 없었던 것 같습니다. 이번 시간이 당신에게 어땠는지 말해주시겠습니까?
- ○○씨는 자신이 꽤 겁이 많다는 얘기를 꺼냈습니다. ○○씨는 오늘 중요한 발걸음을 내디딘 셈이죠. 앞으로도 여기서 계속해서 자신에 대해 많은 것을 알게 되기를 바랍니다.

3.2 집단의 초기 · 참여단계에서의 개입반응

다음의 상담자 반응들을 신중하게 선택하고 시기에 적절하게 사용한다면, 집단의 초기단계에서 집단구성원들이 개인적인 문제를 의미있는 방식으로 검토할 수 있는 촉진제로 활용될 수 있다. 이 반응들을 단순히 기계적으로 사용할 것이 아니라, 구체적인 집단구성원들의 수준과 상담자 개인의 취향에 적합하게 사용하기를 바란다. 아래에 나오는 반응들은 초기단계에서 사용되는 것들이지만 한 상담집단에서 한꺼번에 다 사용되는 것은 아니다.

- ○○씨는 지금 집단 중에 있는 누구를 가장 의식하고 있습니까?
- ○○씨는 지금 이 방안에 있다는 것이 어떻게 느껴지십니까?
- ○○씨는 이 집단에서 무엇을 가장 얻고 싶은가요?
- ○○씨가 지금 말한 것을 얻기 위해서 무엇을 해야 한다고 생각하십니까?
- 당신에 관해서 우리가 알아줬으면 하는 것은 무엇입니까?
- ○○씨가 자기 나름대로 자신을 우리에게 소개한다면 어떻게 소개하

겠습니까?

- 이 집단에서 무슨 기대를 갖고 있습니까?
- ○○씨 친구중의 한 명이 이 집단에서 당신을 소개한다면, 어떻게 ○○씨를 이야기할까요?
- 어떤 사람이 보내서 지금 이 집단에 참여하고 있는 것이라면, 그 사실에 대해 어떻게 느끼십니까?
- 혹시 이 집단에 대한 어떤 두려움이나 의심이 있는가요?
- 자신의 가장 어려운 고민거리를 지금 여기서 공개한다면, 어떤 일이 일어날 것이라고 생각하십니까?
- 어떤 것이 가장 부담됩니까? 혹은 어떤 것이 가장 희망을 느끼게 합니까?
- 생활 중의 어떤 점을 이번에 변화시키고 싶습니까?
- 이 집단에서 도움을 받게 될 것인지 아닌지는 이 집단에 기꺼이 참여하고자 하는 여러분의 태도에 달렸습니다.
- 중요한 것은 지속되는 생각이나 느낌을 표현하는 것입니다.
- 스스로를 일찌감치 몰입시키기를 바랍니다. 기다리면 기다릴수록 몰입하기가 더 어려워질 것입니다.

3.3 집단의 과도적 단계에서의 개입반응

집단상담의 과도적 단계는 집단과정에서 특히 도전적인 기간이다. 집단구성원들의 방어가 높아지는 때이므로, 상담자는 저항이 굳어지지 않도록 신중하게 개입해야 한다. 상담자가 어떤 태도와 어떤 어조로 이 반응들을 전달하는가에 따라 집단구성원들이 기꺼이 모험을 감수하고 도전하려는 의욕의 정도가 달라진다.

- 여러 번의 회기동안 ○○씨는 침묵하고 있었다고 여겨지는데, 궁금한 것은 무엇이 ○○씨를 집단에 계속 참여하도록 했는지, 그리고 당신이 할 수도 있었음직한 반응들이 무엇이었을까 하는 것입니다.
- 집단에서의 이런 침묵은 나에게 부담이 되는군요. 여기서 이야기되어야 했는데 이야기를 하지 않은 것이 있다면 무엇인가요?

- 지금처럼 계속하기를 바랍니까?
- 자금처럼 계속되기를 원치 않는다면, 무엇 때문인지요?
- 지금처럼 계속된다면, ○○씨가 상상할 수 있는 가장 나쁜 일이란 무엇일까요?
- 이 집단에서 어려움을 겪고 있다면, 혼자만 생각하지 말고 그것을 표현하려고 애쓰기 바랍니다.
- 이것이 당신의 생활을 변화시킬 수 있는 마지막 기회라고 생각하십시오.
- 이 시점에서, 우리의 집단이 어디로 진행해가고 있는지를 점검해보고 싶습니다.
- 아마도 ○○씨에게는 이 집단내에서의 상황이 집단 밖에서 부딪히는 상황과 유사한 점이 있는 것 같은데, 그런 점들을 우리에게 이야기해 주면 좋겠군요.
- 이 집단에서와 일상생활 속에서 ○○씨는 어떤 점이 같습니까?
- 나는 이 회기동안 질문이 많아서 힘들었는데, 여러분이 어떻게 그런 질문들을 하게 되었는지 누가 이야기를 해주겠어요?
- 타인의 문제해결책을 이야기하고 충고하는 것보다, 당신이 씨름하고 있는 문제에 대해 더 많이 이야기하기를 바랍니다.
- ○○씨는 누구에게 미진한 일이 남아 있습니까?
- 만약 집단이 여기서 끝난다면, 후회가 없겠습니까?
- ○○씨, 변화가 쉽사리 이루어질 것이라고 기대하면서 무슨 해결책을 바라고 나를 주목하고 있을까봐 염려스럽습니다.
- 지금과 같은 행동방식을 남은 생애동안 계속한다면 어떻게 되겠습니까?
- ○○씨, 지금의 그 긴장을 어떻게 처리하겠습니까?
- 여기서 몇 명은 몰입되기를 몹시 꺼리는 것 같은데, 이것에 대해서 이야기를 하고 싶군요.
- 내가 상담자의 역할을 하는 데 너무 열심이고 이 회기의 결과에 대해 너무 많은 책임을 가지고 있는 것처럼 여겨지는군요. 여기서 우리 각자의 책임감에 대해서 논의해보고 싶군요.
- 몇 분이 지루하다고 말했지요. 그 지루함을 없애기 위해 무슨 일을 하

길 원합니까?

- ○○씨가 제시한 많은 문제들 때문에 압도당한 느낌이예요. 잠시 동안 ○○씨 자신에게 집중해보세요. 바로 지금 한 문제만을 끄집어낸다면, 그것은 어떤 것이 될까요?
- ○○씨(화제를 독점하는 구성원)는 매우 이야기하길 좋아하는군요. 아직 몇몇 사람의 이야기를 내가 못 들었다는 것이 마음에 걸리는군요.
- 이 집단에서 ○○씨는 상당히 말이 없다고 생각되는군요. 다른 사람을 관찰하면서 많은 것을 배울 수 있다고 말했지만, 나는 ○○씨가 관찰하고 있는 것이 무엇인지, 그리고 그것이 어떻게 당신에게 영향을 주고 있는지가 궁금하군요.
- 이런 경험은 어렵고 불편하다는 것을 압니다. 포기하지 말기를 바랍니다. 이야기를 더 계속한다면, 지금보다 더 명확해지고 이해가 깊어지게 될 것이라고 믿습니다.

3.4 집단의 작업단계에서의 개입반응

다음의 상담자 반응들은 집단이 작업단계에 이르렀을 때 도움이 되는 것들이다. 이 반응들도 역시 단순히 기계적으로 사용되어서는 안 될 것이며, 적절한 시기에 집단흐름의 맥락에 맞추어서 한다면 건설적인 개입반응이 될 수 있다. 예를 들어, 한 집단구성원이 어떤 중요한 것을 고려하고 있지 못하다면, "○○씨가 더 말할 것이 있다고 생각되는 군요"라는 말로 개입할 수 있다. 만일, 이러한 간단한 개입들이 적절히 도입된다면, 집단구성원들이 집단에 계속 참여하고 싶은 의욕이 강화될 수 있을 것이다.

- 여러분들을 지금 무엇을 하고 싶은 건가요?
- 지난 회기에서 일어난 일에 관해, 우리가 함께 나눌 만한 것이 무엇인지 말해보세요.
- 그 외에 덧붙일 것이 있나요?
- ……한 것이 ○○씨에게 어떠한 영향을 미쳤나요?
- 이 문제가 당신과 어떤 관련이 있나요? ○○씨의 행동이 당신에게는 어떠한 영향을 미쳤나요?

- ○○씨가 지금 이 순간에 어떤 느낌과 생각을 가지고 있는지 말해줄 수 있어요?
- 나는 당신이 …할 때가 좋아요.
- 여러분이 지금 이 순간에 …하다는 것을 나는 알고 있어요.
- ○○씨에게 얼마나 잘 통하는지를 알아보기 위해, 이 실험을 한번 해 볼 수 있겠어요?
- ○○씨는 울면서도 동시에 말할 수 있습니다. 계속 말씀해보세요.
- ○○씨, 당신의 어머니가 지금 이 자리에 계신다고 상상해보세요. 어머니에게 어떤 말을 하고 싶으세요?
- 그에게 그렇게 질문을 퍼붓는 대신에 그저 당신의 느낌이 어떤지를 말해주세요.
- 나는 ○○씨가 …하다는 것을 지금 주목하고 있어요.
- 당신이 여러 사람들에게 속을 내보인 것 때문에 당혹스럽고 긴장이 된다고 말했지요? 이제 이 방을 한 번 둘러보고 당신이 가장 의식하고 있는 사람들을 자세히 살펴보세요.
- 나는 ○○씨가 …한 것에 관심이 있어요.
- 내 육감은 …해요.
- ○○씨의 눈에는 지금 눈물이 고여있군요. 지금의 심정을 이야기한다면 어떤 것인가요?
- 어떻게 하면 지금까지 여러 사람이 말해준 것을 ○○씨가 기억하도록 할 수 있을까요?
- ○○씨는 말을 하기 전에 속으로 생각을 많이 하는군요. 말하기 전의 그 생각들을 그대로 한 번 말해보세요.
- 이번 회기동안에 ○○씨는 많은 감정들을 경험했을 것 같아요. ○○씨는 자신에 관해 무엇을 배웠습니까?
- 중·고등학교 시절에 당신은 자신에 관해 어떤 결정을 내렸습니까?
- ○○씨가 어렸을 때에는 살아남기 위해서 그렇게 할 수밖에 없었다는 것을 이해하겠어요. 그런데 지금도 그러한 관점이 적절할까요?
- 당신이 꾼 꿈들의 등장인물이 되어보세요. 연극을 하는 것처럼 그 사람들의 목소리를 한번 내보세요.
- 이 상황에 대해서 말만 하지 말고, 그것이 실제로 일어나고 있다고 생

각하고 한번 행동으로 따라가 보세요.

- 만약 ○○씨의 아버지가 지금 여기 계시다면, 그분에게 하지 못했던 어떤 말을 할 수가 있겠어요?
- ○○씨는 부모가 ○○씨에게 주입시켜온 말씀들을 계속 대변하고만 있어요. 지금의 시점에서 ○○씨 자신이 주체적으로 생각한다면 어떤 말을 할 수가 있나요?
- "나는 …할 수 없다"라고 말하는 대신, "나는 …하지 않겠다"라고 말해보세요.
- 방금 배운 것들을 연습하기 위해 ○○씨는 다음 회기까지 무엇을 할 수 있나요?
- 나는 여러분들 각자가 이 집단에 참여하면서 세웠던 목표들을 어떻게 달성할 수 있다고 생각하는지, 그리고 여러분이 바라는 변화가 구체적으로 어떤 것인지를 생각해보는 것이 중요하다고 생각해요.
- 나는 우리가 처음에 작성했던 상담계약서의 내용을 변경시킬 필요가 있는지를 여러분들과 한 번 검토해 보고 싶어요.

3.5 집단의 종결단계에서의 개입반응

집단의 종결단계(응고화 단계)에서는 집단구성원들이 집단에서 그동안 배웠던 것들을 일상생활에 직용할 수 있는 방법들을 생각해보고, 아직 완결되지 않은 작업들이 무엇인지 검토하고, 이별과 관련된 느낌들을 토로하는 것 등이 중요하다. 다음의 문장들은 집단의 종결단계에서 상담자가 자주 사용하는 반응들이다.

- 이 집단에서 ○○씨 자신에 관해 배운 것들 중 가장 중요한 것은 무엇입니까?
- 여기 있는 사람들에게 하고 싶은 말이 있습니까?
- "이제, 우리 모임이 끝나간다"는 사실에 대한 당신의 느낌은 어떤가요?
- 나는 여러분들이 집단에서 배운 것들을 잊어버리는 경향이 있다는 것을 알고 있어요. 그래서 나는 배운 것들을 여러분이 기억할 수 있도록

몇 가지 방법들을 말해주고 싶어요.

• ○○씨는 여기에서 배운 것들을 어떤 식으로 연습할 건가요?

• ○○씨가 어떻게 달라졌다고 생각하세요? 말로 하지 말고 직접 보여주세요!

• ○○씨는 집단 밖의 누구와 이야기를 하고 싶은가요? 그 사람이 ○○씨의 어떤 말을 들어줬으면 좋겠어요?

• ○○씨는 지금 어떤 결정을 내리고 있나요?

• 지금으로부터 1년 뒤에 이 집단이 다시 모인다면, ○○씨는 그동안 어떤 성과를 이루었다고 말하겠어요?

• 이 집단이 끝났을 때 ○○씨는 제일 먼저 누구를 만나고 싶은가요?

• ○○씨가 우리 집단의 진행결과를 비판한다면, 그것은 어떤 것들인가요?

• 당신이 얻은 통찰을 행동으로 옮기기 위해서는 어떤 단계들이 필요할까요?

• 여러분들이 이 집단을 떠난 뒤에 현실에서 부딪칠 수 있다고 생각되는 상황들 중에서 몇 개의 장면을 골라서 어떻게 대처할지를 역할연습해 봅시다.

• ○○씨는 자기가 목표한 바를 어느 정도 이루었나요?

• 이 집단의 성과에 관한 ○○씨가 미흡하다고 느끼는 요소가 무엇이고, 또 그러한 불만족스런 결과가 나오기까지 ○○씨가 어떤 역할을 했는지를 한번 생각해봅시다.

• 이 연습을 더 효과적으로 한다면, 그것을 어떻게 달리할 수 있을까요?

• 이 집단에서 ○○씨가 다른 사람들과 친밀감을 느끼지 못하도록 한 것이 무엇인가요?

• 이 집단에서 ○○씨가 자신에 관해 무엇을 배웠습니까? 그러기 위해서 ○○씨는 무엇을 했나요?

• 이 집단에서 배운 것들 중에서 일산생활에서 가장 잘 적용할만한 것이 무엇인가요?

• 우리 주변의 중요한 사람들과 이야기를 하게 될 때, 초점은 상대방들이 아니라 우리 자신에게 두어져야 한다는 사실을 기억하세요.

• 여러분이 이 집단에서 경험한 신뢰와 친밀감은 우연히 그냥 일어난 것

은 아닙니다. 거기에는 여러분들이 기여한 바가 분명히 있습니다. 그것이 무엇인지 한번 살펴봅시다. ○○씨 경우에는 무엇을 기여했습니까?

4. 집단상담의 윤리문제

집단상담자는 자기가 이끄는 상담집단이나 훈련집단의 구성원들에게 윤리적인 책임을 져야 하는 입장에 있다. 여기서 말하는 윤리적 책임이란 상담자가 상담집단의 목적(집단구성원들의 문제해결과 인간적 성장의 촉진)에 충실하고, 개인정보의 보호 등을 포함한 집단구성원들의 권리와 복지를 존중하는 태도와 행동을 주로 의미한다. 이러한 윤리적 책임에 관해서는 현재 자신의 정규적(또는 비정규적) 활동으로서 집단상담을 하고 있는 상담자 및 상담심리 전문가들뿐만 아니라, 앞으로 집단상담을 하게 될 상담심리학 전공자들과 특히 상담전문가 자격 취득을 앞둔 수련과정의 예비상담자들도 명확한 인식을 가지고 있어야 할 것이다. 미국의 경우에는 집단지도 전문가협회(ASGW)가 집단지도자를 위한 공식 윤리지침을 제정하고 있고, 심리학회(APA), 상담발달협회(AACD) 및 집단심리치료협회(AGPA) 등의 단체들에서도 집단상담자들에게 지침이 될 만한 윤리강령을 마련하고 있다. 우리나라에서는 한국카운슬러협회가 1979년에 「상담자 윤리요강」을, 한국상담심리학회에서 2003년 「상담심리사 윤리강령」을 제정한 바 있는데, 이는 집단상담자를 위한 구체적인 지침이 아닌 상담자의 사회적 활동 전반에 관한 기본 윤리기준을 그 내용으로 하고 있다. 즉, 이 요강은 전문가로서의 태도, 사회적 책임, 인간권리와 존엄성에 대한 존중, 상담관계, 정보의 보호, 상담연구, 심리검사, 윤리문제 해결 등 8개 조항에 관한 개별 원칙을 제시하고 있다.

여기서는 주로 집단구성원들의 권리, 집단상담자(지도자)의 행동윤리를 설명하고자 한다.

4.1 집단구성원들의 기본 권리

일부 집단훈련(T-그룹, 인간관계 훈련 등)의 상담자들은 집단참여자들에게 집단의 성격에 관한 기본적인 사전정보를 충분히 제공하지 않은 채, "참여해보면 알 것이고, 자아성장의 경험을 말로는 설명하기 곤란하다"는 식의 막연한 안내에 그치는 경우가 있다. 또한 집단의 진행과정에서 참여자들이 자기 의사에 따라 집단을 일시적으로 떠나거나 아주 포기하려는 행동이 있을 때, 상담자의 일방적 권위를 앞세워 이를 봉쇄하게 되면, 참여자들의 기본적 권리를 존중하지 않게 되는 결과를 초래할 수 있다. 다음에 집단참여자들의 기본 권리와 이에 관련된 그 밖의 윤리적 사항을 요약해 본다.

〈 집단에 관한 충분한 사전 안내와 양해 〉

집단에 참여하는 집단원들은 참여 여부를 결정하기 전에 자기가 어떤 집단에 참여하게 되는지를 알 권리가 있다. 따라서 상담자는 집단참여를 고려하는 내담자들에게 그들의 권리와 책임이 무엇인지를 분명하게 알게 할 책임이 있는 것이다. 만일, 집단의 목적과 참여자의 역할 등에 관해 충분히 주지시킬 기회가 없었던 경우에는 적어도 첫번째 모임(마당)에서 이에 관한 설명을 해주고 함께 토론의 시간을 갖는 것이 필요하다. 이러한 조치는 집단구성원들이 보다 적극적이고 협조적으로 집단과정에 참여하도록 만들며, 아울러 상담자에 대한 존경심과 집단에 대한 신뢰감을 증진시킨다.

집단에 관한 사전 안내 책임에 관해서 미국 집단지도 전문가 협회는 다음과 같은 지침을 명시하고 있다(ASGW, 1980).

(1) "집단지도자는 집단에서의 목표, 지도자의 자격 및 집단에서 사용될 절차에 관해서 미리 그리고 가능하면 유인물로 집단구성원들에게 충분히 알려주어야 한다."

(2) "집단지도자는 운영될 특정 집단구조에서 정확히 어떤 서비스가 제공될 수 있고 제공될 수 없는지를 가능한 실제적으로 설명해 주어야 한다."

상담집단의 성격 및 제공되는 혜택의 범위가 집단참여자들에게 충분히 이해 또는 양해가 되도록 하기 위해서는, 사실 집단상담자가 해야 할 일이 너무 많은 것으로 여겨질 수도 있다. 할 일이 벅차고 시간에 쫓기더라도 집단참여자들의 기본권리를 존중하고 또 실천해야 하는 책임은 상담자에게 있게 마련이다. 그러므로 상담자로서는, 집단상담을 시작하기 전에 준비할 수 있는 것들은 미리 준비해두어야 할 것이고, 그 밖의 것은 집단에 참여하는 내담자들의 관심사와 수준에 따라 솔직하고 명확한 태도로 임한다는 원칙에 우선 충실하는 것이 바람직할 것이다.

가령 집단의 목적, 기본 절차, 참여자들의 수칙, 참여 비용, 집단지도자의 자격 및 경력, 연락처 등은 사전에 유인물로 준비해둘 수 있는 것들이다. 그리고 지도자와 참여자들의 역할한계, 참여자들의 참여목적과 집단구조의 관계, 그리고 집단참여로 인한 부담요소 등은 참여를 희망하는 내담자들의 조건과 제공되는 집단상황에 따라 집단과정이 본궤도에 진입하기 전에 구두로 설명하고 논의할 수 있는 것들이다.

4.2 집단과정 중의 참여자 권리

집단상담자는 참여자들에게 그들의 권리뿐만 아니라 시간엄수, 솔직한 의사소통, 개인적 정보의 보호 등의 책임도 강조해 두어야 할 것이다. 또한 집단과정에서 자기의 참여목적과 갈등이 있을 경우에 집단을 떠날 수 있고, 상담자나 타인들로부터 "발언을 하라"는 부당한 압력을 받지 않으며, 필요에 따라 상담자와 긴급한 개인적 관심사에 관해 별도로 논의할 수 있다는 점 등을 알리는 것이 바람직하다.

1) 집단참여와 이탈

원칙적으로 집단에서의 참여와 집단으로부터의 이탈은 자발적이어야 한다. 이 점은 앞에서 인용한 외국 집단상담자들을 위한 윤리기준에도 명시되어 있는 것이다. 그러나 실제로는 복잡한 여러가지 문제들을 내포하고 있다.

먼저, 의뢰되어 왔거나 '보내진' 내담자들로 구성되는 집단의 경우는 이 윤리기준의 원칙 자체에 저촉되는 것으로 볼 수도 있다. 이런 경우는 특히 교육기관에서 이른바 '문제아'를 지도하도록 의뢰받는 상담자나, 소년원과 교도시설의 원생 및 죄수들을 집단지도 심리학자가 특히 부딪치는 경험이다. 상담자로서는 가능하면 집단원의 소속기관에서 의뢰하는 사유가 적절한지의 여부를 검토하여 적어도 참여인원의 부분적인 조정 등을 할 수 있어야 하고, 타인에 의해 오게 됐다고 생각하는 집단원들에게는 집단의 성격과 그들의 권리 및 책임에 관해서 자발적인 내담자 집단의 경우보다 더 친절하게 그리고 철저하게 안내설명을 해주는 것이 요구된다. 요컨대, 집단상담자는 자기의 집단에 참여하게 되는 내담자들이 어느 정도의 자발적인 의사와 집단에 대한 이해를 갖고 왔는지를 주목하고, 참여 여부에 따르는 집단원의 기본 선택권과 부수적인 윤리문제에 관하여 면밀한 검토를 해야 할 것이다.

참여여부와 관련된 두번째 주요문제는 집단원들이 집단과정에서 자신의 기대에 부응하지 않는다고 생각하거나 기타 이유로 계속 집단에 남지 않고 싶을 때는 집단을 떠날 수도 있다는 집단원쪽 기본권리에 관한 것이다. 집단과정의 초기에 흔히 발생할 수 있는 이 문제 때문에, 특히 경험이 없는 집단상담자들이 곤란을 겪게 된다. 즉, 집단을 이탈하거나 포기하고자 하는 집단원들의 태도는 집단과정의 분위기와 흐름을 깨거나, 과제수행을 위한 생산적인 집단작업에 지장을 초래하기 쉽기 때문이다. 이 문제를 예방하고 처리하기 위해서는 처음부터 내담자들로 하여금 미리 정해진 일정 회수의 회기(마당)까지는 출석해야 하며, 스스로의 책임과 의무가 있음을 밝힘으로써 분명히 해야 한다. 그리고 그런 후에도 집단으로부터 이탈의사를 보이는 집단원들에게는 이탈하고 싶은 이유와 사정을 상담자와 여타 집단원들에게 알릴 필요가 있음을 주지시켜야 한다. 그러한 사유를 밝히게 되면 대부분의 경우 상담자와 일부 다른 집단참여자들과의 개방적이고 이해적인 대화를 통해 집단에 대한 당초의 부정적인 견해나 느낌이 바뀔 수 있고, 적어도 "더 기다려보자"는 자세로 발전되기도 한다.

아무리 이런 과정을 거친다 해도 집단을 떠나고자 할 때에는, 비록 그 결정이 비건설적이라는 판단이 들더라도 집단을 떠나도록 허용하는 것이 집단상담의 윤리이다.

2) 개인정보를 보호받을 권리

개인정보의 보호는 집단상담에 참여하는 사람들이 가장 관심을 갖는 것이며, 그렇기 때문에 집단상담의 윤리문제 중 가장 유의해야 할 사항이기도 하다.

상담자는 집단에 참여의사를 밝힌 사람들과의 사전 개별면담에서 이 문제를 납득시켜야 하고, 또 집단과정에서도 필요에 따라 수시로 주지시킬 필요가 있다. 흔히 사전면접이나 첫 마당에서 다른 '요망사항'과 함께 개인정보를 지킬 것을 당부하거나, 마지막 마당에서 한 두 마디로 다시 언급하는 수준에 머무는 수가 많다. 그러나 이렇게 요식절차와 주의사항의 하나로 일괄처리될 것이 아니라, 비밀보장의 책임이 각자에게 있음을 처음과 최종마당에서는 물론 중간과정에서도 자주 회상시키는 것이 중요하다. 그리고 탈규범적인 경험과 소망은 물론 발언 당시의 맥락을 모르는 다른 사람들이 오해할 수도 있는 개인적인 체험담도 밖으로 누설하지 않도록 당부해 둘 필요가 있다.

요컨대, 상담자는 개인정보를 지키는 것이 집단참여자들 각자에게 안전하다는 사실을 인식하도록 반복하여 '교육'할 책임이 있다고 하겠다.

상담자가 집단원을 보호하기 위해서 '비밀보장의 의무가 무엇이며, 왜 그것이 중요하며, 그것을 실천하는 데 따르는 유의사항'을 설명하는 것과 관련하여 두 가지 주요사항이 있다. 그 하나는 집단의 회기(마당)를 녹음하는 문제이고, 또 하나는 비밀보장의 예외적인 경우에 관해서 집단참여자들에게 알리고 충분한 이해를 다져둘 필요가 있다는 점이다. 먼저, 상담 회기에 대한 녹음과 녹화촬영에 관해서는, 집단원들이 녹음을 한다는 사실과 어떤 경우에 사용되는지를 충분한 설명을 통해 이해시키고, 가능하면 서면상의 동의를 받는 것이 바람직하다. 특히, 집단상담 장면자료가 지도교수 또는 전공자들과 같은 제3자에 의해 관찰되거나 검토되는 경우에는, 반드시 집단원들의 분명한 동의 또는 거부의사를 확인할 필요가 있다.

집단상담자의 보다 충실한 기억과 생산적인 인도를 위해서 또는 교육자로서도 녹음과 녹화자료가 필요하기 마련이다. 집단원들의 이해를 구하는 데에는 이러한 취지와 아울러 집단원들에게도 재관찰과 반복학습의 자료가 되며, 상담자가 책임지고 외부인에게 노출하지 않는다는 사실을 강조해

주어야 한다.

또한 녹음과 녹화에 대한 동의를 받았다고 하더라도 "이 부분만은 녹음하지 말았으면 좋겠다"는 식으로 집단원의 요청이 있을 경우에는, 도중에 녹음을 중단할 수 있다는 사실을 밝혀두는 것이 좋다. 이것은 집단원들을 안심시키는 데에 도움이 될 뿐만 아니라 그러한 운영의 신축성이 내담자의 이익과 복지를 존중하는 상담자의 윤리적 책임과 상통되기 때문이다.

두번째로 비밀보장의 예외적 상황에 관해서는 한국 심리학회 산하 상담 및 심리학회에서는 상담심리사 윤리요강 중 비밀보호의 한계상황과 관련해서 첫번째로 다음 구절이 포함되어 있다.

> "내담자의 생명이나 사회의 안전을 위협하는 경우가 발생할 경우에 한하여 내담자의 동의 없이도 내담자에 대한 정보를 관련 전문인이나 사회에 알릴 수 있다. 이런 경우 상담 시작전에 이러한 비밀 보호의 한계를 알려준다."

이 구절의 내용은 내담자의 판단을 요하는 위험사항의 경우를 주로 언급한 것으로 내담자의 개인정보를 보호하는 데 있어서 가장 핵심적인 지침이 된다.

이 기본적인 지침을 좀더 확대시킨다면, '법에서 정하는 사항인 경우', '상담자가 법정에서 피고로서 진술하는 특별한 경우', 그리고 '집단참여자가 사전에 서면으로 공개를 승인해 준 개인정보의 범위 안에서'의 상황도 해당될 수 있는 것이다. 요컨대, 집단상담자는 비밀유지의 한계를 명시하고 외부에 공개해야만 하는 특수상황에 관한 명세서나, 상담자의 책임사항에 관한 각서 같은 것을 각 집단원들에게 집단과정에 들어가기 전에 나누어 주는 것이 유익하다.

여기서 유의해야 할 것은 교도소, 군대와 같은 특수조직에서처럼 내담자의 개인적 태도와 변화 등을 상부에 보고해야 하거나, 어린이 집단에서처럼 스스로 분명히 이해하고 동의할 수 없는 아동 집단원들과 그들의 집단과정중의 행동정보를 알고자 하는 부모들을 어떻게 대해야 적절한 것인가이다. 이런 특수한 상황에서는 상담자가 집단원들이 소화할 수 있는 범위까지 이해와 동의를 구하되, 집단원의 이익을 최대한 보장하는 선에서 관련당국이나 보호자들에게 개인정보를 전달하는 것이 원칙일 것이다. 이 원

칙을 어떻게, 어느 정도로 실천하느냐는 사례의 특수성과 집단원의 수준
에 따라 신축성을 발휘할 수밖에 없다. 따라서, 앞으로는 법조계의 판례집
처럼「상담에서의 윤리문제 사례집」이 출간되는 날이 와야 할 것이다. 그
때까지는 집단상담자의 전문적 식견과 양심에 의해서 판단하되, 판단이 어
려우면 선배 전문가와 자격있는 동료들과 협의하는 것이 바람직할 것이다.

4.3 내담자의 이익을 위한 그밖의 윤리문제들

앞에서 언급한 주요 윤리문제 이외에도 집단과정에서 집단원들의 이익
과 인격을 보호하는 것과 관련된 몇 가지 윤리문제들이 더 있다.

이중에 첫번째로 이야기할 수 있는 것은, 집단상담자는 "가능한 한 신체
적 위협, 협박, 강제, 그리고 부당한 집단압력으로부터 집단참여자들의 권
리를 보호해야 한다"는 것이다. 집단원들은 집단과정에서 보이는 모순 되
거나 이해가 잘 되지 않는 관점 및 행동 때문에, 그리고 말하고 싶지 않은
데도 발언하도록 집단분위기의 압력을 받는 경우에 부딪치게 된다. 이런
집단의 압력은 어떤 의미에서는 필요한 것이고 치료적인 자극이 될 수도
있겠으나, 당사자인 집단원이 불필요한 불안이나 과도한 자기방어에 빠지
게 함으로써 당초의 집단참여 목적에 어긋나게 하는 사태가 발생하지 않도
록 해야 할 것이다.

집단의 목적은 참여자들로 하여금 스스로의 해답과 생산적 행동방향을
모색하도록 하는 데 있다. 따라서, 집단상담자는 집단압력에 처한 집단원
들이 어떻게 적절하게 반응해야 할 것인지를 가르쳐주어야 하며, 또 부당
한 집단압력이 중단되도록 개입할 수 있어야 할 것이다.

두번째로, 집단참여자들은 각자가 집단과정의 시간을 공정하게 나누어
가질 권리가 있다고 말할 수 있다. 바꾸어 말하면, 집단상담자는 합리적으
로 가능한 정도까지 각 집단원들이 집단의 자원을 고루 활용할 수 있는 기
회를 보장해야 하며, 특정인이 발언기회를 독점하지 않도록 해야 하는 것
이다. 그러기 위해서는, 침묵을 지키거나 발언기회를 포착하지 못하고 있
는 집단원들에게 발언의 기회를 부여하는 한편, 장황하게 늘어놓거나 너무
자주 발언하는 내담자들을 부드러우면서도 엄정하게 제지할 필요가 있다.

세번째로, 집단구성원들이 포함되는 연구보고서나 실험적 활동이 있을

경우에는 그에 관련된 정보를 알려주되 집단구성원들의 사전동의를 받아야 한다. 연구자는 굳이 연구의 절차 등을 자세히 알려줄 필요까지는 없어도 대체적인 연구목적과 참여자들의 신분이 보고서에 노출되지 않음을 분명히 주지시킬 책임이 있다. 또한 연구결과나 최종보고서의 요지를 사후에 집단참여자들에게 간단한 유인물 또는 적어도 구두로 전달해주는 것이 연구자의 윤리적인 책임을 다하는 것이다.

네번째로, 집단에 참여함으로써 경험하게 될지 모르는 심리적 부담에 대해 사전에 또는 그런 부담요소의 발생단계에서 해당 참여자들에게 알려주는 일이다. 집단과정은 개인적인 변화를 위한 강력한 촉매로 작용하기 때문에, 집단참여자들이 경우에 따라서는 과거와 다른 행동을 함으로써 가족 또는 직장동료들의 저항을 받을 수도 있다. 또한 집단참여자들에게 집단과정에서의 직면적 자극 때문에 자신이 집중적 화살을 받고 있거나 일시적으로 희생양이 되는 상황이 벌어질 수 있음을 알리고, 그런 심리적 부담이나 모험이 최소화 되도록 노력할 필요가 있다.

마지막으로, 집단참여자들끼리 집단모임 외에 개별적인 만남이나 관계가 이루어질 경우, 이를 집단모임에서 가능한 한 '보고'하도록 권유할 필요가 있다. 집단과정에서 이런 토의가 없을 때에는 당사자들간의 이른바 '숨은 안건들'이 전체 집단의 흐름을 정체시킬 우려가 있기 때문이다.

요컨대, 이상의 윤리적 문제들이나 집단구성원들이 겪게 될 심리적 부담요소는 어떠한 상담집단에서나 일어날 수 있다. 이런 요소들을 완전히 제거할 수는 없지만, 최소화하는 노력과 책임이 집단상담지도자에게 있다고 하겠다. 이 노력과 책임을 바람직하게 수행하기 위해서는, 먼저 집단참여자들과 상담자의 역할관계 및 책임을 명시하는 구두 혹은 서면상의 계약을 하는 것이 필요하며, 집단상담자가 자신의 교육 및 경험수준에 맞는 정도와 범위내에서 집단을 이끌어가야 할 것이다.

4.4 집단상담자의 행동윤리

여기서는 집단상담자의 개인적인 가치관과 집단장면에서 활용하는 기법이 집단목적의 달성에 저촉되지 말아야 할 것과, 집단을 자기의 이익에 맞게 이용하는 등의 부당한 행동을 삼가도록 해야 하는 점 등을 언급한다.

집단상담자가 제대로 전문적 훈련과 수련을 쌓은 경우에는 비교적 이런 류의 윤리문제가 생기지 않는다. 그러나 수많은 집단프로그램이나 집단교육이 유행하고 있는 오늘날에는 집단상담자들의 부적절한 행동이 사회적 관계에서 물의를 빚는 사례가 많아지는 추세이다.

먼저 상담자의 가치관을 집단에 전혀 투영하지 않을 수 없기 때문에, 특히 집단참여자들의 가치관과 갈등이 발생할 경우에는, 상담자 자신의 가치관을 공개하는 것이 필요하다. 물론, 여기서 주의할 점은 상담자가 자기의 가치관을 '공개하는 것'과 집단에 은근히 '부과하는 것'은 분명한 차이가 있다는 사실이다. 이와 관련되는 논의로서는 상담자가 가치교육 지향적이거나 가치중립 지향적인 또는 가치활용 지향적인 입장을 취하느냐의 갈등적인 주장이 있을 수 있다(이장호, 2005: 259~267). 상담집단을 구성하고 있는 내담자들의 발달연령과 사회적 성숙도 그리고 상담자의 훈련배경과 인생관 등에 따라 어느 한쪽의 입장을 취할 수 있을 것이다. 어느 입장을 취하든 그 원칙은 어디까지나 집단목적에 부합하고 집단참여자들의 발달을 촉진하는 방향에서 상담자의 행동이 이루어져야 한다는 것이다.

집단상담자는 사용되는 집단기법이 분명 집단과정을 촉진하고 참여자들의 이익에 부합하는가를 자각 또는 확인해야 하고, 또한 그 사용결과에 대한 책임의식을 지녀야 할 것이다. 이와 관련된 윤리적 행동지침으로는 첫째로, 상담자가 익숙하지 않거나 확신이 없는 기법을 집단에 부과하지 말 것과, 이른바 '게임'이나 '연습'과 같은 기법을 필요 이상으로 투입하여 집단참여자들간의 충분한 그리고 자연적인 의사 및 감정소통을 방해하지 않는 것이다. 그리고 실제상황장면과 갈등적이거나 집단원들의 인지-정서기능에 부담이 되는 기법을 도입하지 않는 것 등이다. 따라서 신체적인 동작이나 강한 정서를 유발하는 기법을 활용할 때에는 특히 유의해야 하며, 충분한 경험을 쌓지 않은 상담자가 분위기가 무르익지 않은 단계에서 적용하는 근거와 효용성에 관해 집단상담자가 분명히 인식하고, 기법의 활용과 관련된 자신의 수행능력에 대해서 확신을 가지는 것이 무엇보다 중요하다.

끝으로, 집단상담자가 집단참여자들과 부적절한 개인적 관계를 갖지 않는다는 것이다. 여기서 말하는 부적절한 관계란 정확히 정의하기는 힘든 것이지만, 상담자 자신의 욕구와 개인적 이익을 도모하는 비상담적인 관계라고 말할 수 있다. 요점은, 상담자 개인의 권위나 전문적 역할을 이용하여 집단원들과 개인적으로 사회적 접촉을 하는 것은 집단참여자들의 복지를 증진하는 근본취지에 어긋나는 것이다.

집단상담자에 대한 집단원들의 신뢰와 의존성 때문에, 미숙한 상담자는 자칫하면 그들의 접촉욕구의 함정에 빠질 수 있다. 경험이 많은 상담자라고 하더라도 스스로의 인간적인 한계가 있게 마련이고 집단원들의 요구와 접근에 이해적으로 반응하기 쉽다. 그렇게 되면, 객관적 판단감각을 잃게 되고 오히려 집단원의 의존성을 충족시켜주지 않는데 대한 비난과 공격을 받게 되는 경우도 생긴다.

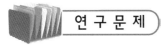

연 구 문 제

1 집단이 구성된 후 집단구성원들의 문제(또는 관심사)를 어떻게 접근하는가?

2 4장의 이론별 접근방법과 5장의 기법들은 어떤 관련성이 있는가?

3 독자가 주로 선호하는 기법들과 비교적 생소한 기법들은 어떤 것들인가? 선호하거나 생소하게 느끼는 이유는 무엇인가?

4 집단과정의 단계별로 특히 활용해야 할 기법들의 종류를 분류해보자.

참 고 문 헌

김진숙 외 5인 옮김(2012). 집단상담: 과정과 실제.
　　　　Marianne Corey, Schneider Gerald Corey, & Cindy Corey(2008), Groups: Process and Practice, 8th Ed., CENGAGE Learning.

김창대 외 9인 옮김(2004). 상호작용 중심의 집단상담, 시그마프레스.
　　　　Earley, Jay(2000). Interactive Group Therapy: Integrating Interpersonal, Action-Oriented, and Psychodynamic Approaches.

이장호(2005). 상담심리학(4판), 박영사.

이은경 · 이지연 옮김(2005). 집단상담의 실제: 진행과 도전, 센게이지러닝.
　　　　Corey, Gerald, Marianne Schneider Corey, & Robert Haynes(2000). Groups in Action: Evolution and Challenges, Cengage Learning.

이장호 · 강숙정(2011). 집단상담의 기초: 원리와 실제, 박영사.

이정실 옮김(2004). 집단음악치료: 실제집단사례를 중심으로, 학지사.
　　　　Borczon, R. M. (1997). Music Therapy: Group Vignettes. Gilsum, NH : Barcelona Publishers.

주은선 · 주은지 옮김(2009). 15가지 집단상담기술, 센게이지러닝.
　　　　Haney, Hutch & Jacqueline Leibsohn(2001). Basic Counseling Responses in Groups: A multimedia learning system for the helping Profession, Wadsworth, CENGAGE Learning.

Association for Specialists in Group Work(1980), Ethical Guidelines for Group Leaders, Alexandria, VA: Author.

Dyer, W.W. & Vriend(1975). Counseling techniques that work, Washington, D.C.: APGA Press.

집단상담의 응용 **6**장

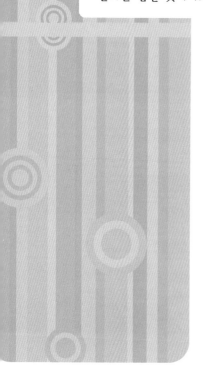

　이 장에서는 집단상담의 원리가 다양한 사회집단 속의 개인들을 어떻게 변화시킬 수 있는가에 접근하고 있다. 어쩌면, 우리 사회 자체가 '치료적 공동체'가 되어야 할지도 모르겠다. 사회적 집단 속에서 각 개인은 인격을 형성해 나가기도 하고 또 인격의 파괴를 경험하기도 하겠지만, 인간성에 관한 한 오늘날의 사회는 형성적 기능보다는 파괴적 기능을 훨씬 더 많이 가지고 있다고 볼 수 있다. 집단상담의 응용형태인 여러 집단적 인간교육 방식들이 고독하고 비인간화되어가고 있는 이러한 시대적 생활문화를 보다 순화하는 데 앞으로 크게 기여하게 될 전망이다.

　이 장에서는, 아동, 청소년, 대학생, 직장인, 노인 등 발달연령 단계별로 집단상담의 주요 응용분야를 다루고 있다. 독자들이 상기해야 할 것은, 그것들이 집단지도의 형태이든 집단훈련 프로그램의 형태이든 앞의 장들에서 학습한 집단상담의 기본원리와 체계적인 방법들을 기초로 하여 이루어져야 한다는 점일 것이다.

1 아동을 위한 집단상담

아동은 출생과 함께 가족의 일원이 되고, 자기와 세계가 구별된다는 것을 의식함에 따라 자신이 사회적인 존재라는 것을 알게 되며, 자신의 행동을 가족의 규준에 통합시키는 것을 배우게 된다. 또한 아동은 성장하면서 또래친구들과 놀기 시작하고, 또래집단에서 자신의 사회영역을 넓혀가기 시작한다. 가족과 또래집단 내에서 상호작용을 하는 동안, 아동은 끊임없이 자신의 지식과 기술을 시험해본다. 가족과 또래 두 집단과 맺는 개인적인 상호작용을 통해서 아동은 자아정체감을 발달시키고 생활에 필요한 기술을 배우게 된다. 아동이 성장함에 따라 점차로 가족에 대한 의존에서 벗어나 또래집단에서 자아욕구를 충족시키는 것은 지극히 자연스러운 발달과정이다.

아동 자아정체감의 발달 정도는 주로 아동 초기에 가족과 또래집단 내에서 경험하는 긍정적인 상호작용에 달려 있다. 아동 자신과 주변에 있는 중요한 사람들을 가치있다고 생각하는 아동은 '집단에 적응'하게 되며, 소속감과 안정감을 얻게 된다. 이러한 아동들은 일생 동안 여러 집단에 성공적으로 적응해 나가는 데 필요한 기술을 이미 배운 셈이다. 대부분의 경우 이러한 기술은 성장하는 과정에서 자연스럽게 획득하지만, 다양한 이유로 이런 기술을 제대로 획득하지 못하는 아동들도 있다. 아동 집단상담은 집단에 적응하는 데 필요한 사회적 기술을 제대로 획득하지 못하는 아동을 위한 치료적 접근방법이다.

집단상담 상황은 아동의 실제 세계를 축소해 놓은 깃으로, 아동들은 서로 대화를 나누고 또래로부터 자신의 감정, 행동에 대한 피드백을 받으면서 상호작용한다. 개인적 상호관계를 가지면서 효과적이거나 비효과적인 사회적 기술을 확인하기도 하고, 다른 아동들이 자신을 어떻게 지각하는지를 들음으로써 타인이 보는 자신에 대해서도 알게 된다. 그리고, 경우에 따라서는 협동하고 순응해야 한다는 것을 알게 된다. 아동은 간섭이나 구속이 없는 집단환경에서 자신의 행동이나 생각을 실제 그대로 시험해 볼 수 있다.

아동집단상담의 목표는 아동의 개인적 성장과 문제해결을 위한 기회를 제공하는 것이다. 따라서 아동집단상담은 성장중심 집단상담과 문제중심 집단상담으로 구분될 수 있다. 성장중심 집단상담은 아동들이 일상생활에서 부딪히는 문제들에 좀더 효과적으로 대처할 수 있는 능력을 극대화시키는 데 초점을 두고 있다. 성장중심 집단상담에서 아동은 우정, 자기관리 등과 같은 발달적 과제와 관련지어 자신의 생각, 태도, 느낌 및 행동을 검토할 수 있다. 이러한 성장중심 집단상담은 아동들이 앞으로 일어날 수 있는 개인의 발달적 위기를 잘 처리할 수 있도록 준비하는 것을 도와준다.

문제중심 집단상담은 아동의 성장에 방해가 될 수 있는 개인적 갈등을 해결하는 것에 초점을 두고 있다. 예를 들어, 문제중심 집단상담은 학교부적응, 학업부진, 비만, 부모의 이혼, 비행의 문제를 경험하고 있는 아동들에게 적합하다. 이러한 문제중심 집단상담은 아동 개개인의 계속적인 발달을 저해하는 개인적 위기에 대처하도록 도와준다.

다음에 성장중심 집단상담과 문제중심 집단상담의 내용에 관해 자세히 살펴보기로 한다.

1.1 성장중심의 아동 집단상담

아동은 정상적인 발달을 위해 부모로부터 심리적으로 독립해가면서 그들의 생각과 의사결정의 방향을 스스로 탐색하는 기회를 가질 필요가 있다. 이러한 개인적인 발달과제를 탐색하기에 적절한 집단이 성장중심 집단상담이다. 성장중심 집단상담은 정상아동들로 구성된다. 집단원들은 집단구조와 상호작용을 통해서 개인적인 가치, 신념, 태도 및 결정을 탐색하고 조사하게 되며, 궁극적으로는 자신과 타인을 깊이 인식하고 이해하고 수용하게 된다.

성장중심 집단상담은 아동들의 생활에너지를 활용할 수 있는 분위기를 창출하여 아동의 개인적 성장을 가져오게 한다. 아동들은 연령이나 환경이 유사한 다른 아동들과 생각, 감정, 행동을 논의하고 비교하는 기회를 가짐으로써 안전, 자기확신, 소속감을 증진시키며, 수용, 보호, 지지, 격려 등의 느낌을 발전시킨다. 아동들은 증진된 자기인식을 통해 생활에 대한 통제력을 얻게 되고 효율적인 생활을 할 수 있게 된다.

성장중심 상담집단을 구성하는 데 중요한 요인들은 집단원의 선정, 집단의 크기, 모임의 길이와 빈도, 집단의 지속기간 등이다.

1) 집단구성원의 선정

성장중심의 아동집단이 효과적이기 위해서는 자원하는 아동들로 집단이 구성되어야 한다. 강요된 참여는 아동에게 해로운 결과를 가져올 수도 있다. 만약 아동이 집단상담을 받을 준비가 되어 있지 않다면, 집단상담보다는 개인상담을 받게 하는 것이 좋다.

아동들이 집단상담에 지원을 하면 연령, 성별, 과거배경, 성격 등과 같은 요인들을 고려하면서 예비면접을 실시한다. 집단구성시에는 같은 연령이나 같은 학년의 아동들을 한 집단에 포함시키는 것이 바람직하다. 집단에 한 살 또는 한 학년 이상 차이가 나는 아동들을 함께 두는 것은 좋지 않다. 아동상담집단의 성별구성은 학자에 따라 동성집단 혹은 이성집단을 제안한다. 이성집단인 경우에는 아동이 성차를 인식하고 성역할을 배울 수 있는 이점이 있다.

집단구성시에는 연령과 성별 이외에 과거 배경과 개인차 역시 고려해야 한다. 예를 들어, 성장중심 집단에서 대부분의 아동들에게서 따돌림을 받는 아동은 그 집단에서 희생양이 될 가능성이 있다. 따라서 각 아동과의 개별적인 예비면담을 통해 집단원이 될 다른 아동들과 좋아하는 아동과 싫어하는 아동을 확인해가면서, 집단균형을 위해 집단원 구성을 통제할 수도 있다. 즉, 의사소통에 방해가 되고 집단이 제 기능을 발휘할 수 없게 하는 성격이나 배경을 지닌 아동은 포함시키지 않는 것이 좋다.

2) 집단의 크기

집단의 크기를 결정할 때에는 집단의 목적, 연령, 발달수준, 이용가능한 시간 등의 변인들을 고려해야 한다. 성장중심 집단의 성공여부는 구성원들 간의 토론의 질과 깊이에 달려 있으므로, 집단은 최소한 4명으로 이루어져야 한다. 집단의 크기를 결정할 때의 한 가지 지침은 아동의 나이가 어릴수록 집단이 작아야 한다는 것이다. 5세에서 8세 사이의 아동은 나이 많은 아동에 비해, 미숙하고 언어기술과 주의집중력이 부족하다. 따라서 이 연령층의 아동을 위한 집단 인원수는 4명에서 6명 사이가 이상적이다. 집단이 작을수록 상담자가 각 아동에게 주의를 더 기울일 수 있기 때문이다. 나이가 좀더 들고 성숙한 아동들에게는 6명 내지 8명 사이의 집단이 효과적이다. 구성원이 6명 내지 8명일 때에 상호작용의 소재가 가장 다양하기 때문이다.

집단의 크기를 결정할 때 생각해야 할 또 하나의 문제는 개방집단과 폐쇄집단의 고려이다. 집단의 성격과 목표에 따라 다르지만 아동 상담집단인 경우에는 폐쇄집단이 바람직하다. 폐쇄집단은 상담자가 조직하고, 형성하고, 통제하기가 쉬우며, 아동들도 또한 이러한 집단에서 보다 높은 수준의 안정감과 소속감을 경험할 수 있다.

3) 모임의 길이와 빈도

집단모임의 길이(지속시간)와 빈도를 계획할 때에는 아동의 연령과 이용 가능한 시간을 고려해야 한다. 모임시간은 상담자가 말하는 시간을 제외하고 각 아동에게 최소한 5분 이상의 발언기회를 주도록 계획되어야 한다. 예를 들어, 모임시간이 40분일 경우, 6명의 아동이 각자 5분 동안, 합해서 30분 동안, 그리고 상담자가 총 10분 동안 말하도록 모임의 길이를 조절할 수 있다. 그러나 일반적으로는 상담자가 아동보다 두배 정도의 길이로 그리고 필요 이상으로 자주 말하는 경향이 있으므로 이 점에 유의해야 한다.

모임의 빈도는 일주일에 한 번 내지 두 번이 바람직하다. 일반적으로 어린 아동의 경우에는 한 회기의 시간을 짧게 하면서 자주 만나는 것이 좋다. 예를 들어, 6세 아동 4명으로 구성된 집단의 경우, 일주일에 두 번, 30분씩 만나는 것이 적절하고, 12세 아동 8명으로 구성된 집단의 경우, 일주일에 한 번, 한 시간씩 만나는 것이 효과적이다.

일주일에 한 번 만나는 것으로 계획되었다면, 토론을 위한 시간이 따로 마련되어야 한다. 앞의 예의 경우, 상담자는 6세된 4명의 아동집단에 대해서는 한 시간으로, 12세된 8명의 아동집단을 위해서는 두 시간으로 시간할 당을 두 배로 늘릴 수 있기 때문이다. 그러나 집단이 일단 제대로 활동을 하게 되면, 상담자는 어떤 내용을 다루든 간에 예정된 시간내에 상담을 끝내야 한다. 또한 모임이 생산적이지 못할 경우에는 일찍 종결시킬 수도 있다.

4) 집단의 지속기간

대체로 집단상담을 시작하기 전에 집단모임의 횟수를 정해놓는 것이 보통이다. 성장중심 집단의 경우에는 10번 내지 15번 정도의 모임이 바람직하다. 이 정도의 기간이면 성장중심 상담집단의 주요목표 중의 하나인 아동수준에서의 자기인식과 자기이해, 그리고 궁극적인 태도변화를 가져오기에 충분하다.

상담집단이 특정한 목표를 위해 형성되는 경우에는 10회 이내의 모임으로 충분히 목표를 달성할 수 있는 경우가 많다. 예를 들어, 신입생을 위한 방향안내(오리엔테이션) 집단과 월경을 시작하는 소녀들을 위해 개인위생에 대해 토의하는 집단은, 집단의 목표와 관심이 특수하고 제한되어 있으므로, 네 번 이내의 모임으로 목표를 달성할 수 있을 것이다. 성장집단에서 상담자는 집단의 주제소개와 집단형성을 위한 한 번의 모임, 주제탐색을 위한 두 번의 모임, 활동을 위한 두세 번의 모임, 그리고 종결을 위한 한 번의 모임을 계획할 수 있다. 대부분의 성장중심 집단상담에서는 구성원과 주제가 이질적일 때 효과적이다. 그러나 목표가 특수하고 단기간의 상담을 필요로 하는 집단은 주제와 구성원이 동질적일 때 가장 효과적이다.

집단모임의 횟수를 정하는 데 있어서 상담자는 융통성을 발휘해야 한다. 모임의 횟수를 초기에 정한다고 해도, 집단이 진행되어 가면서 집단의 목표나 초점의 변화에 따라 집단의 지속기간을 불가피하게 연장시켜야 하는 상황이 발생할 수도 있다. 이때 상담자는 자신의 계획을 제쳐두고 집단원들의 더 절박하고 즉각적인 요구에 중점을 둠으로써 융통성을 발휘할 수 있다. 또한 상담자 자신의 불가피한 사정 때문에 모임에 빠질 경우도 있을 수 있으므로, 집단이 이미 시작된 뒤에 추가모임을 가지려고 하는 것보다는 처음부터 필요한 기간보다 한두 번의 모임을 더 갖기로 계획을 세우는 것이 편리할 것이다.

5) 성장중심 아동집단의 예 : 우정집단

여기에서는 성장중심 집단의 예로 '우정집단'을 소개하고자 한다. 이 예는 저학년과 중간학년 수준 아동들의 주요 발달적 문제에 관한 긍정적인 집단경험을 제공해준다. 여기에서의 활동들은 아동들의 발달수준에 맞게 쉽게 각색하여 다양하게 사용할 수 있다.

여기서 소개되는 우정집단은 5학년 아동 8명으로 구성되었으며, 1주일에 한 번씩 45분간 만나며, 전체 10회의 모임을 갖기로 계획되어 있다. 이 집단의 목적은 아동 자신과 또래친구에 대한 지식을 증진시키고 자신과 타인의 감정을 인식하고 이해하는 능력을 증진시키는 데 있다.

〈 1회 모임 〉

목표: 1) 아동들을 참여시킴으로써 집단을 경험한다.

2) 서로 알게 한다.

3) 우정의 개념을 인식하게 한다.

활동: 1) ㉠ 상담자는 "여러분 중 다른 사람의 이름을 모두 말할 수 있는 사람이 있나요?"라고 묻는다.

㉡ 아동 자신을 묘사할 수 있는 동물그림을 그리게 한다. 그리고 그 그림을 오려내어 앞에다 자신의 이름(성은 쓰지 말고)을 쓰고, 뒤에는 그 동물을 선택한 이유를 두 가지 쓰게 한다.

2) 추리게임–상담자는 동물그림을 모아서 아동들에게 누가 어떤 동물을 그렸는지 추측하도록 한다. 누가 어떤 그림을 그렸는지 모두 맞출 때까지 게임을 계속한다.

3) 상담자는 "여러분 중에서 친구가 어떤 것인지 묘사할 수 있는 사람이 있나요?"라고 묻는다.

〈 2회 모임 〉

목표: 1) 친분을 계속 유지하게 한다.

2) 표면적인 수준에서 자신을 노출하게 한다.

3) 친구로서의 자기를 인식하게 한다.

활동: 1) ㉠ 각 아동은 집단의 모든 아동들의 이름을 말하는 기회를 가진다.

㉡ 자원한 아동에게 집단원들의 이름을 말하도록 하고, 각 집단원들이 그린 동물을 알아맞추도록 한다.

㉢ 한 아동에게 모든 집단원의 이름과 집단원들이 그린 동물이

름을 말해 보도록 하고, 각 집단원이 특정동물을 선택한 이
유를 한 가지씩 말해 보도록 한다.

2) 다음과 같은 미완성 문장을 제시하고 완성하게 한다.

- 친구들은 _____ 때에 나를 좋아한다.
- 다른 사람의 친구로서 나 자신에 대하여 내가 가장 좋아하는 점은 _____ 이다.
- 내가 친구를 위해 했던 것은 _____ 이다.

〈 3회 모임 〉

목표: 1) 계속 참여하게 한다.

2) 계속 표면적 혹은 중간수준에서 자기노출을 하게 한다.

3) 다른 사람을 친구로 인식하게 한다.

활동: 1) 남아 있는 모임들의 준비활동으로 자원한 아동들이 다른 아동들에 대해 알게 되었던 것들을 이야기하는 연습을 한다.

2) 다음과 같은 미완성 문장을 다시 제시하여 완성하게 한다.

- _____ 때에 친구들이 나를 돕는다.
- 친구와 내가 다른 점은 _____ 이다.
- 친구와 함께 가졌던 가장 좋았던 시간은 _____ 이다.

〈 4회 모임 〉

목표: 1) 중간 또는 보다 깊은 수준에서 자기노출을 시작하도록 한다.

2) 긍정적 피드백을 시작하도록 한다.

3) 자신과 다른 사람의 감정을 인식하고 이해하도록 한다.

4) 우정에 감정을 연결시키도록 한다.

활동: 1) '개인방어' – 다음과 같은 것들에 관해 상징물(그림)을 그려본다. 친구들과 내가 즐거웠던 때, 친구와 내가 화났을 때, 친구와 내가 당황했던 때, 친구와 내가 놀랐던 때 등.

2) '피드백 문장' – 이 문장은 특정 아동의 이름을 들어 소개하는 것, 그 아동의 행동을 묘사하는 것, 그리고 그 행동이 다른 아동에게 어떤 느낌을 주는지를 말하는 것으로 구성되어 있다. 상담자는 다음과 같이 말하면서 아동들이 문장을 만들도록 유도한

다. "우리는 가끔 친구들에게 기쁜 감정을 표현하기를 원하지만, 그 기쁜 감정을 어떻게 표현해야 할지를 전혀 모르고 있어요. 그래서 연습이 필요하니까 '＿＿ 에게 ＿＿ 한 느낌(생각)이 든다'는 식의 문장을 사용해서 기쁜 감정을 표현해보세요."

〈 5회 모임 〉

목표: 1) 중간 또는 보다 깊은 수준에서 자기노출을 계속하며, 긍정적 피드백을 준다.

2) 자신과 다른 사람의 감정을 계속 인식하고 이해하도록 한다.

3) 계속하여 감정과 행동을 우정에 관련시킨다.

활동: 1) '무언극' – 카드마다 감정에 관한 단어가 적혀 있는 엽서 크기의 색인 카드 한 벌을 준비했다가 상담자가 이 중 하나를 선택하여 몸짓으로 그 단어의 감정을 표현하면서, 아동들에게 그 감정을 추리하도록 한다. 아동들이 그 감정을 알아맞히면 아동들에게 이런 감정을 느꼈던 시기와 그 감정을 야기시킨 것이 무엇인지를 밝히도록 하며, 각 아동 자신의 감정을 표출하면서 이 활동을 계속한다.

2) 마지막 순서로 상담자는 "여러분의 행동과 감정이 친구에게 어떤 영향을 미쳤을까요?"라고 묻는다.

〈 6회 모임 〉

목표: 5회 모임과 같다.

활동: 1) 상담자는 다음과 같이 말하면서 모임을 시작한다. "우리가 처음 친구를 알게 될 때는 우리 자신에 대해 중요하지 않은 것들을 서로 이야기하지만, 서로 진정으로 이해하고 친해졌을 때에는 우리의 생각과 느낌을 드러내는 것이 필요해요." 그 다음 아동들에게 다음과 같은 말을 서로 나누도록 격려한다.

• 걱정이 많았지만 함께 이야기 나눌 사람이 없었던 때는 ＿＿ 이었다.

• 지금까지 가장 좋지 않았던 때는 ＿＿ 이었다.

2) 각 활동에 이어 토의를 한다. 상담자는 다음과 같은 말로 결론을 내린

다. "지난주에 우리는 게임을 했고 즐거웠어요. 우리는 즐거움을 나눌 친구를 원하지만, 또한 문제를 가지고 있을 때 의지할 친구도 원해요. 지금 여러분에게 문제가 있어 친구로부터 도움받기를 원한다면 그 문제가 무엇인가요?"

〈 7회 모임 〉

목표: 6회 모임과 같다.

활동: 아동들은 어느 한 기간의 생활에 대해 한 문단 정도의 이야기를 쓰도록 지시받는다. 그 이야기에는 감정을 나타내는 단어가 최소한 세 개 포함되도록 한다. 상담자는 보기로 개인적 실례를 제시하며, 일단 이야기가 완성되면 그것을 집단 앞에서 읽게 한다. 아동으로 하여금 감정을 나타내는 단어들을 명확히 밝히도록 하고, 상담자는 아동들에게 아동 자신과 친구의 감정을 분명히 알고 이해하는 것이 중요하다는 것을 강조한다.

〈 8회 모임 〉

목표: 1) 5, 6, 7회 모임의 목표들이 계속된다.

2) 부정적 피드백을 활용한다.

3) 종결에 대한 준비를 시작한다.

활동: 1) '편지 쓰기'– 상담자는 다음과 같이 말하면서 모임을 시작한다. "우리는 친구들에 대해 어떤 생각과 감정을 가지고 있지만 그들에게 표현하지 않는 때가 많지요. 집단 밖의 친구에게 다정한 편지를 써보도록 하세요". 그리고 머리말과 인사말을 포함한 다정한 편지의 예를 제시한다. 아동은 그 편지 내용에 대한 자신의 감성을 묘사하도록 격려받는다.

2) '피드백 문장'– 아동들은 4회 모임에서 사용된 문장을 이용해서 집단의 다른 구성원을 선정하고, 그 구성원에게 처음에는 긍정적인 피드백을, 다음에는 부정적인 피드백을 주도록 격려받는다. 이 활동을 시작하기 전에 상담자는 이러한 경험에 관한 보기를 제시한다. 상담자를 포함해서 모든 사람이 긍정적인 피드백과 부정적인 피드백을 받을 때까지 활동을 계속한

다. 아동이 친구로부터 부정적인 피드백을 받을 때 생기는 감
정과 행동이 토의초점이 된다.

3) 요약- 상담자는 현재까지의 집단의 진행과정을 이야기해 주
고 두 번의 모임만이 남아 있다는 것을 강조한다.

〈 9회 모임 〉

목표: 8회 모임과 같다.

활동: 1) '소집단 토의'- 상담자는 집단을 반(또는 4개의 소집단)으로
나누어서 각 집단에게 다음과 같은 주제로 토의를 하도록 한
다. 한 집단은 "새로운 친구를 사귀는 방법"과 "현재의 친구를
이해하고 도와주는 방법"이라는 주제를, 그리고 다른 집단은
"우정을 증진시키는 방법"과 "친구와 함께 하지 않아야 할 일"
이라는 주제를 맡도록 한다.

2) '역할놀이'- 전체 집단구성원들에게 "친구관계"와 관련된 역
할극을 연기해 보도록 한다. 역할놀이에 이어 토의를 하는데,
토의는 우선 역할놀이에 나오는 인물의 감정과 행동에 초점을
둔다. 다음으로 상담자는 아동에게 "여러분은 이런 경험들을
한 적이 있어요?"라는 질문을 한다. 마지막으로, 상담자는 아
동들이 역할놀이를 계획하고 연기하면서 경험될 수 있는 긴박
감에 대해 토의의 초점을 맞춘다.

3) 요약- 상담자는 집단이 이룩한 진전에 대해 또다시 강화(칭
찬)를 하고 다음번이 마지막 모임이라고 알려준다.

〈 10회 모임 〉

목표: 1) 집단원들의 학습결과를 지지하고 격려한다.

2) 집단의 과정을 평가한다.

3) 집단을 해산한다.

활동: 1) 아동에게 우정에 대한 이해와 관련된 5가지 문항으로 구성된
사후 집단 질문지를 완성하도록 요청한다. 그들은 5단계("매우
동의한다"~"매우 동의하지 않는다")로 나누어진 척도에 표시
를 해서 자신의 의견을 나타낸다.

2) 질문지가 완성된 후, 상담자는 아동들에게 집단의 경험에 대해 추가적으로 더 반응을 하도록 요청한다. 이때 아동들의 대답은 매우 긍정적이며, 특히 생각과 감정을 나누는 것에 대해, 그리고 새로운 친구를 사귀는 것에 대해 그 가치를 인정하게 된다.

1.2 문제중심의 아동 집단상담

문제중심 집단상담의 아동들은 힘든 문제가 있는 아동들로서 현재 개인적 갈등을 겪고 있거나, 지금 해결되지 않으면 앞으로의 건전한 성장과 발달에 장애가 될 수 있는 과거의 개인적 갈등을 극복하려는 아동들이다. 상담자는 이러한 아동들의 개인적 갈등과 부족한 점들을 치료하는 데 초점을 둔다. 따라서 문제중심 집단은 성장중심 집단보다 더 구조화되고, 조직화되며, 통제되는 집단이며, 상담자는 집단내에서 좀더 일관성있는 행동을 취해야 한다.

문제중심 집단아동들이 상담자에게 무엇을 기대해야 하는지, 그리고 자신에 대해 기대되는 바가 무엇인지를 알 수 있도록, 집단의 분위기가 잘 조성되어야 한다. 집단의 규칙은 집단생활에 일관성이 유지될 수 있어야 한다. 아동이 행동결과에 대해 막연한 짐작을 하게 하기보다는 집단내에서 처음부터 계획되어 아동에게 설명되어야 한다. 문제중심 집단에서 상담자는 성장중심 집단보다 모든 면에서 더 무거운 책임을 지닌다.

1) 집단구성원의 선정

성장중심 집단과는 달리 문제중심 집단의 아동은 대개 교사나 부모 등 타인에 의해 의뢰된다. 문제중심 집단상담은 성장중심 집단보다, 집단구성원들이 서로 관계를 맺고 서로를 신뢰하게 되는 집단의 형성기에 더 많은 시간을 필요로 한다. 또한, 이 아동들은 불안과 저항이 심하기 때문에 그 불안과 저항의 극복을 위해 더 긴 탐색기와 활동기가 소요된다.

비록 문제중심 집단의 아동들은 교사나 부모 또는 기관 등에서 의뢰한 경우가 대부분이지만, 상담자는 개별적인 면접을 통해 참여할 아동들을 선정해야 한다. 문제중심 집단상담에서는 집단의 균형을 맞추는 것이 필수적이다. 상담자는 권한과 통제력을 가지고 누구를 어떤 집단에 언제 가입시킬 것인가를 결정해야 한다. 예를 들어, 매우 공격적이어서 집단내에서 다른 아동들에게 위협이 될만한 아동은 개인상담을 받은 후에 상담집단에 참여시켜야 한다.

성장중심의 상담집단과 마찬가지로 문제중심 상담집단에서도 집단의 균형이 충분히 고려되어야 한다. 그 밖에 문제중심 상담집단의 상담자는 집단에 참여하게 될 아동들의 성격특성도 고려해야 한다. 수줍어 하는 아동은 쉽게 지배받고, 복종적이며, 공포심이 많은데 비해, 공격적인 아동은 부적절한 방법으로 욕구불만을 표현해서 다른 아동들에게 계속해서 부담을 줄 수 있다.

문제가 있는 아동은 대개 성격적인 결함을 가지고 있다. 따라서 상담자는 집단에 어떤 아동을 참여시킬 것인가를 결정하기 전에 각 아동의 개인적인 내력을 철저히 알아두어야 한다. 상담자는 아동의 생활에 영향을 끼치는 성인과도 면담을 할 수 있다.

문제중심 집단의 구성원을 선정할 때 명심해야 할 또 다른 규칙은, 아동들의 성격과 문제행동이 가능한 한 동질적이 되도록 한다는 것이다. 만약 아동들의 성격과 관심사들이 다양해서 안심이 되지 않는 경우라면, 특히 상담자 자신의 느낌과 직관에만 의존해서 집단을 만들지 않도록 해야 한다. 상담자가 문제중심 집단을 처음으로 지도할 때는 반드시 숙련된 상담자의 지도나 감독을 받을 필요가 있다.

2) 집단의 크기

문제가 있는 아동에게는 좀더 개별적인 주의를 필요로 한다. 따라서 문제중심 집단은 성장중심 집단보다 적은 인원으로 구성된다. 즉, 문제중심 집단은 최저 3명에서 최고 6명을 넘지 않는 선에서 구성되어야 효과적이다. 어리거나 미숙한 아동들과 급박한 위기나 심각한 문제를 경험하고 있는 아동들에게는 작은 규모(3~5명)의 집단이 효과적이고, 나이가 많거나 좀더 성숙한 아동들과 자신의 문제를 부분적이나마 직접 해결할 수 있는 아동들에게는 보다 큰 규모(4~6명)의 집단이 효과적이다.

문제중심 집단은 항상 폐쇄되어 있어야 한다. 즉, 일단 집단원들을 선정하여 상담을 시작한 후에는 새로운 구성원을 받지 않아야 한다. 집단이 시작된 후, 한 아동만 더 참가시켜 달라는 압력이 있더라도 이를 받아들이지 않도록 한다. 만일 압력에 못이겨 새로운 참여자를 받아들일 경우에는 집단의 분열가능성이 증가되어, 집단상담 아동들에게 도움을 줄 수 있는 기회가 크게 감소되기 때문이다.

3) 모임의 길이와 빈도

문제중심 집단에서는 성장중심 집단에서보다 모임의 길이가 길고 빈도도 많다. 각 모임의 길이는 각 아동이 발언하는 시간으로 최저 10분, 시작에 앞서 준비하는 시간으로 5분, 그리고 필요에 따라 마무리짓는 시간으로 10분을 할당할 수 있도록 계획되어야 한다. 예를 들어, 1시간은 세 명의 아동을 위한 모임에서 적절한 시간이다. 아동들에게 30분, 상담자에게 15분, 마무리로 15분이 소요되기 때문이다. 모임의 지속시간을 계획할 때는 늦게 도착하거나 집단을 떠나고 싫어하지 않는 아동도 있다는 사실을 고려해야 한다.

문제중심 집단에 대해서는 모임을 일주일에 최소한 두 번에서 많이는 거의 매일 만나는 것이 좋다. 일반적으로 아동의 나이가 어릴수록 한 번의 모임시간을 짧게 해서 자주 만나는 것이 좋다. 정신분열증이 있거나 약물중독, 음식습관 등과 같은 문제가 있는 아동은 매일 만나야하는 경우도 생긴다.

집단상담자가 지녀야 할 두 가지 중요한 특징은 창의력과 융통성이다. 상담자가 제한된 시간내에 문제중심 집단을 이끌어가야 하는 상황에서는, 모임의 길이와 빈도를 조절해서 적절한 시간표를 짜야 하기 때문에 상담자의 이러한 두 특징이 최대로 활용되어야 한다. 무엇보다 중요한 것은, 상담자가 집단의 목표를 이용가능한 시간내에 성취하는 일이다. 만약 상담자가 그렇게 할 수 없거나 그렇게 할 수는 있지만 집단상담자로서의 경험이 없다면 상담을 시작하지 않아야 한다.

4) 집단의 지속기간

문제중심 집단은 집단의 목적과 목표가 성취될 때까지 계속된다. 성장중심 집단과는 달리 아동행동의 의미있고 지속적인 변화를 관찰하기 위해서는 15회 이상의 집단모임이 소요된다. 집단모임의 횟수는 성장중심 집단에서와 같이 상담이 시작되기 전에 정한다. 이 경우 상담자는 개인과 집단을 위해서 현실적이고 성취가능한 목표를 세워야 한다. 만약 상담자와 내담자가 더 나은 결과를 얻고자 한다면 집단을 다시 계획하거나 목표를 확대시켜 계속 진행해 나갈 수 있다. 집단의 지속기간을 결정하는 데 있어서는 개인과 집단의 목적을 확인하는 것이 유일하고도 가장 중요한 요인이 된다.

대부분의 문제중심 집단에서, 집단원의 참여적 태도와 상담동기는 집단 시작단계에서 가장 미약하게 나타난다. 따라서 많은 문제중심 집단에서, 상담자는 아동의 부정적인 태도를 긍정적인 방향으로 이끌어보려는 시도로서 이차적인 목표를 세우게 된다. 예를 들어, 집단목표가 체중감소일 경우에, 이차적인 목표는 아동의 자아존중감과 건강식품 및 운동에 대한 태도를 향상시키는 것이다.

아동의 가정환경과 자녀문제에 대한 부모의 태도가 집단의 지속기간에 영향을 줄 수 있다. 부모가 아동의 문제에 대해 별 관심이 없고 집을 자주 비워서 아동을 감독하기가 어려운 환경에서는, 부모의 태도를 변화시키기 위해서 부모 및 가족을 포함시키는 추가적인 집단모임을 가질 수도 있다. 이러한 여러 가지 이유 등으로 집단의 지속기간이 불가피하게 길어지고 상담모임의 횟수를 정하기 어려운 때가 있다. 따라서 상담자는 각 모임을 각기 별개의 속성을 띠는 집단으로 취급해야 한다.

2 청소년을 위한 집단상담

청소년기는 성인으로서의 독립적인 역할과 자아정체성을 준비해 나가는 시기로, 경제적인 면에서는 여전히 부모에 의존하며, 부모나 주변의 어른들이 자신들에게 정서적인 지지나 지도를 해주기를 원하는 한편, 부모가 제공하는 정보나 충고를 자유롭게 받아들이거나 거절할 수 있는 존재로 이해받고자 하는 시기이다. 즉, 그들은 부모와의 관계에서 인격대 인격으로서의 상호작용이 이루어지기를 바라는 것이다.

청소년들이 겪는 많은 문제들은 주요 인생목표(사회적 지위 등)를 이루는 과정에서 경험하는 좌절과 관련되어 있으며, 급속한 사회변화 및 도덕적 가치의 변화로 인하여 오늘날의 청소년들의 생활은 기성세대가 과거에 경험했던 것보다 훨씬 더 복잡하다. 청년심리학 또는 발달심리학의 이론에서 말해 주듯이, 청소년기에는 청소년 개인에게 있어서 대단한 변화가 일어날 수 있다는 점을 예견하여야 할 것이다. 그리고 그 변화는 정상적인 발달을 저해하는 것일 수도 있고 바람직한 것일 수도 있는데, 전자를 최소화시키고 후자를 극대화시키는 것이 사회의 책임일 것이다.

2.1 청소년기의 욕구

청소년들은 자기가 누구이고, 무엇을 하고자 하는가, 그리고 무엇을 할 수 있는가 등의 문제를 해결하려고 시도하며, 그렇게 하기 위한 의지와 자신감을 발달시켜 나가려고 한다. 그와 동시에 청소년의 준거집단(準據集團)이 가족으로부터 또래로 바뀌게 된다. 급속한 시대적 변천과 독립에 대한 또래들의 열망에 영향을 받아 청소년들은 부모의 가치에 대해 의문을 제기하게 된다.

청소년기는 "폭풍과 긴장(스트레스)의 시기"로 묘사되거나 정서성이 고양되는 시기로 간주되고 있다. 그리고 청소년기에는 타인의 가치판단에 특히 민감해지는 것으로 알려져 있다. 상대방에게 지나치게 민감해져서 성숙한 어른에 비하여 더 쉽게 흥분하고 위협감을 느낀다는 것이다. 그러므로 주변인물들이 청소년들을 계속 어린 아이로 생각하고 그 연령에 맞게 대하지 않는다면, 청소년들은 성숙한 개인으로서의 자신감 및 대인관계 기술의 경험을 쌓지 못하게 된다.

청소년기에는 미숙한 성격적 측면이 두드러지기는 하지만, 이는 단지 일시적인 혼란 현상일 뿐이며 심각한 행동장애 및 성격장애는 그 후에 나타나는 것으로 볼 수 있다. 때때로 청소년기 자녀를 둔 부모들이나 청소년 학생을 가르치는 교사들은 청소년들이 문제아로서 일생을 보내지 않을까 하는 염려를 하는 수가 있다. 그러나 청소년들이 이 시기에 문제 삼을 만한 행동을 나타낸다 하여도, 그것이 지속적인 상처로 남을 정도는 아니라는 점에 여러 학자들의 견해가 대체로 일치하고 있다.

청소년들의 분노는 대부분 그들이 어떤 목표를 추구하는 활동이 좌절되었을 때 비롯된다고 볼 수 있다. 예컨대, 청소년은 다른 사람이 설정한 목표를 향해 움직이도록 압력을 받는 경우가 있다. 또한 자기 스스로 중요한 결정을 내리지 못하게 되어 좌절감을 경험하는 경우도 있을 것이다. 이러한 경우의 청소년들은 흔히 자기에게 영향을 미치는 주변의 주요 인물들과의 관계에 대해 괴로움을 느낀다. 그리고 이런 상황에 대처할 언어능력이나 사회적인 기술이 부족해서 마치 성난 짐승처럼 반발하곤 하는 것이다.

청소년들은 사회의 성원으로서 세상일에 참여하고 싶어한다. 고등학교와 대학교육을 받는 가운데 국가 및 세계 일들에 관심을 가지게 되며, 그 관심의 정도는 대중매체의 영향으로 더욱 커진다. 그리하여 어떤 경우에는 사회문제에 대한 청소년들의 관심이 성인들의 관심보다 더 크다. 그리고 어떤 사회문제를 해결하고자 할 때 자신들의 시도에 대한 어른들의 지지와 격려를 고맙게 여긴다. 즉, 사회문제를 해결하고 진정한 성취적 노력을 인정받을 수 있을 때 그것을 의미있는 삶으로 여기는 것이다. 그러므로, 어른들이 명백한 사회문제를 무시하는 경향이 보일 때 청소년들은 실망하고, 그러한 경향을 성인들의 자기기만으로 비꼬기까지 한다. 어떤 청소년들은 성인의 관심을 받고 자신들이 바라는 변화를 이루기 위해서는 항의와 반발을 해야 한다고 느낀다. 또 어떤 청소년들은 주변의 어른들을 무시하고 가출한다거나 약물 등에 탐닉하여 학업을 포기하는 행동을 보이기도 한다.

청소년들은 부모로부터 독립을 원하는 만큼이나 부모들에게 의존해 있음을 느낀다. 경제적인 의존상태에 대한 청소년들의 느낌은 양가적(兩價的)이므로, 그러한 의존상태를 못마땅하게 여기는 동시에 그 상태를 포기하지는 못한다. 청소년들이 성인에게 의존하려면 어른을 신뢰할 수 있어야 한다. 가령, 또래의 압력에 못이겨 부모가 원하지 않는 어떤 행동을 해야 하는 경우에, 평소에 부모에 대한 존경심을 가지고 있었다면 자신의 행위가 잘못되어 있다고 느낄 것이다. 더욱이 자기가 스스로 할 수 없을 것이라고 느낄 때 부모가 명백히 한계를 그어주면, 청소년들은 보다 안전감을 느낄 것이다.

　청소년들은 아무도 독립적 행동의 기회를 주지 않는다고 느끼는 경우가 있다. 그래서 때로는 부모의 통제를 벗어나기 위하여 할 수 없이 부모에게 반발해야 한다고 느낀다. 대부분의 청소년들이 기성사회에 동조하지 않기 위해 가끔 반항적인 행동을 하기도 하지만, 어떤 면에서는 "반항적 청소년들"이 오히려 "동조적 청소년들"보다 더 잘 동조하는 경향이 있다. 문제는 그들을 통제하는 대상이 가족의 가치나 전통이 아니라 또래들이라는 데 있다. 그리하여 반항적인 청소년들은 그 나이 또래의 방종한 선동가나 청소년에 대한 이해를 위장하고 나서는 어른들에게 이용당하는 경우가 생기는 것이다.

　동조를 거부하고 기존의 전통에 반발하는 것만을 목적으로 하는 반항은 권위에 대한 신경증적인 반동일 뿐이다. 건전한 반항은 사랑으로부터 비롯되어 무엇인가 변화되어야 한다고 인식한 상태에서 그 변화작업에 참여하는 것이다. 즉, 반항의 목표가 있어야 한다는 것이다. 그러므로 건전한 반항자들은 스스로 참여하여 구체적인 변화를 계획하고 진척시키며, 대부분의 경우 어른들의 원조를 기꺼이 받아들인다.

　어른들 가운데는 청소년들이 독립을 얻기 위해서는 반항해야만 하고 어른들은 그것을 참고 견뎌야 한다고 생각하는 사람들이 다수인 것 같다. 이것은 불행한 결과를 초래하기 쉬운 사고방식이다. 부모, 스승, 그리고 고용주들이 청소년들의 경험을 공감하고, 그들의 이야기를 경청하며, 청소년의 당면문제를 해결할 수 있도록 도와주려고 나선다면, 청소년들이 겪는 아픔이나 갈등은 반항 없이도 진정될 수 있기 때문이다. 청소년들은 그들의 책임감을 증진시키는 데 필요한 도움을 이해심 많은 어른들로부터 받아들일 수 있는 것이다.

　그들은 가정이나 학교뿐만 아니라 지역사회에서 이루어지는 매일매일의 생활장면에서 삶의 의미를 추구한다. 그리고 자기들의 성장 및 발달을 도모하는 각종 훈련집단과 상담집단 등에서 의미있는 집단경험을 하기를 바라고 있다. 그러므로 청소년들이 신뢰할만한 대상으로 능력있는 상담자라면, 그들과 만나 상담하고 그들의 부모에게도 자식의 성장에 도움이 되는 교육을 제공할 수 있어야 한다.

2.2 청소년 집단상담의 목표

청소년의 발달욕구에 초점을 둔 집단상담의 일반적인 목표는 다음과 같이 기술할 수 있다.

(1) 다양한 생활장면에서의 의미있는 활동목표를 정의해줌으로써 자아정체감을 정립하거나 회복하도록 한다.

(2) 자기의 관심, 능력 및 적성에 대한 이해를 증진시킨다.

(3) 자신의 관심, 능력 및 적성에 맞추어 생활의 기회를 포착하고, 행동결과를 평가할 수 있는 능력과 기술을 증진시킨다.

(4) 자기가 당면한 문제를 인식하고 해결할 수 있는 사회적 태도와 대인관계에서의 자신감을 증진시킨다.

(5) 타인에게 자신의 솔직한 느낌을 직접 전달하면서도 상대방의 기분을 고려하여 의사소통할 수 있는 능력을 개선시킨다.

(6) 자신이 믿는 바를 검토하고, 스스로 결정을 내리고, 필요한 위험 부담을 감수하고, 자기의 실수로부터 스스로 배우는 독립심을 키운다.

(7) 부모 및 스승뿐만 아니라 사업주, 경찰, 정부관리 등 사회의 권위적 인물들을 대할 때 성숙한 방식으로 행동하는 대인기술을 향상시킨다.

(8) 자기 행동의 한계를 인정하고 개선하는 데 필요한 활동에 충실히 참여할 수 있도록 한다.

(9) 성장과정에서 일어나는 신체적, 정서적 변화에 대처하는 지식과 기술을 증진시킨다.

2.3 집단상담에서의 발달적 욕구의 충족

집단상담에서는 다음과 같은 청소년들의 발달적 욕구와 과제가 충족될 있다.

1) 자아정체감 추구는 청소년 발달과정의 중요한 주제이다.

청소년기에는 자기가 누구이며, 어떤 사람이 될 수 있을 것인지를 알고 싫어한다. 대부분의 청소년들은 자신에 관하여 많이 알고 있으며 자신이 누군가에게 중요한 존재라는 것을 알고 있으나, 다른 한편으로는 자기 자신에 관하여 많은 의문을 가지고 있기도 하다. 이러한 의문점을 해소하기 위하여 청소년 심리 관련자료를 찾아 읽고 자발적인 토의집단에 참여할 수도 있겠으나, 이러한 노력 중 어떤 것도 집단상담의 경험처럼 생산적이고 수용적인 분위기를 느끼게 할 수는 없을 것이다.

다음은 대학 1학년 여학생이 자기가 참여했던 집단상담에 관하여 기술한 내용이다.

> "상담에 참가한 날짜가 지남에 따라, 나는 내 자신에 대하여 점점 더 많은 부분을 얘기하게 되었고, 과감한 결정을 내릴 수 있게 되었다. 그리고 공격받으리라는 두려움없이 진정한 나의 모습에 관하여 이야기할 수 있었다. 우리 모두는 감정을 표현하는 능력이라든가, 여성으로서의 사회적 역할, 그리고 학생으로서의 중요한 관심사에 관하여 이야기하였다. 나는 직업여성으로서의 나의 역할에 관해서 다른 아이들보다 더 많은 관심이 있었다.
>
> 우리는 모두 집단상담에서 커가고 있음을 느꼈다. 사회상황과 관련지어 우리의 인생목표를 이루는 데 필요한 능력에 대한 자신감을 얻게 되었다. 우선 현실적 목표를 세우는 것을 배우게 되어 우리의 생활목표를 이루는 데 더욱 확신감을 얻었다. 집단상담에서의 개방적이고 솔직한 관계는 우리에게 자신감을 고무시켜 주었다. 거기에서는 우리를 어른처럼 대해주었고, 따라서 우리는 어른처럼 행동할 수 있었다."

이러한 집단경험을 통하여(특히 남-녀 혼성으로 구성되었을 경우) 청소년은 자신이 의미있는 존재임을 깨닫게 된다. 또한 자기가 좋아했던 친구들도 역시 고민을 가지고 있으며, 어떤 친구들은 자기보다 더 심각한 문제를 가지고 있음을 알게 된다. 이러한 수용감을 경험함으로써 자아는 강화되고, 문제에 당면하여 해결할 자신감과 용기가 생기는 것이다.

2) 자기의 관심, 능력 및 적성에 대한 이해가 증진된다.

자기가 가지고 있는 관심이나 능력 및 적성에 대한 이해는 청소년기 이전에 시작되어야 하는 과정이다. 그리고 이 발달과정이 비교적 잘 진행되었다고 하더라도 청소년으로서는 여전히 의문이 많아서 능력있는 상담자의 도움을 받아 철저한 자기평가를 하고자 한다. 상담장면을 통하여 그리고 심리검사를 받으면서, 객관적이고 긍정적인 느낌을 서로 나누고, 자기의 약점을 노출하고, 그 약점이 어느 정도로 앞으로의 생활계획에 장해가 되는지 등을 발견할 수 있게 되는 것이다. 또한 집단장면에서는 또래집단원이 수용하고 공감하여 줌으로써 자기를 공개하는 것에 대한 이해적 지지가 이루어진다. 또래들의 이러한 공감과 지지에 힘입어 자기의 약점에 직면하게 되고, 노력으로 바꿀 수 있는 점은 수정하고, 그 결과에 따라 앞으로의 계획을 조정할 수 있게 된다.

3) 환경에 관한 충분한 정보를 알아내는 능력이 증진된다.

자기의 생활환경에 관한 충분한 정보를 알아내는 기술은 모든 사람의 당면 과제가 되겠으나, 청소년에게는 특히 더 그러하다. 즉, 대학에 가야 할 것인가? 대학을 선택하기 위해 알아야 할 사항은 무엇인가? 거기에는 어떤 장애물이 있으며, 그것을 어떻게 극복할 수 있을까? 사랑하고 있는 이성에 대해서 어떤 결정을 내려야 하는가? 등 부분이다.

위와 같은 의문점들은 소규모의 자발적인 집단토의나 집단상담에서 안내자료의 내용을 읽고 토의하는 과정에서 대부분 해결될 수 있을 것이다. 더욱이 집단상담에서는 안전한 분위기에서 자기가 생각한 바를 묻고 대답하는 것이 이루어지므로 자기존중감이 고양될 수 있다. 오늘날 일상생활에서는 청소년들이 상담집단에서처럼 존중되고, 필요한 존재로서의 자기존중감을 느끼지 못하고 있는 것이다.

4) 관련정보의 소화 및 평가능력이 증진된다.

집단상담을 통하여 집단원들의 도움을 받아 자신이 잘못 내린 결정이나 잘못된 행동에 대하여 평가하고 새로운 계획을 마련하는 힘을 얻을 수 있을 것이다. 실패 그 자체만으로는 손상된 느낌이 있을 뿐이다. 그러나 자신을 수용하여 주는 다른 집단원들이 있으므로 해서, 당사자는 왜 실패하였고, 어떻게 다시 도전할 것인지 등 부분에 관하여 정리하여 볼 수 있다. 또 얼마나 낭패감을 느꼈는지 하는 점을 공개적으로 다루는 집단과정에서 위로를 받기도 하고 자신감을 새로이 느끼기도 한다. 그리고 문제가 생소하거나 위협적인 대인관계에 관련된 것이라면 집단에서 역할연습을 해 봄으로써 새롭게 접근하는 행동양식을 연습할 수도 있다.

청소년들이 자기와 관련된 정보를 소화하고 평가하는 데는 이해적인 지도자 및 교사의 역할이 큰 도움이 된다. 가령, 교사가 학생들의 학급토의나 과제물에서 청소년들의 모범이 될 만한 판단과 행동의 예를 발견하고 기록해 둘 수 있을 것이다. 또한 청소년들에게 용기를 잃게 하는 행위가 무엇인지 물어보고, 실수하였을 경우 비판만 할 것이 아니라 그것으로부터 무엇인가 배울 수 있도록 도울 수 있을 것이다. 양심적인 교사는 청소년에 대한 보다 효과적인 지지적 역할을 습득하기 위하여 상담자(상담교사)의 도움을 기꺼이 받아들일 것이다.

5) 자기문제의 인식 및 해결능력 관련의 대인기술 및 자신감이 증진된다.

청소년들이 상담집단을 통하여 또래 친구들도 역시 고민을 가지고 있고, 그 고민을 공개적으로 드러내어 해결하고자 하는 모습을 보게 되면, 자기 자신과 자기 문제의 처리과정에 있어서도 전보다 더 큰 자신감을 얻을 수 있다. 청소년들은 좋은 본보기(모델)의 영향을 크게 받으며, 모방을 통해 어떻게 타인을 사귀고 돕는지 배운다. 또한 집단상담에서 솔직한 느낌을 주고받는 동안 언어내용뿐만 아니라, 자세, 얼굴표정, 신체적 움직임 등의 비언어적인 행동반응에서 풍기는 타인의 진정한 기분을 포착할 줄 알게 된다.

6) 가족관계에 대한 감수성과 부모와의 의사소통 능력이 향상된다.

집단상담을 통하여 청소년들은 자신의 진정한 느낌과 요구를 소통할 수 있게 된다고 하겠다. 가족회의도 이를 위한 효과적인 방법이 될 수 있을 것이다. 상담집단에서 역할연습을 하였는데도, 가족에 대한 갈등을 충분히 해소하지 못한 집단원이 있다면 상담자가 그 청소년의 가족회의(내담자와 부모만의 모임도 가능)를 주선하여 가족에 대하여 어떻게 느끼고 있는지,

가정에서 얼마나 심리적인 상처를 입었는지, 가족에게 무엇을 원하고 있는지 등을 드러내게 할 수 있다. 가족회의가 진행되는 동안 상담자는 다른 가족들로 하여금 그 청소년이 드러내는 느낌과 요구를 경청하도록 돕는 한편, 그 청소년으로서도 다른 가족들이 자기에게 어떤 느낌을 가지고 있는지, 또 가족들이 요구하는 바가 무엇인지 귀를 기울이도록 가르치고 도와야 한다. 그렇게 함으로써 가족 모두가 잠정적이나마 어떤 해결에 이르도록 돕게 되는 것이다. 그리고 가족회의를 통하여 가족간의 의사소통 기술이 향상되고, 청소년들은 자식으로서의 역할을 수긍하고 그것을 충족시키는 가운데, 부모는 보다 효율적으로 부모의 역할을 하게 되는 것이다. 중요한 의사소통의 향상은 이렇게 청소년들의 부모 및 교사들과 협의를 통하여 더욱 촉진될 수 있을 것이다.

7) 대인관계능력 및 독립적 행동이 향상된다.

사교적인 능력은 집단상담을 비롯하여 가족회의라든가, 학급토의, 자율적인 토론집단 등을 통하여 학습될 수 있다. 또한, 집단상담을 통하여 청소년은 자신의 생각이 존중되고 있다는 점, 독립심을 길러가는 과정에서 누구나 실수를 할 수 있다는 점, 그리고 자신의 행동이 개선될 수 있도록 또래 집단원들이 도움을 줄 것이라는 점 등을 깨닫게 된다. 집단상담에서는 역할연습과 같은 기법을 동원함으로써 자신의 느낌을 관계대상에게 직접 소통하고, 그렇게 할 때에 주장적이면서도 신중한 태도를 취할 수 있도록 학습하게 된다.

이러한 경험은 청소년들에게 중요한 것임은 물론, 부모나 교사들을 위한 토의집단에서는 더 중요한 의미를 지닐 수 있다. 왜냐하면, 그러한 집단경험을 통하여 청소년에 관한 자료를 읽게 되고, 다른 청소년들을 관찰하고 그들과 솔직한 마음으로 대화하는 과정을 거치면서, 청소년들을 수용할 줄 알게 되고, 청소년에 대한 성인으로서의 책임을 인식하게 되기 때문이다. 부모와 교사들이 깨닫게 되는 여러 가지 사항들은 다음과 같은 것들이다.

- 청소년들에게 진정으로 괴로움을 주고 있는 것은 무엇인가?
- 새로운 자기를 형성하는 데 있어서 타인들로부터 얼마나 수용되고, 이

해 받고 있으며 어떠한 도움을 원하는가?

- 독립심을 키워나가는 데 있어서 얼마나 많은 도움을 필요로 하는가?
- 자기의 생각이 존중받고 진지하게 여겨지며 때로는 인정된다는 것이 청소년들에게 어떤 의미를 주는가?
- 자기를 공감하여 주는 권위적인 인물들과 잘 지내기 위해 노력하고 있는가?
- 자신들이 중요하다고 여기는 어른들을 얼마나 본보기(모델)로 삼고 있는가?

그러나 성인으로서 청소년이 독립적으로 행동하도록 돕기란 쉽지 않다. 왜냐하면 대부분의 성인들이 청소년을 대할 때에 권위적인 방식을 사용해 왔기 때문이다. 권위적이고 강압적인 성인들도 최소한 토의집단에서 이루어지는 자문식 도움의 이점을 인식하고 이를 활용할 수 있을 것이다. 청소년 지도를 위한 집단상담이 자신의 행동한계를 스스로 극복할 수 있는 기회를 제공한다는 점을 앞에서 말한 바가 있다. 청소년들은 자기의 행동한계를 인식하는 과정에서 독자적인 행위에 따르는 책임감도 수용할 수 있게 될 것이다.

비행청소년의 대부분은 흔히 부모로부터 욕구충족의 느낌을 전혀 느낄 수 없는 가정에서 자란 젊은이들이다. 그들에게는 "착하다"거나 부모의 요구에 순응하는 것이 전혀 이롭지 않았고, 그로 인한 불만이 모든 권위적인 인물에게로 확산되어 있다. 그런 청소년에게는 자신이 원하는 바를 얻는 유일한 방법은 자기 자신의 입장만을 생각하여 힘으로 그것을 탈취하는 것이 된다. 이런 식으로 학습된 행동양식은 쾌락의 충동을 충족시켜 주게 되어 점차 그 양식이 강화 또는 고착되는 것이다. 여기서 강조되어야 할 점은 비행청소년의 전형적인 사례는 흔히 의사소통에 문제가 있다는 것이다. 비행집단이나 경직된 사회가 반드시 비행청소년을 낳는 것은 아닐 것이다. 말로는 사회적인 가치를 강조하지만 그러한 기준대로 행동했을 때 부모로부터 적절한 보상이 없는 가정에서 비행청소년이 더 많이 생기는 것이다. 청소년들이 의미있는 가치를 키워나갈 수 있도록 돕고 일상생활에서 모범을 보여야 하는 어른들이 그렇지 못할 때, 청소년들에게는 그것이 마치 사기처럼 여겨지고 성인과 그들이 내세우는 가치를 거부하게 된다. 즉 청소년들에게는 사회적 가치에 따라 행동하는 본보기가 필요하다. 그것은 완벽한 것이 아니어도 가능한 것이다. 청소년들과 함께 바람직한 가치의 중요성이라든가, 어떠한 성인이 되고 싶은가, 그리고 그렇게 추구하는 데 있어서 부딪히는 문제는 무엇인가 등을 토론하고, 그들이 실천하려는 행동을 강화하는 데 도움이 되는 바를 함께 생각할 수 있다면 그 본보기(모델)는 청소년들에게 대단히 큰 영향을 미치는 것이다.

또한 청소년을 중요하게 여기는 어른은 청소년 자신이 당면한 한계점을 분명히 하고 이를 극복해 나갈 수 있도록 도울 수 있는 강한 신념(자아강도)을 가지고 있어야 한다. 그러나 불행하게도, 많은 권위인물들이 그러한 자아강도라든가, 청소년에 대한 지식, 인간관계에 관한 기술 및 청소년에게 갖는 신념이 없거나 약한 것이 현실이다. 대다수의 어른들은 청소년이 자기의 권위에 도전한다거나 자기를 거부하지는 않을까 하고 걱정하고 있을 따름이다.

효과적인 상담집단에서 청소년들은 훌륭한 본보기로서의 또래 집단원을 발견하게 된다. 즉, 자기 또래와의 바람직한 관계를 형성하는 데 도움이 되는 다른 본보기들을 발견하는 것이다. 그리고 좋은 책, 특히 전기물은 청소년에게 좋은 본보기가 될 수 있다. 본보기로서의 가치를 일단 발견하게 되면 서로 그러한 서적을 읽도록 권유하는 것이 보통이다. 상담집단내에서, 청소년들은 현실적인 자기와 이상적인 자기를 어떻게 조화시켜 나가는가를 동료들의 행동에서 관찰하고 배운다. 그러한 과정에서 태도 및 행동의 변화가 이루어지도록 서로 돕고, 상담집단에 있지 않은 다른 사람들에게도 자신이 발견한 새로운 자기를 보여줄 수 있도록 서로 배려한다. 그리고 다른 사람들이 문제를 해결하는 모습을 관찰함으로써 자신의 문제해결 능력에 대한 자신감이 향상되기도 한다.

8) 신체적 · 정서적 변화에 대한 이해 및 대처기술이 증진된다.

청소년 집단상담에서는 자신의 새로운 느낌과, 이 느낌에 어떻게 대응할 수 있겠는지 등을 토의할 수 있게 되며, 이러한 과정에서 자신의 신체적인 여건, 건강상태, 성적 발달, 사교성 및 이성에 대한 호감에 대해서도 서로 이야기를 주고받게 된다. 상담자는 청소년들의 질문에 부모나 스승들이 대답해줄 수 있도록 준비시킴으로써 청소년들의 정상적인 발달을 간접적으로 촉진시킬 수도 있다. 즉, 학부모나 교사들을 위한 토의집단을 통하여 의사소통에 관련된 문제를 토론하거나 역할연습을 실시할 수도 있다. 의사소통에 관련된 문제에는 다음의 것들이 포함된다.

- 청소년들의 질문과 관련해서 학부모나 교사들이 불편하고 당황하게 되는 점.
- 사실적 정보에 대한 청소년들의 정서적 준비성에 대한 감수성.
- 청소년들의 질문에 대한 대답 및 관련 주제에 관한 공개적 토의를 위해 어떤 자료를 사용하는 것이 현명한 방법인가?
- 청소년들의 질문에 만족스럽게 대답하면서도 적절하게 응답을 끝내는 요령.
- 학부모나 교사가 느끼기에 아무리 어리석고 엉뚱한 질문이라도 그것을 진지하게 받아들이는 태도.
- 청소년의 질문에 대하여 다른 사람이 대답해줄 수 있는 일반적 이야기가 아니라, 질문한 청소년 자신의 발달을 위한 구체적인 대답을 할 줄 아는 능력.
- 질문에 답할 충분한 정보가 부족할 때는 부족한 점을 시인하는 성숙성.
- 질문 속에 내포된 느낌을 이야기할 수 있도록 돕고, 자기가 적절한 도움을 줄 수 없는 경우 다른 사람에게 의뢰해야 하는 시기 및 대상을 판단하는 능력.

9) 새로운 역할의 학습 및 활용능력이 증진된다.

청소년에게 있어 새로운 역할에 대한 욕구는 자아정체감의 촉구, 자기에 대한 이해 및 사교적인 능력의 증진 등과 직접적으로 연관된다. 자신이 경험하는 것과 비슷한 문제들을 다른 청소년들도 겪고 있음을 보면서, 청소년들은 자신을 보다 더 수용할 수 있게 되고, 용기를 얻게 되며, 또래들의 문제해결을 돕는 가운데 자신에 대한 존중감이 증대된다. 이러한 점에서도 집단상담은 특히 청소년에게 적절하다. 또래 집단원으로부터 도움을 받거나 타인에게 진정한 도움을 주면서, 청소년들은 자기 자신의 강한 발달적 욕구를 충족시킬 수 있는 것이다.

2.4 청소년 집단상담의 과정과 기법

1) 집단상담의 시작과 초기단계

청소년들은 억지로 또는 타의에 의해서 상담이나 심리치료를 받으러 오게 되는 경우가 종종 있다. 이런 경우에는 학교나 가정에서 있었던 일 때문에 벌을 받게 될 것이라는 예감을 갖게 된다. 스스로 도움을 구하는 경우라 할지라도, 주변의 어른들에게서 벌을 받아온 경험이 있는 청소년들은 상담에 대해서 불길한 예감을 품게 된다. 그러므로 상담자는 청소년들이 마음속에 가지고 있는 느낌과 의구심을 간파하고 그들의 독특한 느낌을 반영해 주며, 그들의 질문에 솔직하게 대답하면서 스스로 구체적인 행동적 목표를 세울 수 있도록 도와야 한다. 학교 상담자의 경우, 이러한 면에 충분한 주의를 기울이지 않는 한, 주변의 권위인물들 또는 그들을 옹호하는 보통 인물들과 다를 바 없는 존재로 느껴지게 되며, 청소년들에게 도움을 주는 믿을 만한 사람으로 인식될 수 없다. 그렇다고 해서 상담자가 청소년의 행동을 일일히 변호해야 한다는 것은 아니다. 요컨대, 상담자로서 해야 할 일은 청소년이 보다 생산적으로 움직일 수 있도록 돕는 것이다.

고등학교 학생집단을 다루는 경우에 상담자는 대학생집단이나 성인집단에서보다 더 적극적인 태도를 취해야 한다. 청소년들은 치료적인 분위기가 조성되고 유지되는 데 있어서 상담자가 적극적인 역할을 담당하는 것을 좋아하며, 모호한 상태를 견디어내는 힘이 대학생이나 성인에 비하여 부족한 편이다. 그들은 자기가 집단상담에서 무엇을 하고 있으며, 무엇을 어떻게 해야 하는지, 그리고 집단상담의 모임이 얼마나 자기에게 도움이 되는지 등을 정확히 알고 싶어한다. 따라서 청소년을 대상으로 하는 상담자는 청소년들이 집단에서 토론했던 문제들, 그리고 토론과정에서 얻은 도움 및 상담자와 동료 내담자들이 자신의 변화 및 성장에 얼마나 기여하였는가 등에 관한 실제적인 예를 제시하는 것이 좋다. 상담에 임하는 청소년들에 대한 기대를 분명히 밝히고, 자기이해를 분명히 하려는 노력에 대해 상담자는 솔직하게 대답해야 하며, 청소년 집단상담에서도 집단의 과정과 구성을 자율적으로 만들어갈 수 있다고 믿는 작업분위기가 매우 중요하다.

청소년들은 형식에 얽매이지 않는 장소를 좋아하므로, 의자를 치우고 방바닥에 앉거나 움직이면서 집단상담을 할 수 있어야 한다. 집단을 통하여 서로 솔직한 모습으로 관계를 맺고 진정한 자기의 모습으로 행동하는 점이 그들에게는 매력적이고 흥미진진한 것이다. 또한, 상담장면에서는 또래 집단원들 모두가 내담자로서만이 아니라 상담자와 같이 도와주는 역할도 경험하게 된다는 면에서 청소년들은 큰 흥미를 느끼는 것이다. 상담집단의 청소년들이 자신들에게 기대된 바를 파악하고 행동에 옮기는 가운데, 상담자의 적극적인 역할은 점차 줄어들게 된다.

청소년기에는 정서적으로 기복이 심하고, 자신의 기분이나 충동을 쉽게 행동으로 옮기며, 불안이나 불편을 섬세하게 느낀다. 그러므로, 상담자는 집단원이 집단에 대하여 느끼고 있을지도 모르는 양가적인 감정을 가능한 한 초기에 언어로 표현할 수 있도록 도와야 한다. 그러한 감정을 표현하는 것이 집단으로부터의 조기탈락을 막는 최선책이기 때문이다. 또한 상담자가 집단구성원들에게 집단경험의 결과 및 상담자의 수행을 평가하고 점검하는 기회를 제공하는 것은 집단상담의 전체적 흐름에서 극히 생산적인 일이 된다. 가령 "OO는 이 집단의 진행상태에 대해서 어떻게 느끼는지요?"와 같은 상담자의 질문은 미처 표현하지 못했던 집단 및 상담자에 대한 부정적인 느낌을 이끌어낼 수 있고, 상담자가 어떤 비판을 받더라도 견디어낼 수 있음을 입증하는 것이 된다.

관심과 요구가 서로 유사한 청소년 집단에서 특히 중요한 것은 집단에 대한 매력 또는 호감이다. 청소년 상담집단을 구성할 때는 흔히 집단에 참여하고자 하는 청소년들을 다 집단원으로 받아들이는 것이 아니라, 가능하면 집단원으로서 성공할 수 있는 기준과 조건에 따라 집단원들을 선발한다. 집단구성원이 된 청소년들에게 있어서는 이 사실이 집단에 대한 호감을 한층 더 느끼게 하는 요소가 된다. 그리고 집단에 참여할 것인지를 스스로 결정할 권리가 있음을 강조하여 주고, 집단상담에서 자신의 내면세계를 공개할 수 있고 새로운 행동을 배울 준비가 되어 있음을 밝히는 것도 집단원에게 달려 있다는 점을 지적하여 주는 것은 청소년들에게 집단상담에 대한 동기를 높이는 효과가 있다.

2) 청소년 집단상담의 중간(작업) 단계

상담자가 이러한 점을 강조하여 제시하는 것은 집단원이 집단상담을 통하여 생활장면내의 주요한 타인들과 갖게 되는 관계를 개선하고 평소에 좋아하는 마음은 있었으나 관계를 맺기 어려웠던 사람들과 새로운 관계를 수립하는 데에 도움을 줄 수 있다. 청소년 집단의 첫 대면에서는 상담자가 집단원들이 같이 있고 싶어하는 사람과 그렇지 않은 사람에 대하여 탐색할 수 있도록 돕는 것이 좋다. 역할연습기법을 도입하여 집단원이 특정한 대상과의 관계를 개선할 수 있도록 돕고, 성숙된 역할을 습득하는 데 관련된 주요행동을 연습해보도록 할 수도 있다. 이외에도 인간관계 수립에 도움이 되는 여러 가지 행동기법을 적용할 수도 있을 것이다. 즉, 대인관계 잠재력을 훈련시키는 방법으로 긍정적인 피드백을 활용하기, 친하기 연습, 접촉연습, 접근-회피 행동의 연습 등을 활용할 수 있을 것이다.

접촉연습과 접근-회피 연습기법은 이성의 또래에 대한 느낌을 표현하고 그것과 관련된 공포나 불안을 제거하는 데 도움이 되는 훈련방법이라고 할 수 있다. 청소년들은 분위기에 따라 자신이 가지고 있는 강렬한 느낌을 언어보다는 행동으로 더 잘 표현하는 경우가 많다. 위의 연습기법을 적용할 때에는 상담자가 기법을 도입하기에 앞서 그 기법을 사용하는 목적이 무엇인지를 청소년 집단원들에게 분명히 밝혀줄 때 더 효과적으로 활용될 수 있다.

우선 '접촉연습'의 의의를 알아보기로 한다. 집단원에게서 신체적 접촉에 대한 욕구를 감지하였을 때 그 욕구와 관련된 소망 등을 우선 이야기하도록 함으로써, 다른 집단원들도 그러한 욕구를 느끼고 있고, 심지어는 대부분의 어른들도 그런 욕구를 충족시키지 못해왔다는 점을 알게 된다. 또한 그러한 욕구를 공개적으로 이야기하고 나면 과거에는 견딜 수 없던 두려움도 이제는 견딜 수 있을 만한 것이 된다. 청소년 집단원들은 자신의 욕구가 정상적인 것이며 또 적절한 형태의 반응을 학습하고 연습할 수 있다는 점을 인정하게 되는 것이다.

상담자는 흔히 집단원들이 공통적으로 접촉반응을 학습할 수 있는 상황을 설정한다. 몇몇의 지원자를 선정하여 집단원들과 협의하여 설정한 상황에서 신체적 접촉을 해보고 그렇게 할 때의 느낌을 서로 나누도록 한다. 그리고 다른 집단원들의 피드백에서 배울 점을 찾도록 한다. 상담자는 내담자가 위험을 감수하는 행동반응 및 성공적인 접촉반응을 한 데 대하여 강화(격려)하여 준다. 집단원들이 접촉연습을 잘 해내지 못하였을 때에는 다음으로 시도하고 싶은 것이 무엇인지를 말하도록 하고, 다른 집단원들의 두번째의 시도를 격려하고 지지하여 주도록 가르쳐야 한다. 이러한 연습을 통하여 집단원들은 접촉을 연습할 수 있을 뿐만 아니라 접촉자체에 대한 불안을 감소시킬 수 있다.

'접근-회피 연습'에서는 두 명의 지원자가 서로 마주보고 서로 상대방 쪽으로 걸어오게 된다. 그렇게 접근하면서 느끼는 감정을 서로 나누게 하며(이때 상대방에게 직접 표현할 수 없는 느낌은 독백으로 하게 한다), 상대방과 다른 사람에게 충분히 공개하지 않은 내용 등은 추후에 검토하여 볼 수 있다. 이렇게 하는 과정에서 해당 집단원은 다음의 안전한 연습상황을 제공받게 되는 것이다. 집단원이 이 기법을 성공적으로 연습하고 나면, 변형된 다른 방법을 연습시킴으로써 다른 사람들에게 가지고 있는 긍정적인 느낌을 표현하는 훈련 및 다른 사람들의 요구를 들어주는 훈련을 할 수 있다. 청소년들은 대부분 자기 또래의 이성에게 자신을 드러내려는 욕구를 가지고 있으면서도 바로 이러한 욕구 때문에 오히려 이성에 대한 자신의 미묘한 감정을 표현하기가 어렵다. 그들은 집단상담에서 하는 연습을 통하여 이러한 측면의 능력을 개발할 수 있다는 점을 쉽게 인식한다. 청소년들이 때로는 자신감이 있는 것처럼 행동하고 심지어는 무모하게 행동한 과정에서 어른들의 염려를 무시하는 경향이 있으나, 집단 상담의 안전한 분위기에서는 어른뿐만 아니라 자기 또래들을 원만히 대하는 행동연습이 가능하다는 점을 쉽게 인정한다. 이에 대하여 상담자는 집단원이 진실로 원하는 바를 이해하고 스스로의 요구를 탐색할 수 있도록 도와야 한다. 각자의 행동목표를 분명히 기술하게 함으로써 집단상담에 대한 집단원이 안전감과 호감을 증대시킬 수 있다.

이 밖에도 역할연습 기법을 도입하면 청소년 내담자에게 필요한 학습을 촉진시킬 수 있으며, 그들이 필요로 하는 도움과 발달상의 과제를 성취하도록 촉진할 수 있다. 또한 역할연습을 통하여 평소에 호감을 가지고 있던 다른 사람들도 자신과 유사한 문제를 겪고 있음을 발견할 수도 있다. 더욱이 집단상담에서는 구성원으로서의 충실한 참여 후에도, 역할연습을 통하여 다른 사람이 자기의 문제와 유사한 문제에 대처할 수 있도록 돕고 나서야 비로소 자신의 문제를 인정하는 경우가 종종 있다. 역할연습 과정에서 역할을 서로 바꾸어 하면서, 자신의 행동이 다른 사람에게 미치는 영향 및 다른 사람이 가지고 있는 자신에 대한 기대를 이해할 수 있게 되며, 다른 사람들이 자기와 관계를 맺고자 할 때 자신의 경험내용을 포착할 수 있게 하는 데 도움이 된다.

어떤 청소년들은 부모 또는 가족 전체와 함께 상담하고 싶어한다. 이러한 경우에 상담자는 청소년이 부모 및 가족에 대하여 어떻게 느끼는지, 어떤 심리적인 상처를 입었는지, 그리고 새로운 행동을 하는 데 있어서 그들에게서 바라는 바는 무엇인지 등을 소통할 수 있도록 도와야 한다. 그러한 상담을 하게 되는 경우에, 부모는 자신의 자녀가 여전히 애정을 가지고 있으며 부모의 도움을 진심으로 원하고 있음을 알고는 깊이 감동한다. 한편 내담자인 청소년 쪽에서도 같은 문제에 대한 가족 모두의 이야기를 경청하면서 깊이 감동하는 경우가 많다.

집단상담자는 부모와 가지게 되는 피할 수 없는 접근 및 접촉관계를 어떻게 다룰 것인지를 집단원 모두와 함께 토론하는 것이 중요하다. 부모가 상담자에게 전화를 걸어서 자기 자식이 집단에서 어떻게 하는지에 관한 정보를 묻는다거나, 아직 집단과 공유할 준비가 되어 있지 않은 이야기를 불필요하게 전해주는 것은 청소년 집단을 맡은 상담자에게 곤란한 문제가 될 수 있다. 상담자가 상담초기에 이러한 문제에 관하여 미리 집단과 협의한다면 집단원 개개인에 대하여 실질적인 안내가 될 뿐 아니라, 집단 전체의 자긍심을 향상시키고 집단원 서로가 신뢰하고 존경하는 분위기를 조성하는 데 도움이 될 것이다.

청소년들은 또래집단에 대한 호기심에 있어서 구성원의 질을 매우 중시하므로 상담자는 이 점을 강조하면서 집단에 대한 매력을 느끼게 되는 것은 내담자의 책임에 속하는 일임을 지적해 주어야 한다. 청소년 자신들도 집단상담에서 자기 또래를 돕게 되는 기회를 가지는 것에 대해 깊은 인상을 받는 것이 사실이다. 이런 점에서 어떤 상담자들은 집단을 구성하는 단계에서 과거의 다른 집단에서 성공적이었던 한두 명의 내담자를 집단에 의도적으로 포함시키는 경우도 있다.

집단상담에 임하는 태도를 갖추게 하고 분명한 행동목표를 정하는 데 있어서 집단원 자신에게 책임이 있다는 점을 강조함으로써, 청소년들의 독립에 대한 욕구를 충족시키고 집단에 대한 안전감을 증진시키는 효과를 거둘 수도 있을 것이다. 또한 이러한 과정에서 청소년들은 신뢰적 태도를 학습하는 책임을 수용하게 된다. 또한 청소년 내담자들은 상담을 통하여 성격의 기본적 변화보다는 새로운 행동의 학습에 초점이 맞추어진다는 사실에 위안을 느낀다.

상담적 집단분위기의 수립 및 유지를 위한 진지한 참여는 어떤 집단의 집단원에게든지 필수적이겠으나, 청소년 집단상담에서는 결정적으로 중요한 변수라고 하겠다. 그리고 자기 자신뿐만 아니라 다른 사람의 성장하는 모습을 보는 것이 청소년들에게는 대단히 만족스러운 일이므로 그러한 성장을 평가할 수 있는 분명한 기준을 필요로 한다.

3) 청소년 집단상담의 종결단계

집단상담의 종결단계에 있어서 상담자는 집단원들이 친밀하고 수용적인 관계를 종결하는 데 대하여 저항하지 않을까 염려하게 된다. 이러한 경우에 상담자가 심층적 해석을 한다면 공격적인 느낌을 줄 수 있기에 보다 바람직한 것은 반영기법을 사용하는 것이다(예: "우리들은 이제 서로를 참으로 좋아하게 되었지요. 그래서 우리가 처음에 세운 목표를 거의 이루었지만 헤어지는 인사를 나누자니 참 아쉽네요").

종결에 가까와졌을 때, 한 번 내지 두 번의 회기에서 집단원의 성장에 초점을 맞추어 종결을 위한 연습을 한다면 집단원들이 종결을 받아들이는 데 훨씬 부담이 적을 것이다. 다음은 그러한 예를 보여준다. "우리 모두가 함께 ○○가 이번 모임을 통하여 이룬 것, 그리고 아직 남아 있는 목표에 대하여 생각하여 봅시다. 그리고 각자가 생각하기에 다른 사람들은 무엇을 이루었고, 무엇을 아직 이루지 못하였는지를 말하여 보기로 합시다. 이런 점들을 이야기하고 나면 이제 어떻게 서로 작별인사를 해야 할지, 그리고 얼마나 더 많은 시간이 필요한지 알 수 있을 것입니다."

이 시점에서 청소년들은 자신의 성장에 대하여 점차 스스로 책임을 지려고 하지만, 때로는 어떤 결정을 하는 데 있어서 지침이 될만한 제안이나 '자기주장훈련'을 필요로 하기도 한다. 또한 집단에서 훈련된 기술을 집단 밖에서 수행하기에 앞서 상담과정에서 실시하는 실습에 대하여 갈등을 느끼기도 한다. 이러한 경우에 상담자는 다음과 같은 방식으로 집단원을 도와서 성장에 대한 책임이 내담자 자신에게 있음을 수긍하도록 할 수 있을 것이다. 예컨대, 상담에 임하는 태도는 스스로에게 달려 있음을 인정하도록 돕고, 집단원의 성장을 위한 행동목표 및 기준을 분명히 할 수 있도록 돕고, 또래집단원들의 도와주는 능력과 상담자의 도와주는 능력(기술)에 대한 반응 및 소감을 말하도록 요청하거나, 역할연습 등에서 내담자들이 서로 돕도록 가르치거나, 상호 조력적인 구체적 행동을 강화는 것이다.

상담자는 또한 청소년들 상호간의 호혜적인 집단규준을 수립하고 유지하려는 행동을 주시하고 강화해 주어야 한다. 이 점은 청소년에게 특히 필요한 것으로서, 상담자에게 집단적으로 저항하는것을 예방하거나 상담자를 의식하여 방어적인 태도를 취하지 않도록 하는 데 도움이 된다.

청소년 집단에서는 누군가 공개적인 태도를 보이게 되면, 모든 집단원들이 이를 뒤따르기 싶다. 즉, 청소년 집단에서는 개방성이 일종의 전염성 효과를 발휘한다. 대부분의 청소년들이 상담자와 단독으로 상담하는 것보다는 또래들과 집단으로 자기문제를 이야기하는 편이 더 편하다고 생각한다. 그러나, 상담에서 스스로 책임을 지는 자세를 갖도록 함으로써 집단에서의 개방적이고 공개적인 태도가 더 강화되는 것이다. 또한 행동적 목표를 분명히 정하도록 하고, 상담을 통하여 새로운 행동의 학습이 주관심사라는 점을 강조함으로써, 청소년 내담자들이 집단에 대한 안전감을 더 느끼게 하고 공개적이 되도록 한다.

마지막으로, 청소년 내담자가 새로운 행동을 학습하도록 돕고 그것을 실행한다고 하여 충분한 상담이 되는 것이 아니다. 가장 바람직한 결과는 청소년들이 각자의 목표를 함께 나누고, 주위의 주요인물들로부터 격려와 강화를 구할 줄 알게 되고, 주위 사람들에게 새로운 자기 모습을 보이려는 노력을 표현할 수 있고, 새로운 행동을 유지할 수 있도록 도움을 청할 수 있게 되었을 때 이루어지는 것이다.

만약 청소년의 주요 주변인물들(부모 및 스승)이 과거와 같이 바람직하지 않은 방식으로 자신을 대하고 있어 몹시 낙심하게 되었다면, 상담자로서는 그러한 심정을 반영하여 줌으로써 집단 전체의 수준에서 그 문제를 생산적으로 다룰 수 있을 것이다. 즉 상담자는 다음과 같은 반응을 할 수 있을 것이다.

"성호는 행동의 변화를 시도하려고 꽤 애를 썼는데, 어머님은 계속 예전에 하시던 대로 야단을 치신다면, 성호가 얼마나 변화되었는지, 그리고 어머니가 성호를 계속 야단치실 때 그것이 얼마나 마음에 상처를 주는지를 정확하게 어머니께 전달할 수 있어야 되겠지요. 그러기 위해서는, 이 자리에서 도움이 필요한 것 같군요."

이러한 반영은 여러 집단원의 도움을 이끌어낼 수 있고, 모두가 어떻게 변화하였는지, 어떻게 하면 자기의 새로운 모습을 주변인물들에게 전할 수 있겠는지 등을 서로 이야기하도록 하는 데 도움이 된다.

2.5 또래상담자의 역할

지역사회단체 및 학교기관에서의 전문상담자 활동을 보강하기 위해 준전문상담자 혹은 또래상담자들의 활동이 점차 늘어가고 있는 것이 요즈음의 추세이다. 이들의 활동은 자살이나 약물중독 등 위기사건에 효율적으로 개입하는 데 활용된다. 또한 또래상담자의 활용은 건전한 정상아동 및 성인대상의 상담에도 효과적으로 활용된다. 학자들은 정상인의 삶의 질을 풍부하게 하는 데 뿐만 아니라 정서적 장애자들을 돕는 데도 또래상담자들을 활용하도록 권유하고 있다.

미국에서는 1970년대에 이미 중등학교 학생에 도움을 줄 수 있도록 또래상담자를 훈련시키기 위한 프로그램이 개발되었고, 대학의 학생기숙사에 '치료적 공동체'(치료적 공간)를 조성하는 시도가 이루어진 바 있다. 이러한 시도는 학습에 대한 책임을 학생들이 질 수 있도록 학습구조를 어떻게 개발할 것인지, 집단내에서 생기는 갈등을 어떻게 대처해 나갈 것인지, 그리고 지적·정서적·사회적 발달과정에 있어서 상호호혜적 도움을 얻는 기술은 무엇이며, 이를 어떻게 개발할 것인지 하는 점 등을 구체적으로 돕는 것이었다. 이러한 활동과정에서 또래상담자는 자신이 정규적 상담자의 전문적 역할보다는 진정한 자기의 모습을 솔직히 보여주는 것이 또래학생을 돕는 데 더 효과적이라는 점이 발견되었다. 청소년 또래상담자의 역할이 어떻게 활용될 수 있는지 다음의 두 사례를 들어보기로 한다. 두 사례 모두 일반적인 집단상담을 통하여는 도움을 받을 수 없었던 청소년들에 관한 것이다.

첫번째 사례에서는 재능은 있으나 학업성적이 좋지 못한 중학교 3학년 학생들이 비슷한 문제의 중학교 1학년 후배들을 개인적으로 격려하도록 하였다. 그러자 중학교 3학년 학생들 자신에게 이 일에 대한 도움이 필요하였으므로 8명이 한 조로 된 토론회를 구성하였다. 각 토론회의 참여자들은 스스로 무능력의 경험과 학습능력에 관하여 상담을 받은 배경이 있었으므로 비교적 효율적인 집단상담자 역할을 하게 되었다. 토론집단에서 집단원들은 중학교 1학년 학생에게 필요한 도움이 어떤 것인지, 그리고 도와주는 사람으로서 가지는 느낌 등을 이야기하고, 바람직한 도움행동을 연습한 후, 그 결과를 토론하게 하였다. 실제지도경험을 통하여 중학교 3학년 학생들은 중학교 1학년 학생들을 공감하고 격려하게 되었으며, 또 1학년 학생들이 다른 사람으로부터 격려를 구할 수 있도록 도울 수 있었다. 이러한 체험을 하고 난 중학교 3학년 학생들의 학업성적은 월등하게 향상되었다. 이러한 결과는 아마도 상담교사가 이들을 집단으로 구성하여 상담을 하여 얻은 결과보다 더 나은 것으로 판단되는 것이었다.

또 다른 사례는 수용시설의 비행청소년 집단에 관한 것이다. 생산적인 집단상담 프로그램을 개발하기 위하여 여러 번 시도한 끝에 마침내 효율적인 상담집단을 구성하게 되었다. 그리고, 집단을 종결하면서 집단원들이 서로 어떻게 도움을 주었는가에 대하여 검토하는 시간을 가졌다. 이러한 순서에 이어 상담자가 다음과 같이 반응하였다.

> "여러분들은 서로 도울 수 있다는 사실을 입증하였습니다. 이 시설 내에는 도움이 필요하면서도 어떻게 도움을 청해야 할지 모르거나 혹은 도움을 필요로 하는 입장임을 인정한다는 것을 수치스럽게 느끼는 사람들이 대부분입니다. 여러분 각자가 이러한 사람들의 마음을 이해하여 내가 여러분을 돕고자 했던 것처럼 여러분이 그들을 기꺼이 도울 수 있었으면 합니다."

집단원들은 상담자의 이러한 반응에 대하여 토의하였고, 마침내 각자가 개인적으로 도움을 줄 사람을 한 사람씩 정하게 되었다. 그리고 구체적인 사항을 정하기 위하여 토론회를 갖기로 계획하였다. 첫번째 모임에서는 주로 자기가 선정한 사람에게 도움을 주기 위하여 어떻게 접근할 것인지를 계획하고 연습하는 시간을 가졌다. 그 후의 모임에서는 접근과정에서 성공하거나 실패한 경우를 검토하고, 실패에 대해서는 새로운 접근방법을 모색하였다. 대상자에게 접근한 사람들은 비행청소년들이 스스로 바람직한 행동을 새로이 설정하도록 도와주었다. 이러한 과정이 확산되어 시설인원의 반수 정도가 개인적으로 도움을 받게 되었고, 그 수는 점차 늘어나 2개의 상담집단이 더 구성되었다.

　이상에서 "청소년을 위한 집단 상담"의 원리를 집약적으로 고찰했다. 여기서 말하는 청소년을 위한 집단상담의 원리란 청소년의 발달적 욕구를 충족시키는 기본적 논리를 전제로 한 집단상담으로 집단적 지도나 훈련과는 맥을 달리하는 본격적인 의미에서의 집단상담의 모형을 구분하여 강조하기 위한 것이었다. 즉 여기에서 말하는 집단상담을 장애행동의 교정을 목적으로 한 집단치료의 형태나 지도자중심의 집단지도 프로그램 및 집단훈련 지도자 중심의 형태와 구별하는 것이 중요하다는 것이다. 근래 우리나라에서 집단상담에 관한 관심이 높아졌고 여러 형태의 집단적 지도활동이 활발해지고 있는 것이 사실이다. 그러나 대부분의 활동이 정규적인 집단상담의 모형을 벗어난 것이고, "집단내의 개인적 접근(지도)"의 틀을 벗어나지 못하고 있는 실정이다. 또한 청소년을 지도하기 위한 효과적 및 성장적 욕구를 외면하거나 충분히 고려하지 못한 채 개별적 문제중심 지도를 시도하는 수준에 그치고 있음을 볼 수 있다.

　따라서, 여기에서는 이러한 현실을 고려하여 "청소년을 위한 집단상담"의 기초원리와 접근방법을 집약적으로 제시하는데 일차적인 목적을 두었다. 이와 관련하여 근로 청소년, 학생 청소년, 그리고 청소년 비행문제 또는 청소년 진로문제 등 주요 영역별 집단상담의 접근방법 등이 별도로 고찰되어야 할 것이다.

3. 청소년을 위한 집단 진로지도

3.1 집단 진로지도의 필요성

　최근 들어 진로지도를 주제로 한 단기강좌, 직업 교육시간 및 집단대상의 직업지도 프로그램이 증가되고 있는 추세에서 알 수 있듯이, 진로지도에 집단과정을 적용하려는 관심이 부쩍 높아지고 있다. 그러나 이렇게 고조된 관심에도 불구하고, 집단 진로지도는 상담자가 관여해야 할 주요영역으로 고려되지 못하고 있는 형편이다. 상담자가 실제로 집단 진로지도를 담당하지 않는 데에는 여러 가지 요인이 있다. 우선 분명한 요인으로 들 수 있는 것은 연구에 토대를 두어 집단 진로지도 사례를 다룬 문헌이 부족하다는 것이다. 또 다른 문제는 집단진로상담을 위한 상담자의 훈련이 부족하다는 사실이다. 그러나 이 경우는 진로지도를 주제로 한 강좌 및 상담자 훈련 프로그램이 여러 관계기관에서 점차 활발하게 다루고 있는 추세이므로 개선될 전망이다. 집단 진로지도 활동이 활발치 못한 세번째 이유로는 진로지도에 관계하는 관리자들의 부정적인 태도를 들 수 있다. 즉, 관리자들이 집단 진로지도에 대하여 부정적인 태도를 보일 경우, 그것이 개인 진로지도와 비교하여 어떤 이익을 가져다 줄 수 있는지를 그들에게 인식시켜야 하는 일만큼의 부담이 더 많아지게 되는 것이다. 그렇게 되면 상담자는 부담이 적은 개인 진로지도를 선호하기 쉬울 것이다.

3.2 집단 진로지도의 근거

몇년 동안 학생집단을 대상으로 진로지도가 이루어져 왔으나 그러한 집단지도에 특별히 중요한 근거가 있는 것은 아니다. 일반적으로 집단지도는 인지적인 수준에서 관련된 정보를 제공하는 프로그램으로 실시되어 왔는데, 집단으로 실시함으로써 경제성 및 효율성에서 큰 이점이 있었다. 즉, 집단원들에게 한 번에 정보를 제공할 수 있으므로 개개인에게 동일한 내용을 반복하는 작업에 비하여 시간절약 차원에서 경제적이고 효율적이다. 집단 접근방법을 이용하더라도 진로지도의 목표를 이루는 데 있어서 개인별 접근방법만큼 효과적이라는 점이 밝혀져야 할 것이다. 즉 진로에 관련된 최근의 정확하고, 포괄적이며, 유용한 정보가 제공되어야 하며 집단에 참여하는 각 개인이 자신의 인생에 있어서 일(직업)의 의미를 이해하고, 자신이 하고자 하는 일에 대한 태도와 능력 등에 관하여 이해할 수 있어야 한다. 그리고 진로 및 자기에 관련된 모든 정보를 총괄하고 난 후 개인은 창의적이고 비판적인 사고를 발휘하여 스스로 자신의 진로를 결정할 수 있어야 된다.

집단 진로지도가 경제적이고 효율적이라는 이점 이외에도, 집단 진로지도는 개인이 자신의 진로를 결정하고 발전하는 데에 직접 관련이 되는 자기향상의 기회를 마련하여 준다. 누구나 인격 통합이 이루어지지 않은 상태에서는 진로개발에 방해가 되는 성격적 측면을 조금씩 가지고 있다. 집단에 참여하여 진로에 관한 공통적인 문제를 생각함으로써 개인은 그러한 약점을 이해하고 해소할 수 있게 된다. 또한 성공적인 직업생활을 하는 데에 필요한 개인적인 자질을 점검하고 개발할 수 있는 효과도 거두게 될 것이다.

집단 진로지도 경험을 하게 되면 개인은 이후에 (또는 병행하고 있는) 개인상담을 보다 효과적으로 활용할 수 있게 된다. 집단경험을 통하여 상담을 함으로써 어떤 류의 도움을 받을 수 있는지를 학습하는 것이다. 뿐만 아니라 상담자 및 내담자로서의 적절한 역할에 관하여 알게 되고, 상담에서 활동되는 여러 가지 기법에 친숙하게 된다. 이러한 집단경험은 결국 개인이 자기의 문제를 미리 파악하여 개인상담에서 효과적으로 다룰 수 있게 된다.

3.3 집단 진로지도의 방법

진로지도와 진로상담을 구분하려는 것은 무의미한 일로 보인다. 직업세계, 자기 및 진로결정에 관련된 여러 요인에 관한 정보를 제공하는 것이 지도가 가지고 있는 대표적인 기능일 것이다. 이외에도 목표를 정하고, 결정을 내리며, 계획을 세우는 과정에서 관련 정보를 활용하는 것도 진로지도의 영역에 속하는 기능인데, 이는 종종 상담과정으로 취급되고 있는 것이다. 그러면 집단 진로지도가 이루어지는 과정을 알아보자.

1) 집단 진로지도 과정에서의 고려사항

집단과정과 대중적 모임은 구별할 수 있다. 집단과정과 구분되는 의미의 대중모임이란, 사람들간에 상호작용이 없으며 모임을 통하여 성원들의 욕구충족이 다루어지지 않는 것이다. 대중 가운데 있는 개인은 독립된 개체로서 그가 대중 속에서 다른 사람들의 말에 귀를 기울이고, 그들을 세밀히 관찰한다고 하더라도, 다른 사람들에게 아무런 영향을 미치지 못하는 것이다. 그리고, 대중을 대상으로 하는 진로지도는 주로 강의 등을 통해 인지적인 수준에서 다루어질 수 있는 사실적인 사항들만을 전달하는 데 그치게 된다. 그러나 집단 진로지도에서는 새로운 정보를 받아들일 때 집단참여자들의 가치 및 태도가 함께 변화할 수 있으며, 자신의 진로결정 및 계획에 있어서 전달된 정보를 보다 충분히 활용할 수 있다는 장점이 있다. 한편, 집단 진로지도의 선행단계로서 대중 진로지도를 실시한다면 집단 진로지도 시에 다소 유용한 토대가 마련될 수는 있을 것이다.

2) 집단 진로지도의 회합

집단 진로지도를 하기 위한 회합은 진로에 관련된 정보를 집단에 제공하기 위한 통로로서 여러 종류가 있다. 즉, 회합에 참여하는 청중은 학교의 전체 학생이라든가, 특정 학급, 학부모, 구체적인 특정 진로영역에 관심이 있는 학생집단 등 다양하게 구성될 수 있다. 그런데 요즈음 이루어지고 있는 진로지도를 위한 회합은 과거 몇년 동안의 것에 비하여 효율성이 낮은 것으로 보인다. 너무 많은 숫자의 학생들이 빽빽하게 자리를 메우고서 전달되는 강의를 듣는 상황에서는 질의 응답을 할 기회가 거의 없기 때문이다. 따라서 진로지도를 위한 회합이라면 커다란 주제를 몇 개의 부분으로 나누어서 각 부분을 하나의 회합 프로그램으로 구성함으로써 회합을 연속적으로 계획하여야 한다. 그리고 각 프로그램에서 요점을 명료화하고 의문점을 토의할 수 있는 기회가 제공되어야 그 가치를 발휘할 수 있을 것이다.

3) 관련 분야 전문가의 초빙강연

이 방법은 직업계의 각 분야에 종사하고 있는 전문인들을 초빙하여 강연할 수 있도록 계획함으로써, 학생들의 학업기간 동안 그 분야에 대하여 알 수 있도록 하는 방법이다. 이 경우, 적절한 시기를 계획하고, 학생들을 구성하는 일, 그리고 세부적인 강연 절차를 계획하는 일 등은 학교상담자가 해야 하는 복잡한 작업이 필요하다. 강연자를 선정하는 절차는 상담자가 할 수도 있겠으나 다른 관계 기관의 협조를 구할 수도 있다.

전문가를 초빙하여 강연회를 여는 방법은 다음과 같은 이점을 가진다. 우선 강연을 들은 학생들은 자신의 진로를 계획할 때 강연을 통하여 얻은 정보를 활용할 수 있다. 또한, 여러 분야의 대표인사들을 학교로 오도록 함으로써 그로부터 공적인 인간관계상의 이점을 확보할 수도 있을 것이다. 이러한 이점과 더불어 초빙강연의 방법을 활용하는 것에 단점이 있음을 고려하여야 한다. 이 방법의 단점을 정리하여 보면, 다음과 같다. 첫째, 강연 프로그램을 구성하는 데에 시간 및 인력소비가 매우 크다. 둘째, 학생들은 단지 몇 개 분야에만 간접적으로 접하게 된다. 셋째, 모든 직업분야가 초빙될 수 없는 관계로 직업분야가 고르게 대표되지 못할 수 있다. 넷째, 초빙강연을 듣는 경우에 그 분야에 대한 관심은 종종 강연자의 연설능력 및 태도에 비례하게 되어 진로지도의 객관성을 잃게 될 수도 있다. 다섯째, 학생들이 어떤 강연을 들을 것인가를 선택하는 데 있어서 피상적이고 일시적인 생각이 작용하는 경우가 종종 있다.

물론 이러한 단점은 강연회가 보다 풍부하게 마련되어 학생들이 더 많은 진로를 소개받을 정도가 된다면 극복될 수 있을 것이다. 그러므로, 상담자는 보다 신중하게 직업분야와 강연자를 선정하여야 하고, 강연자와 청중간에 상호작용할 기회를 마련해야 할 것이다.

4) 진로협의회

진로협의회 방법 역시 대중을 대상으로 진로지도를 하는 방법이다. 이는 앞에서 설명한 강연회 방법의 단점을 최소화하면서 그 장점을 살릴 수 있기 때문에 널리 이용되어 왔다. 대표적인 활용방법을 살펴보면, 하루 또는 며칠 동안, 낮시간 혹은 저녁시간을 계획하여 미리 선정한 직업분야의 대표자들과 관심이 있는 학생들이 협의회를 갖도록 구성한다. 이 방법의 장점을 정리하면 다음과 같다.

- 학업기간 동안 매주 특정 직업분야의 대표자와 협의할 기회가 매주 마련된다면, 학생들은 비교적 여러 직업분야를 고려할 수 있게 된다.
- 상담자는 주의깊게 그 분야의 대표자들을 선정하여 어떤 류의 도움이 학생들에게 가장 가치로운지, 그리고 학생들의 관심분야는 무엇인지 등에 관하여 미리 그들과 협의할 수 있다.
- 협의회에는 자기 자신의 앞날에 대하여 진정한 관심을 가지고 있으며

참여동기가 높은 학생들이 참가한다. 이 점은 강연회 방법이 가지지 못하는 장점이다.

- 참여 직업분야 대표자들과 학생간에 강연보다는 토의가 많다. 비교적 적은 수의 학생들이 참여한다는 사실이 보다 신속하게 그들의 주요 관심사에 이르도록 촉진하여 준다.
- 한 번에 한 가지 분야에 관하여 알아봄으로써 그 분야에 대하여 충분한 관심을 기울일 수 있다. 예를 들면, 어떤 한 분야에 관련된 내용이 전시되고, 게시판이 꾸며지며, 강좌를 통하여 그 분야의 핵심내용을 강조할 수 있다.

진로협의회 방법은 이러한 장점과 더불어 몇 가지 제한점을 동시에 가지고 있다. 그 중 한 가지는 선정된 분야의 대표자의 편견이 작용할 수 있다는 점이다. 즉, 그 대표자가 어떤 편견을 가지고 있다면 선택적으로 정보를 제공하게 되고, 그 정보를 접한 학생들은 그 분야에 대하여 객관적 인상을 가질 수 없을 것이다.

5) 학급토론

학급토론(학급 자치회의)을 이용하여 집단 진로지도를 하는 방법은 그 효과가 비교적 적은 것으로 생각된다. 왜냐하면 대부분의 경우에 학급 자치회의에서 교사들은 단역배우(엑스트러)의 역할을 할 수 있는 정도가 고작이며, 교사들로서는 그러한 역할을 할 만한 준비가 되어 있지 않기 때문이다. 그리하여 학급자치회의는 학생들 스스로 마련하는 협의회라기보다는 어른들이 준비하는 수업의 형태가 되기 쉽다. 교사들의 태도가 갖추어지지 않는 한 '진로지도를 위한' 자치회의는 제대로 진행될 수 없을 것이다. 그러나 교사들이 진로지도 활동을 그들이 반드시 책임져야 할 부분으로 받아들여서, 학급 자치회의를 통하여 어떤 학생이 어떤 진로분야에 관심을 가지고 있는지, 그 분야에 관심을 가지게 된 동기는 무엇인지 하는 점 등을 알아본다면 그것으로 훌륭한 학급 자치회의가 이루어질 것이다.

6) 진로지도 여행: 현장견학

현장견학은 자주 활용되는 방법이다. 제대로 계획되고 실행된다면, 이 방법을 통하여 다른 방법으로는 얻을 수 없었던 다양한 정보들을 구할 수 있기 때문이다. 여기에 참가한 학생들은 실제의 작업환경을 직접 듣고, 보고, 느낄 수 있으며, 따라서 자신이 접한 작업환경에 관한 생생한 인상을 오랫동안 간직하게 된다. 작업현장에 있는 실무자들을 직접 만나서 이야기하는 과정은 학생들에게 그 분야의 현실을 제공하여 주기 때문이다. 그러나 이 방법을 활용하기에 앞서 다음과 같은 몇 가지 제한점을 고려하여야 할 것이다.

- 현장견학을 계획하고 실행하는 일은 상담자에게 대단히 많은 시간을 요하는 과정이다.
- 견학지도자 및 참가학생들 때문에 학교수업 계획은 불가피하게 다소 변동된다.
- 학생들이 작업현장을 볼 수 있도록 여러 지역으로 여행을 하게 되는데, 그에는 여러 가지 부담이 수반된다.
- 소요되는 시간을 고려해야 하므로 견학할 수 있는 직업분야는 몇 분야에 제한될 수밖에 없다.

7) 수업중의 지도

학교측에서 집단 진로지도를 정규교과목으로 다루어야 하는 데에는 타당한 이유가 있다. 우선, 학생들은 학업기간 동안 각자의 진로분야에 대하여 중요한 태도를 형성하게 된다. 그리고 집단 진로지도를 성규교과목의 일부로 채택할 것을 주장하는 의견은 그 과목의 내용이 단지 지식적인 것에 국한될 것이 아니라, 수업을 통하여 교사가 관련 정보를 보다 명확히 하여 주면서, 이를 토대로 학생들 각자가 보다 통합된 직업적 자아개념을 형성하고 지식을 넓혀나갈 수 있도록 해야 한다는 것이다. 진로개발에 관한 교과목은 여러 방면으로 다양하게 구성되어 왔다. 그 한 가지는 사회과목 또는 국어 등 진로발달과 관련있는 교과과정의 한 단원으로서 진로에 관한 내용을 다루는 것이다. 그런데 담당교사가 직업분야와 관련된 정보라든가 진로개발 과정에 관하여 충분히 알고 있지 못하면, 이 방법은 사용하기 어려울 것이다. 왜냐하면 담당교사로서 맡은 교과목을 학생들에게 충실히 가르치는 것에 중점을 둘 것이며 실제의 진로개발은 부수적인 영역이 될 것이기 때문이다.

다른 방법으로 가능한 것은 모든 교과목의 내용으로 그 과목에 관련된 직업정보를 다루는 방법이다. 다루는 주제에 따라 학생들의 현재 및 장래 계획을 관련지음으로써 학생들은 보다 많은 관심을 가지고 다양한 주제를 학습하게 될 것이다. 이러한 방법을 사용하는 데 있어서는 다음과 같은 사항이 먼저 고려되어야 할 것이다. 첫째, 교사들이 어떤 직업분야가 자신이 담당하고 있는 교과목에 관련되는가를 알아야 한다. 둘째, 교사들은 선정된 직업분야에 대하여 학생들이 관심을 갖도록 해야 한다. 이를 위하여 학기 초반부에 "나는 왜 이 과목을 공부하는가", "이 과목을 나의 장차 계획에 어떻게 활용할 것인가?" 등의 물음을 던져놓을 수도 있을 것이다. 셋째, 교사들은 다양한 방법을 이용하여 진로에 관련된 학과내용을 강조해야 한다는 것이다. 가령, 사회활동을 하고 있는 졸업생들을 관련시간에 초빙하여 좌담회를 가질 수도 있을 것이다. 또한 교사로서 학과에서 다룬 원리가 직업에서 어떻게 이용되는지를 예시할 수 있을 것이다.

한편, 학과목에서 폭넓게 진로에 관하여 강조하자는 견해를 반대하는 사람들도 있다. 반대의 주장은 진실하고 자유로와야 하는 교육임에도 불구하고 교과목마다 진로를 다룸으로써 '직업주의'로 축소시킬 위험이 있다는 것이다. 그러나 진로를 강조함으로써 여러 가지 이점이 증대되는 면은 분명히 있다. 예를 들면, 학생들의 학습에 대한 동기가 높아지고, 진로에 관한 정보가 제공되며, 학생들은 자기이해 및 태도를 변화시킬 기회를 얻게 된다. 그러므로 진로에 관한 내용을 교과목에서 다루려는 노력은 마땅한 것으로 보인다. 또 다른 반대 의견으로는 학과시간에 진로의 문제를 다루는 것이 교사들에게 부가적인 부담이 된다는 견해를 들 수 있다. 몇년 전에 미국에서 실시된 조사결과에 의하면, 300명의 고등학교 교사 중 40% 정도만이 자신이 담당하는 과목과 관련된 진로에 대하여 토론을 이끈 것으로 나타났다.

진로지도와 교과목을 통합시키기 위한 세번째 방법은 진로에 관한 특별강좌를 마련하는 것이다. 예를 들면, 초등학교 저학년 대상에서는 이 특별

강좌를 통하여 자기에 대하여 건전한 태도를 갖도록 하며, 직업 및 교육의
역할을 이해할 수 있도록 하는 것을 목표로 한다. 중 · 고등학교에서는 이
강좌를 통하여 학생들이 보다 포괄적이고 구체적인 진로계획을 세우고, 직
업에서 만족을 얻는 방법 등을 터득하도록 한다.

진로를 다루는 강좌를 계획하고 실시하는 일은 고도의 전문적인 지식을
요하는 작업이다. 거의 모든 교사들이 직업분야의 기원 및 발달에 관하여
일반적인 지식은 가지고 있으나, 최근의 직업계 및 직업발달 이론에 관한
정보를 가지고 있는 교사는 거의 없다. 아마도 이 분야에 대한 최적임자는
상담자인 듯하다. 상담자로서 교육시키는 일을 하고자 한다면 맡아야 할
가장 적당한 과목은 진로(상담)에 관련된 강좌일 것이다.

4. 대학생 생활지도에서 집단상담의 활용

4.1 대학생 지도에서 집단상담의 성격

대학생은 연령적으로 정체감, 인생관 및 사회적 가치관 등이 확립되는
청년기에 속한다. 민주시민으로서 성취적이고 창조적인 일을 하는 시기는
장년기이겠지만, 장년기의 활동은 청년기인 대학생 시절의 정체감, 인생
관, 가치관 등에 기반을 두고 있다고 할 수 있다.

일반적으로 대학생활은 진리탐구 및 교양교육과 아울러 보다 좋은 직업
을 위한 준비기간이며, 사회적 지위를 얻게 되는 길이 되고 있다. 그러나
이러한 대학생들의 희망과 사회적 기대에 비해 오늘날의 우리 현실에서 대
학생들은 많은 좌절을 겪고 있다. 왜냐하면, 대학을 졸업한다고 해서 사회
에서 직장을 보장해주지 않을 뿐 아니라, 대학생활 과정에서도 진리탐구나
교양습득 등에서 바람직한 성과를 거두지 못하는 경우가 많기 때문이다.
이러한 현상의 원인과 문제점의 배경을 다음과 같이 지적할 수 있다. 첫째
로, 우리나라의 중등학교 교육이 권위적 간섭과 통제 아래 대학입시 위주
의 주입식 교육에 치우침으로 해서, 대학 신입생들의 사회적 적응력이 결
여되고 미래에 대한 방향감각이 제대로 정립되지 못하고 있으며, 둘째로

자기의 적성이나 희망과 무관한 학과에 입학함으로 인해서 전공분야에 대한 불만 및 괴리감이 팽배해 있고, 셋째로 학원 내에서의 사회참여적 운동에 대한 자조적 방관 또는 혼란 속에서 갈등을 겪고 있는 것이 사실이다. 이러한 적응력의 부족, 사회적 가치관 및 행동방향의 혼란, 그리고 전공학과에 대한 불만족은 바로 오늘날의 우리나라 대학생 지도의 기본과제가 되고 있음을 부인할 수 없다. 따라서 우리의 대학생 생활지도 및 상담 활동은 학생 개인의 적응문제를 다루는 '치료적 모형'이나, 문제의 예방과 발달의 촉진에 초점을 맞추는 '학생발달 모형' 또는 대학 전체의 체계 및 사회환경과의 건전한 상호작용에 초점을 맞추는 '생태체제적 모형'의 어느 한쪽에 치우쳐서는 완전할 수 없는 현실에 있다고 보겠다.

우리나라의 전문적 상담 및 지도활동이 1960년대 초부터 시작된 이래로 수년 동안 개인치료적 모형에 편중되었던 것은 초창기의 전문적 인력들이 정신의학적 모형을 답습한 것에서 비롯되었다고 볼 수 있다. 그러나, 이 모형을 따르게 되면 극히 소수의 학생만이 혜택을 받고, 도움을 필요로 하는 대부분의 학생들은 소외되는 경향이 있었다. 이에 소수의 학생만을 다루기보다는 보다 많은 다수의 학생을 대상으로 한 상담활동이 필요하게 되었는데, 그래서 등장한 것이 바로 '학생발달 모형'의 접근이었다. 그러나 이러한 발달모형도 교육심리학적 이론에 확고한 기반을 두지 못한 채 다소 성급하게 도입되었다는 인상을 지울 수 없는데, 대학내·외의 정치·사회적 소용돌이 속에서 대학상담자의 전문적 책임과 활동에 대한 기대에 있어서 상담자 자신과 대학당국이나 사회의 요구가 엇갈림으로 해서 더욱 전문적 상담활동이 정착되기 어려웠다. 즉, 학생발달 모형의 접근마저도 일부 대학을 제외하고는 대부분의 경우 제대로 정착되지 못하였다. 그리고 학생발달 모형에 의한 집단적 지도방법을 시도하고 있는 일부 대학의 경우에도, 대체로 미국식 집단지도 프로그램을 도입하여 시도하는 단계에 머무르고 있는 실정이다.

요컨대, 우리나라 대학에서의 집단상담은 중등학교에서 해결·통합되지 못한 채 대학에 입학한 학생들의 심리적·사회적 적응문제를 해소하거나 감소시키기 위한 '심리치료적 집단', 대학에서의 학습과제의 성취도를 향상시키기 위한 '학습향상 집단지도', 대인관계, 사회적 정체감 및 가치관 형성을 위한 '인간관계 훈련' 집단 및 '가치관 형성지도' 집단, 그리고 졸

업 후의 진로계획 준비를 위한 '진로지도' 집단의 유형으로 그 성격을 대
별하여 접근하여야 할 과제를 안고 있다. 이러한 유형의 규정은 우리나라
대학생 문제에 관한 각 대학 학생생활연구소 조사결과를 반영하는 것일 뿐
아니라, 권위적 사회에서 개방적 민주사회로 옮겨가는 전환기에 처해 있는
오늘의 정치 · 사회적 환경이 요구하는 바에도 부응한다는 관점에서 그 타
당성을 확인할 수 있는 것이다. 또한 '심리적 적응–학습향상–민주적 인간
관계–진로지도'로서의 대학생 집단지도 및 상담은 청년기 대학생들의 발
달과제를 해결 · 통합하는 교육적 맥락과도 상통한다고 보겠다. 즉 이러한
접근을 통하여, 바로 대학생활에서 야기되는 정서적 문제를 최소화하면서,
대학사회에서의 다양한 정보와 대인관계를 통합하고, 민주적 사회인으로
서의 지식과 태도를 갖추게 할 수 있을 것이다.

4.2 대학에서의 집단상담과 집단지도 프로그램

우선 집단상담과 집단지도 프로그램의 관계를 규명하고 다음 논의에 들
어가야 할 것 같다. 집단상담과 집단지도 프로그램은 서로 밀접한 관련이
있으면서도 이론적으로나 성격상으로 동일한 것이 될 수 없음을 상기할 필
요가 있을 것이다. 집단상담과 집단지도는 '집단적 접근'이라는 개념 속에
함께 포함되는 것이다. 즉 '개인적 접근'과 대조되는 집단적 접근의 주요
하위 구성개념으로 보아야 할 것이다. 반면에, 집단상담과 집단지도의 개
념적 차이는 이미 이장호(2005: 399–407)와 홍경자(1986)가 그들의 저서
에서 밝힌 바 있는데, 집단상담은 7~8명 내외의 소집단을 대상으로 심리
적 갈등문제 등을 집단원 중심으로 접근하는 것이라면, 집단지도는 20여
명 내외의 중집단을 대상으로 주로 지도자 주도적 교육에 의한 훈련을 통해
인간관계 및 능력개발 능의 목표를 달성하는 접근이라고 규정할 수 있는 것
이다. 집단지도에서 훈련을 위한 프로그램이 주로 활용되는 것도 지도자(상
담자)의 주도적 역할을 강조하는 집단지도의 특성에서 비롯되는 것이다.

그런데, 근대 우리나라 중등학교뿐만 아니라 대학에서도 "집단상담이란
다름 아닌 프로그램에 의한 집단지도"라는 인식이 통상화되고 있는 경향임
을 볼 수 있다. 이러한 개념상의 혼란은 집단지도가 비교적 소수의 학생을
대상으로 하기 마련인 집단상담보다 더 유용성이 크고 지도효과가 가시화

될 수 있다는 점에서 이해될 수 있다. 그리고 본격적인 집단상담을 수행할 수 있는 전문인력이 한정되어 있다는 점에서도 집단지도가 집단상담보다 활동현장에서 우위를 차지할 수밖에 없을지 모른다. 그러나 비록 전문인력이 제한되어 있더라도 집단상담은 집단상담대로 대학생 지도에서 결코 간과되어서는 안될 주요 접근방법이므로 이에 대한 체계적인 활용방안이 연구되고 시행되어야 할 것이다. 이러한 점에서, 집단상담과 프로그램 중심의 집단지도를 구별하여 접근할 필요가 있을 것이다.

여기서는 앞에서 말한 바와 같이 '집단지도 프로그램'과 성격을 달리하는 '집단상담'에 초점을 맞추고, 그 활용방안을 중심으로 다음 논리를 전개하고자 한다.

4.3 '치료적', '교육적' 그리고 '지원적' 집단상담

대학에서의 집단상담은 치료적-교육적-지원적 집단상담의 3대 유형으로 나누어 고찰하는 것이 유익할 것이다. '치료적' 집단상담과 '교육적' 집단상담이 주로 학생생활상담소 또는 상담실에서 학생을 대상으로 하는 접근이라면, '지원적' 집단상담은 연구소 또는 상담실의 고객(내담자)이 아닌 학생 및 학생지도 관계 교직원 등을 대상으로 하는 집단방법이라 하겠다.

1) 치료적 집단상담

치료적 집단상담은 학생상담소 및 상담실을 찾는 학생들의 심리적 갈등과 정서적 문제를 다루는 것으로서, 앞에서 말한 학생지도의 치료적 접근모형에 속할 것이다. '치료적'이라는 용어가 정신의학적 모형에서 통용되는 개념과 혼돈될 우려가 있다면 이를 '심리상담적' 집단상담이라고 불러도 무방할 것이다.

치료적 집단상담은 대체로 개인상담과 집단지도 프로그램에 참여했던 학생들로 구성되는 것이 무난하다고 말할 수 있다. 경험적으로 보면, 심리적 갈등과 적응문제를 처음부터 집단에서 말하고 도움을 구하는 대학생이 거의 없기 때문이다. 이것은 일 대 일이 아닌 공개석상에서 개인적 고민을 토로하기를 꺼리는 문화적 인습과 의식구조 때문에서도 그렇고, 집단장면

에서는 개인적 문제를 충분히 표현하거나 심층적으로 탐색하고 정리하는
데 시간적 제한을 받는다는 집단상황의 속성에서 비롯된다고도 볼 수 있
다. 개인상담에서 어느 정도 개인적 문제가 해결되었을 경우, 문제해결의
성과를 정착시키고 또 집단장면에서 이루어야 할 인간관계의 학습을 위해
자연스럽게 집단상담에 참여하도록 권유할 수 있다.

그리고 어떤 사람이 집단지도 프로그램에 참여하여 과거보다 개인적 정
체감을 명료하게 의식하거나 표현력과 이해력을 향상시키게 되면, 상호교
류적인 대인관계의 학습을 필요로 하게 된다. 즉 여기서도 집단상담의 잠
재적 고객(내담자)이 형성되는 것이다. 다시 말하여, 집단지도 프로그램에
서 충분히 다루지 못하는 개인적 문제해결을 위해 치료적 집단상담에 참여
할 필요성을 느끼게 되는 것이다. 처음부터 치료적 집단상담에 참여하기에
는 용기가 부족했거나 자신의 문제를 의식하지 못했던 학생들이 집단지도
프로그램에 참여하고 나면, 보다 심층적인 자기발견과 성장을 위한 치료적
집단상담을 권유할 때 이를 부담없이 받아들이게 된다는 말이 된다.

물론, 상담자(상담교수)가 처음부터 희망자들을 대상으로 하여 치료적
집단상담을 시작하는 것이 불가능하지는 않다. 그러나 앞에서도 말한 바와
같이 상담 및 임상심리학을 전공하는 대학원생들의 경우를 제외하고는 '치
료적 목적'으로 알려진 집단상담에 처음부터 참여하려는 대학생은 거의 없
다. 따라서, 개인상담 및 집단지도 프로그램 쪽에서 이월되지 않고 처음부
터 치료적 집단상담을 하려면, '이성 교제 · 진로계획 등을 위한 대화모임'
임을 표방하고, 진행과정에서 치료적 집단상담으로 전환시키는 방안도 활
용할 수 있다. 병원장면이나 복지시설 등에서의 치료적 집단은 이러한 우
회적 접근의 부담이 없겠으나, 대학에서의 사정은 다르게 마련이다.

2) 교육적 집단상담

교육적 집단상담은 앞의 치료적 집단상담과 프로그램 중심의 집단지도
의 중간형태로 볼 수 있다. 즉, 교육적 집단상담에서는 집단에서 개인적 문
제보다 집단구성원의 공통 관심사를 다룬다는 면에서 치료적 집단과 다르
고, 상담자가 준비한 프로그램보다는 집단구성원간의 상호교류 및 역학관
계를 중시하는 집단과정식 접근이라는 점에서 집단지도와 다르다. 바꾸어

말하면, 공통 관심사 중심의 집단적 심리상담이며, 구조적 프로그램이 없는 집단적 지도라는 점에서 교육적 집단상담이라고 볼 수 있는 것이다.

이러한 교육적 집단상담을 위해서는 대학생 사회의 공통 관심사가 무엇인가를 확인하는 대학생 여론조사나 욕구조사가 선행되는 것이 바람직할 것이다. 체계적인 조사자료가 당장 없는 경우, 학생생활연구소와 상담실의 활동경험에서 파악되는 대학생의 관심영역을 교육적 집단상담의 주제로 삼을 수도 있을 것이다. 예컨대, 학습능률의 향상, 자아성장, 생산적 대인관계, 졸업후 취업계획, 유학계획 등과 같은 대학 상담기관을 찾아오는 사람들의 공통 관심사를 주제로 다룰 수 있겠다.

교육적 집단상담의 구성은 치료적 집단상담의 경우보다 많은 구성인원(약 10~20명)으로 운영될 수 있으며, 연구소나 상담실의 광고 유인물 및 교내신문의 광고를 이용하거나, 심리학·교육학 등 관련분야 수업시간에서의 소개를 통하여 예상외로 많은 희망학생들을 모집할 수 있다. 교육적 집단상담에서는 집단주제에 관련된 간단한 참고 유인물을 배부하고 이에 대한 상담자의 경험적 설명이 있은 후, 집단원간의 질의−응답식의 분위기를 지양하고, 집단구성원간의 정서적 상호교류와 정보의 활용계획에 관한 발언 등을 권장하는 것이다. 다시 말해서, 상담자는 가능한 한 발언을 삼가하거나 짧게 하면서, 학생들의 생각과 느낌을 충분히 표현하고 동료들의 반응을 참고하도록 해야 할 것이다. 그리고 치료적 집단에서는 처음에 참여한 같은 학생들이 10여 회까지의 과정을 끝까지 참여하도록 하지만(폐쇄집단), 여기서는 한 학기중 매주 또는 매월 계속되는 집단모임에 구성원의 변동을 허용하는, 즉 희망에 따라 줄곧 참석하거나 선택적으로 참여할 수 있도록 하는 '개방집단'이 바람직하다. 경험에 의하면, 이렇게 개방된 교육적 집단상담에서도 처음에 온 참여자들의 약 70%가 줄곧 참석하고, 나머지 약 30%가 선택적으로 참석하거나 중간에 새로운 학생들이 합류하는 것이 보통이다.

교육적 집단상담의 또 하나의 유용한 형태가 있다. 그것은 상담자가 강의하는 강좌 수강생들을 대상으로 1박 2일의 인간관계 훈련식 '주말 집단상담' 모임을 교외에서 갖는다든가, 수업중의 몇 시간을 할애하여 실습목적의 소집단 상담을 실시하는 것 등이다. 이는 대학에 봉직하는 대개의 상담자(카운슬러)가 강의를 담당하는 우리나라 실정에서 지극히 당연한 활용이라고 볼 수 있는 것이다. 수강생들의 입장에서도 상당한 호응을 받을 뿐만 아니라 강좌의 학습효과가 크게 증진되기 때문에 집단상담의 극히 유용한 활용방안이라고 하겠다.

3) 지원적 집단상담

지원적 집단상담은 대학의 상담자(또는 상담교수)가 상담실 내담자가 아닌, 기숙사생 및 기숙사 사감·조교, 학생회 및 서클리더, 학생지도 관련 교직원 등을 대상으로 한 집단상담의 활동형태이다. 이 형태의 집단상담은 대학생 지도의 '생태체제적'모형의 원리와 필요성을 반영하는 것이 된다. 또한 학생문제를 접하는 대학내 인적자원을 훈련시키는 것이라는 점에서, 그리고 상담자의 주요 활동영역이 되어야 할 '자문과 훈련기능'을 수행한다는 점에서 그 의의가 지대하다고 하겠다.

기숙사 지도요원(사감·조교)들에 대해서는 가령 학생면담 기법을 교육시키거나, 사생들에게 실시한 심리검사 결과를 자료로 하여, 매학기 또는 학년초에 연석 '간담회' 형식의 모임에서 집단상담을 할 수 있다. 학생처(과) 직원 및 서클 지도교수들을 위한 집단상담의 경우에도 연례적 연수회(세미나) 또는 간담회의 주선을 통해, 혹은 그들의 집회에 직접 참석하여 자유토론식 대화를 함으로써 상담자로서의 전문적 기여를 할 수 있는 것이다. 기숙사 사생들을 위해서는 사감과의 합의하에 매주 또는 특정 일시에 기숙사에 출장하여 소집단 대화를 이끌어갈 수 있다.

지원적 상담은 상담자가 직접 강의를 담당하지 않은 심리학, 사회학, 교육학, 사회복지학 등 '인간학 분야' 수강생들의 자기발견 및 대인관계 학습을 위해 담당교수가 요청하거나 같이 협의하여 특별 집단지도(초청 특강)의 형태로 할 수도 있다. 동아리 지도자(서클리더) 학생들과의 대화 모임도 교육적 성격을 띨 수 있겠으나, 그보다는 지원적 상담의 영역에 포함시켜서 고려함이 마땅할 것으로 생각된다. 왜냐하면, 학생 서클리더들과의 상담은 상담자의 사무실(상담실)에서 정기적으로 이루어지기보다 학생서클들이 밀집되어 있는 공간이나 학생단체 회의실에서 비정기적으로 이루어지기 쉽기 때문이다. 그리고, 상담의 내용도 교육적이라기보다는 그들의 바람직한 활동과정을 지원하는 성격이 될 가능성이 높은 것이다. 즉, 학생

서클에 대한 지원적 집단상담은 그들의 활동장소로 출장방문하여 그들의 애로 및 대학당국과 관련된 활동계획 등을 경청하고, 문제해결 및 행동방향의 바람직한 감각과 태도의 형성을 촉진해주는 성격이 될 것이다.

4.4 대학생 집단상담의 접근방법

앞에서 대학에서의 집단상담(치료적, 교육적, 지원적)의 유형별 성격과 상담집단의 구성에 대한 원칙을 말했다. 여기서는 집단상담이 구성된 후의 진행과정 및 운영방법에 관련된 측면을 다루고자 한다. 대학생 집단상담의 접근방법도 집단상담의 일반적 원리와 방법론을 토대로 이해되어야 함은 물론이다. 다음은 대학에서의 집단상담 장면에서 상담자가 고려하여야 할 측면들을 중심으로 한 것이다. 특히 대학생 집단상담의 경험에서 반복적으로 주목하게 되는 접근방법과 운영과정에서 참고해야 할 점들을 요약해본다.

1) 집단상담의 시간대

학생생활연구소(또는 학생상담실)에서 하는 집단상담이든, 기숙사 등 기타 장소로 출장해서 하는 집단상담이든, 학생들이 참여하기에 용이한 시간을 고려해야 한다. 집단상담의 시간대를 상담자가 임의로 결정하면, 학생들이 참여하고 싶어도 수업시간 때문에 참여하지 못하거나 다음 수업 때문에 집단상담의 '마당'(회기)이 끝나기 전에 자리를 떠야 하는 상황이 자주 벌어지게 된다.

청장년층을 대상으로 하는 집단상담은 한 마당이 1시간 30분 내지 2시간 동안 지속되기 마련이라면, 대학생들의 입장에서는 집단상담 마당의 앞뒤에 수업이 없거나 적어도 약 3시간의 수업 공백이 있는 시간대에서 진행될 때에 참석하는 데 부담을 겪지 않게 된다. 따라서 오전이든 오후이든 수업시간이 없는 경우에야 집단상담에 자유롭게 참여할 수 있을 것이다. 그런데 오전의 집단상담은 오후의 수업에 비록 시간적으로는 중복되지 않는다고 하더라도, 오전 마당에서의 정서적 경험(갈등의 도로, 직면, 심리적 혼란·긴장 등)으로 오후의 수업태도에 심리적 영향을 줄 수 있기 때문에 대체로 오후 3시 이후의 시간대를 택하기 마련이다. 그러나 이 시간대도

요즈음 대학생들의 수강신청 풍조로 보아서 결코 참여하기 쉬운 시간이 되지 못하는 경우가 허다하다.

그러므로 상담자가 오전 늦게 출근하여 저녁까지 근무하는 형태로 하여, 집단 상담의 마당(회기)은 오후 5시 또는 6시경에 시작하는 것이 가장 바람직할 것으로 생각된다. 경험에 의하면, 토요일 2, 3시경의 시간대도 학생들의 주말약속 및 주의분산 등 변수 때문에 부적합하다는 결론이다.

2) 집단상담의 장소준비

집단상담이 집단지도 프로그램이나 간담회와 성격이 분명히 다르다는 점을 앞에서 강조한 바 있다. 즉 집단상담은 상담자의 주도에 의한 훈련이나 토론이 아니고, 소규모의 학생집단에서 이루어지는 집단과정 및 상호작용을 바탕으로 한다는 것이었다. 이런 성격상의 특징 때문에 집단상담의 장소도 가능하면 학생들간에 자유롭게 의사 및 감정소통이 이루어지고 행동연습이 용이한 시설로 갖추어질 필요가 있다. 가능하면 일방경 시설과 녹화 촬영기(VTR) 및 자동 녹음시설이 있어야 할 것이다. 이러한 시설들은 집단상담 진행과정에 대한 관찰 및 사후검토, 그리고 집단 내에서의 생산적 행동연습을 극대화시킬 수 있고, 아울러 상담자 자신에게도 상담방법과 내용에 관한 연구자료 등의 확보를 가능케 하는 것이다. 물론 우리나라 대학실정에서는 이러한 시설을 당장 갖추기는 어려울 것이다. 그리하여 이러 수준이 시설이 구비되기 전에 우선 가능한 단계로서 10여 명이 여유를 갖고 배석할 수 있는 실공간을 확보한 후, 바닥에 비교적 두터운 융단을 깔아놓는 것과 고성능 소형 녹음기를 마련하는 것이 기본적인 준비이고 또 비교적 가능한 일이다.

집단상담실에서 쓸 녹음기의 구비에 대해서는 이해되고 있으나, 상담실에 굳이 융단을 깔아야 하느냐에 대해서는 많은 상담자들이 이해를 못하고 있는 경향이다. 이것은 걸상에 앉지 않고 바닥에 방석 등을 깔고 앉거나 융단 위에 그대로 앉음으로써 집단역학적 흐름을 촉진할 수 있다는 집단과정의 경험적 원리에 바탕을 둔 것이라 할 수 있다. 또한 그대로 누워도 될 수 있거나 누운 형태의 신체동작에 쓰일 두꺼운 담요(또는 매트리스) 등을 첨가하여 구비하는 것도 필요하다.

3) 상담자 조수, 공동상담자의 활용

흔히 집단상담 프로그램을 실시하고 운영함에 있어서는 상담자의 지도활동에 관련된 연락·광고 및 평가작업을 위해 조교 또는 행정사무실 직원의 지원이 필요하다. 지도 프로그램이 실시되는 시간중에 대체로 상담자가 단독적으로 이끌어가는 것이 상례로 되어 있으나 집단상담의 효과적인 준비와 원활한 진행을 위해서 지도상담중에 함께 참여하여, 상담자(상담교수)를 보좌하는 조수 역할을 하는 훈련된 요원을 활용할 필요가 있다. 집단상담에 있어서도 상담자와 함께 집단과정의 촉진에 기여하는 '공동상담자'가 필요한데, 여기서 공동상담자로 지칭하는 이유는 집단지도 프로그램의 경우처럼 상담자의 주도적 역할을 옆에서 보조만하는 조교역의 수준을 넘어서, 집단구성원간의 상호교류에 생산적(촉진적)으로 직접 참여까지 하는 역할이 바람직하기 때문이다.

이러한 역할을 하는 공동상담자는 대학생 연령과 크게 차이가 나지 않으면서 집단과정의 학습과 경험을 갖춘 상담실 요원 또는 상담자로부터 사전훈련을 받은 사람으로 하는 것이 좋다. 집단원들인 대학생과 4, 5년 이상 10년 이하 정도의 연령차를 갖는 공동상담자는, 집단구성원들의 생활의식에 호흡을 쉽게 맞출 수가 있을 뿐 아니라 집단구성원들의 동일시 대상이 됨으로써 상담효과를 촉진시킬 수 있는 이점이 있는 것이다. 또한 상담마당 중의 복잡한 상호작용을 파악하고 촉진적 참여에 대한 부담을 상담자와 분담해줌으로써 상담자가 보다 충분한 역량을 발휘할 수 있도록 해준다. 그리고 상담마당 전후의 준비 및 검토과정에서 훌륭한 협의대상이 되어 주며, 유능한 젊은 집단상담자 및 집단지도자의 훈련(양성)이라는 측면에서도 기여가 크다고 하겠다.

4) 신체동작 및 연습의 활용

집단과정에서의 신체동작은 초반부의 집단분위기 조성, 중반부 이후의 긴장해소 및 상호신뢰의 확인 등에 유용하게 활용될 수 있다. 그리고 역할연습을 비롯한 각종 '연습'은 문제장면의 규명 및 대안적 행동의 학습 등에 활용될 수 있는 것이다. 신체동작과 연습의 종류는 수를 헤아릴 수 없을 만큼 많고 다양하지만, 대학생 집단에 비교적 잘 적용되는 것들을 열거하면 다음과 같다.

〈신체 동작〉
- 3분간 손 맞잡기(시선을 마주하면서 : 눈을 감고).
- 만원버스 속을 헤쳐나가기(상호간 상체접촉 중의 행진).
- 원 안(밖)으로 비집고 들어가기(빠져나가기).
- 원 안에서 눈감고 몸을 비비며 돌기.
- 뒤로 넘어지기 · 받쳐주기(상호신뢰 확인을 위한 심리동작).
- 멍석말이(누운 동료들 위로 담요에 말린 몸을 굴리기).
- 우주여행(우주 비행사의 동작 모방 등).
- 신문지 위에 서로 붙잡고 모여서기.
- 무언의 인사(작별, 만남의) 동작.
- 음악에 맞추어 리듬 운동 등.

〈연 습〉
- 나의 인생지도.
- 입학 후의 기쁨과 아쉬움을 말하기.
- 나의 희로애락을 말하기.
- 내 생애 중 가장 중요한 세 사람.
- 역할연습(문제장면중의 대화 재연; 역할 바꾸어 하기, 새 언행의 연습 등).
- 2인조 연습(서로 자기의 내면세계를 알리기), 3인조 연습(발언자-반응자-관찰자 역할의 순환연습).
- 내가 마술사라면 어디서 무엇을?(환상 펼치기).
- 상대방의 말을 반복한 후 자기발언.
- 일방적 의사전달.
- 모험적 발언의 연습 후, 소감 말하기.
- 첫 인상 말해주기.
- 앞으로 5년간의 나의 인생설계.
- 1주일밖에 안 남은 시한부 생명이라면?
- 행동상의 개선점 말해주기.

위의 신체동작과 연습들은 상담자가 집단상담의 과정에서 필요에 따라 활용할 수 있는 몇 가지 예에 불과하다. 중요한 것은 이것들의 활용은 어디까지나 집단과정의 촉진을 목적으로 한다는 점이다. 주의할 것은 이런 동작과 연습을 필요 이상으로 사용하면 집단분위기는 흥미롭게 진행될지 모르나, 집단상담의 치료적ㆍ교육적 목적을 달성하는 데는 오히려 방해가 될 수도 있다는 것이다. 이 방법들은 일상생활의 경직성을 감소시키고 집단의 상호작용을 활성화하는 수준으로 제한하여 활용함이 원칙일 것이다. 대체로 집단상담의 세 마당(회기)에 한 개 내지 두 개의 동작이나 연습을 도입하되, 동작과 연습은 각각 5분 내지 10분 정도를 초과하지 않도록 하는 것이 바람직하다.

5) 대학생 집단상담 운영상의 고려점

집단지도 프로그램은 대체로 하루에서 1주일 정도의 기간으로 끝나게 되지만, 집단상담은 최소 10~16회 마당(회기)으로, 주 1회 한 마당(1시간 반~2시간)으로 할 경우 한 학기 동안 지속되도록 계획하여, 운영하는 것이 바람직하다. 방학전에 끝나도록 하되, 방학후 '재회의 모임'을 가져 상담의 성과를 검토하면서 상호간의 보강효과를 기하는 것이 요령일 것이다. 그리고 집단상담 구성에 있어서 남ㆍ녀 신입생에서 대학원생에 이르는 이질적 구성을 하는 것이 이상적이며, 학원내 시위, 학생행사 등으로 중단되거나 방해받지 않도록 일정상의 주의가 필요하다.

4.5 대학생 집단상담, 집단지도 프로그램의 개선방향

이상에서 대학에서의 집단상담의 활용방안을 학생생활상담소에서의 상담경험을 토대로 집약해 보았다. 이러한 집단상담 및 집단지도의 효과적이고 생산적인 활동을 위해서는 상담자들 쪽에서 부단한 연구노력과 대학당국과의 절충을 해야 하며, 이해의 촉진 및 지원을 획득하기 위한 활동이 필요하다. 이러한 연구노력과 대외적 활동은 때로는 좌절감을 주고 긴장(스트레스)을 자초하기도 하는 힘든 과정인 것이 사실이나, 대학에서 일하는 상담교수나 상담자들의 피할 수 없는 의무이며 주요역할인 것도 사실임을 부인할 수 없는 것이다.

다음은 이에 관련된 필자의 의견을 요목식으로 나열한 것이다.

〈 집단상담·집단지도 프로그램의 운영면 〉

• 집단지도 프로그램 실시전–과정–후에 학생들의 학습용 연습지, 읽을 거리의 개발과 체계적 활용.

• 동료 상담자, 자원 상담자의 훈련 및 집단상담·지도과정에서의 활용.

• 집단상담·지도후의 추후교육('재회마당' 등)의 본격적 활용.

• 심리극, 취업정보, 유학특강, 휴학, 복학, 병역, 독서능률 향상 등 학생들의 관심사를 반영하는 집단지도 프로그램의 정기화 등.

〈 연구소 단위의 연구·활동면 〉

• 대학생활연구소 및 상담자 연구 협의회 등 상담분야 단체에서의 대정부 건의, 교섭.

• 각 대학 연구소간 전문인력의 교류, 지도활동의 상호지원.

• 사범대학 상담교수·상담자들을 대상으로 한 집단상담·집단지도 프로그램 실시에 관한 연수회(워크샵) 개최 및 사례집 발간을 위한 협동적 노력.

• 통일문제에 관한 대학생들의 관점·의식에 관련된 지도 프로그램의 연구개발.

• 집단상담·집단지도 프로그램을 위한 학생사회의 관심·욕구조사의 실시 및 그 자료의 대학 연구소간 상호이용.

• 대학생 집단상담·지도 연구협의회 구성 등.

5 사회교육적 집단훈련(Ⅰ): 감수성 훈련

5.1 감수성 훈련이란 무엇인가?

감수성 훈련(sensitivity training)이란 '나,' '너' 그리고 '나와 너'의 관

계에 관한 감수성을 개발함으로써 자기 자신의 내면세계에 대한 보다 정확한 인식과 조화를 기하고, 조직 속에서 타인과의 인간관계를 협동적이고 생산적으로 발전시키는 특수한 소집단 훈련이라고 정의할 수 있다.

'나와 타인, 그리고 타인과의 관계에 대한 정확한 인식'이 필요한 이유는 피상적이거나 지적인 인식만으로는 결코 타인과의 관계에서 행복할 수 없고, 신뢰로운 인간관계나 집단 속에서의 지도자적인 위치를 유지할 수도 없기 때문이다. 요컨대, 나와 타인의 마음과 감정을 인식하고, 나와 타인과의 상호관계에서 나타나는 감정 및 마음의 흐름을 예민하게 감지하여 상황에 적절히 대처함으로써 인간관계와 집단조직을 생산적으로 이끌어갈 수 있을 것이다.

이와 같은 나 자신과 타인과의 인간관계적 차원의 심리교육은 교양강의나 각종 관련 참고서적의 연구로는 도저히 이루어질 수 없다. 일상생활 장면에서도 항상 나와 타인에 대한 감정의 탐색 및 교류가 부분적으로 이루어지지만, 이러한 일상적 감정경험은 극히 단편적이기 때문에 체계적인 맥락에서 생산적인 감정교류가 이루어진다고 할 수는 없다. 따라서 '마음과 감정교류의 체험적 학습'을 경험적으로 실습하는 특수교육이 필요하게 된다. 이때 특수교육이라고 말하는 이유는 체험적 인간관계의 실습은 강의식 수업이나 대중적 교양강좌와 같은 일반교육 형태와는 달리, '실험실적 특수상황에서' 이루어져야 하기 때문이다. 즉, 소집단으로 구성된 피교육자 소그룹은 일상적 생활장면과는 분리된 장소에서 훈련자의 지도와 안내하에 상호간의 마음과 감정을 끊임없이 표현하고 이를 교류하여 정리하게 된다. 따라서 정형화된 이론의 설명이나 토론은 가능한 한 배제되고 직관적인 생각이나 순간적인 감정의 탐색적 표현 및 상호반응이 강조된다. 이러한 점에서 감수성 훈련은 특수한 '인간교육'이라 할 수 있다. 또한 감정적 경험의 탐색과 표현, 그리고 정리를 통한 일종의 '정서교육'이라고 할 수 있다.

5.2 감수성 훈련의 역사적 · 이론적 배경

감수성 훈련의 역사는 레빈(K. Lewin)의 소집단 역학연구 및 형태주의 심리학과 로저스(C. Rogers)의 인간중심 치료에서 시작되었다.

　제2차 세계대전을 전후하여 레빈은 미국의 매사추세츠 공과대학에서 인종집단간의 갈등 및 집단역학을 연구하는 중에 소집단 형식의 인간관계훈련의 필요성과 그 효과를 역설하였다. 레빈의 사후, 레빈의 동료 및 제자들에 의해서 전국훈련연구소(National Training Laboratory, NTL)가 세워지고 최초로 소집단 인간관계 훈련(T-group)이 실시되었다. 인간관계훈련은 주로 산업체에 종사하는 사람들을 대상으로 하였는데, 참가자들은 감정을 상호교류하는 과정을 경험, 관찰하고, 특히 자신의 행동 및 감정이 타인에게 미치는 영향을 학습함으로써, 과거보다 직장에서의 대인관계를 더 잘 처리할 수 있게 되었다.

　비슷한 시기에 시카고대학에서 로저스를 중심으로 후에 '대면집단'(encounter group: '참만남의 집단'이라고도 불리움)이라고 불리게 된 감수성 훈련이 시작되었다. 오늘날 이 시카고 그룹의 훈련과정은 각종 전문적 종사자들이나 상담역을 희망하는 대학생 등을 대상으로 개인적 심리교육과 인간적 성장을 도모할 수 있다는 측면에서 널리 활용되고 있다.

　이와 같이 레빈의 소집단 역동연구와 로저스의 인간중심 치료의 두 가지 개념을 토대로 이루어진 감수성 훈련에, 오늘날에는 개인적 성장의 교육방향과 인간관계적 훈련방법이 합류되어 여러 가지 명칭의 소집단 훈련들이 개발되고 널리 보급되고 있다.

　감수성 훈련의 이론적 기초는 레빈의 소집단 역학연구, 존 듀이(J. Dewey)의 실용주의 철학 및 마틴 부버(M. Buber)의 대화의 철학 등에서 찾아볼 수 있다. 레빈의 소집단 연구에서는 집단, 인종, 계층간의 갈등문제는 관계자들의 소집단 협의 및 의견교류를 통하여 가장 효과적으로 해결될 수 있다고 하였다. 또한 급속하게 대형화, 산업화되어가는 현대사회에서는 일부 정책결정자들에 의해 대다수 사람들의 삶의 범위와 방식이 마구 결정되는 경향이 있기 때문에, 정책입안자들에게 대다수 사람들의 의사가 전달되도록 하기 위해서는 먼저 소집단 형식의 모임에서 응집된 의견과 주장이 형성되어야 한다는 점을 시사하고 있다. 듀이의 실용주의 철학은 민주시민으로서의 바람직한 생활을 영위하기 위해서는 이론보다는 행동을, 개념이나 관념보다는 체험을, 미래지향적 전망보다는 현실적 실천을, 그리고 가정과 추리보다는 확인 및 즉각적 표현을 더 강조하고 체질화하는 것이 필요하다고 가르치고 있다. 끝으로, 부버의 대화 철학은 한 인간과 한 인간,

즉 '나와 너'를 연결해주는 것이 바로 대화이며, 이 대화적 관계를 토대로 의미있는 인생이 영위된다는 점을 강조하고 있다.

5.3 감수성 훈련의 특징

감수성 훈련의 특징은 다음과 같이 요약할 수 있다.

(1) '학습방법을 학습' 하는 것이다. 감수성 훈련에서는 지식을 학습하는 것이 아니라 '어떻게 배울 것인가'를 학습한다. 즉, 지식의 전달, 이해만으로 인간 및 인간관계의 문제가 해결되는 것이 아니므로, 문제를 보는 감각과 대처양식을 스스로 체험하여 정립하도록 한다는 것이다.

(2) 실험실적 학습이다. 일상생활 장면에서 인간관계 및 개인의 문제를 접근하는 데에는 여러 가지 복잡한 요인 및 조건들이 작용한다. 반면에 감수성 훈련에서는 실험실적 학습에 의하여 통제된 환경에서 집중적 관찰과 실습 및 평가가 이루어지도록 한다. 감수성 훈련이 가정 및 직장 등 일상생활과 격리된 고립적 공간에서 실시되어야만 하는 이유는, 일상생활 장면에서는 집중적인 학습과 관찰의 어려움 등 여러 제약이 따르기 때문이다. 그리고 훈련과정에서 단순노출에 대한 단순반응이 아니라, 감정에 대한 탐색적이고 시도적인 표현과 아울러 결과의 확인, 그리고 보다 생산적인 반응양식의 검증이라는 '실험적 자세'가 강조되는 이유도 여기에 있다.

(3) 자신에 대한 인식 및 타인에 대한 자기공개적 태도를 배운다. 감수성 훈련은 자신의 생각이나 행동에 따른 감정양식을 이해하지 못하고 타인도 나의 생각이나 행동을 이해하지 못하기 때문에, 인간관계상의 문제가 발생한다는 전제에서 출발한다. 그리고, 자신과 타인에게 알려져 있는 마음의 영역이 확대될수록 보다 생산적인 인간관계와 행복한 개인생활을 영위할 수 있다.

(4) 기존관념의 해빙과 인간관계에 대한 태도의 재응고가 이루어진다. 인간관계이든 생활방식이든간에 새로운 변화가 이루어지려면, 일단 과거의 고정관념 및 감각을 무너뜨리고, 새로이 발견되고 체험한 감

각과 행동양식을 용해하여 전보다 발전되고 통합된 형태로 다시 응고시켜야 할 것이다. 이것이 해빙과 재응고의 과정이다.

감수성 훈련에서의 해빙작업은 집단의 심리적 안정감과 기존관념 및 감각을 검토하도록 유도하는 집단내의 탐색적 자극 및 반응에 의하여 주로 이루어진다. 즉 개인에 대한 인격적 위협이 배제된 집단 특유의 분위기 속에서 실험적인 자기탐색과 검토를 하고, 지지적인 집단원들의 집중적 자극에 의해 고정관념이나 기존의 정서적 반응양식이 용해되는 것이다. 또한 재응고작업도 일종의 인지구조화 과정으로서 해빙과정에서의 정서적 경험들을 정리하고 재구성하는 작업이다. 이 작업에는 정서적 경험 및 인지적 관점들간의 연결 또는 집단에서 학습된 것을 현실 사회환경에서의 감각, 행동양식에 조정, 통합시키는 과정 등이 포함되어 있다. 이 재응고를 위한 인지적 조정과 통합은 주로 훈련과정의 중반 또는 후반에 도입하는 '이론 마당'에서 더욱 촉진될 수 있다.

(5) '지금과 여기'에 초점을 맞춘 상호교류를 강조한다. 참여자들은 과거, 미래 및 집단 밖에서의 일이 아니라, 훈련집단장면 중 '지금과 여기'에서 느끼고 떠오르는 생각들을 표현하고 이에 반응해야 한다. 왜냐하면 즉각적으로 제기된 자료의 내용을 토대로 집단원들간에 상호교류가 될 때에만 보다 정교한 인간관계의 태도와 기술이 정확하고 올바르게 학습되어지기 때문이다.

(6) 느낌과 직관적 반응을 우선적으로 표현하도록 권장한다. 느낌과 직관적 생각이 아닌 인생철학이나 기존관념을 자기중심적으로 발언하고 반응하면, 바람직한 상호 의사소통을 기대할 수 없을 뿐만 아니라 훈련의 목적인 인간관계에 대한 바람직한 태도의 학습이 이루어지지 않는다. 또한 여기서 중요한 요소는 피드백인데, 이는 상대방의 발언에 대한 나의 형식적 반응이 아니라, 상대방의 발언내용이 나에게 어떤 느낌과 자극을 주었는가 하는 점을 상대방에게 참고가 되도록 되돌려주는 반응을 말한다. 바로 이 피드백을 통해 참여자들의 느낌과 모습이 다른 사람들에게 어떻게 투영되고 있는지를 확인할 수 있으며, 또 어떻게 개선되어야 하는지를 알 수 있다.

5.4 감수성 훈련의 목표와 성격

감수성 훈련은 일차적으로는 자신과 타인에 대한 감정을 탐색하고 표현하는 과정을 통하여 집단원들 상호간에 정서적 교류가 이루어지도록 하는 것을 목표로 한다. 이러한 일차적 목표(과정적 목표)를 토대로 하여 자기 감정의 순화와 조화를 이루고, 감정의 순화와 조화를 통하여 정서적 경험의 확대 및 심화가 이루어지며, 타인과의 보다 생산적인 인간관계를 형성할 수 있게 된다. 이 정서적 경험의 심화를 통한 자기발견과 그에 따른 생산적인 인간관계가 이 훈련의 이차적 목표, 즉 결과적인 목표가 된다.

이와 같은 목표를 달성하기 위해 이른바 '문화적 고도(孤島)'를 훈련장소로 한다. 즉 가정이나 직장 등의 관심사로부터 격리될 수 있는 교외의 조용한 합숙시설이 좋다. 훈련공간은 20명 내외의 인원이 편안하게 둘러앉을 수 있는 적당한 규모의 방이 준비되어야 한다. 방음과 안락감을 위해 바닥에 융단을 깔아놓으면 더욱 좋다.

훈련기간은 1주일간의 합숙훈련이나, 2회에 걸친 3박 4일의 훈련, 또는 수회의 1박 2일(주말 훈련) 훈련으로 운영되는 것이 보통이다. 이때 훈련과정은 대체로 2~3시간 단위의 여러 마당(회기)이 15~30분 정도의 휴식시간을 가지며 진행된다. 수면, 식사 및 자유시간 외에는 훈련마당이 계속된다.

훈련방법은 주로 대화형식을 취하되 훈련참여자들은 자신과 다른 참여자에 대한 관심을 표현하고 서로 반응해야 한다. 이러한 훈련과정중에는 가능한 한 '지금 여기'에서, '나와 당신' 그리고 '나와 당신과의 관계에 대한 느낌'에 대하여 반응하도록 한다. 그리고 자신의 표현과 반응의 의미를 정리하고, 이전보다 더 정확하고 적절한 표현과 반응으로 자신과 타인에 대한 탐색을 시도하며, 체험적으로 검증하도록 한다.

이때 훈련지도자는 주입식 강연자나 토론의 사회자가 아니라, 훈련참여자들이 상호교류적인 표현과 생산적인 인간관계를 위한 태도를 자율적으로 발견하고 정립하도록 안내하는 조력자(촉진자)이다. 훈련내용의 진행을 위해서 필요한 경우에는 참가자들의 의문점에 대한 간단한 답변과 훈련방식에 대한 시범적 설명을 할 수는 있으나, 가능한 한 참가자 스스로 자기발견적 학습을 하도록 유도한다. 단 훈련마당에서의 필요에 따라 구조적 진행지침(발언주제의 제시, 표현, 행동연습 등의 '훈련기법' 등)을 제공하거나 결과에 대한 평가적 언급을 할 수 있다. 그러나 훈련자의 이런 역할은 가급적으로 제한하고, 시간이 걸리더라도 집단참여자들의 자율적 발견과 체험적 노력으로 진행시키는 것이 원칙이다.

5.5 감수성 훈련의 진행과정

감수성 훈련과정에서는 다양한 양상들이 나타나며, 복잡하고 기복이 심하기도 하다. 그럼에도 불구하고 진행단계별로 일종의 보편적인 경향이 나타난다. 이를 요약하면 다음과 같다.

(1) **배회 또는 모색**: 집단참여의 의미를 모색하거나 또는 집단참여 자체에 회의를 느끼기도 한다. 이런 경우, 집단원들에게는 어색한 침묵, 예의바른 피상적 교류가 특징적으로 나타나며, 발언의 순서 및 진행방식에 대한 관심 등을 표명한다.

(2) **개인적 표현 및 탐색에 대한 저항**: 집단원들이 사적인 경험이나 개인적인 내면세계를 노출하기 시작하지만 발언자 자신은 집단에 대한 신뢰가 부족하며, 듣는 사람들도 발언자의 발언의도를 순수하게 받아들이지 못하는 단계이다.

(3) **과거의 부정적 감정의 표명**: 훈련을 시작할 때부터 '지금과 여기'에서의 느낌과 감정을 주로 표현하도록 권유받지만, 초반부에는 일반적으로 말하기 쉬운 과거사를 이야기하게 된다. 그리고 느낌을 표현할 때도 처음에는 훈련 지도자나 다른 참여자에 대한 부정적인 느낌을 먼저 말하기 쉽다. 즉 이 단계에서는 '지금과 여기'의 정확한 의미나 그 표현방법에 익숙치 않기 때문에 평소의 습관대로 과거사나 부정적 감정의 표명에 치우치게 된다.

(4) **의미있는 개인적 관심사의 표현**: 초기의 당황, 저항 및 집단 밖의 이야기와 비판적 느낌들이 어느 정도 표현된 후에는, 서서히 개인적인 깊은 이야기가 나오기 시작한다. 즉 참여자들이 집단에 대한 가치를

느끼기 시작하고 소속감을 자각하게 되면, 이제는 자신의 관심사나 개인적 문제에 대하여 이야기를 꺼내놓게 된다.

(5) **집단원에 대한 감정의 표현**: 집단내에서 참여자들이 서로에 대해 긍정적이거나 부정적인 느낌을 표현하게 된다. 집단에 대해 안심을 하고 참여자들간의 그리고 지도자와의 상호신뢰의 분위기가 익어감에 따라, 집단원들이 표현한 느낌이나 쟁점에 대하여 자신의 감정이 개입된 의견을 이야기하거나 관련된 감정을 표현한다.

(6) **일상적인 방어적 태도의 분해**: 집단내에 점차로 타인에 대한 느낌을 표현하고 참여자들이 이해하고 지지하는 분위기가 형성되면, 과거에는 당연히 예의바른 태도로 느껴졌던 행동이나 재치있는 언행 및 침묵 등이 이제는 비판의 대상이 된다. 즉 이 단계에서는 일상적인 반응양식이나 "가면"에 대한 집중적인 지적(또는 공격)이 이루어진다. 간혹 상대방을 위한 지적의 정도를 넘어서 공격적이거나 또는 대결적인 충돌사태에까지 이르기도 하지만, 참여자들간의 기본적인 공감적 태도와 이미 형성된 집단의 지지적 · 수용적 분위기 때문에 이러한 긴장과 갈등은 결국 적당한 선에서 융해된다.

(7) **기본적 만남 및 친밀감의 형성**: 참여자들 사이에 솔직한 자기공개와 '충격'을 받은 집단원들을 돕는 분위기가 뚜렷해진다. 예컨대, "나도 당신과 같은 느낌을 가지고 있습니다. 다른 사람의 슬픔을 같이 절실하게 느껴보기는 이번이 처음인 것 같습니다"라는 종류의 반응들이 나온다. 이런 것이 바로 '기본적인 만남'의 예라고 할 수 있다. 또한 상대방에 대한 부정적인 느낌이 점차 상대방에 대한 진정한 이해와 애정으로 바뀌는 현상도 마찬가지 경우이다.

(8) **집단내에서의 행동변화**: 참여자들의 '마음과 마음이 만나기 시작' 함에 따라 서로 온정과 신뢰감이 형성되기 마련이다. 이 단계에서는 참여자들의 어조와 몸짓이 집단을 처음 시작할 때와는 사뭇 달라지고, 집단분위기도 보다 개방적이고 자율적으로 된다. 예컨대, "훈련

을 시작하기 전보다 우울증이 훨씬 줄어들었으며 이제는 대인관계에
서도 자신감을 얻었습니다"라고 밝은 표정으로 보고하는 참여자를
종종 볼 수 있다.

5.6 감수성 훈련의 관련 사항들

1) 훈련지도자의 자질

감수성 훈련의 지도자는 훈련과정에서 가능한 한 비촉진적 행동경향에
빠져들지 않으면서, 훈련목적에 적합한 전문적 방향으로 집단을 이끌고 조
정할 수 있는 자질을 갖추고 있어야 한다.

훈련지도자의 자질은 인간적 자질과 전문적 자질로 나누어 생각해 볼 수
있다. 먼저, 인간적 자질에는 건전한 사고방식과 행동양식, 자신과 타인의
느낌 및 인간관계에 대한 예민한 감각, 자신과 타인에 대한 수용능력 등이
포함된다. 즉 훈련지도자가 예민하고 안정된 감각 및 수용능력을 갖추고
있어야만, 집단과정에서 나타나는 다양한 자극과 참여자들간의 미묘한 교
류를 정확히 포착하고, 이해하며, 적절히 조정하면서 촉진적 반응을 보일
수 있을 것이다.

훈련지도자의 인간적 자질과 함께 언급되어야 할 것은 개인적 이익을 위
해 인간관계 훈련을 이용해서는 안된다는 점이다. 지도자가 주로 자신의
이익을 추구하는 데 급급하게 된다면, 훈련의 내용 및 결과에 대한 책임있
는 검토와 사후협의를 위한 시간적 여유를 두지 않은 채 연속적으로 여러
집단을 다루려는 경향이 생긴다. 또한 훈련집단을 안내하는 촉진자로서의
임무에 충실하기보다는 각계각층의 지도급 인사들이나 평소에 접촉하기
힘든 대상들을 '지도'한다는 데서 자긍심과 명예욕을 충족하려는 경향이
생긴다. 따라서 훈련지도자는 자기의 책임을 다하기 위해 꾸준히 성실한
노력을 해야 한다.

훈련지도자로서의 전문적 자질은 대체로, (가) 관련분야에서 대학원 이
상의 연구경력, (나) 훈련참여자(피훈련자)로서 소집단 인간관계 훈련에 수
차례 참여한 경험, (다) 인간관계 훈련지도자 연수과정의 이수 및 전문지도
자와 함께 공동훈련자(공동 촉진자) 또는 보조지도자로서 참여한 경험 등

이 요구된다. 간혹 다른 전문가가 지도하는 훈련에 몇 번 피교육자로서 참여한 경험만으로 독자적인 훈련집단을 이끌어가는 경우들을 볼 수 있다. 이 경우, 외형적으로는 집단을 이끌어가는 듯하지만 실질적인 교육효과를 거두는지 의심스러운 경우가 대부분이다. 따라서 인간관계 훈련에 관한 정규이론 및 실습교육을 받지 않은 '지도자'일수록 가능한 한 앞에서 말한 체계적인 연수과정을 이수하도록 노력해야 할 것이다.

2) 사전준비와 훈련 후의 협의 지도

모든 인간관계 훈련에는 사전준비와 훈련 후의 협의, 자문 및 추수지도 등이 수반되는 것이 바람직하다. 이러한 사전준비와 훈련 후 지도는 인간관계 훈련의 부정적 결과나 부작용을 최소화 할 수 있을 뿐만 아니라, 훈련에서 얻은 긍정적 결과를 지속시킬 수 있는 기회가 된다.

훈련의 사전준비에서는 (가) 참여하는 목적과 참여에 대한 기대, (나) 대인관계의 당면문제 또는 관심사항, (다) 참여자들의 소집단 훈련에 관한 지식 및 경험수준, (라) 자아개념의 특징과 타인에 대한 공감능력 및 수준 등 훈련에 관계되는 자료들을 파악하고 검토해야 한다. 이러한 참고자료들은 훈련 전에 참여자 개인과의 사전면담이나 소속기관의 협조를 통해 수집할 수 있을 것이다. 6개월이 경과한 후 간단한 서면접촉 등을 통해서 "훈련에 대한 현재의 소감", "훈련으로 이득이 된 점과 되지 않은 점", "새롭게 부각된 문제 또는 관심사" 등을 알아보고, 이에 대한 조언 및 참고자료와 정보를 제공하는 것이 훈련 후의 사후지도 방법이 될 수 있을 것이다.

사후지도는 두 가지 면에서 의의가 있다. 하나는, 훈련참가자들이 훈련을 마친 후 보다 정리된 경험을 갖게 하는 기회가 되며, 훈련내용과 현실생활간의 격차를 좁히는 데 도움을 준다는 점이다. 다른 하나는, 인간관계 훈련의 실질적 효과는 일정기간이 지난 사후접촉 때 나타난 반응으로 가장 타당하게 평가할 수 있다는 점이다. 즉, 훈련지도자가 훈련종결시 또는 훈련직후에 갖는 인상적 판단은 집단참여자들의 주관적 판단보다 신뢰도가 낮으며, 참여자들의 주관적 평가와 반응도 훈련 수개월 후에 훈련지도자가 내린 종합적 평가보다 신뢰도와 타당도가 낮다는 점에 주목해야 할 것이다.

5.7 감수성 훈련의 결과: 긍정적 반응과 부정적 반응

1) 긍정적 반응과 훈련 후의 변화

감수성 훈련 또는 이와 유사한 인간관계 훈련을 마친 사람들의 반응은 극히 다양하게 나타난다. 즉 "참된 인간으로 다시 태어난 것 같다"는 극적인 찬사에서부터, "과거의 무기력과 긴장감을 떨쳐버리게 되었다"는 일반적인 호평과, "감수성 훈련에 대한 궁금증을 풀은 정도에 그쳤다"거나, "투자된 시간과 돈에 비해서는 성과가 의심스럽다"는 부정적인 평가 등에 이르기까지 참여자 개인에 따라 다양한 반응들이 나온다. 참여자들의 반응에 대한 정확한 통계분석을 하기는 힘들기 때문에 대체로 훈련 후의 반응을 토대로 이루어진 지도자들(촉진자)의 경험적 판단에 따라 인상적인 평가를 내릴 수밖에 없다.

필자의 경우 최근 10년간 기업체 최고경영자, 중역, 대학교수, 중등학교 지도교사, 대학생 및 자원봉사 활동단체의 가정주부 등을 대상으로 모두 30여 회에 걸쳐 감수성 훈련을 포함한 각종 인간관계 훈련을 지도한 바 있다. 이들의 훈련성과에 대한 종합분석은 불가능했으나, 참여자들의 반응을 부분적으로 분석한 자료에 의하면, 약 85%가 긍정적이고, 회의적이거나 긍정-부정 양쪽이 혼합된 반응이 약 15%였다.

(1) 참여자들의 긍정적 반응 예

"전보다 다른 사람의 말을 편하게 경청하게 되었고, 침묵에 대해서도 인내력이 생겼다."

"나 자신은 마음이 좀 편안해졌다는 정도인데, 주위의 사람들이 말하기는 내가 표정도 밝아지고 접근하기가 쉬워졌다는 등 많이 달라졌다고 한다."

"훈련을 받고나니 직장에서의 나의 위치와 직무에 대해서 자신감을 느끼게 되었다."

"이제는 내가 지도하는 학생들과 대화를 자연스럽게 이끌어갈 수 있을 것 같다."

"앞으로는 우리 회사에서 중역진과 중간관리자간의 불편한 관계가 많이 해소될 것 같고 상호간의 의사소통이 잘 될 것으로 믿는다."

"이번 기회에 그동안 긴장상태에 있던 나의 부부관계를 대화를 통해 정상화시켜야겠다. 훈련기간중에 나 자신의 좌절감과 소외감이 극복되었다."

(2) 훈련 후의 개인적 변화

앞에서 다룬 반응들은 참여자들이 훈련 후에 제출한 설문지나 훈련을 마치면서 말한 소감에 나타난 긍정적 반응의 몇 가지 예에 불과하다. 이러한 반응들을 근거로 하여, 인간관계 훈련 후에 나타나는 참여자들의 개인적 변화를 종합하면 다음과 같다.

첫째로, 자기 자신에 대한 태도에 있어서, 감정표현의 자유로움, 자신의 편견과 선입관 등에 대한 통찰 및 수정, 그리고 자기문제 해결에 대한 자신감 또는 확신 등으로 집약된다.

둘째로, 타인에 대한 태도에 있어서, 타인에 대한 경청과 이해력의 증진, 대인관계 형성에서의 적극성, 그리고 타인에 대한 수용력과 영향력의 증대를 가져온다.

셋째로, 일상 사회활동에 있어서는, 자기가 하고 있는 일에 대한 독자적 책임의식의 증대, 시간과 노력의 효율적 배분 및 업무수행 결과에 대한 만족, 그리고 사회활동 영역과 규모의 증대가 나타난다.

(3) 훈련 후의 인간관계의 변화

감수성 훈련 또는 기타 인간관계 훈련을 마치고 난 후에는 인간관계 측면에서 많은 변화가 있는 것이 사실이나, 이에 대한 구체적인 자료를 수집하기는 힘들다. 그러나 훈련 후 훈련 주최측과 지도자 개인간의 직접, 간접의 연락 및 접촉을 통해 파악되는 변화들은 대체로 다음과 같다.

첫째로, 기업체의 경우, 상사-부하간 갈등의 해소 또는 감소, 그리고 대화가 되지 않던 동료직원과의 원만한 관계가 형성되는 등의 변화가 있었다. 둘째로, 교수(또는 교사)-학생 또는 교장-교사간의 인간관계에서도 전보다 긍정적이고 생산적인 대화가 이루어진다. 또한 서로 불신하거나 회피하는 자세에서 신뢰하거나 수용하는 태도로 바뀌는 경향이 생긴다. 셋째로, 부부관계에서는 (특히 부부 양쪽이 함께 훈련에 참여한 경우) 과거의 오해와 상호간의 의견대립을 극복하고 화해하거나, 서로 권태를 느끼던 부부가 몇년 만에 처음으로 동반외출을 하기도 한다.

(4) 기관, 조직의 변화

감수성 훈련 등 소집단 인간관계 훈련으로서 소속기관 및 조직 자체의 풍토를 근본적으로 변화시키는 것은 거의 불가능하다. 또한, 개인자격으로 훈련을 받아서 개인적 갈등을 해소하고 생산적인 대인관계 태도를 형성하였을 경우 소속기관 및 단체의 전반적 분위기와 관습적 권위체계에 압도될 수도 있다. 그래서 조직 및 기업체에 대한 인간관계 훈련은 가능한 한 기관장, 최고 경영자나 적어도 중역진이 함께 참여하도록 권유하게 되고, 그런 형태로 실시되었을 때, 즉 기관 단위의 정책적 지원과 총괄적 노력이 있는 경우에 그러한 변화가 제한적으로 가능하다.

여기서 말하는 조직풍토의 변화란 조직 내에서 소극적이고 회피적인 인간관계에서 적극적이고 협동적인 인간관계의 변화를 토대로 하며, 조직풍토가 활성화되고 업무실적 등이 증대되는 결과를 말한다. 또한 훈련 후 조직풍토의 변화는 근무평정제, 사원 후생시설의 개선, 중역·부장(과장) 회의의 활성화, 생산-관리부서간의 친선운동회, 교수(교사)-학생 간의 실질적 간담회의 실현 등의 현상으로 나타나기도 한다.

2) 부정적 반응 및 부정적 결과에 대한 검토

감수성 훈련이 아무리 좋은 훈련이라고 하더라도 모든 참여자들에게 반드시 기대했던 변화가 나타나는 것은 아니다. 앞에서 말한 바와 같이, 필자가 관여한 훈련 경험에서도 약 15%의 참여자들이 '약간 정도에서 뚜렷한 정도'에 이르는 회의적이거나 부정적 반응들을 보였다. 훈련 후 구두로 보고된 부정적 반응들의 예는 다음과 같다.

"서로의 개방적 태도와 따뜻한 이해 및 수용은 훈련과정에서만 적용되는 것이지, 일상 사회장면에서는 맞지 않는다."

"우리가 아무리 이런 교육을 받았다고 해도 높은 자리에 있는 분들(기업주, 교장, 총장, 사장 등)이 안 받았으니까 직장에 가서는 도로아미타불이다."

"사람을 너무 감상적이랄까 여성적으로 만드는 것 같다. 험한 사회를 헤쳐나가기 위해서는 오히려 극기훈련이나 성취동기 개발훈련이 더 필요할 것이다."

"나의 문제가 적나라하게 노출되었고 참여자들로부터 이해와 격려는 받았지만, 무언가 마음 속의 불안이 남아 있고 개운치 않다."

"지도선생님이 너무 감정표출만을 강조하는 것 같고, 이런 훈련의 분위기에서 경험하는 느낌과 훈련의 성과는 일시적인 것에 불과할 것이다."

"과거에 모르고 지내던 직장내의 인간관계나 나 자신의 문제에 대해서 고민이 더 생겼다. 이 고민은 누가 해결해 줄 것인가?"

이상의 반응 예들의 내용은 대체로 훈련의 지속적 효과에 대한 회의와 훈련전보다 증가된 갈등 또는 대인관계에서의 새로운 부담 등으로 집약된다. 이 밖에도 외형상으로 나타나는 인간관계 훈련의 부정적 결과는 중도탈락, 훈련 후 심리학자(상담전문가)나 정신건강의사의 도움을 권유해야 하는 사례의 발생, 훈련 후 동료, 상사들의 부정적 평가 등으로도 나타날 수 있다. 여기서 무엇을 인간관계 훈련의 부정적 결과(또는 반응)로 규정지을 것인가가 문제이지만, 편의상 "훈련 후 보다 심화된 심리적 불편 및 비생산적(부적응적) 대인관계 행동의 발생"으로 정의하기로 한다.

이러한 인간관계 훈련의 부정적 결과는 그 원인을 대체로 참여자 요인, 훈련과정(내용) 요인, 그리고 훈련지도자 요인의 세 가지 차원에서 검토할 수 있다. 다음에 이 세 가지 요인을 각각 살펴보기로 하겠다.

(1) 참여자(피교육자) 요인

참여자 요인은 '비현실적인 기대 및 목표와 대인관계에 관한 의식구조 및 수용능력'의 차원을 중심으로 집약해본다. 우선 훈련집단에 참여하는 사람들은 흔히 '자아발견, 대인관계 기술의 습득 또는 만성적 갈등과 불안의 해소'라는 지나친 기대를 가지는 경향이 있는데, 이러한 기대와 목표는 수십 시간의 단기 훈련과정으로 성취하기 힘든 것이다. 그리고, 이미 가지고 있는 방어기제(불안통제 수단 등)를 더 굳히거나 지원을 받고자 하는 동기도 부정적 훈련경험의 원인이 된다. 즉, 이러한 경우의 사람들은 집단에 열성적으로 참여해도 자기의 기대와 감정이 다른 사람에 의해 받아들여지지 않을 경우에 실망하게 되고, 다른 사람들과의 상호이해와 감정교류가 미흡하게 되고 만다.

만일 참여자들이 인간관계에 대해 권위적인 의식구조를 갖고 있거나 집단내에서의 다양하고 강렬한 자극에 대한 수용능력이 극히 부족한 경우에도 훈련에 대한 부정적 반응을 보이기도 한다. 물론 경직된 사고방식과 둔감한 감각을 유연한 사고방식과 예민한 감각으로 탈바꿈시키는 것이 인간관계 훈련의 취지이자 목표이지만, 훈련 전에 너무 경직되고 둔감한 참여자들은 집단에의 몰입이 그만큼 늦어지고 제한된 훈련시간내에 그러한 목표에 도달하기가 힘들다. 즉 훈련과정에서 다른 참여자들로부터 이해적 조언을 받았다고 해도 이런 참여자는 어느 정도의 자기통찰(또는 지각)은 얻지만 결코 충분한 정리를 못하는 경향이 생긴다.

(2) 훈련과정 요인

여기서는 특정 참여자에 대한 집단내에서의 공격, 거부, 압력적 경향을 중심으로 언급한다. 감수성 훈련과 같은 인간관계 훈련에서는 자발적 감정(느낌) 및 자기의 내면적 가치의식을 표현하고 공개하기 마련인데, 이러한 표현과 자기공개를 집단분위기에서 강요당하거나 다른 참여자들로부터 그렇게 하지 않는다고 지나치게 공격을 받는 경우가 있다. 이러한 집단분위기는 경우에 따라 특정 참여자에게 수용불능의 자극 또는 충격을 주기 쉽다. 집단 내에서의 공격은 기본적으로 긍정적인 관심에서 출발되고 간혹 지지적 표현을 수반하기는 하지만, '마음이 약한' 참여자에게는 참여의욕의 상실 또는 심한 불안상태를 야기시킬 수도 있다. 집단공격에 의한 부정적 결과는 대개 무책임한 훈련지도자의 묵시적 양해 아래 진행되는 수가 많다.

때로는 집단에서 부담스러운 공격은 받지 않았지만, 자기의 인간적 존재가치에 대한 인정을 받지 못하거나 훈련 전보다 더 부정적인 자아상(자기이미지)을 느끼게 되는 경우가 있다. 가령, 수치심과 죄의식과 관련된 생활경험을 공개한 후에 집단의 다른 참여자들로부터 이해적이고 건설적인 반응을 충분히 받지 못하면, 집단으로부터 거부당했다는 느낌이나 적어도 소외감을 갖게 된다. 경우에 따라서는, 자기가 집단으로부터 수용되지 않았음을 구실로 하여 훈련 자체를 부정적으로 판단하게 된다.

집단의 압력은 앞에서 말한 집단에 의한 공격과 거부 외에 또 다른 부정적 결과의 요인이 되는 경우가 있다. 즉 싫어도 개인감정을 표현해야 하고 집단과정에 몰입(예: 침묵하지 않고 발언)하도록 은연중에 압력을 가하는 집단분위기는 이런 분위기에 쉽게 또는 빨리 동화할 수 없는 참여자들에게는 큰 부담을 주게 되는 것이다. 다시 말해서, 소외감과 자기가 무언가 부족하다는 열등감을 느끼며 집단의 흐름에 대해 저항감을 갖게 된다. 특히 미처 준비가 되지 않은 상태에서 이런 집단압력에 부딪히면, 집단에서의 자기의 역할수행(집단에의 참여, 동조)과 자율성의 유지(자존심, 개인적 판단의 고수) 사이에서 일어나는 일종의 '접근-회피 갈등'을 경험하게 된다.

물론 상기의 참여자 요인과 훈련과정 요인에 따른 부작용은 훈련지도자 요인에 의해서 상쇄 또는 생산적으로 극복될 수는 있다. 전문적 훈련지도자의 적절한 개입조정에 의해서 참여자들의 압박감, 불안 등은 재응고과정에 앞선 해빙작업의 일환으로 상당히 경감될 수 있다.

(3) 훈련지도자 요인

어떤 면에서는, 앞에서 말한 인간관계 훈련의 부정적 결과에 관련된 참여자-훈련과정 요인들을 생산적으로 해결하는 데는 훈련지도자의 전문적·인간적 자질이 결정적으로 작용한다고 볼 수 있다. 여기서는 먼저 훈련지도자가 훈련과정을 바람직하지 못하게 이끌어가기 쉬운 이른바 '비촉진적 행동'의 몇 가지 유형을 열거해 본다.

첫째로, 참여자들의 감정표현과 자기공개를 무리하게 밀어붙이거나 그러한 집단분위기를 방치하는 경우이다.

둘째로, 구조적인 행동연습(또는 게임)에만 의존하고 너무 많은 규칙을 도입하거나 집단의 흐름을 의도적으로 '조정'하려고 하는 경우이다. 이런 경향은 집단의 자발적인 자기 및 인간관계에 대한 탐색과 정리를 방해 또는 위축시키는 결과를 초래하고, 피상적으로 안락한 집단풍토에 편승하고 마는 셈이 된다.

셋째로, 참여자들의 반응과 행동에 대해 권위적인 해석을 주로 하면서 지도자 자신의 정서적 참여가 결핍되어 있는 경우이다. 이런 경우는 비록 적절한 해석이라 해도 참여자에게 충분히 사후정리가 보장되지 않은 자극을 줄 수 있고, 지도자 자신의 집단에서의 시범적, 참여적 영향력을 감소시키는 결과를 초래한다.

넷째로, 훈련지도자가 자신의 소화(정리)되지 않은 관심사를 훈련과정에서 표출하거나, 참여자들의 고조된 감정표현과 침묵을 훈련과정의 성공, 실패의 근거로 착각하는 경우이다. 요컨대, 훈련지도자는 객관적 감각을 유지하면서 집단과정에 정서적으로 참여해야 하며, 집단의 현상적 양태만으로 집단흐름의 깊이와 훈련성과를 판단하는 오류를 범하지 말아야 할 것이다.

3) 인간관계 훈련 성과의 종합

감수성 훈련과 그 밖의 인간관계 훈련의 성과를 일목요연하게 말하기 힘들다는 사실은 다양한 관련 요인들에 관한 앞의 설명에서 분명해진다. 그러나 여기서는 앞에서 구체적으로 언급되지 않은 훈련기간, 훈련 환경조건, 그리고 훈련참여자의 유형 등의 관점에서 훈련과정과 훈련 후의 태도 변화의 정도를 종합하여 제시하고자 한다.

여기서 말하는 훈련기간은 2박 3일에서 2주간의 기간을, 훈련의 환경조건은 훈련의 시간적 지속성과 참여자들의 합숙여부에 따라, 그리고 참여자의 유형은 집단구성이 동질적이냐 이질적이냐에 따라 나누었다. 그리고 훈련과정 차원에서는 훈련초기(해빙기), 중반기(탐색, 변화), 그리고 훈련 종결기(재응고기) 등으로 나누었다.

〈표 3〉의 세로축을 구성하고 있는 훈련의 기간, 시간과 장소조건 및 참여자 집단은 인간관계 훈련의 '물리적 요인'인 셈이고, 가로축인 훈련의 초·중·종반기는 훈련의 '학습 및 경험과정 요인'인 셈이다. 이 도표의 내용은 인간관계 훈련의 학습효과에 관한 학자들의 이론을 정리한 것이다.

도표 중의 (0)은 효과가 없음을, (−)는 부정적 효과를, 그리고 (+)는 긍정적 효과를 나타낸 것이며, (−) 또는 (+)의 수는 그 효과의 정도와 크기를 가정한 것이다. 지면 관계상 그 밖의 부연설명은 생략하기로 한다.

〈표 3〉 인간관계 훈련 성과의 물리적 요인과 훈련과정 요인간의 관계

물리적 조건 \ 훈련과정		훈련초반(해빙)	훈련중반(중간탐색, 변화)		훈련중반(재응고)	
			교류형[1]	동일시형[2]	개 인 적	조 직
기 간	1일 ~ 2,3일	+	0	+ +	+	0
	1주간	+ +	+	+ +	+ +	−
	2주간	+ + +	+ +	+ + +	+ + +	− −
시 간 · 장 소	무숙박-부분시간제[3]	− −	− −	?	+	+
	무숙박-전일시간제[4]	0	−	?	+	0
	부분숙박	+ +	+ +	+ +	+ +	−
	전기간숙박	+ + +	+ + +	+ + +	+ + +	− −
참 여 자 집 단	가족, 같은 부서원	−	−	+ + +	0	+ + +
	동질집단[5]	+	+	+ +	0	+ +
	이질집단[6]	+ +	+ + +	+	+ +	0

주: 1) '교류형' : 훈련지도자의 성격 및 접근방식에 관한 요인이다. 이 지도자 유형은 참여자들의 행동과 감정 양식에 대한 점검, 탐색, 학습의 촉진 등이 집단참여자들간의 교류에 의해 자율적으로 다양하게 이루어 지도록 한다.

2) 동일시형: 훈련지도자가 의식적으로 자기 자신과 집단내의 '우수한' 참여자를 본보기로 삼도록 유도하거나, 그렇게 조장하는 접근유형이다. 즉 시범을 통한 관찰학습을 강조하는 것이다.

3) '무숙박-부분시간제' : 직장과 가정이 아닌 일정 장소에서 하루 3~6시간씩, 5~10여 회 걸쳐 실시되는 훈련이다.

4) '무숙박-전시간제' : 점심 또는 저녁식사를 포함하여 1회에 10여 시간 이상 지속적으로 실시되는 훈련이다.

5) 동질집단: 대학생 또는 공무원들만으로 구성되는 경우처럼 참여자들이 동질적인 집단으로 구성되는 경우이다.

6) 이질집단: 직업, 신분에 관계없이 남녀노소가 섞여서 구성되는 공개적 훈련집단이다.

〈표 4〉 감수성 훈련 시간표(예)
- 구조적 집단 운영의 경우 -

장소: ○○○○
기간: 6.17 ~ 6.21 (4박 5일)

시간 / 월일	6:00~9:00	9:00~12:00	점심	13:00~18:00	저녁	19:00~23:00
6.17 (월)		서울역 도착 / 출발(11:45)	점심	(명상: 나는 누구인가?)	저녁식	마음을 열기 / 나의 인생 / 명상의 시간
6.18 (화)	기상 / 아침 / 명상의 시간	나는 누구인가 / 특강: 훈련의 중요성	점심	생담 놀이 / 타인 신뢰 훈련	녁식	인생 실적의 점검 / 어머니의 은혜 / 시간
6.19 (수)	구보 / 체조 / 세면	3분 자기 주장 / 참만남	점심	자연과의 대화	식	심리극 / 보고서 작성
6.20 (목)	세면 / 식사	생애 설계의 작성 및 발표	점심	아이디어 짜내기 / 피드백 (인생을 말해 주기)	사식	한평생(VTR) / 인생 종말극 체험 (유언, 속죄, 부활) / 좋은 물 제전
6.21 (금)	결별 의식	수료식(11:45)	점심	휴식 / 명상(나는 내 뜻을 반드시 실현한다)		
예 일 ( )						

※ 본 프로그램의 순서와 내용은 집단의 흐름에 따라 변경될 수도 있습니다.

6. 시회교육적 집단훈련(Ⅱ): 인간 잠재력 훈련

보통 사람들은 자기가 지니고 있는 역량의 극히 일부만을 사용하며 살아 간다고 말할 수 있다. 이러한 측면에서, 사람들이 보통 사용하지 않는 잠재 된 능력, 즉 잠재력을 개발시키기 위한 다양한 노력들이 상담심리학 및 인 간교육 분야에서 시도되고 있다. 인간의 잠재력을 개발하기 위한 목적으로 사용되는 모든 접근과 방법들을 총괄하여 인간 잠재력 운동(Human Potential Movement: HPS)이라고 한다.

6.1 이론적 특성

심리치료나 집단상담은 대체로 비정상적인 사람이나 문제행동을 정상적 인 상태로 이끄는 것을 기본적인 목적으로 삼는다. 반면에 인간 잠재력 훈 련은 정상인을 하나의 출발점으로 하여 정상인이 미처 사용하지 못하고 있 는 능력을 일깨워 주고 현재보다 더욱 유능해질 수 있는 가능성을 열어주 는 것에 목적을 두고 있다. 즉 잠재력 훈련에서는 사회적 기능에서나 객관 적인 평가에서는 별다른 문제가 없는 것처럼 보이지만 자기 스스로의 평가 에서 뭔가 부족하고 불만족스럽다고 자각하는 사람들을 훈련의 대상으로 하여, 그들이 지닌 스스로의 능력을 자각시키고 이를 십분 발휘할 수 있게 끔 이끌어주는 것을 목적으로 삼고 있다. 이렇게 개인적 성장에 주안점을 둔다고 볼 수 있는 이 접근에서는 각기 다른 영역이나 전통의 다양한 방식 들을 훈련의 내용으로 포함하고 있다.

다양한 기법들을 포괄할 수 있는 공통적인 개념을 찾기는 어려우나, 인 간 잠재력 운동에서 보편적으로 알려진 공통개념으로는 '절정경험'이 있 다. 절정경험이란 인생에서 가장 좋았던 순간, 환희, 열광 혹은 가장 기뻤 던 경험을 말한다. 절정경험은 그 자체가 우리의 삶에 바람직한 경험일 뿐 만 아니라, 절정경험의 많고 적음을 가지고 개인의 잠재력을 측정할 수 있 다는 점에서 중요한 개념이다. 두번째 공통되는 개념으로는 '생활력'을 들 수 있다. 이것은 구성원의 일상적인 생활측면에서 나타나는 에너지의 흐름, 즉 언어적, 지적, 정서적, 신체적 능력 등을 강조하는 개념이다. 대부분의 사람들은 절정경험이나 생활력에 대한 경험이 결핍되어 있으므로, 신체 접촉, 요가, 선, 바이오피드백 등을 사용하여 자신에 대한 다소의 절정경험과 생활력(삶의 힘)을 느끼고 이 과정에서 개인의 생동감과 해방감을 고양시킬 수 있다. 세번째 공통적 개념은 인간이 서로 판이하게 다른 존재라기보다는 서로 비슷한 존재라고 보는 것이다. 그러므로 집단 훈련 상황에서도 집단구성원들의 개인차는 별로 문제 삼지 않으며 상황에 적합한 다양한 기법을 모든 집단구성원들에게 적용하게 된다.

인간 잠재력 훈련의 단점은 개인의 긍정적인 성장을 위해서라면 어떠한 창조적 접근이나 기법도 마다하지 않는다는 것이다. 바로 이런 접근양식과 관점 때문에, 자극적이고 신선함을 찾는 내담자의 구미만 만족시키기 위해 흥미있는 즉각적인 경험만을 주로 도입하는 오류에 빠질 수 있다. 결국 개인의 긍정적인 성장을 위한다는 훈련의 장기적 목표를 무시하게 되는 문제점이 발생하게 되는 것이다. 이러한 문제점은 비전문적인 지도자에 의해 특히 일정한 순서의 프로그램과 활동이 주로 사용되는 모든 집단지도 방식에서 발견될 수 있다.

6.2 인간관

인간 잠재력 훈련의 관점에서는 인간 능력의 긍정적인 측면을 강조한다. 이것은 인간본성을 부정적으로 보는 정신역동적 관점과는 대조되는 것이다. 인간 잠재력 훈련의 관점에서 보면 유아는 무한한 잠재성을 갖고 태어나며 어떠한 상황에서든 적응할 수 있는 유연성을 갖고 있는 존재이다.

한편, 이 접근에서는 인간 문제(질병 등을 포함)의 원인이 자기 자신의 충족되지 않는 상태를 경험하는 데서 유래된다고 본다. 즉 자신의 잠재력을 충분히 실현시키지 않았기 때문에 병이 생긴다는 것이다. 또한, 인간 잠재력의 접근에서는 인간은 자아의 경험이나 무의식적 경험과 더불어 고도의 의식적 경험이 가능하다는 것이다. 인간의 성격기능을 세 가지 수준으로 가정한다면, 첫째는 본능적 수준이며, 두번째는 자아기능을 포함하는 수준이고, 세번째는 개인적 경험의 우주적 측면을 포함하는 수준일 것이다. 가령, 융(Jung)의 '집단 무의식'은 세번째 단계에 포함되며 신비적이고 종교적인 체험 등이 여기에 해당할 것이다. 다시 말해서, 인간 잠재력 훈련은 자아 기능의 수준에 머물지 않고 개인적 능력과 경험의 확대를 지향하는 노력이라고 말할 수 있다.

6.3 인간 잠재력 훈련의 실제

잠재력을 위한 훈련 프로그램에는 여러 종류가 있으나, 그 중에서 비교적 구조화된 프로그램(McHolland, 1972) 하나를 다음에 소개한다.

이 프로그램에서는 네 가지 뚜렷한 전체적 목표를 가지고 매번의 모임에서 그 목표에 알맞는 세부 프로그램을 진행하게 되어 있다. 전체적 목표들을 살펴보면, 첫째는 '자기 긍정'이다. 이것은 자신을 사랑할 수 있는 능력으로서 자신이 처한 상황에 대하여 당황하거나 부끄러움없이 자신감을 가지고 대처할 수 있도록 하는 것이다. 둘째는 '자기 결정'이다. 이것은 자기가 가치가 있다고 생각하는 방향으로 자신의 일생을 스스로 결정하여 이끌어나갈 수 있는 능력이다. 자신이 살아가고자 하는 방향에 대하여 다른 사람이 말해 주기를 기다리거나 자신의 과거나 현재의 상태를 다른 사람의 탓으로 돌리지 않는 행동이 여기에 포함된다. 셋째는 '자기 동기화'이다. 이것은 자신이 스스로 결정한 일을 용기있게 추진하는 능력이다. 다른 사람이 자신을 이끌어주도록 기다리거나, 자신이 무슨 일을 할 수 있도록 다른 사람의 도움을 바라거나, 자기가 해 놓은 일에 대해 타인의 보상을 기대하는 등의 행동을 하지 않고, 자기 스스로 동기를 부여할 수 있는 능력이다. 넷째는 다른 사람에 대한 이해의 증대이다. 이것은 상대방의 입장에서 그 사람을 이해할 수 있는 능력이며 나아가 서로의 강점이나 생각 또는 행동을 이해하고 느낄 수 있는 능력이다.

이상의 네 가지 능력을 개발하는 것이 이 훈련의 목표라고 볼 수 있다. 이 목표를 달성하기 위해서는, 스스로가 느끼고 생각하는 바를 자유롭게 말하고 자신의 감정과 생각에 대한 타인의 피드백을 받아들일 수 있도록 노력하여야 한다. 또한 피드백을 주고받을 때는, 긍정적인 방향으로 받아들이고 역시 긍정적인 방향으로 주는 것이 바람직하다. 왜냐하면, 사람은 대개 자신의 약점이나 자기비판에는 능숙하지만 자신에 대한 긍정적 반응에는 익숙하지 않다. 따라서 다른 사람으로부터 긍정적인 반응을 받는 것은 자신의 발전을 위하여 신선하고 좋은 자극이 될 수 있다.

잠재력 훈련의 참여자는 자원한 사람들로 구성하는 것이 좋으며, 심각한 정신질환을 가진 사람보다는 정상적이고 건강한 사람이 바람직하다. 대체로 집단의 규모를 참여자 10명과 상담자 한 명으로 구성하는 것이 원칙이나, 경우에 따라서는 집단참여자는 8명 정도가 적절한 규모일 수도 있다.

잠재력 훈련의 전체 회수, 내용과 과정에는 여러 가지 형태가 있다. 학교 상황을 중심으로 살펴보면, 대개 한 학기를 기준으로 일주일에 한 번씩 1시간 30분 내지 2시간 정도로 하는 것이 바람직하다. 집단지도에 참여하기를 원했던 학생들은 되도록이면 처음부터 끝날 때까지 참여하도록 권유하며 참석시에는 모임의 내용을 정리해야 할 필요가 있기 때문에 각자가 필기도구를 별도로 준비하게 하는 것이 좋다. 집단에서 좌석배치는 원형으로 둥그렇게 하는 것이 좋으며, 때로는 방 바닥에 앉을 수도 있는 편안한 실내가 좋다. 이러한 배려는 안정감과 통일감을 갖는 데 도움을 주기 때문이다.

❖ 인간 잠재력 훈련 프로그램 ❖

이 집단지도 프로그램은 개인의 잠재력 개발을 목적으로 집단상담을 실시하려는 상담자들을 위하여 모임(회기)별로 구체적인 내용을 정리하여 설명해 놓은 것이다. 상담자에게 직접적인 도움이 될 수 있게 하기 위하여 이 프로그램은 학생의 경우 한 학기를 대략 16주간으로 보고, 시험기간 그리고 집단상담을 원하는 학생들을 모집하는 기간 등을 제외하고 약 10주 동안 일주일에 2시간 정도로 모이는 것을 기준으로 짜여졌다. 그러나 학교나 직장의 형편과 상담자나 집단참여자의 사정에 따라 모이는 횟수나 시간이 조정될 수 있을 것이다.

학생들의 잠재력 발휘를 목적으로 하는 경우, 8명 정도의 학생과 1명의 상담자로 구성되는 것이 좋다. 집단참여자의 수가 10명 이상이 되면 친밀한 상호작용은 어려울 것이다. 모이는 장소는 조용하고 신뢰감을 줄 수 있는 분위기를 가진 곳이 좋을 것이다. 이 프로그램의 궁극적인 목표는 각 개인의 잠재력을 키우는 데 있기 때문에, 여기서 다루어지는 내용도 그 목표를 달성하기 위한 순서에 따라 구성되었다. 그러므로 이 순서는 가능한 한 지키도록 하는 것이 바람직하다.

1) 첫번째 모임

> (1) 집단안내   (15분 정도)
> (2) 개인소개   (60분 정도)
> (3) 공감부분의 회상 및 다음 모임의 준비   (45분 정도)

(1) 집단안내

상담자는 프로그램의 특성과 목적에 관한 간단한 안내를 한다. 즉 이 집단 프로그램은 각자의 잠재력을 발휘하는 것이 주된 목적이라는 점과 자기긍정을 할 수 있고, 가치 있다고 생각하는 일을 스스로 결정하여 시작할 수 있으며, 자기 이해뿐만 아니라 타인에 대한 이해력을 키워갈 수 있는 과정임을 설명한다. 또한 이 집단 프로그램은 집단과정의 순서에 따라 진행되며 모두가 적극적으로 참여하고 솔직하게 스스로를 생각하고 표현할 수 있는 기회를 가질 것이라고 덧붙여 설명한다.

그 밖에 상담자는 진행에 관련된 학생들의 질문과 궁금한 점들을 간단히 다루어 준다.

(2) 자기소개

자기소개의 목적은 자신에게 영향을 끼쳤다고 생각되는 사람들이나 사건 등에 관해서 잠시 생각해 보고, 정리해 봄으로써 진정한 자기모습을 의식하도록 하는 것이다. 이 과정을 통해서, 집단 참여자들 사이에 친밀감과 서로에 대한 신뢰감이 싹트게 된다.

각 참여자들이 3분에서 6분 이내로 '나 자신'이 되기까지 누가 또는 무엇이 가장 큰 영향을 미쳤는가를 이야기하도록 한다. 연대나 날짜 따위는 그리 중요하지 않고 특별히 의미가 있었던 일을 나름대로의 방법으로 표현하도록 한다. 자기가 편안히 말할 수 있는 것만을 이야기하면서 지난 날의 긍정적이고, 좋았던 경험을 회상하고 정리해 봄으로써 참여자들은 자신이 성장하고 변화해 온 과정을 되돌아 볼 수 있게 된다.

자기소개를 할 때 상담자가 다음의 네 가지 방법을 제시하고, 각 참여자가 그 중에서 한 가지를 선택하여 이야기하게 할 수 도 있다.

> 가) 자신에게 영향을 준 사람이나 사건에 초점을 맞추어서 긍정적인 결론으로 끝나는 짧은 자서전을 써보게 한다.
>
> 나) 자기에게 아주 즐거웠던 경험이나 결정적인 영향을 주었던 사건 또는 성공적인 경험 등에 관계되는 '의미있는 사람들'에 관해서 써보게 한다.
>
> 다) 자신의 지금까지의 생활과정을 선으로 그려보도록 한다. 즉 좋았을 때와 좌절했을 때 등을 나타내는 높고 낮은 굴곡과 현재의 위치를 표시한 선을 그리게 한 후, 자기의 '생애 선'에 관해 설명하게 한다.
>
> 라) 자신을 가장 잘 알고 있다고 생각하는 어떤 사람을 정해서, 그 사람이 사람들에게 자기를 어떻게 소개할 것인가를 상상하면서 써보게 한다. 이것은 자신을 객관적으로 보는 경험이 될 수 있다.

(3) 공감되는 이야기의 회상 및 다음 모임의 준비

'공감되는 이야기의 회상'은 각 참여자의 자기소개를 듣는 가운데 특별히 공감이 갔던 내용들을 회상하여 이야기해 보도록 하는 것이다. 이것이 끝나면 다음주에 다시 모일 때까지 각자가 해야 할 일들, 가령 숙제, 친구들과의 약속 등을 한 가지 내지 두 가지씩 발표하도록 한다.

상담자가 기억해야 할 것은 첫번째 모임이 너무 과업 중심으로 흐른다는 느낌이 가지 않도록 하는 일이다. 집단참여자들이 자발적으로 발언하는 것을 원칙으로 하며, 느끼는 것을 편안한 상태에서 자유로이 이야기할 수 있도록 한다. 집단내에서 들은 이야기들을 집단밖으로 유출시키지 않도록 주의를 주는 것도 중요한 일이다.

2) 두번째 모임

> (1) 지난주 모임의 회상   (15분 정도)
> (2) 공감했던 이야기의 회상   (30분 정도)
> (3) 실천가능한 목표의 설정   (60분 정도)
> (4) 모임의 정리   (15분 정도)

(1) 지난주 모임의 회상

이 순서에서는 지난주에 각자가 계획했던 일들을 어떻게 실천했는가를 간단히 이야기한다.

(2) 공감했던 이야기의 회상

지난주 모임에서의 이야기 중에서 자기에게 특별히 공감이 가는 이야기를 했던 사람의 이야기 내용을 회상하고 그 사람과 자리를 바꾸어 본다. 이 과정을 통해서 자기가 한 이야기가 상대방에게 어떤 식으로 전달되는가를 알 수 있고, 어떤 방법으로 표현하는 것이 가장 효과적인가도 경험하게 된다. 집단참여자 각자의 얼굴 표정, 태도, 감정 상태, 억양 등을 회상해 보는 것도 타인을 이해하는 좋은 방법이 될 수 있다.

(3) 실천가능한 목표의 설정

이 순서는 개인의 잠재력을 키우는 집단 지도과정에서 행동적인 측면에 중점을 둔 훈련이다. 단기간의 정규적인 목표설정과 그 성취를 통해서 집단 참여자들은 자발성, 자기 결정, 자기 동기화를 증가시킬 수 있다. 목표는 참여자들 자신이 삶의 주체자가 될 수 있다는 확신을 갖게 하는 것이라고 할 수 있다. 상담자는 "대개의 경우, 해야겠다는 결정만 확고히 내리면 자신이 예상했던 이상의 일을 할 수 있다"고 말문을 열면서, 설정한 목표를 달성하려면 다음 사항들을 고려해야 한다는 점을 강조하는 것이 좋다.

> 가) 설정한 목표가 달성될 수 있는가를 생각해 본다. 그러기 위해서는, 먼저 자신의 준비상태와 목표를 달성하는 데 다른 사람의 도움이 필요한가를 고려해 본다.

나) 자신이 설정한 목표를 달성할 수 있다고 확신하는가를 생각해 본다. 자신감이나 정서적인 태도는 목표를 달성하는 데 결정적인 요소이다.

다) 목표가 달성되었을 때 그 결과의 측정(확인)이 가능한지를 생각해 본다. 목표를 구체적으로 설정할수록 그 목표가 성취되었을 때 자기 확신과 자기방향감을 더욱 느끼게 된다.

측정 가능한 목표와 그렇지 못한 목표를 비교해 보자.

- 측정 가능한 목표: "나는 상담심리학 교과서 제2장을 철저하게 읽는 것을 이번 주의 목표로 삼겠다."
- 측정 불가능한 목표: "나는 상담심리학을 열심히 읽어 보겠다."

라) 자신이 목표달성을 '진심으로 원하는가'를 생각해 본다. 자기로부터의 동기(자기 동기화)는 자기가 원하는 일을 하려고 노력할 때 더욱 증가된다. 자기가 추구하는 일이 실제로 원하는 것일 때, 설정한 목표를 위해 최선을 다하게 된다.

마) 이 목표에 대한 대안이 있는지의 여부를 생각해 본다. 이것을 할까, 저것을 할까 망설이는 것이 아니고, 자신이 실천하려는 일에 초점을 정확히 맞추었는가를 고려해 본다.

바) 설정한 목표가 나 자신과 나 밖의 다른 사람에게 해롭지 않은가를 생각해 본다. 이것은 자기 긍정과 타인에 대한 존중의 폭을 넓히는 경험이 된다. 다른 사람이나 자신에게 해가 되는 목표는 부적당하다.

사) 이 목표가 나 자신에게 가치가 있는가를 생각해 본다.

상담자는 이상과 같은 일곱가지 고려사항을 이야기하고, 참여자들에게 앞으로 일주일 동안 할 수 있는 목표를 실제로 세워보도록 시간을 충분히 준다. 그리고 그 목표들을 기록하도록 한다. 기록할 때에는, 날짜, 목표, 동기, 가치, 예상결과 그리고 그런 결과를 예상하는 이유 등을 쓸 수 있도록 여백을 남기게 하는 것이 좋다. 집단참여자들의 기록이 끝나면, 참여자가 원할 경우 자기가 쓴 내용을 발표하게 한다.

(4) 모임의 정리

오늘 가졌던 모임에 대해서 하고 싶은 이야기와 기억해 두고 싶은 사항들을 자유롭게 이야기하게 한다. 실천 가능한 목표 설정의 부분은 이 순서에서 빠뜨리지 않고 말하도록 한다.

3) 세번째 모임

(1) 지난주 모임의 회상	(20분 정도)
(2) 가장 좋았던 경험의 회상	(70분 정도)
(3) 모임의 정리	(30분 정도)

(1) 지난주 모임의 회상

지난주에 설정했던 목표의 실천여부에 대해 자유로이 이야기하게 한다. 특별히 의미가 있었던 일, 새롭게 느껴졌던 일들을 이야기하고 그 경험을 같이 나눌 수 있게 한다.

(2) 가장 좋았던 경험의 회상

'가장 좋았던 경험' 즉 절정경험은 자기 인생에 있어서 가장 긍정적인 경험을 말한다. 그것은 사람이 늘 기억할 수 있는 절정의 순간들 중의 하나이다. 사람들은 그러한 경험에 초점을 맞출 때 건전한 자기 긍정과 자기 실현에 접근하게 된다.

가장 좋았던 경험은 인생의 어느 때든지 일어날 수 있다. 예를 들면, 자전거 타기를 처음 배울 때, 처음으로 이성과 데이트를 할 때, 중학교를 졸업할 때 등이 사람에 따라서는 굉장한 경험이 될 수도 있다. 상담자는 집단 참여자들에게 가장 좋았던 경험에 대해 회상하는 방법을 아래와 같이 설명해 줄 수 있다.

즉, 여러 해 동안 자신에게 일어났던 가장 좋았던 경험을 회상해서 적어보고, 다른 참여자들이 가장 좋았던 경험들에 대해 이야기할 때 그에 따라 연상되는 일들을 첨가해서 기록하게 한다. 그리고 다음과 같은 질문에 답함으로써 자신을 분석하게 한다.

　　가) 나의 가장 좋았던 경험은 어떤 유형인가? 예를 들면, 그것이 자연현상과 관계가 있는가? 친구들과 관계가 있는가? 가족, 운동 또는 음악

과 관계가 있는가?

나) 나의 가장 좋았던 경험들과 지금의 나와의 관계에서 어떤 의미를 발견할 수 있는가? 나의 좋았던 경험들은 나의 가치관과 인생관에 얼마나 영향을 끼치겠는가?

다) 나의 가장 좋았던 경험으로 기억될만한 일이 다시 생기게 하려면 어떤 준비가 필요한가?

이상과 같은 내용의 발언들이 대강 진행되고 난 다음에, 상담자는 참여자에게 아직까지 상세히 기억되는 과거의 일들을 다음의 연대별로 회상해 보도록 유도할 수도 있다.

- 50세 이후에:
- 26세~49세 사이에:
- 13세~25세 사이에:
- 5세~12세 사이에:
- 5세 이전에:

가장 좋았던 경험들을 연대별로 회상해 보는 절차는 현재의 자신을 긍정적으로 볼 수 있는 방법이기도 하다.

(3) 모임의 정리

가만히 눈을 감고 우리의 오관을 통해 경험되는 좋은 일들, 사소하지만 기쁨의 순간으로 기억되는 작은 일들을 회상해 보도록 한다. 이때 상담자는 이러한 조그만 기쁨들을 회상하는 실마리로서 다음과 같은 문구들을 말해 주면서 참여자들에게 머리에 떠오르는 일들을 자유로이 순서없이 발표해 보도록 한다.

- 좋아하는 꽃 향기……
- 맑고 깨끗한 옹달샘……
- 아름답고 보드라운 벨벳의 촉감……
- 갓 구어낸 과자의 맛……
- 낙엽 쌓인 오솔길에서의 산책 등……

참여자들이 한 번씩 모두 이야기를 하고 난 다음에, 상담자는 참여자들이 다음 주에 실천하려고 하는 목표들을 생각하여 적어 보도록 하고 이 모임을 끝낸다.

4) 네번째 모임

> (1) 지난주 모임의 회상   (20분 정도)
> (2) 만족하고 성취했던 일들에 대한 인식과 분석   (90분 정도)
> (3) 모임의 정리   (10분 정도)

(1) 지난주 모임의 회상

지난주에 설정했던 목표들의 실천여부에 대해 집단참여자들이 자유로운 발언을 하도록 유도한다. 만약 어떤 참여자가 목표를 실천하지 못했다고 하면, 그 이유를 굳이 캐묻거나 결과를 평가하지 말아야 한다. 중요한 것은 설정했던 목표를 성실하게 실천하는 과정에서 겪은 경험들을 정리해 봄으로써 자신에 대한 보다 올바른 인식을 갖도록 하는 것이기 때문이다.

(2) 만족했던 일과 성취했던 일들에 대한 인식과 분석

이 순서의 첫째 목적은 긍정적인 자기 존중감을 높이는 것이다. 자기 존중감은 개인이 삶에서 인식할 수 있는 성취, 성공, 만족과 직접적으로 관련되는 것이므로, 이 순서에서는 그런 경험들을 확인해 보고자 한다. 만족, 성취감, 성공 등의 개념은 개인에 따라 다르기 때문에, 누구나 공통적으로 공감할 수 있는 완벽한 정의는 없다. 중요한 것은 자신이 겪은 일들 중에서 언제, 어디서, 어떻게 했던 일의 경험을 만족감이나 성취감으로 받아들이냐이다. 둘째 목적은 이런 일들에서 직접적인 원동력이 되었던 자신의 동기 요인을 알아보는 것이다. 이것은, 자기 자신이 어떤 일의 동기가 되고 있음을 알게 될 경우에는, 자신의 만족감과 성취 확률을 많이 높일 수 있다는 이론에 근거를 두고 있다. 이 순서에서 상담자가 특히 주의해야 할 것은 만족했고 성공했던 경험을 자랑하는 식으로 말하지 않도록 하는 일이다. 대부분의 집단참여자들은 실패했던 일과 불만스러웠던 일에 대해 더 많이 기억하는 경향이 있다.

이 집단과정의 순서는 다음의 문구들을 참고하면서 참여자를 스스로 자기들의 만족스럽고 성취적인 경험들을 분석하고 인식하게 하는 것이 좋다.

- 나는 내가 하는 일이 중요하다고 느꼈다.
- 나는 새로운 경험을 시도하고 싶었다.
- 나는 그 일을 즐겼다.
- 나는 그 일을 하는 데 나의 정열과 애정을 투자했다.
- 나는 그 일을 하면서 기술과 방법을 알았다.
- 나는 무엇을 하고 어떻게 할 것인가를 스스로 결정했다.
- 나는 다른 사람의 행동에 영향을 주었다.
- 나는 새로운 것을 배웠다.
- 나는 도전을 받고 싶었다.
- 나는 창조적이었다.
- 나는 내가 한 일에 대해서 다른 사람으로부터 존경과 인정을 받았다.
- 다른 사람들은 내가 한 일의 중요성을 깨달았다.
- 나는 금전 또는 그에 상당하는 보상을 받았다.
- 나는 다른 사람들을 행복하게 만들었다.
- 나는 안정감을 얻었다.
- 나는 다른 사람들의 인정을 받았다.
- 나는 다른 사람들로부터 사랑과 애정을 받았다.

참가자들을 두 사람씩 짝지워 서로 5분 정도 이야기하고, 다시 전체적으로 모여서 경험들을 이야기한 후 피드백을 주도록 하는 것이 좋다.

(3) 모임의 정리

지난 모임과 마찬가지로 다음 주까지 참여자들이 실천하고자 하는 목표들을 세워보고 기록하면서, 이번 모임에 대한 정리를 해 본다. 상담자가 주의할 점은 참여자들이 너무 부담을 느끼지 않도록 하는 일이며, 자기에 대한 성찰이 지속되도록 하는 일이다.

5) 다섯번째 모임

> (1) 지난주 모임의 회상 (20분 정도)
> (2) 만족, 성취했던 일들에 대한 인식과 분석 (80분 정도)
> (3) 모임의 정리 (20분 정도)

(1) 지난주 모임의 회상

지난주에 세워 놓았던 목표의 실천여부에 대해 자유로이 이야기를 하도록 한다. 지난주와 똑같은 순서이기 때문에 타성에 빠지게 되거나 성의없이 진행되지 않도록 상담자가 유도하는 것이 필요하다.

(2) 만족했던 일과 성취했던 일들에 대한 인식과 분석

지난주와 같은 방법으로 충분히 이야기할 수 있는 시간을 준다. 이 시간에는 만족했던 일과 성취했던 일의 동기 요인에 초점을 맞추고, 그것을 분석해 보도록 한다. 참여자들이 자유롭게 이야기를 하고 난 다음, 각 사람의 두드러진 차이점을 생각해 보도록 유도한다. 이 과정의 목포는 어디까지나 현실적인 자기 긍정이라는 점을 기억할 필요가 있다. 이 순서가 어렵게 진행될 경우에는, 다음의 것들을 상담자가 제시해서 함께 고려하도록 한다.

- 매일의 생활에서 느낄 수 있는 만족감, 성취감은 무엇인가?
- 과거, 현재, 미래에 대한 비교
- 매주 모임마다 하는 '실천 가능한 목표'의 달성 결과에 대한 느낌

(3) 모임의 정리

이 모임에서 발견한 특별한 의미와 새로운 사실에 관해서 집단참여자들 스스로 정리하도록 하고, 역시 다음 모임까지 실천 가능한 목표들을 생각하고 기록하게 한 후 이 모임을 끝맺는다.

6) 여섯번째 모임

> (1) 지난주 모임의 회상 (20분 정도)
> (2) 개인적 가치관을 명료화하기 (90분 정도)
> (3) 모임의 정리 (10분 정도)

(1) 지난주 모임의 회상

지금까지와 같은 내용으로 하되, 상담자의 재량에 따라 변형시켜 진행할 수 있다.

(2) 개인적 가치관을 명료화하기

이 순서의 첫째 목적은, 각 개인이 가장 중요하게 생각하고 있는 가치관 다섯 가지(적어도 세 가지)를 선정하여 순위별로 그 중요성을 명료하게 해 보는 것이다. 둘째 목적은 단기적인 목표 설정을 통해서 자신이 세워놓은 다섯 가지 가치관을 시험해 보는 것이다.

우리는 모두 가치관을 가지고 있다. 우리들이 가지고 있는 가치관은 궁극적으로 일상 생활방식과 행동을 결정하는 요소로서 매우 중요한 것이다. 그러나 때때로 가치관이 우리들 자신에게는 분명하지 않으면서 다른 사람들에게는 분명하게 드러나는 일이 있다. 상담자는 집단참여자들로 하여금 자신의 가치관들을 명료하게 해주는 절차로서 다음과 같은 질문을 던지고 참여자들이 대답을 쓰도록 한다.

> 가) 지난 2주 동안에 자신이 내린 결정 두 가지.
> 나) 이번 주에 자신이 참여했던 활동 두 가지.
> 다) 자기 인생의 전 과정에서 개인적으로 가장 공감을 느꼈고 의미 있었다고 생각되는 경험 두 가지.
> 라) 최근에 있었던 만족스럽고 성공적이었던 경험 세 가지.
> 마) 자신이 매주 설정하고 성취한 목표 중 한 가지와 현재 추구하고 있는 인생목표 두 가지.
> 바) 불가능한 것을 제외하고 세 가지 소원을 들어 준다면, 어떤 소원을 말하겠는가?
> 사) 행복에 대한 정의.
> 아) 만약 앞으로 남은 생이 일주일 밖에 없다면, 그 일주일을 어떻게 사용할 것인가?
> 자) 만약 지금으로부터 10년 후에 죽는다면, 다른 사람들이 자신의 인생에 대해서 기억해 주기를 원하는 일 세 가지.

이상의 질문 중 몇 개에 대해 참여자들이 답할 수 있는 충분한 시간을 준

후에, 상담자는 각 참여자들에게 종이를 주고 그들이 생각하는 가치관을 다섯 가지 쓰고 순위를 매기도록 한다. 이때 주의할 것은 애매한 단어를 피하고 가능한 구체적인 표현을 하도록 하는 것이다. 예를 들면, '정직'이라는 단어 대신에 '정직한 행동'이 자기에게 어떻게 가치가 있다고 생각되는가에 대한 구체적인 생각을 쓰도록 한다. 이것이 끝나면 희망자부터 이야기하도록 한다.

(3) 모임의 정리

지금까지와 같은 내용을 상담자의 재량에 따라 변형해서 진행하고, 이 모임을 끝낼 수 있다. 실천가능한 목표를 세우고 기록하는 절차를 빠뜨리지 않도록 한다.

7) 일곱번째 모임

(1) 지난주 모임의 회상	(20분 정도)
(2) 가치관의 경매	(80분 정도)
(3) 모임의 정리	(20분 정도)

(1) 지난주 모임의 회상

지금까지와 같은 내용으로 하되, 상담자의 재량으로 변형해서 진행시킬 수 있다.

(2) 가치관의 경매

이 순서는 자신에게 가치있는 사실을 발견할 수 있는 또 하나의 과정이다. 이 과정은 집단장면에서 자신이 중요하다고 느끼는 것들을 '경매 놀이'를 통해 객관적으로 확인해 보도록 하는 데에 목적이 있다. 상담자는 각 참여자들에게 다음과 같은 가치관들을 품목으로 삼아 불러주고, 각 사람에게 똑같은 액수의 돈을 가상으로 가지도록 하고, 자기가 사고 싶은 물건을 위해 예산도 짜게 한다. 그리고 나서 경매에 붙여진 가치관을 사들이는 과정을 통해서 각자의 가치관이 재미있게 드러날 수 있도록 한다. '품목' 즉, 가치관들의 보기를 몇 개 들어 보면 다음과 같다. 가치관 품목은 얼마든지 변형해서 사용할 수 있으나 구체적일수록 좋다.

- 만족스러운 결혼
- 완벽한 자유
- 나라의 운명을 좌우할 수 있는 기회
- 친구로부터의 사랑과 존경
- 문화적인 행사나 운동경기에 자유로이 참석할 수 있는 자격(또는 입장권)
- 인생을 긍정적으로 관망할 수 있는 완전무결한 자신감
- 행복한 가족관계
- 세계에서 가장 매력적인 사람이라는 인정
- 병이 없이 오래 사는 것
- 완전한 시설의 개인 서재
- 만족스러운 종교관
- 한 달간의 멋진 휴가
- 인생을 보장하는 경제 안정
- 아름다운 주거 환경

참여자들로 하여금 새로운 가치관 품목을 첨가시키도록 해도 좋고, 참여자들 중에서 이 경매를 이끌어 갈 사람을 정해서 진행시켜 보면 그런대로 활발한 집단의 역동성을 관찰할 수도 있다.

(3) 모임의 정리
대체로 지난주와 같은 방법으로 진행할 수 있다.

8) 여덟번째 모임

(1) 지난주 모임의 회상	(20분 정도)
(2) 자기의 강점을 인식하기	(80분 정도)
(3) 모임의 정리	(20분 정도)

(1) 지난주 모임의 회상
대체로 지난주와 같은 방법으로 진행시킨다.

(2) 자기의 강점을 인식하기

자기의 개인적 강점(또는 잠재능력)을 인식해 보는 순서이다. 이 순서의 목적은 스스로 미처 깨닫지 못하고 있는 자신의 강점과 집단에 참여하고 있는 다른 사람들의 강점을 인식하고 발견함으로써, 자기 자신과 타인에 대한 깊이 있는 이해를 돕고자 하는 데에 있다.

어떤 의미에서는 우리는 긍정적인 면보다는 부정적인 면이 더 강조되는 문화 속에서 살고 있다. 실례를 들면, 한 장의 종이에 앞쪽에는 자기의 강점을 쓰고 뒤쪽에는 자기의 약점을 쓰도록 해 보면, 누구나 거의 예외없이 약점을 나열하는 쪽이 길어지고 더 쉽게 쓰여질 것이다.

상담자는 각 참여자들에게 자기가 보는 자신의 강점과 약점을 생각하는 대로 먼저 쓰게 하고, 다른 참여자의 강점을 한 가지 이상씩 개별적으로 써 보도록 한다. 약 20분 정도의 시간을 준 뒤에 한 사람에게 자기가 쓴 것을 이야기하게 하고, 다른 참여자들이 그에 관해 써놓은 강점을 같이 이야기하면서 피드백을 나누도록 한다. 재미있게도, 본인 스스로는 약점이라고 생각하는 특성이 다른 사람의 눈에는 오히려 강점으로 비쳐지는 수가 있고, 또 그와는 정반대인 경우도 있다. 이 순서는 이 집단지도 프로그램에서 가장 중요한 집단역동이 교차될 수 있는 상황이기 때문에, 상담자가 진지하고 성실하게 이끌어가도록 특별히 유의해야 할 것이다. 상담자도 참여자의 한 사람으로 자기 자신에 대한 것을 이야기하고 피드백의 교환에도 함께 참여하는 것이 좋다. 시간이 허락하면 이 순서를 2주 또는 3주간 계속하면서 충분한 자기 성찰이 이루어지도록 하는 것이 바람직하다.

(3) 모임의 정리

대체로 지난주와 같은 방법을 활용하여 진행한다.

9) 아홉번째 모임

(1) 지난주 모임의 회상	(20분 정도)
(2) 장기목표의 설정	(80분 정도)
(3) 모임의 정리	(20분 정도)

(1) 지난주 모임의 회상

대체로 지난주와 같이 진행시킨다.

(2) 장기목표의 설정

지금까지의 여러 순서와 절차들은 각 참여자에게 행동의 동기요인을 발견하게 하고 가치개념을 명료화시키고 자신의 강점을 인정하고 긍정할 수 있게 하는 것을 목표로 이끌어 왔다. 장기목표의 설정은 이 프로그램의 마지막 단계에 속하는 것으로, 긴 안목으로 자기인생을 설계해 보는 기회를 제공하는 데 목적이 있다.

참여자들은 아래와 같은 사항에 관해 기록하면서, 그동안 계속적으로 되어 오던 실천 가능한 목표의 설정 경험을 참고해보도록 한다.

> 가) 자신의 다섯 가지 가장 중요한 가치관.
> 나) 자신의 다섯 가지 중요한 강점.
> 다) 자신이 성장해 오면서 가져왔던 또는 아직도 가지고 있는 환상.
> 라) 자신이 한때 잠재력을 가지고 있다고 느꼈으나 사용하지 않았던 자기 능력의 몇 가지 영역.
> 마) 자신이 앞으로 추구하고 싶은 몇 가지 우선적인 가치.
> 바) 지금까지 발견된 자기에 관한 정보들과 자신의 가치관을 연관시킨 몇 가지 장기적인 목표를 결정.
> 사) 결정된 장기목표를 달성하기 위한 중간 목표의 설정.

중간목표를 설정할 때 앞에서 진행하던 방식처럼 실천 가능한 것을 생각하도록 하는 것이 좋다. 즉 '다음주까지, 다음 달까지 앞으로 석달 또는 여섯달까지, 일년까지' 등으로 단계적으로 계획을 세워보는 것이 좋을 것이다. 이렇게 하고 나서 다른 참여자들과 더불어 자신의 계획과 목표를 이야기하고 논의한 후에 다른 사람들의 피드백 내용 중에서 자신에게 도움이 될 만한 사항을 적도록 한다.

(3) 모임의 정리

대체로 지난주와 같은 방법으로 진행한다. 중요한 것은 다음 번이 마지막 모임이므로 지금까지의 집단경험을 다음 모임까지 정리해 오도록 지시한다.

10) 마지막 모임

(1) 지금까지의 경험에 대한 정리   (30분 동안)
(2) 장기적인 인생목표에 대한 검토   (60분 동안)
(3) 이 집단지도 프로그램에 대한 총정리   (30분 동안)

(1) 지금까지의 경험에 대한 정리

이 순서에서는 전 과정을 통해서 자신이 얼마나 성장하고 어떻게 변화했는가를 정리해 보는 것을 하게 된다. 참여자들로 하여금 그동안 자신의 느낌과 다른 사람에게 비쳐진 자신의 모습을 검토해 보면서 각자의 느낌들을 이야기하도록 한다.

(2) 장기적인 인생목표에 대한 검토

지금까지 생각하고 계획한 자신의 장기적인 인생목표를 다시금 살펴보고 자신이 진정으로 원하는 '생활 양식'과 생활계획을 자유로이 이야기한다. 이 시간은 개인적 잠재력을 확인하는 집단지도의 마지막 순서이기 때문에, 상담자의 세심한 주의와 계획이 특히 요구된다고 할 수 있다. 상담자는 집단과정을 통해서 개인의 감정과 건전한 가치관을 발견하고 촉진하는데에 목적이 있음을 기억하면서 모든 참여자들간에 생산적인 피드백이 이루어지도록 한다.

(3) 집단지도 프로그램에 대한 소감

집단참여자들로 하여금 이 프로그램을 끝내면서 느끼는 점, 특별히 좋았던 점, 그리고 만족스럽지 못했던 점, 고쳤으면 하는 점 등을 총괄적으로 이야기하도록 한다. 이 마지막 순서를 통해서 참여자들은 각자의 개인적인 성장과 집단경험을 총체적으로 평가할 수 있도록 상담자가 인도한다. 이제까지 해온 것과 마찬가지로, 특별히 기억하고 싶은 사항들은 필기장에 기록해서 간직하도록 하는 것도 좋은 방법이다. 만약 이 집단 프로그램을 하나의 연구 주제로 계획하여 실시했다면 이 마지막 시간에 필요한 질문지나

검사지를 돌려서 시행한다.

상담자는 전 과정을 통해서 짧은 시간에 너무 많은 것을 하려고 서두르지 않는 것이 중요하다. 사실은 정리될 내용이 너무 많아서 혹시 곤란을 겪을 지도 모르나, 그것을 완전하게 해내는 것이 중요한 것이 아니며 어떻게 모든 참여자들이 적극적으로 깊이있게 다양한 순서들에 참여하느냐가 중요할 것이다. 또한 이 프로그램은 집단역동을 이용한 집단과정이기 때문에, 매주의 모임을 통해서 참여자들 쪽의 연속적 변화를 기대하는 것이 바람직할 것이다.

7 노인을 위한 집단상담

7.1 노인 집단상담의 필요성

노년기에는 신체적 노화, 사회적 역할 상실, 경제적 불안정 등의 변화에 두려움 없이 적응할 수 있어야 할 것이다. 이 적응이 되지 못하는 경우, 노인은 지난 인생을 후회하고 현재 생활에 불만과 분노를 느끼는 등 심리적 어려움을 겪게 된다.

현대 산업사회의 빠른 변화는 노인들에게, 특히 도시 거주 노인들로 하여금 더욱 적응하기 어렵게 만들고 있다. 옆집에 누가 사는지도 잘 모르는 도시 생활 노인들은 지난 인생을 함께 이야기하고, 서로 위로 격려가 될 사람을 만나기 힘들고, 자식들조차도 자기네들 생활에 바빠서 부모의 살아온 이야기를 들어줄 여유가 없는 것이 현실이다.

농촌지역의 노인들은 어떤가? 예전에는 같은 마을의 비슷한 연배의 노인들과 느티나무 밑이나 정자에 걸터앉아 "우리가 참 많이 고생했었지··· 세상 참 좋아졌어··· 요즈음 젊은이들은 우리가 얼마나 고생한 것을 모르고···"하면서 자연스럽게 과거 경험과 현재 생활을 이야기하면서 서로 격려와 위안이 가능한 기회가 많았다. 지금도 비교적 공동체 생활이 남아있는 농촌에서는 이러한 풍경을 간혹 목격할 수 있으나, 대부분의 농촌지역도 지금은 젊은이들 대부분이 도시로 빠져나가 있는 이농 공동화 현상으로 노년층의 외로움과 문화적 박탈감의 문제가 더욱 커졌다고 말할 수 있다. 즉 품앗이 등 시골 특유의 공조적 분위기가 남아 있는 가운데도 농촌 노인들은 자식들과 떨어져 있는 외로움과 도농간 생활격차에 따른 상대적 박탈감을 경험하고 있는 것이다.

노인들이 모일 수 있고 다른 노인들과 이야기 할 수 있는 장소로는 도시에서는 노인종합복지관이 있고, 농촌에서는 새마을회관과 경로당이 있다.

도시 노인복지관의 대다수 프로그램은 취미, 오락 등의 동적인 활동과 비정기적 교양강좌 형식으로 진행되고 있는 실정이고, 농촌 마을회관 및 경로당은 친목과 경조사를 위한 마을 집회와 동네 문제를 의논하는 자리로 활용되고 있으며 문화교양적인 프로그램 운영은 거의 없는 실정이다. 농촌 지역 노인들도 군 · 읍 단위 지방자치단체가 운영하는 노인학교에서 교양 프로그램에 참여할 수 있으나, 도시 노인복지관의 경우처럼 주로 일반 교양 강의와 농사 기법의 전달 학습장으로 이용되고 있다. 다시 말해서, 과거 생활과정의 회한, 사회적 역할상실에 따른 소외감, 죽음을 앞둔 두려움의 극복 등 노인문제를 본격적으로 이해하고 그 해결을 조력하는 체계적인 접근이 전무한 실정이라고 말할 수 있다.

바로 이것이 우선 중 · 소도시 노인복지회관을 중심으로 노인집단상담 프로그램이 시행되어야 할 이유이다. 집단상담자로서의 훈련배경이 있는 사회복지사가 모든 복지관 시설에 근무하고 있는 실정이 못되고 있기 때문에, 비교적 그런 여건이 되어있는 도시 복지관에서 집단상담프로그램이 실시될 수 있고 현재로서는 농촌지역은 전문 상담지도 팀의 비정규적 출장형식으로 접근될 수 밖에 없을지도 모른다.

노인상담은 개인상담보다는 소집단적 접근의 프로그램 운영이 현실적으로 더 유용하며, 전문적이고 체계적 집단상담 프로그램의 운영을 위해서는 심리상담전문가와 정신보건 사회복지사의 협동적 접근이 원칙적으로 타당한 접근일 것이다.

7.2 노인 집단상담 프로그램의 운영 윤곽

다음에 노인복지관 시설에서 운영될 수 있는, 심리상담사와 사회복지사 공동 운영의 노인집단상담 프로그램 실제의 윤곽 및 내용을 살펴보기로 한다.

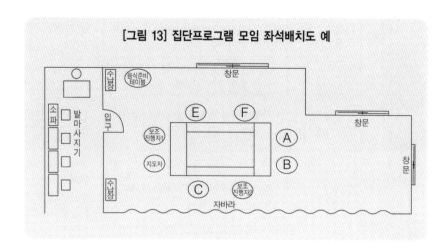

[그림 13] 집단프로그램 모임 좌석배치도 예

7.3 노인 집단상담 프로그램 수행절차

아래에 제시한 노인 집단상담 프로그램은 총 8회기로 구성되어 있다. 구체적인 회기별 목표와 프로그램의 내용은 도표의 내용을 참조하기 바란다.

〈표 5〉 노인 집단상담 프로그램의 내용

단계	회기별 주제		목 표	내 용
사전 모임	오리엔테이션		• 프로그램의 취지를 정확하게 전달하고, 개별 성원의 욕구를 파악함.	• 집단프로그램의 목적 및 일정 안내 • 집단의 목적 및 집단규칙의 합의
친밀감 형성기	1	나는 누구인가?	• 프로그램의 목표, 진행과정, 진행방법을 이해함. • 이 프로그램에 대한 취지와 의미를 명확히 이해함. • 자기 소개를 통하여 성원 간의 친근감을 형성함.	• 자기 소개 • 나의 어린 시절, 나의 청년기 및 이후, 나의 성격에 대한 이야기
	2	기억에 남는 것, 기억에 남는 사람들	• 자신의 기억을 보다 체계적으로 정리하고, 자신에 대하여 좀더 솔직하게 드러내도록 함.	• 기억에 남는 것, 기억에 남는 사람들에 대한 이야기

	3	나의 인생곡선	• 각자 자신의 인생에 대하여 체계적 으로 정리하는 기회를 가짐.	• 내 인생의 전환기, 꿈과 좌절의 시기에 대한 이야기
심화된 경험 공유기	4	노인으로 살아가기	• 본격적으로 노인들 자신의 현재의 삶을 돌아보는 시간을 가짐.	• 노인으로 살아가면서 느낀 점에 대한 이야기
	5	자식들에게 하고 싶은 말	• 자식들과의 관계를 생각하면서 현재의 자신의 삶을 점검해봄.	• 자식과의 관계에서 일어나는 일들에 관한 이야기
	6	노인으로 잘 사는 것이란?	• 현재의 자신의 삶을 생각하면서, 각자에게 좋은 삶은 무엇인지의 생각들을 정돈해봄.	• 자신의 일과를 통하여 현재의 생활을 점검하고, 좋은 노인은 어떠한 모습인지 이야기
종결 평가	7	나에게 중요한 것, 사람들에게 바라는 것	• 앞으로 남은 생이 활기차고 보람있고, 삶의 질이 향상될 수 있는 방안을 생각해봄. • 이 모임을 통하여 일어난 일을 회고 하며, 성원 간의 친밀감을 확인함.	• 희망사항에 대한 이야기 • 종합평가 • 종결평가 설문지 작성 • 종결 후 저녁식사 모임
사후 평가	종결 2~3 주 후	개별면담을 통한 사후평가	• 다시 한번 프로그램을 평가해 봄으로써, 2~3주 후에는 어떤 효과가 있는지 알고자 함.	• 사후평가 설문지 작성 (프로그램 성과평가, 집단에 대한 평가, 집단지도자 평가, 집단구성원 자신에 대한 평가)

출처 : 이가옥 · 강희설 · 이지영, 「노인 집단프로그램 개발」, 나눔의 집, 2004 p.21.

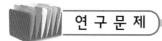
연 구 문 제

1 집단상담의 원리와 방법들이 집단지도와 집단 훈련 프로그램에 어떻게 적용되어야 하는가?

2 본장에서 설명된 집단 진로지도 외에, 청소년과 대학생을 위한 집단지도 프로그램에는 어떤 것들이 있는가?

3 감수성 훈련과, 훈련집단(T-group), 참만남집단은 어떤 차이가 있는가?

4 본장에 포함되지 못한 '자기주장 훈련,' '부부성장집단,' '심리극' 등은 어떤 것들인가?

참 고 문 헌

강혜영 · 박진영 · 박현옥(2011). 초등학생을 위한 진로지도프로그램, 학지사.

권진숙 옮김(2001). 가족갈등조정프로그램, 나눔의 집.
> Neidig, P. H. & D. H. Friedman(1984). Domestic Coflict Containment Program.

김선희 외 8인(2005). 노인학대 전문상담, 시그마프레스.

김진숙 외 5인 옮김(2012). 집단상담: 과정과 실제. 12장 노인을 위한 집단상담(46~487).
> Corey, M. S., G. Corey, & Cindy Corey(2010), Groups: Process and Practice, Wadsworth.

오수성 외 9인 옮김(2009). 외상후 스트레스 장애 워크북, 학지사.
> Williams, M. B. & S. Poijula(2002). The PTSD Workbook.

이가옥 · 강희섭 · 이지영(2004). 노인집단프로그램 개발. 나눔의 집.

이장호 · 최승애(2014). 노인심리상담 연습. 법문사.

이장호 · 손영수 · 금명자 · 최승애(2013). 노인상담의 실제. 4장 노인집단상담의 사례연구, 301~364.

이장호 외 9인 공역(2008). 은퇴상담. 학지사.
> Richardson, Virginia E.(1993). Counselling: A Handbook for Gerontology Practitioners.

이장호(2005). 상담심리학(제4판). 박영사.

이재홍 외 7인(2002). 치매, 일찍 알고 밝게 살자. 대한신경정신의학회.

전겸구 · 김교헌 공역(1995). 신비로운 마음과 몸의 치유력, 학지사.

정동섭 · 최민희 옮김(1992). 아직도 아물지 않은 마음의 상처, 두란노.
    Sell, Charles(1989). Unfinished business.

최해림 · 장성숙 옮김(2008). 집단정신치료의 이론과 실제, 하나의학사.
    Yalom, I. D. and M. Leszcz(2005). Theory and Practice of Group
    Psychotherapy, 5th Ed. Basic Books.

한국인성개발연구원 옮김(2007). 엔카운터 그룹.
    Rogers, C. R.(1970). Carl Rogers on Encounter Groups.

홍경자(1986). 성장을 위한 생활지도, 탐구당.

McHolland, J.D. (1972). Human Potentional Seminars: Leader's Mannual, Evanston, Ill.:
    Kendall Collage Press.

집단상담 사례 슈퍼비전

7 장

집단상담에 대한 슈퍼비전에서는 주로 집단의 목표설정과 목표달성, 집단의 역동과 발달과정, 그리고 집단지도자의 리더십기술 향상이 대상이 된다. 본 사례는 한국상담학회내의 집단상담 분과의 사례발표양식에 맞추어 기술되어 슈퍼비전에서 구체적인 도움을 받을 수 있도록 형태가 잘 갖추어져 있다.

한국 상담학회 집단상담학회 사례발표 양식

1. **집단상담의 목표**
   1) 집단의 목표
   2) 집단원의 목표
   3) 집단상담자의 목표
      - 집단원으로서의 목표
      - 집단지도자로서의 목표

2. **집단상담자의 집단상담 경험**

3. **집단의 운영방법과 형태**

4. **집단원의 구성**

5. **배경이 되는 집단상담의 이론과 전략**
   - 이 이론과 전략으로 접근한 이유

6. **구조화된 집단상담인 경우**
   - 프로그램의 구성이 집단상담의 목표에 맞게 구성되었는지 여부

7. **집단상담결과 평가(목표의 달성도와 평가의 근거)**
   1) 집단상담자가 평가하는 달성도와 근거
      - 기대하는 바대로의 성과가 있었다면 그 이유
      - 기대하는 바의 결과가 달성되지 못했다면 그 이유
   2) 잡단원이 평가하는 달성도와 근거
      - 기대하는 바대로의 성과가 있었다면 그 이유
      - 기대하는 바의 결과가 달성되지 못했다면 그 이유

8. **슈퍼비전을 통해 얻고자 하는 것**

9. **집단상담자 평가(집단상담 진행자로서의 소감)**
   - 이번 집단을 통해 배우고 성장한 점
   - 이번 집단 경험으로 발견하게 된 상담자로서 자신의 장점과 약점
   - 이번과 같은 형태의 집단상담을 다시 진행하게 된다면 어떻게?

10. **기타 집단상담과 관련된 질문**

11. **축어록**
   - 1회기 이상 축어록 첨부
   - 축어록을 풀지 않은 나머지 회기에 대한 내용 자세하게 첨부

우선, 집단지도자가 슈퍼비전을 통해 얻고자 하는 것에 대한 답변은 다음과 같다. 집단 초기에 집단원의 커다란 역동이 드러날 때, 지도자가 시기상 집단 초기 발달단계라도, 집단원간의 신뢰로운 관계가 형성되었고 집단 응집력이 작업단계의 수준에 도달되었다고 여겨지면, 집단원과 본인의 동의를 구해서 그 역동을 다루는 것이 가능하다고 생각된다. 원칙적으로 볼 때, 집단지도자가 구조화된 집단을 진행하려고 계획했을 때는 집단원들의 개별적인 욕구에 끌려가지 않고, 목표를 향한 방향성을 가지는 힘이 있어야 회기별로 계획된 구조화 집단을 이끌고 갈 수 있을 것이다. 그리고 회기별로는 계획한 활동을 간소하게 하고, 그 활동을 통해 경험한 바를 집단 전체가 서로 나누는 시간을 충분히 가질 수 있도록 시간배분을 하는 것이 유능한 집단 지도자의 능력일 것이다. 그러나 본 사례에서처럼 회기목표를 가지고 있어도 집단원의 지금-여기의 욕구를 수용하여, 집단목표를 이루는 방향성내에서 집단이 새롭게 합의하여 참만남을 갖는 유연한 진행을 하는 것도 내담자 중심의 가치를 실천하는 지도자의 힘으로 볼 수 있겠다. 특히 게슈탈트 집단상담이론을 적용한 본 사례에서는 개인의 미해결과제를 집단을 활용하여 해결할 수 있도록 도움을 주고자 하였다는 점에서도 회기별 계획된 활동을 엄격히 고수하지 않을 수 있음을 양해할 수 있다. 현재 사례에서 지도자가 계획한 바대로 활동을 이끌어가려고 했다면 더 어색하였을 것이다.

1 슈퍼바이저의 평가

1. 집단 지도자가 집단프로그램을 구성하기 전, 계획단계에서 사전면담을 통하여 집단참가 요구분석을 시도한 점과 개인목표를 집단 안에서 실천할 수 있고, 평가될 수 있는 구체적 행동목표로 진술하도록 지도한 점이 매우 우수하다. 바람직하기로는 '이쁜이'의 경우도 집단 활동 중에 자신이 행동할 수 있는 방식으로 개인목표가 작성되도록 도울 수 있었으면 더 좋았을 것이다. 이처럼 집단에서 달성 가능한 행동을 개인목표로 정하기 위해서는

지도자의 시범보이기가 있었을 것이다. 사례보고서에 지도자도 집단의 한 일원으로서 자신의 개인목표를 기록해 줄 필요가 있다. 본 사례에서는 별 칭도 자신에 대해 긍정적으로 주어져서 목표달성의 동기를 부여하고 있다. 단, 사례를 제시할 때, 개인욕구와 개인목표, 목표달성도를 연결시켜 서술하였다면 이들의 유기적 관계를 일목요연하게 살펴보는데 도움이 될 뿐 아니라, 요구조사를 통해 나타난 집단원들의 가족역동 이해의 욕구를 충족하는 전략으로, 집단상담이 자신의 입장이나 감정을 솔직하게 표현할 수 있는 역량을 강화하는 훈련의 장으로 활용되었음을 잘 나타낼 수 있었을 것이다.

2. 본 사례에서는 목표달성도를 객관적으로 평가하기 위해, 자아존중감과 대인관계 능력의 사전-사후 검사를 사용하였고, 이러한 양적 평가를 뒷받침하는 경험보고서의 질적 내용을 첨부하여 심리적 성장의 구체적인 내용을 가시적으로 알아볼 수 있도록 도움을 주고 있다. 평가결과를 살펴보면, 사전-사후 자아존중감, 대인관계 능력의 두 가지 검사에서 긍정적인 변화를 나타낸 4인과 달리, '매력터진 女'의 사전-사후 평가점수가 동일하게 나타나 있다. 그렇지만 경험보고서에 나타난 '매력터진 女'의 변화는 긍정적인 성장으로 판단되기에 사전-사후 검사지 항목 표시에 대한 개별 검토나 추후모임에서 변화 추이를 좀 더 살펴볼 필요가 있겠다. 본 집단사례는 집단의 목표달성과 참여자의 참여 만족도가 높은 좋은 성과가 이루어진 집단이기에 집단상담의 효과가 수개월 후에도 지속되는지를 알아보기 위하여 집단 종결 후, 추후 경험보고서를 요청해 볼 수 있겠다.

3. 집단 역동을 활성화시키는 전략의 하나로 집단경험보고서의 활용은 매우 중요할 수 있다. 본 사례에서는 목, 금요일 주중의 경험보고는 집단에서 직접 피드백을 나눔으로써 다루고, 토요일 마라톤으로 진행된 회기의 경우에는 회기종결 후 집단경험보고서를 제출받아서 지도자가 보고서에 개별적으로 피드백을 적은 후 되돌려주었다. 이것은 각 집단원에게 개인상담의 효과를 더하여 줌으로써 이후 월요일 회기에서 보다 깊은 소통과 치유적 역동이 일어날 수 있도록 좋은 작용을 한 것으로 여겨진다. 우연하게 이루어진 결과이겠지만, 내담자들의 사정에 맞추어진 목요일 2회기, 금요일 2

회기, 토요일 4회기, 월요일 2회기로 이루어진 회기 구성은 도입-과도기-작업-종결의 집단 발달단계를 고려한 듯 여겨진다. 본 사례는 집단원들간에 사적인 깊은 이야기 공유, 정서적 카타르시스, 상호 지지, 공감대가 잘 형성된 분위기 속에서, 집단원들이 자기 이해를 통해 보다 편안한 삶을 영위할 수 있는 계기를 마련해준 성공적인 사례로 볼 수 있다. 예를 들어, 장·단점을 나누는 회기에서 긍정적으로 여겨지는 장점 외에 성장을 도모하는 단점을 편안히 나눌 수 있을 만큼 상호 촉진적 분위기가 잘 형성되었음을 알 수 있다. 더욱이 축어록의 번호 붙이기가 각 집단원의 참여 정도를 한 눈에 파악할 수 있도록 주어져서 집단의 역동을 읽기에 용이하도록 보고서를 제시하였다.

4. 집단원 수가 5명이면 역동을 일으키는데 다소 부족해 보일 수 있다. 특히 사회복지사로 일하는 동질 집단이기에 참여 인원수가 좀 더 많으면 훨씬 다양한 상호작용을 통해 풍부한 집단역동을 경험할 것으로 예상된다. 그럼에도 불구하고 본 사례에서는 전체 회기 중에 탈락자가 없었고, 어느 한 집단원이 어려움을 노출하면 그것을 다시 전체 집단원들의 개인적인 피드백과 연결함으로써 집단역동을 충분히 활성화시켰다. 이러한 지도자의 촉진 기술은 회기가 진행됨에 따라 집단이 적절한 발달과정을 따라 발전하는 성과를 나타내도록 하였다. 제시된 보고서에는 각 회기별로 회기 내용과 지도자 개입 경험 및 평가가 잘 서술되어 있는데, 사례에 나타난 집단역동을 살펴보면, 여기-지금에서 너와 나의 상호작용이 회기마다 생산적이고 의미 있는 역동이 활발하게 이루어졌다. 제시된 사례의 집단원들이 이전에 집단참여 경험이 전혀 없다고 보기 어려울 정도로 적극적으로 집단에 참여하고 있다. 이는 지도자가 신뢰로운 분위기로 집단을 잘 이끌었기에 가능한 것으로 여겨진다. 3~4회기를 축어록으로 제시했으면 역동이 더 잘 드러났을 것이다. 그 회기에서는 집단원들이 자신과 타인의 비언어에 담긴 메시지를 읽고, 나누고, 서로의 성장에 도움을 주는 방향으로 활용하는 것이 잘 나타나있다.

5. 가계도 작업을 하는 회기에서 가족지도를 완성하고 언어로 자신의 가족을 설명하는 것을 넘어서 '이쁜이'의 현재 삶의 모습을 가족조각으로 표현해

서 경험적으로 가족의 역동을 경험하고 이해할 수 있도록 한 지도자의 역량이 돋보인다. 즉, 몸동작으로 만든 조각활동을 통해 친정 쪽으로 시선을 하염없이 두고 있는 아내 '이쁜이'를 바라보는 남편의 심정을 지각하도록 한 것은 그러한 현재 삶의 형태가 '이쁜이' 자신이 오랫동안 원했던 부부의 모습과 일치하는지를 검토해 볼 수 있게 하였다. 그리고 이 활동은 이후 자신이 원했던 삶을 이루기 위해 스스로 보다 나은 자신의 삶의 형태로 재선택하는 결단을 할 수 있도록 이끌어 '이쁜이' 당사자뿐 아니라 집단 전체의 역동을 활성화시켰다. 본 사례는 게슈탈트 방식으로 진행한 가운데, 사티어 치료방법의 가족지도, 가족조각, 빙산탐색 등이 함께 활용되고 있기에, 적용한 이론적 근거에 사티어 치료이론을 첨가할 필요도 있다고 여겨진다.

6. 집단지도자가 사용한 집단 촉진기술을 좀 더 구체적으로 살펴보면 다음과 같다. 지도자가 5회기에서 늘 먼저 이야기를 꺼내던 '마음'이 가장 늦게까지 기다린 이유를 질문하여, '마음'이 자신의 목표행동을 정하고 실천하고 자신의 통찰을 나눌 수 있도록 이끌어 준 것이 우수하다. 7회기 축어록에서도 '매력터진 女'가 마음이 무거울 때마다 웃으려고 하는 모습과 몸으로 무서움을 표현하는 비언어적 모습을 잘 읽어 줌으로써, 자신에 대한 접촉이 이루어지도록 잘 이끌어 갔다. 설렘15에서 상처 입은 어린 '매력'을 성인 '매력'이 보듬어주도록 요청하거나, 설렘23에서 방어가 남아있는 '매력'을 지도자 '설렘'이 현재 있는 그대로 수용해주는 것이 매우 촉진적으로 여겨진다. 여기에서 '매력'이 작업을 통해서 자신이 통찰한 바와 새로이 경험한 바를 정리할 수 있도록 기회가 제공되지 않은 점은 아쉽다. 통찰이 일어난 후에는 행동변화를 통해 삶에서의 성장이 일어나두록 계획하고 단계적으로 실행할 수 있도록 이끌어 줄 필요가 있다. 그렇지만 그 작업 이후 집단원들이 '매력'에게 다가가서 안아주도록 허용한 것과 집단원들이 '매력'의 작업을 통해 각자에게서 일어났던 내면 역동과 '매력'에게 전하고 싶은 피드백을 제공하도록 한 것은 집단의 역동을 촉진시키는 매우 우수한 기술이다. 7회기에서 '이쁜이' 가족지도를 설명으로만 하기보다 집단 진행과정 중의 슈퍼바이저의 지도를 받아들여서 가족조각으로 실시하는 적극적인 모습은 지도자로서의 성장에 좋은 모습이다. 9회기에 '긍정'

이 가치관 경매에서 자신은 다 가진 것 같다는 이야기를 한 것과 이번 회기에 단점으로 자신감이 부족하다고 적은 것의 불일치를 '설렘' 이 피드백해주는 것은 집단원 한 사람 한 사람의 이야기를 경청하고 진정한 관심을 가지고 성장을 돕고 있음을 보여주는 좋은 예이다.

2 슈퍼바이저와 집단상담 지도자의 대담문

1) 성공적인 집단을 이끌어가는 데 어떤 점이 도움이 되었다고 생각하는가?

(1) 집단원의 높은 참여 동기

집단원들은 상담과 관련한 복지사업에 종사하고 있어서 사회복지 서비스를 제공할 때 자신이 건강해야 도움을 필요로 하는 이들에게 양질의 서비스를 제공할 수 있다는 것을 알고 있었습니다. 그래서 평소 집단상담을 직접 경험해보고 싶은 욕구가 있었고, 집단상담을 통해 자기변화의 계기로 삼고 싶은 의지도 있었습니다. 이러한 집단원들의 높은 참여동기가 집단을 이끌어가는 데 상당한 도움이 되었습니다.

(2) 집단원의 사전 욕구 파악

또한 집단을 시작하기에 앞서 집단원들의 사전 욕구를 파악했던 것이 집단운영의 목적을 더욱 명료화 할 수 있었고, 사전 욕구 파악 과정에서부터 집단원들과 래포(Rapport) 형성이 시작되어 첫 회기 만남이 덜 어색했던 것 같습니다.

집단원들이 모두 직장인이어서 사전 욕구 파악은 e-메일로 하였는데, 지도자 소개와 집단참여에 대한 감사인사와 더불어 집단 안에서 어떤 도움을 받고 싶은지, 그리고 지도자에게 요청할 사항은 어떤 것이 있는지 등을 기재하게 하였습니다. 이러한 사전 욕구 파악을 통해 집단원 개인의 도움받고 싶은 문제들을 명료화하고, 집단운영 목표 및 집단상담 회기 구성에도 집단원들이 필요로 하는 내용을 반영할 수 있었던 점이 의미가 있었습니다.

(3) 집단원 경험보고서에 대한 지도자의 피드백

이번 집단을 운영하면서 집단원들의 경험보고서를 e-메일로 받고 그에 대한 지도자의 피드백을 공유하는 과정이 있었습니다. 집단원의 경험보고서는, 첫째 집단 안에서 자신의 생각과 신체반응, 정서반응 등을 알아차리고 그런 자신의 모습을 이해하고 수용할 수 있도록 학습의 연장으로 경험보고서를 작성하였습니다. 둘째, 집단지도자의 명료화, 구체화 질문을 통해 불명확한 자신의 발견을 더 명확하게 이해할 수 있도록 촉진하는 목적이 있었습니다. 셋째, 자기를 이해하고 수용하는 과정에서 집단지도자가 공감하고 지지하는 태도를 보임으로써 자기성찰 과정을 즐겁게 받아들일 수 있도록 돕는 목적이 있었습니다.

실제로 집단원의 경험보고서를 작성하고 지도자의 피드백을 받는 과정에서 집단원들이 지도자의 피드백을 기다리는 모습도 지도자에게는 동기부여가 되었습니다. 또한 집단 안에서 일어나는 현상들을 그때마다 자각하고 노출하는 것이 상대적으로 쉽지 않기 때문에 집단을 마친 후 자신을 성찰하는 과정으로서도 의미가 있었다고 봅니다.

(4) 개별적 사전-사후 하위척도에서의 변화

슈퍼비전에서 언급된 참여자의 개별적 변화를 살펴보고자, 통계적 분석은 하지 않았지만, 자아존중감 검사와 대인관계능력 검사의 하위척도를 검토해 보았습니다.

<표 1> 개인별 사전 − 사후 점수

성명	사랑해	마음	매력터진女	이쁜이	긍정	평균	전체평균
만족감1	3.3	3.3	4.0	4.0	4.0	3.7	3.7
만족감2	4.5	3.8	4.0	4.3	4.5	4.2	4.2
민감성1	4.0	4.0	4.0	2.5	2.5	3.4	3.4
민감성2	4.0	3.5	3.5	4.5	4.0	3.9	3.9
의사소통1	3.3	3.3	3.8	3.3	3.3	3.4	3.4
의사소통2	4.0	3.3	3.8	4.5	3.8	3.9	3.9
개방성1	4.4	2.4	3.6	3.8	3.0	3.4	3.4
개방성2	4.2	3.8	4.0	4.6	3.8	4.1	4.1
신뢰감1	3.3	2.7	4.0	3.3	3.7	3.4	3.4
신뢰감2	3.7	2.7	3.7	4.0	4.0	3.6	3.6
친근감1	3.7	3.0	4.0	4.0	4.0	3.7	3.7
친근감2	4.3	3.7	4.0	4.7	4.0	4.1	4.1
이해성1	4.0	3.0	4.0	3.8	3.5	3.7	3.7
이해성2	4.3	4.0	4.3	4.3	4.0	4.2	4.2
대인관계1	3.7	3.1	3.9	3.5	3.4	3.5	3.5
대인관계2	4.1	3.5	3.9	4.4	4.0	4.0	4.0
자아존중감1	3.2	3.5	3.0	3.3	2.8	3.2	3.2
자아존중감2	3.5	3.8	3.0	3.9	3.2	3.5	3.5

대인관계능력 척도의 하위척도와 자아존중감 척도의 사전−사후 변화를 살펴보면, 만족감, 민감성, 의사소통, 개방성, 신뢰감, 친근감, 이해감의 대인관계능력의 모든 하위영역과 자아존중감에서 향상된 것으로 보고되고 있습니다.

<표 2> 개인별 사전 − 사후 점수 차이

성명	만족감	민감성	의사소통	개방성	신뢰감	친근감	이해성	자아존중감
사랑해	1.3	0.0	1.5	−0.2	0.3	0.7	0.3	0.3
마음	0.5	−0.5	0.0	1.4	0.0	0.7	1.0	0.3
매력터진女	0.0	−0.5	0.0	0.4	−0.3	0.0	0.3	0.0
이쁜이	0.3	2.0	1.3	0.8	0.7	0.7	0.5	0.6
긍정	0.5	1.5	0.5	0.8	0.3	0.0	0.5	0.4

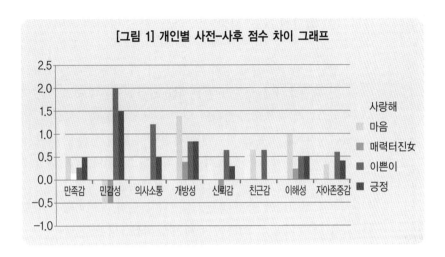

[그림 1] 개인별 사전-사후 점수 차이 그래프

이를 개인별로 다시 살펴보았을 때, '매력터진 女'의 경우 집단을 경험한 후, 자신의 대인관계 민감성과 신뢰감이 자신이 집단 초기에 생각했던 것보다 적은 것을 인식하게 되었고, 집단 경험 후, 개방성과 이해성이 높아졌음을 알아차린 것으로 해석할 수 있겠습니다.

2) 집단을 마치고 아쉬웠던 점이 있다면?

(1) 사회 사건(Issue)에 대한 민감성

집단을 지도했던 시기가 세월호 사건이 있었던 시기와 맞물려, 처음 집단하던 날 집단원들의 표정이 어두웠습니다. 집단에 참여한 기분을 나누는 과정에서 '매력터진 女'가 세월호 사건 때문에 많이 우울하다고 표현해 주어 자칫 숨겨진 안건이 될 수 있었던 이야기를 자연스럽게 다룰 수 있었던 기억이 납니다. 굳이 세월호 사건을 집단 안에서 언급할 이유는 없지만 세월호와 같은 큰 사건은 개개인에게 영향을 미칠 수 있는 사건이었기에 지도자의 사회 사건에 대한 민감성이 필요하지 않았나 하는 생각이 들었습니다. 먼저 이렇게 어수선한 시기에 집단을 시작하게 되었는데 오시는 길에 어떠셨는지요? 이렇게 집단을 시작했을 수도 있겠다는 생각이 듭니다.

(2) 집단원 목표 설정

집단원의 목표를 설정할 때 '이쁜이'가 가족 문제를 목표로 정했습니다. 사전 요구조사에서도 가족 문제를 언급했었는데 지도자는 집단을 하면서 자연스럽게 목표를 수정하면 되겠다는 생각을 하면서 따로 언급을 하지 않았습니다. 그 이유는 집단원의 간절함 때문에 지금 바로 수정하는 것에 대한 지도자의 부담이 있었기 때문입니다. 그러나, 집단상담 슈퍼비전을 받고 배운 점은, '이쁜이'가 집단이 진행되는 과정에서 자신의 역할에 어떤 의미를 부여해야 할지 혼란스럽거나 몰입하기 어려웠을 수도 있겠다는 생각을 하게 되면서 '이쁜이'에게 미안해졌습니다.

지도자의 불편함보다 집단참여의 정확한 목적과 자신의 역할을 알 수 있도록 돕는 것이 지도자의 역할인데 그 부분에서 지도자의 역할을 충실하지 못했던 점이 아쉬웠습니다.

(3) 집단원의 자원 활용

이번 집단원은 5명으로 상대적으로 역동을 일으키는 데는 아쉬움이 있는 인원수였습니다. 그러나 지도자가 보다 집단원의 능동적인 참여를 이끌어낼 수 있게 자원을 적극적으로 활용하지 못한 점이 아쉽습니다. 그 예로, 축어록에서 설렘23이 되어서야 집단원들의 참여를 이끌어내고 있는데, 그 이전에 '매력터진 女' 18의 이야기가 끝나면 지도자가 '정말 어려운 얘기를 해 줘서 고마워요.' 라고 말을 하면서 자연스럽게 '매력터진 女'의 이야기를 듣고 어땠는지, 집단원들의 참여를 이끌어내었으면 어땠을까?' 하는 아쉬움이 들었습니다.

3) 집단을 성공적으로 이끌기 위해 스스로 노력한 부분은 무엇인가?

집단역동을 이론적으로 배웠지만, 집단발달에 도움이 되게 역동을 바라보고 촉진할 수 있는 지도자의 안목을 가지는 것이 어려웠습니다. 그러나 집단회기가 끝날 때 마다 집단역동을 구조적으로 표기하는 것을 시도해보고, 집단 회기마다 내용을 요약함으로써 집단의 흐름을 이해하는데 조금은 도움이 되었던 것 같습니다. 집단상담은 집단역동을 이해하고 이를 활용하는 것이 중요하기 때문에 이 부분에 대해 더 배우고 싶은 생각입니다.

3 경험보고서

집단상담 종결 8주 후 작성된, '마음', '사랑이', '매력터진 女'의 추후 경험보고서를 포함하여, 집단 중간, 종결, 추후 시점에 나타난 경험보고서를 통해 살펴본 집단의 효과는 다음과 같다. 마라톤 회기의 경험보고서에는 각 집단원의 반응에 대한 집단 지도자의 개별적 피드백을 나타나 있고, 참여자 각각에 대해 슈퍼바이저가 평을 덧붙였다.

1) 집단상담 경험보고서 (마음)

〈마라톤 회기〉

– '사랑해'의 사례를 듣고 내가 겪었던 일과 감정에 대해 이야기를 할 때 얼굴이 굳고 긴장하는 나의 모습을 보게 되었다.

    ☞ 신체 반응이 있다는 것을 알아차리셨군요. 그 긴장이 어떤 의미인지를 우리가 알아갈 수 있다면 선생님과 저에게 의미있는 집단이 될 거란 기대감이 들어요.

– 역할극을 진행하면서 아버지에게 화내는 역할을 맡아 소리쳐야 했을 때 '혹시 내가 이 역할을 하다가 울음이 나오지는 않을까' 하고 걱정하는 나를 보았고, 무난히 연기를 마쳤을 때 안도하는 나를 보았다.

    ☞ 네~ 울고 싶지 않은 선생님의 마음을 확인하셨네요. 눈물이 선생님에게 어떤 의미일지 궁금해집니다. 참고 나니 안도하는 자신을 보았다는 선생님의 말이 선생님을 더 긴장하게 만들지 않을까? 하는 생각도 해 봅니다.

– 이전에는 말하기 힘들었던 이야기들을 무덤덤하게 말하는 나의 모습

과 역할극 후에도 별다른 감정을 느끼지 못하는 나를 보고 '감정이 없어져 버린 것 같다' 는 생각이 들었다.

☞ 감정이 없어져 버린 것일까요? 감정을 잘 느끼지 못하는 것일까요? 선생님께서는 처음부터 자신의 감정에 대해 알고 싶다고 하셨지만, 감정이 올라 올 때는 정작 참게 되고 참는 과정에서 몸이 굳어지는 경험들을 하고 계신 것 같아요. 이렇게 조금씩 자신에 대해 알아가다 보면 그 감정이라는 것의 정체도 만날 수 있을 거라는 생각이 듭니다.

〈종결 회기〉

1. 집단에 참여하면서 나에 대해 알아차린 점(생각, 감정, 행동)

- '거부' 에 대한 이야기를 하면서 엄마와 줄을 잡고 당기는 역할을 했을 때, 심장이 빨리 뛰고 순간적으로 당황함을 느껴 아무것도 하지 못하는 나를 보게 되었다.

☞ 선생님께서 자신의 문제에 대해 도움받고 싶어하는 의지만큼 솔직하게 참여해 주셨던 것 같아요. 그리고 자신에 대해 있는 그대로 알아차리려고 하는 그 마음이 선생님의 real self를 만나게 한 것 같아 저도 기뻤어요^^

- '내가 기특했던 순간' 에 대해 작성하면서 가슴이 두근거리고 설레이며 웃는 나의 모습을 알게 되었다.

- 집단 활동이 끝난 뒤 집단원들의 피드백을 통해서 내가 알지 못했던 장점에 대해서 알게 되어서 당황스러워 얼굴이 긴장한 듯 굳기도 했지만 한편으로는 기뻐하는 나의 모습을 보게 되었다.

- '매력터진 女' 가 인형극을 끝내고 안아주는 과정에서, 어린 시절 방안에서 슬퍼하던 내 모습이 생각나서 눈물이 나려고 하는 내 모습을 보았고 마음이 아팠다.

☞ 네~ 그러셨군요. 그때 그 감정에 충분히 머물러 주었으면 좋았을텐데 제가 알아차리지 못했나봐요. 지나보고 나니 아쉬움이 느껴지네요. 다음에 이런 기회가 있으면 그때는 있는 그대로 그냥 그 감정을 수용해 보시길 바래요~

- 가계도를 그리고 이야기를 나눌 때 내 차례가 되어 연애나 결혼에 대해 이야기를 하고 나서 '다른 집단원에 비해 내가 너무 가벼운 이야기를 한건 아닌가' 라고 생각하는 나의 모습을 보았다.

> ☞ 푸하하하.... 결혼이 얼마나 중요한 이야기 인데요~ ^^ 아마 한정된 시간에 조금 더 의미있는 이야기를 다루어야 하는게 아닌가? 하는 선생님 나름의 배려가 그런 생각을 하시게 만들었나 봅니다.~

- 한 사람에게서 들었던 의견을 다수를 통해 듣게 되었을 때 놀라는 나의 모습을 보면서 '내 생각이 다 맞는 건 아니구나', '여러 사람의 의견을 들어보는 것도 필요하겠구나' 라는 생각을 하게 되었다.

2. 집단 참가 후 변화된 점 또는 성장한 점

- 타인의 이야기를 들을 때 어떤 이야기를 해줘야 할까 생각하는 습관이 줄어들었다.

- 타인과 이야기를 나눌 때 전에는 말하지 못하고 감추어 두었던 혹은 내가 알아차리지 못했던 내 감정에 대해 솔직히 이야기를 나눌 수 있게 되었다.

- 복잡하게 생각하지 않아 마음이 편해지는 것을 느꼈다.

> ☞ 네~ 선생님~ 그냥 곁에서 함께 느껴줄 때의 ○○선생님이 훨씬 편하고 따뜻하게 느껴졌답니다.^^

- 주변의 사물들을 조금 더 넓게 볼 수 있게 되었다.

- 매번 집단이 끝나고 느꼈던 혹은 활동했던 것에 대해 친구와 이야기를 나누면서 하루하루 목소리가 밝아지는 나의 모습을 보았고, '그럴 수도 있지' 라며 다른 사람의 이야기를 이해한다는 말이나 생각을 많이 했던 것 같다.

3. 집단을 참가하면서 유익한 점 또는 아쉬운 점

〈유익한 점〉

- 집단을 시작할 때 내가 느꼈던 무기력함, 답답함이 해소되어서 유익했다.

- 한 번도 생각해보지 못했던 유년시절 엄마와의 관계에서의 내 감정을 조금이나마 알 수 있어서 유익했다.

- 항상 잘 될 것이라고 생각하고 자신감 있게 행동하는 모습들이 타인에게도 장점으로 보여진다는 것이 매우 즐겁고 기쁨을 느꼈다.

〈아쉬운 점〉

- 집단을 할 당시에 가족이나 나의 아픔에 대한 이야기가 주로 나왔었고 그에 대해 많이 다루어 도움이 많이 되었는데, 한번 더 기회가 된다면 사소하지만 나에게 고민이 되었던 부분들에 대해서도 더 이야기를 나누고 싶다는 아쉬움이 생겼다.

- 토요일 모임에서 흐름이 끊겼던 부분이 가장 아쉬웠다.

  ☞ 정말 그렇죠?.... 다음 집단 때에는 이 점을 잘 고려해서 진행을 해 보도록 할게요. 지도자로서도 선생님께 죄송했어요~

〈**종결 8주 후**〉

1. 집단 참가 후 나에게 도움이 된 점(유익했던 점)은 무엇인가?
   (구체적으로 ^^)
   - 나에 대해 뒤돌아보는 시간도 가졌고 내가 어떤 것을 좋아하는지 싫어하는지 무엇을 원하는 지 등 사소하지만 진솔한 내 모습을 보게 되어 자기성장에 도움이 되었습니다.

2. 집단 참가 후 아쉬웠던 점은 무엇인가? (집단운영 방식, 지도자,

본인의 참여정도 등)
- 시간이 조금 더 충분했다면 나를 더 표현했을텐데... 라는 아쉬움이
  있습니다.

3. 집단에 참가하면서 나에 대해서 알게 된 점은 무엇인가?
   (이미 알고 있었던 것 또는 새롭게 이해한 점)
   - 알고는 있었지만 어린 시절부터 가족구성원들과의 내면적 갈등문제
     를 알게 되었고 나에게는 가족이 강점이기도 하나 콤플렉스라는 것
     을 알게 되었다.
   - 집단에 참가하면서 나는 에너지가 있고, 하고자 하는 일이 있으면
     열심히 하는 내 모습을 보았습니다.

4. 집단에서 나에 대해 알게 된 점이 집단 참가 후 삶에 어떤 영향
   을 미친 것 같은가?
   - 마음이 좀 편안해지고 한결 가벼워졌습니다. 타인을 위한 삶이 아
     닌 나를 위한 삶을 살고자 하는 마음으로 감정표현을 솔직히 하는
     편입니다.

[슈퍼바이저 평]

집단 초기에는 자신의 감정이 혹여나 표출될까봐 두려워하던 모습이었
으나, 집단 종결시 자기-개방과 정서표현의 의욕이 높아진 모습으로 변화
되어 있었다. 그리고 이 집단의 효과는 8주 후 '마음'이 타인이 아닌 자신
의 삶을 살고자 하는 마음으로 자신의 감정을 솔직히 표현하는 모습으로
나타나고 있다. 이는 집단에서 배운 바를 삶의 현장에서 실천하며 성장하
고 있음을 확인해준다고 할 수 있겠다.

2) 집단상담 경험보고서 (사랑해)

〈마라톤 회기〉

– 문장완성검사를 할 때 어렸을 때 모습을 생각하면서 <u>회피하려고 하는</u> <u>나의 모습을 보게 되었다.</u> 말하기 힘든 상황을 벗어나기 위해서 애써 <u>서 참아보려고 하는(피하려고 하는) 나의 모습을 보게 되었다.</u> 서로가 자신의 이야기를 할 때 <u>내가 감정이입이 되지는 않을까? 하는 걱정에</u> <u>시선을 회피하는 나를</u> 알게 되었다. 상황극을 할 때 아직도 나는 나쁜 기억을 깊숙이 갖고 있구나 라는 생각이 들었다.

> ☞ 회피하고 싶은 만큼, 외면하고 싶은 만큼 선생님에게는 힘든 경험이었을 것 같
> 아요. 그만큼 선생님 안에 억눌려 있던 감정이 컸었구나! 회피하려는 그 마음이
> 선생님을 얼마나 불편하게 했겠어요 ㅠㅠ. 그럼에도 불구하고 우리 집단 안에
> 서 솔직하게 나눠주시고, 용기내어 주어서 선생님께 고맙다는 말을 꼭 하고 싶
> 었어요. 눈물은 용기 있는 자의 선물이라고 생각을 해요. 어제 선생님의 그 눈
> 물은 모든 두려움과 회피를 이겨낸 용기 있는 결과물이에요^^

– ○○님이 부모님과 어렸을 때 나쁜 기억을 얘기했다는 것을 들었을 때 '대단하다' 라는 생각이 들었다. <u>상황극이 끝났을 때 안도하는(무거웠</u> <u>던 마음이 편해졌다는 의미) 나의 모습을 보게 되었다</u>

> ☞ 조금이라도 마음이 편해졌다니 참 다행이에요. 말하지 못하고 가슴속에 담아두
> 었던 이야기를 용기내어 표현한 선생님의 도전이 있었기 때문에 가능한 것 같
> 아요. 집단 초기에 서로 말 조심하고 자신을 표현하지 않으려 안간힘을 쓰는데,
> 선생님의 그 진실함과 솔직함이 우리를 의미 있는 멤버로 만들어 주었어요. 믿
> 어주고 맡겨 주어서 감사해요. 선생님~

집단원 또는 지도자에게 하고 싶은 말

'나의 모든 것을 얘기하는 것이 힘들었는데 다들 수용해주어서 고맙고, 상황극이 끝날 때 진심으로 위로해주는구나' 라는 느낌을 받을 수 있어서 감사합니다.

〈종결 회기〉

1. 집단에 참여하면서 나에 대해 알아차린 점(생각, 감정, 행동)

– 나의 이야기를 나눈 후에 전체적으로 편안하게 참여하는 나의 모습을 보았다.

– 감정을 이야기할 때 감정이 올라와서 내 몸이 움직이고 목소리가 낮아지고 떨리는 나를 알게 되었다.

☞ 와우~ 예민한 알아차림! ^^

– 내가 회피한다고만 생각했지만, 그것을 이겨낼 수 있는 힘이 있었네? 라는 생각이 들었다.

☞ 아~ 이 부분에 대해서는 더 궁금해지네요. 어떤 부분에서 회피한다고 생각을 하셨는지, 그것이 어떻게 이겨내는 힘으로 느껴지셨는지 궁금해집니다. ^^

– 내가 생각보다 상처는 크지만 그 상처를 통해서 더 좋은 것(배려)도 갖고 있구나 라는 생각이 들었다.

☞ 와우~ 정말 대단한 발견이에요. 분명 어릴 때 힘들었던 경험은 나를 아프게도 했지만, 아픈만큼 성숙한다는 말이 있듯이 확실한 '예방주사'를 맞으신 거지요. 어릴 때 부모님의 불화가 선생님께 어떤 자산을 남겨 주었는지 목록화 해 보시길 권유 드립니다.

(예) 저의 경우는 가난을 통해서 이런 것들이 자산이 되었답니다.
1) 성실함 (어떤 일이 있어도 완수할 수 있는 능력을 가지게 되었다)
2) 힘든 이들의 마음을 살핌 (상담자의 중요한 공감 능력을 가지게 되었다)
3) 무엇이든 할 수 있다는 신념을 가지게 되었다.. 등등 ^^

2. 집단 참가 후 변화된 점 또는 성장한 점

– 평소 내 감정을 내버려두려고 했지만 이것을 느끼려고 해본 적은 없었는데 집단프로그램에 참여하면서 내 감정을 느껴보는 시간을 가질 수 있고 방법을 배운 것 같다.

- 참가 후에 친구와 함께 어렸을 때의 나와 지금에 대해서 솔직하게 이 야기를 나누는 나의 모습을 보고 조금 놀랐으며 생각보다 덤덤하게 이 야기하는 모습을 보았다.
- 대화하는 방법이 감정을 넣어서 하는 대화로 바뀌었다.(그전에는 응, 그래, 아니, 싫어 라는 단답형이었다면 지금은 감정을 넣어서 이야기 를 하는)

  ☞ 상담자보다 더 탁월한 공감 능력이 있으신 듯해요~ 그 귀한 감수성으로 선생 님을 찾는 힘든 이들에게는 큰 위로가 될 것으로 느껴집니다.

3. 집단을 참가하면서 유익한 점 또는 아쉬운 점

- 감정이 생겼을 때 내 몸의 반응을 느낀다는 거를 배웠다는 점!

- 나의 모습 그대로를 보여준다는 것이 얼마나 편안하고 기분 좋은 느낌 인지 알게 되었다 (있는 그대로~ 내가 참 좋구나~~~~)

  ☞ 그러기가 쉽지가 않은데 선생님은 참 자신을 아끼시나 봐요. 저는 여전히 있는 그대로의 저를 수용하기 어려울 때가 종종 있답니다. 이건 '용기'가 필요하고, '자신에 대한 믿음'이 필요한 일인 것 같아요. 선생님 자신에 대한 믿음과 용기 가 부러워집니다.~

- 내면아이를 보듬어줄 수 있는 방법을 조금은 알게 되었다.

- 솔직하게 첫날에 나의 감정을 모두 내 보이고 난 다음부터는 초반보다 는 집중을 많이 하지 못한 것 같아 아쉽다. (감정의 깊이가 그전만큼 내려가지 않아서 라고나 할까?)

- 아직도 조금 걱정되는 것은 내가, 나에게 무슨 일이 생겼을 때 "어렸 을 적에 나의 상처 때문에"라는 생각을 가질까봐 하는 걱정이 된다.

  ☞ 빙산 기억하시지요? 빙산을 타 보시길 권유 드립니다. 나에게 힘든 감정은 어 떤 것인가? 무슨 생각을 하는가? 내가 기대하는 것이(want) 무엇인가? 그것 이 충족되어졌을 때 나 자신은 어떤 사람인가?

〈종결 8주 후〉

1. 집단 참가 후 나에게 도움이 된 점(유익했던 점)은 무엇인가?
   (구체적으로 ^^)
   – 상담을 하면서 내가 대상자에게 감정이입이 되어 힘들었던 부분이
     있었는데 내가 왜 감정이입이 되었는지에 대해서 생각해볼 수 있는
     시간이 되었고, 내가 감정이입되었다는 사실을 알아차리는 것을 조
     금이나마 배우는 시간이 되었습니다. 또한 감정이입이 아닌 진실된
     공감을 할 수 있는 시간이 되었지 않나 싶습니다

2. 집단 참가 후 아쉬웠던 점은 무엇인가? (집단운영 방식, 지도자,
   본인의 참여정도 등)
   – 모두가 준비가 안 된 상황에서 저의 과거(흑역사…)를 얘기해서 조
     금 놀라지 않았을까 다들 이해를 해주고 따뜻하게 해주었지만 그 점
     이 조금 아쉬웠음

3. 집단에 참가하면서 나에 대해서 알게 된 점은 무엇인가?
   (이미 알고 있었던 것 또는 새롭게 이해한 점)
   – 과거를 회상하는 것을 그다지 좋아하지 않았는데 아직도 안 좋아한
     다는 것을 알았고, 그냥 그렇게 받아들이는 것도 알게 되었음. 가족
     사를 다른 누군가에게 이야기한 적이 없었는데 할 수 있구나. 그로
     인해서 내가 얻을 수 있었던 긍정적인 것(그럼에도 나는 잘 컸다?,
     남을 이해하는 따뜻한 마음)에 대해 다시 한번 확인하는 시간이 됨

4. 집단에서 나에 대해 알게 된 점이 집단 참가 후 삶에 어떤 영향
   을 미친 것 같은가?
   – 내 감정에 내 몸이 어떻게 반응하는 지에 대해 생각해볼 수 있는 시
     간이 생긴 것 같다. 내가 진정으로 원하는 것은 사람들과의 관계 속
     에서 편안하고 즐겁게 생활하는 것이라는 것을 알게 되었다.

[슈퍼바이저 평]

집단 경험을 통해, '사랑해'는 과거의 부정적 사건들이 현재에 미치는 영향을 재검토함으로써 그 상황에서도 좋은 성품이 형성되도록 노력한 자신에 대한 긍정적 자아상을 새로이 형성하였다. 그리고 이러한 인식의 변화는, 자신 및 타인의 감정에 휘둘리지 않기 위해 감정을 회피하던 과거의 대처방식에서 떠나 자신의 감정을 있는 그대로 경험하고 감정이 담긴 언어로 표현하는 일치적인 사람으로 성장하도록 이끌어 주었다. 또한 가족과의 정서적 분화를 이루게 함으로써 8주 후에도 자신에 대한 긍정적 시각과 자신의 원함을 분명하게 자각하는 모습을 가지게 하고, 대인관계에서 자신 및 타인에 대한 진실한 공감을 할 수 있도록 하였다.

3) 집단상담 경험보고서 (매력터진 女)

〈마라톤 회기〉

- (가족의 갈등을 이야기 할 때) <u>감정이 격해지는(느낌)</u> 나의 모습을 보게 되었다.

  ☞ 감정이 격해진다는 건 어떤 의미인가요? 선생님? 작지만 미묘하게 신중하게 선생님의 마음을 표현해 주어서 그런 선생님의 모습도 예쁘게 보였답니다. 그러나 우리가 왜 내 마음을 있는 그대로 표현하지 않고 그것을 감추려 했을까요? 그런 울타리에서 조금 더 자유로워지는 기회를 선생님이 가지시길 소원하고 있는 제 자신을 바라보게 됩니다. 기회가 된다면 선생님의 그 격해진 감정을 나눠볼 수 있었으면 좋겠어요.^^

- (포커페이스를 한다는 이야기를 들었을 때) <u>당황하고 미묘한 감정을 느끼는(느낌)</u> 나의 모습을 보게 되었다.

  ☞ 제가 피드백을 드렸을 때 솔직하게 받아 주셔서 너무 감사했어요. 당황스러워하실 수 있는 상황이었음에도 불구하고 맞다고 수긍해 주셔서 선생님의 진실됨을 알아볼 수 있었습니다. 당황하고 미묘한 감정이란 어떤 느낌이었나요? ^^

집단원 또는 지도자에게 하고 싶은 말

– 첫 회기 집단프로그램 참여 후 기대감과 능동적인 자세로 바뀌게 되었습니다. 프로그램 명처럼 자기성장을 위해 적극적으로 참여하도록 하겠습니다.

> ☞ 와우~ 앞으로 선생님의 활약과 매력을 기대해 볼게요.^^ 지금도 충분히 매력적으로 잘 참여해 주시고 계시답니다.~

〈종결 회기〉

1. 집단에 참여하면서 나에 대해 알아차린 점(생각, 감정, 행동)

– (가계도 작업을 할 때) 하기 싫어하고 난감해 하는 (느낌) <u>나의 모습을 보게 되었다.</u>

> ☞ 네 선생님~ 난감해 하시는 선생님 모습을 보고 제 마음도 아팠답니다. 얼마나 힘들까? 이 순간을 버티고 가계도를 그려내려 가는 선생님께 마음속으로 박수를 드렸지요. 어려웠던 감정도 있었지만 그것을 회피하지 않고 버텨내셨다는 걸 기억해 주셨으면 해요^^

– (감동적인 감정을 느낄 때마다) 몸이 경직되고 팔에 소름 돋는 <u>나를 알게 되었다.</u>

> ☞ 이 부분은 잘 기억이 안나요..ㅠㅠ

2. 집단 참가 후 변화된 점 또는 성장한 점

– 집단 참가 후 변화된 점은 나는 어떤 사람인지? 내가 무엇을 원하는지를 깊게 생각하게 되었고 나의 가족에 대해 생각해 볼 수 있는 유익한 시간이었습니다. 어릴 적 내 기억 속에 우리 가족은 늘 바쁘고 무서운 엄마, 나보다는 언니를 더 생각하는 아빠, 늘 언니를 챙겨야 했던 나, 어리지만 듬직하고 기특한 내 동생… 이렇게 기억을 하고 있었던 것 같아요 하지만 20대 후반이 되어 생각해보는 우리 가족은 늦은 감은 있지만 <u>이제라도 가족을 우선 순위로 생각하는 엄마, 나와도 친한 아</u>

빠, 늘 걱정스럽지만 꼭 행복해야 하는 우리 언니, 듬직한 내 동생으로 바뀌었습니다.

☞ 세월이 흘러 어머님도 변화가 있으셨네요. 정말 다행입니다. 언니에게 향했던 아버지의 사랑도 이제 선생님을 향했군요~ 어릴 때는 비록 외롭고 힘들었을지 몰라도 그것을 버텨냈다는 건 엄청난 자산입니다.~

– 하지만 지금도 반복되는 엄마와 언니의 갈등과 다툼, 그 다툼 후 꼭 이어지는 부모님의 다툼, 엄마, 아빠, 언니의 각 하소연을 다 들어주어야만 하는 나, 나 역시 답답하지만 어느 누구에게도 말할 수 없는 나… 스스로 버거워 하고 있었던 것 같아요…

☞ 그동안 가슴 속에 묻어두어야 했던 이야기를 우리에게 나눠주셔서 정말 고마워요. 한가지 기억하실 것은 그것을 표현했다는 것이지요~ 그것도 아주 멋지게~ 성공하셨어요~

– 하지만 집단 참가 후 가족 간의 화목을 위해서는 저의 역할이 중요하고 가족들을 지탱할 수 있는 에너지가 충분히 있는 사람이라는 것을 더 확고하게 알게 되었습니다. 그래서 무례가 안된다면.. 저희 가족 상담을 부탁드리고 싶어요.. ← 이 부분은 따로 말씀드릴께요. 히힛^^

3. 집단을 참가하면서 유익한 점 또는 아쉬운 점

– 내가 생각했던 것 보다 어릴 적 기억들이 나에게는 상처로 남아있구나.. 라는 생각을 하게 되었습니다. 그리고 둘째 딸이었던 저는 어릴 적부터 부모님의 사랑을 받기위해 늘 노력하고 있었구나.. 라는 생각을 하니 한편으로는 씁쓸하기도 하고 어린 시절 그 모습이 안쓰러워 보였습니다.

☞ 네~ 선생님.. 씁쓸함 뒤에는 귀한 자산도 항상 함께 있다고 하지요. 둘째라서 아마 눈치도 빠를 것이고 (일종의 센스가 발달 되었다는 ㅋㅋ) 수동적이기 보다 적극성들이 더 길러졌을 꺼에요. 무엇보다 '사랑받는 게' 얼마나 좋은지를 선생님은 어릴 때부터 알고 계셨던 거죠.

– 하지만 그 노력 때문인지 지금은 가족들 사이에서도 의견을 제시할 수
도 있고 나를 의지하고 믿어주는 가족들로 인해 힘이 납니다. 그리고
저는 이 집단을 참가하지 않았다면 평생 아무에게도 우리 가족 이야기
는 하지 않으며, 타인에게는 늘 행복했던 것처럼 화목한 모습만 보이
도록 행동했을 것 같아요. 이런 좋은 기회를 통해 좋은 지도자분을 만
나 좋은 사람들 앞에서 처음으로 내 속마음을 꺼낼 수 있는 기회에 감
사하고 또 나를 다시 생각해보는 유익한 시간이었습니다.

> ☞ 끝까지 포기하지 않고 가족 이야기를 나눠 준 선생님께 제가 더 감사드립니다.
> 저를 믿어주셨고, 집단원들을 믿어 주셨기 때문에 가능한 일이 아닌가 생각을
> 해요. 마음을 터 놓는다는 건 정말 어려운 일인데 우리를 믿어주어 정말 감사드
> 립니다.

– 시간이 좀 더 충분했다면.. 더 많은 이야기를 나누고자 했을 거에
요..^^ 아직은 홀가분하게 가족 이야기를 다 말할 수는 없지만 내가 힘
들다고 생각이 되어질 땐 꼭 도움을 요청할께요. 선생님 정말 감사드
립니다. 앞으로 사적으로도 연락드리겠지만 비슷한 종사에 일하는 사
람으로서 강사 섭외나 기관 안내 등등 연락 많이 드릴께용.^^

〈종결 8주 후〉

1. 집단 참가 후 나에게 도움이 된 점(유익했던 점)은 무엇인가?
   (구체적으로 ^^)
   – 집단에 참여했던 다른 구성원들과 대화할 때 조금 더 이해하고 소
   통할 수 있게 되었고, 내가 하는 말이나 행동들에 대해서 다시 한번
   생각하고 말할 수 있게 되어 대인관계에서 편안함을 느낄 수 있었
   다.

2. 집단 참가 후 아쉬웠던 점은 무엇인가? (집단운영 방식, 지도자,
   본인의 참여정도 등)
   – 친밀한 관계에서 진행되어 서로를 이해하고 공감하는데 어려움은
   없었지만 서로 다른 문제들을 안고 있어서 개개인의 이야기를 충분

히 들어주고 나누지 못한 아쉬움이 있었다.

3. 집단에 참가하면서 나에 대해서 알게 된 점은 무엇인가?
   (이미 알고 있었던 것 또는 새롭게 이해한 점)
   - 사람을 만나면 아무 생각 없이 말을 툭툭 던지는 편인데 한편으로
     는 그런 부분들이 다른 사람에 대해 분석하고 받아들이지 못한 것
     같다는 생각이 들었고, 다른 사람의 이야기를 들을 때 내가 겪어보
     지 못한 일에는 공감하는 데 어려움을 느낀다는 것을 알게 되었다.

4. 집단에서 나에 대해 알게 된 점이 집단 참가 후 삶에 어떤 영향
   을 미친 것 같은가?
   - 처음 집단에 참여할 당시에 내 감정에 대해 해결하고 싶은 부분이
     있어서 참여를 하게 되었고, 집단이 끝나고 나서는 어느 정도 해결
     이 된 부분이 있었다. 그 후에 생활을 하면서 내 자신에 대해 의문
     점이 생길 때, 내가 고쳐야 할 점들이 느껴질 때 집단에서 했던 방
     법들을 활용할 수 있게 되었고 다른 사람이 나에 대해 하는 말들을
     다시 한번 돌아보게 되었다.

[슈퍼바이저 평]

내면의 감정은 격해져도 얼굴 표정은 담담하여 결과적으로 타인이 알지
못하도록 하고, 가족의 이야기를 절대 다른 사람들에게 해본 적이 없던
'매력터진 女'가 집단에서 가족의 이야기를 나누고 속마음까지 나누면서
자신의 상처와 자신의 욕구 등을 이해하게 되는 성과가 있었다. 그러나 집
단경험을 통해 어린 시절부터 가족의 화목을 위해 자신의 역할이 컸다는
긍정적인 인식과 더불어 가족 갈등 속에서 각자의 하소연을 다 들어주면서
도 정작 힘든 자신의 마음을 이야기할 수 없어서 버거워했던 어린 '매력터
진 女'의 심정에 좀 더 초점을 맞출 수 있었다면 좋았을 것이다. 그럼에도
불구하고 8주 후 '매력터진 女'는 집단에서 배운 방법들을 삶에 지속적으
로 적용하면서 타인과의 관계에서 평가와 분석을 하던 태도에서 벗어나서
상대와 자신을 있는 그대로 수용하고 공감하고자 하는 노력을 하고 있는
모습을 보이고 있다.

4) 집단상담 경험보고서 (긍정)

〈마라톤 회기〉

- 항상 집단에서 무엇인가 하려고 할 때 가능 하면 제일 늦게 하려고 했었고, 늦게 하면 하지 않을 수도 있겠지 라는 생각을 했었는데, 이번 집단 상담을 통해 처음으로 용기 내어 가장 먼저 나를 소개하려는 시간도 가져 보았고, 어디에 가서도 나의 힘듦을 이야기하지 못했던 부분들을 꺼내 놓을 수 있었습니다.

  ☞ 시작 때부터 선생님의 용기에 놀래기도 했고 고맙기도 했답니다. 도전하는 모습은 선생님 자신을 사랑하는 모습이기도 하고, 우리를 믿고 말해주는 것 같아 고마웠어요. 덕분에 제가 귀한 사람이 된 것 같았어요.

- 상황극(?)을 할 때 지도자의 큰 소리가 어린 시절 아버지가 화를 내셨던 모습이 떠올랐고 그 당시의 내가 불안해 떠는 모습을 회상할 수 있었으며, 그 상황에서의 '나' 도 불안함을 감출 수 없었습니다.

  ☞ 어렸을 때 기억이지만 선생님 입장에서는 충분히 불안했을 수 있을 것 같아요. 그 불안함을 솔직히 표현해 주어서 고마워요~

- 별칭을 만들고 '이쁜이' 님과 비슷한 별칭을 정했을 때 혹시 따라했다고 생각하면 어쩌지 라는 생각을 하며 당황해 하는 나의 모습을 보게 되었습니다.
- 만약 지도자가 혹시나 별칭을 바꾸고 싶다면 언제든지 바꿔도 좋다는 말을 하지 않았으면 '나' 는 지금까지도 별칭을 바꾸지 못한 것에 대한 미련과, 소신껏 나의 욕구를 표현하지 못한 소심함을 다시 한 번 더 느꼈을 것입니다.

  ☞ 별칭이 비슷해서 저라도 그 상황이라면 당황했을 것 같아요. ^^ 그리고, 정말 소심한 사람이라면 제가 그런 요청을 했어도 아마 바꾸지 않았을 거예요. 처음 만난 자리이고 한번 별칭을 쓴 상황에서 다시 바꾼다는 건 정말 큰 용기라고 저는 생각을 해요. 선생님 자신이 생각하는 것보다 선생님은 용기가 있으신 분이라고 말해주고 싶어하는 제 자신을 봅니다.

집단원 또는 지도자에게 하고 싶은 말

– 사회생활을 하면서 해야 될 말과 하지 말아야 될 말은 가려야 하는 것이 옳은 행동이지만 집단 속에서 "이런 말을 해야지"라고 생각하고 말을 할 때 굉장히 많은 떨림을 갖고 있습니다. 이런 떨림을 들키기가 싫고, 내가 이렇게 떨고 있는 것을 이상하게 보거나 놀림거리가 되면 어떡하지 라는 생각을 하면서 말을 하지 않고 묻어두는 경우가 많습니다. 언제부터인지는 확실히 모르겠지만 사람들과의 소통을 하는데 눈치를 많이 보게 되었는데, 이러한 불안한 감정을 극복할 수 있게 도움을 받고 싶습니다.

☞ 편하게 말하지 못하고 늘 상황을 판단해야 한다는 건 무척 피곤한 일일 것 같아요. 남들 눈치보는 자신을 생각하면 당당하지 못한 것 같아 속상할 것 같기도 하구요. 이번 집단 안에서 만큼은 선생님께서 옳고 그름을 따지지 않고 하고 싶은 말 한 회기에 몇 번씩은 내가 해 보겠다 하고 목표를 설정해 보는 건 어떨까요? 그리고 그 말을 했을 때 정말 남들이 내가 우려한 것처럼 생각하는지 확인도 받아 보시는 건 어떠세요? 저도 선생님의 자율성에 도움을 드릴 수 있도록 집단 안에서 최선을 다해 보겠습니다. ^^

〈종결 회기〉

1. 집단에 참여하면서 나에 대해 알아차린 점(생각, 감정, 행동)

– 이야기를 할 때 부담 없이 마음 편하게 나를 소개하는 모습을 보게 되었습니다.
– 집단원들의 이야기를 듣고 피드백을 주는 시간에 혹시나 내 피드백으로 감정이 상하진 않을까, 도움이 되지 않고 잘못된 말만 하지 않을까 라는 고민을 내면으로 하며 어깨가 움츠려져 있었고, 손을 계속 만지며 불안해하는 모습을 볼 수 있었습니다.

☞ 신중한 말은 그만큼 실수가 적지요^^ 다만 우리는 늘 좋은 말만 할 수가 없다는 것이 아십지요^^;; 좋은 말을 하기보다 진정 도움을 주고 싶어하는 선생님의 마음만 전달이 되어도 충분하지 않을까 싶어요~ ^^ 그것은 꼭 언어가 아니라도 표정이나 몸의 방향 등으로도 충분히 전달이 된답니다. 조금 더 상대에게 집중하시는 연습을 해 보세요~^^

2. 집단 참가 후 변화된 점 or 성장한 점

- 집단속에서 이야기를 할 때 굉장히 많은 떨림을 갖고 있다고 이야기를 하였습니다. 항상 이런 상황에 있을 때 불안한 감정을 숨기려고 했던 말들을 묻어두고 시간이 지나서 "아...해볼 걸"이라는 후회를 많이 했습니다. 그러나 이번 집단 참가 후 내가 보고, 듣고, 느낀 점을 자유롭게 이야기하면서 내가 우려했던 만큼 다른 사람들은 생각하지 않는다는 것을 알 수 있게 되어 <u>자신감이 생기게 되었습니다.</u>

  ☞ 정말 반가운 말이에요. 선생님^^

- 만약 이번 집단상담이 아니었다면 "나는 왜 불안해하고 소심할까"라는 자기 괴로움에 빠져 스스로가 못난 사람이라 생각 하고 그 자리에만 머물렀을 꺼라 생각합니다. 100% 극복을 할 순 없지만 <u>조금씩 내 스스로의 불안함을 극복할 수 있도록 노력하려는 힘이 생겼습니다.</u>

  ☞ 네 선생님~ 선생님 안에 있는 자원을 잊지 않으셨으면 해요. 타인을 진정 돕고자 하는 귀한 섬김의 마음과, 어려움을 회피하지 않고 당당하게 맞서서 이겨냈다는 것 그리고 힘든 상황에서도 의연하게 대처하는 담대함을 항상 기억하신다면 어떤 불안함도 충분히 이겨낼 수 있을 거예요. 허리가 끊어지는 극심한 고통도 선생님은 이겨 내셨습니다.~ ^^

3. 집단을 참가하면서 유익한 점 또는 아쉬운 점

- 개인적인 감정, 생각, 느낌을 표현하는 것이 쉬운 것이 아닌데 자유롭게 표현할 수 있는 자리가 용기가 생기게 되는 자리인 것 같아 저와 같은 소심함과, 대인관계에서의 의사소통을 불안해하는 성향인 사람이 있다면 굉장히 많은 힘을 얻게 될 수 있을 거라 생각합니다.

[슈퍼바이저 평]

  자신이 이야기할 때, 다른 사람들이 자신을 부정적으로 평가할 것에 대한 두려움 때문에 말을 하지 않고 묻어주거나 제일 늦게 발표하려고 했던 '긍정'이 집단 시작부터 용기를 가지고 가장 먼저 자기소개도 하고, 자신의 힘든 이야기도 스스로 꺼내 놓았다. 그 결과 집단을 마칠 때는 자신이 우려했던 것만큼 타인들이 부정적으로 생각하지 않음도 알게 되었고, 자신이 하고 싶은 말을 하지 못하여 가지게 되던 후회와 자괴감에서 벗어나서 대인관계 자신감을 획득하였다. 이는 집단상담을 자신이 평상시에 부족하다고 여기던 모습을 신뢰롭고 안전한 공간에서 용기 있게 변화를 시도해봄으로써 비합리적인 사고와 부적응적인 감정을 극복해가는 인간관계 훈련의 장으로 충실하게 사용한 모습이다.

5) 집단상담 경험보고서 (이쁜이)

〈마라톤 회기〉

- 문장완성을 하며 결혼을 했음에도 <u>내가 원가족에서 분리가 되지 않는 것을 알게 되었고 다른 모습의 나를 알게 되어 만족스러웠다.</u>

> ☞ 자신이 원가족과 분리되지 않았다는 것을 알게 되었을 때 어떤 마음이 드셨나요? 다른 모습의 나는 어떤 선생님일지도 궁금해 집니다. 오늘 집단에서는 선생님의 이야기가 더 나눠지길 기대해 볼게요.^^

- 소극적이고 눈치를 본다는 집단원을 보며 많이 단단해졌으면 좋겠다는 생각이 들었다.

집단원 또는 지도자에게 하고 싶은 말

- 집단상담을 통해 나를 조금 더 이해하고 성숙한 사람이 될 수 있기를 바랍니다. <u>스스로 알지 못하고 헤매는 부분이 있다면 명확하게 알려주셨으면 합니다.</u>

> ☞ 지금처럼 선생님 스스로가 자신을 알아가는 과정들이 쌓이면 선생님 자신도 명확하게 이해할 수 있지 않을까? 생각이 되기도 하면서, 지도자에게 조금 더 명료한 피드백을 원하시는 것 같아 살짝 부담을 느끼게 되는 자신을 보게 됩니다.^^ 우리가 기회가 될 때 이 부분에 대해서 한번 나눠보는 것도 좋을 것 같아요. 말씀해 주셔서 감사해요~

〈종결 회기〉

1. 집단에 참여하면서 나에 대해 알아차린 점(생각, 감정, 행동)

- 집단에 참여하는 시간이 길어질수록 집단원들과 편안하고 자연스럽게 이야기를 나누고 집단원의 감정을 그대로 경험하는 느낌이 들었다.
- 마지막 회기에 종결이 아쉬워 다소 입모양을 긴장하며 부자연스러워하는 나의 모습을 보게 되었다.
- 평소 슬픈 영화를 봐도 머리만 아프고 콧물만 나와 눈물이 아쉬운 때가 있었으나, 집단상담 중 공감이 쉽게 이루어져 눈물이 자연스럽게 나온다는 생각이 들었다.
- 당황하거나 화나는 감정에 대해 이유나 욕구를 탐색할 때 많은 시간을 들였으며 내가 진정 원하는 것에 대해 알지 못했던 것 같다. 감정, 생각, 기대, 열망의 순서를 통해 좀 더 빠르고 쉽게 내 마음을 들여다보는 방법을 찾은 것 같아 기쁘고 기대가 된다.

2. 집단 참가 후 변화된 점 또는 성장한 점

- 마음이 편안해 졌다. <u>가족 간의 갈등을 내 문제인양 끙끙 앓고 답답해했으나, 자유로워진 것 같다.</u>

  ☞ 소중한 가족이기에 선생님 마음이 더 답답하셨을 거예요. 직접적인 해결책은 아니지만, 선생님의 마음에 평안이 온 것 같아 기뻐요~.

- 집단 참가 후 편안해진 마음이었고, 이전과 같은 상황에서도 부정적인 감정(짜증, 화남)이 줄어들었다. 예로, 집들이 후 뒷정리를 혼자 하는 상황이 있으면 이전에는 힘들고 짜증이 강하게 느껴졌으나, 집단 참가 후 힘든 것은 느껴졌으나 짜증이나 화나는 감정으로 이어지지 않았다.

- 내 감정과 내 생각에만 사로잡혀 새로 구성된 남편을 잘 보지 못했다. <u>소중한 사람을 놓치지 말아야겠다는 생각과 남편의 마음을 경험해보게 되었다.</u>

☞ 네~ 부모님만큼이나 남편도 소중하지요^^ 선생님이 가족에 대해 염려하는 만큼 남편이 도울 수 있는 자리를 마련해 주실 필요가 있을 거예요~ 그 전에 남편을 더 많이 바라봐주고 사랑해주셔야 합니다.^^

3. 집단을 참가하면서 유익한 점 또는 아쉬운 점

– 집단원으로 함께 상담에 참여한 후 직원들과의 신뢰가 깊어진 점에 안정감이 커졌다.
– 내 생각과 감정에 대해 진행자와 집단원들의 공감과 이해를 받으며 좀 더 쉽게 탐색할 수 있었으나, 이제 스스로 작업해야 한다는 점이 아쉬움.

☞ ㅋㅋ 지금까지도 선생님은 충분히 잘 하셨지요. 그리고 집단은 종결이 되었지만 함께 일하시는 선생님들은 늘 선생님 곁에 계시니 언제든 어려움이 있을 때는 동료들을 찾아가 도움을 요청해 보세요. 그리고 이미 선생님은 자신을 탐색할 수 있는 능력이 있답니다. 자신에게 물어보세요. ^^
1. 내가 겪는 어려움은 무엇인가?
2. 그것 때문에 내가 경험하고 있는 현재의 감정은 무엇인가?
3. 이 어려움에 대한 나의 생각은 어떠한가?
4. 내가 기대하는 것은 무엇인가?
5. 내가 기대하는 것이 충족된다면 나는 어떤 사람이길 원하는가?

– 4일간의 집단 상담이 너무 힐링이 되는 시간이었던 것 같습니다. 정말 감사합니다.^^

[슈퍼바이저 평]

개인목표에서 가족문제를 해결하고 싶다고 했던 '이쁜이'는 자신이 원가족과 분리가 되지 못했음을 인식하고 있었음에도 불구하고, 삶에서 그것이 어떤 양상으로 나타나며, 어떤 문제를 야기시킬 수 있는지 알지 못하였다. 가족조각을 통해 경험적인 통찰을 얻은 후, 집단 종결 시점에서는 가족 간의 문제를 자신의 문제와 분리시킴으로 스트레스가 감소될 뿐만 아니라 부정적 감정을 보다 효율적으로 대처할 수 있는 힘이 생성되었고, 현재 가족에서 남편과 좀 더 친밀한 관계형성을 이룰 수 있는 마음태세가 이루어졌음을 알 수 있다.

4 집단상담 사례 슈퍼비전 - 나를 알고 싶어요 -

1. 집단상담 목표

1) 집단의 목표 : 자기 이해, 자기수용, 자기개방을 통한 자기성장
   - G/R : 비밀보장, 자신에게 솔직하기, 자만하지 않기
2) 집단원의 목표

집단원	목표
긍정	눈치 보지 않고 당당하게 말하기 (매회기 1번)
사랑해	감정이 이입될 때 나의 어떤 감정과 연결되는지 집단에 말하기
이쁜이	가족문제에 대해 집단원에게 1개씩 해결방법 알아가기
마음	1시간에 1번, 자신의 감정 표현하기
매력터진 女	매회기 1번, 솔직하게 자신의 감정 표현하기

3) 집단상담자의 목표
   - 집단원으로서의 목표 : 매 회기 지금 여기에서 솔직한 자기 감정 표현하기
   - 집단지도자로서의 목표 : 집단원의 문제를 판단하기 전에 공감 먼저 하기

2. 집단상담자의 집단상담 경험

형태	일정	회기시간	회기	회수	대상	비고
구조화	2012	2Hr	10	3	대학원생	자기성장 프로그램
구조화	2013	2Hr	10	3	중/고등학생	대인관계향상 프로그램
반구조화	2013.12~ 2014.1	2Hr	10	1	대학생	자기성장 프로그램
구조화 (보조)	2014~5	2Hr	8	1	알코올중독자 가족	알코올중독자 가족 회복 프로그램

3. 집단의 운영방법과 형태 : 집중 집단, 폐쇄형 집단

4. 집단원 구성 : 총 5명

No	별칭	연령대	학력	결혼여부	직업	집단경험
1	긍정	26세	대졸	미혼	무직	無
2	사랑해	27세	대졸	미혼	사회복지사	無
3	이쁜이	30세	대졸	기혼	사회복지사	無
4	마음	27세	대졸	미혼	사회복지사	無
5	매력터진 女	28세	대졸	미혼	사회복지사	無

5. 집단참가 요구분석 결과

내용	프로그램 반영
① 개인적으로 해결되지 않은 가족 갈등에 대한 대처법 이해	가족역동 이해
② 개인적인 심리적 복잡함에 대한 피드백	가족역동 이해
③ 성격 장 · 단점 및 단점을 장점으로 바꿀 수 있는 방법 이해	장 · 단점 이해
④ 다른 사람의 눈치를 보며 두려워했던 소심함을 이겨내고 싶음	집단참여 태도 (개인목표로 연결)
⑤ 개인적으로 힘든 이야기를 남에게 표현하려 하지 않아 힘듦	조하리의 창/ 가족역동 이해

6. 배경이 되는 집단상담의 이론과 전략

게슈탈트 집단상담 이론을 바탕으로 한 통합적 접근

– 지금–여기에서 알아차림을 강조하고 집단원의 미해결과제가 전경으로 올라오면 집단원 동의하게 상담기법을 적용하여 역동을 함께 다룸

7. 구조화된 집단상담 회기 구성

자기성장집단 프로그램[1]을 근간으로 집단원의 요구분석 결과를 반영하여 프로그램 회기 구성

일시	구분	활동	비고
4.17(목) 18:30-22:30	1회기	• 집단 참가 전 사전 설문 • 자기소개 및 집단방향 제시	
	2회기	• 나는 누구인가?	
4.18(금) 18:30-22:30	3회기	• 조하리의 창	요구분석 ⑤
	4회기		
4.19(토) 09:00-18:00	5회기	• 가치관 경매	요구분석 ①, ②, ⑤
	6회기	• 가족 역동 이해	
	7회기		
	8회기		
4.21(월) 18:30-23:00	9회기	• 장·단점 이해	요구분석 ③
	10회기	• 자기강점 발견 • 집단평가 및 마무리	

8. 집단상담결과 평가(목표의 달성도와 평가의 근거)

1) 집단상담자가 평가하는 달성도와 근거 (사후평가-사전평가)

집단원	자아존중감[2] (0.3점 상승)		대인관계능력[3] (0.5점 상승)	
	사전	사후	사전	사후
긍정	2.8	3.2	3.4	4.0
사랑해	3.2	3.5	3.7	4.1
이쁜이	3.3	3.9	3.5	4.4
마음	3.5	3.8	3.1	3.5
매력터진 女	3.0	3.0	3.9	3.9
평균	3.2	3.5	3.5	4.0

---

1) 이형득(2002), 집단상담, 중앙적성출판사.

2) Rosenberg(1965, 1989), 자아존중감 척도, 10문항, 4점 척도.

3) Schlein & Gnerney(1971), 대인관계능력척도, 25문항, 5점 척도.

2) 집단원이 평가하는 달성도와 근거 (근거: 집단원이 작성한 집단참가
   경험 보고서)

(1) 개인목표 달성도

집단원	목표	달성 유무
긍정	눈치 보지 않고 당당하게 말하기 (매회기 1번)	달성
사랑해	감정이 이입될 때 나의 어떤 감정과 연결되는지 집단에 말하기	〃
이쁜이	가족문제에 대해 집단원에게 1개씩 해결방법 알아가기	〃
마음	1시간에 1번, 자신의 감정 표현하기	〃
매력터진 女	매회기 1번, 솔직하게 자신의 감정 표현하기	〃

(2) 개인에 대해 알아차린 점 또는 성장한 점

집단원	경험보고서 내용 일부 발췌
긍정	• 집단원들의 이야기를 듣고 피드백을 주는 시간에 내 피드백으로 감정이 상하진 않을까, 도움이 되지 않고 잘못된 말만 하지 않을까 라는 고민을 내면으로 하며 어깨가 움츠려져 있었고, 손을 계속 만지며 불안해 하는 모습을 볼 수 있었습니다. • 이번 집단상담이 아니었다면 "나는 왜 불안해 하고 소심할까"라는 자기 괴로움에 빠져 스스로가 못난 사람이라 생각하고 그 자리에만 머물렀을거라 생각합니다. 100% 극복을 할 순 없지만 조금씩 내 스스로의 불안함을 극복할 수 있도록 노력하려는 힘이 생겼습니다.
사랑해	• 감정을 이야기를 할 때 감정이 올라와서 내 몸이 움직이고 목소리가 낮아지고 떨리는 나를 알게 되었다. • 집단 참가 후에 친구와 함께 어렸을 때 나와 지금에 대해서 솔직하게 이야기를 나누는 나의 모습을 보고 조금 놀랬으며 생각보다 덤덤하게 이야기하는 모습을 보았다.
이쁜이	• 마지막 회기에 종결이 아쉬워 다소 입모양을 긴장하며 부자연스러워 하는 나의 모습을 보게 되었다. • 마음이 편안해 졌다. 가족 간의 갈등을 내 문제인양 끙끙 앓고 답답해 했으나, 자유로워진 것 같다.

집단원	경험보고서 내용 일부 발췌
마음	• 집단원들의 피드백을 통해서 내가 알지 못했던 장점에 대해서 알게 되어서 당황스러워 얼굴이 긴장한 듯 굳기도 했지만 한편으로는 기뻐하는 나의 모습을 보게 되었다. • 타인의 이야기를 들을 때 어떤 이야기를 해줘야 할까 생각하는 습관이 줄어들었다.
매력터진 女	• 가계도 작업을 할 때 하기 싫어하고 난감해 하는 나의 모습을 보게 되었다. • 평생 아무에게도 우리 가족 이야기는 하지 않으며, 타인에게는 늘 행복했던 것처럼 화목한 모습만 보이도록 행동했을 것 같아요. 이런 좋은 기회를 통해 처음으로 내 속마음을 꺼낼 수 있는 기회에 감사하고 또 나를 다시 생각해보는 유익한 시간이었습니다.

9. 슈퍼비전을 통해 얻고자 하는 것

1) 동질집단이기는 하지만 2회기 때 '사랑해'가 계속 눈물을 흘려 집단원의 동의와 본인의 동의를 구해 역동을 다루기는 하였습니다. 그러나 집단 발달단계상 너무 이른 감이 있지 않은지에 대해 고민이 많이 되었습니다. 집단 초기에 집단원의 과도한 역동이 드러날 때는 어떻게 해야 하는지 궁금합니다.

2) 회기별로 활동을 계획하고 집단을 이끌어 나가지만, 계획했던 대로 진행되지 않고 활동들이 길어지는 경향이 있습니다. 집단원의 역동을 충분히 다룬다는 측면에서는 의미가 있지만 이렇게 진행해도 되는 것인지 알고 싶습니다.

10. 집단상담자 평가(집단상담 진행자로서의 소감)

1) 이번 집단상담을 통해 배우고 경험한 점
   - 지도자가 집단원보다 앞서 나가서는 안된다는 것과 집단원들의 자원을 믿고 함께 문제를 해결해 나가는 것이 훨씬 수용력이 크다는 것을 알게 되었음

2) 이번 집단상담의 경험으로 발견하게 된 상담자로서 자신의 장점과 약점

– 장점: 지도자로서 집단원들에 대한 긍정적인 관을 가지기 위한 노력을 함 (매 회기 시작 전에 '정신 차리고' 자신에게 있는 그대로 집단원의 이야기를 들을 것을 노력할 것과 공감 반응에 대한 노력할 것을 스스로에게 주문)

– 약점: 가끔씩 나도 모르게 '문제 있음'의 시각으로 집단원의 이야기를 들으려고 하는 경향이 있음

3) 이번과 같은 형태의 집단상담을 다시 진행하게 된다면 어떻게?

– 조금 더 지도자의 역할에서 빠져 나와 지도자의 기능을 최소화 할 수 있었으면 함

11. 축어록

1-2회기 (4.17, 목, 18:30-22:30)
: 자기소개 및 집단참가 동기, 집단방향 제시, Ground Rule 설정, 나는 누구인가?

별칭 짓기를 통해 자기소개를 하고 집단에 참여한 현재의 감정을 나누었으며, 집단에 대한 기대감을 나누었다. 이어서 각자 일정 문제로 집단 일정과 참여 시간에 대한 합의 과정을 거쳤다. 전원이 빠지지 않고 참여하기를 원했고 집단원 합의하에 일정을 정하였다. 이번 집단상담에서는 자기성장이라는 목표 아래 서로에게 도움이 되는 집단이 되기 위해 집단 규칙을 설정하였는데, 이쁜이가 제일 먼저 의견을 제시하였고, 마음이가 좋은 의견이라고 피드백하고, 사랑해가 모두가 동의할 수 있는 문장으로 재수정하여 만장일치로 집단규준을 설정하였다.

나는 누구인가는 활동지를 가지고 각자가 미완성된 문장을 완성하고 자신을 소개하면, 다른 집단원들이 더 궁금한 것을 물어보는 방식으로 진행을 하였다. 제일 먼저 긍정이 자기소개를 하였다. 긍정이 최근 회사를 그만두고 새로운 직장을 찾는 과정에서 고민이 많다고 하였다. 그런 긍정이의 모습에 대해 안타까움이 느껴진다는 매력터진 녀의 피드백이 있었고, 사랑해는 자신이 원하는 일을 알고 그것을 선택하는 사람이 많지 않은데 긍정

이는 자신이 뭘 원하는지 알고 있는 것 같아 부럽다고 하였다. 이어서 마음이 자기소개를 하였는데 어렸을 때 부모님이 자주 싸우셨고, 그래서 자신을 늘 슬펐다고 했다. 기술한 내용들이 긍정이에 비해 자신은 너무 단순한 것 같다고 말을 하였다. 마음이 부모님 싸우시는 얘기를 할 때 사랑해가 고개를 숙이며 눈물을 떨구었다. 지도자가 어떤 마음이냐고 묻자 자신의 부모님도 그러셨다며 눈물을 흘리기 시작했다. 충분히 그 감정에 머물러 볼 것을 지도자가 요청을 하였고, 어떤 마음인지 나눠줄 수 있겠냐고 하자, 무척 무서웠고, 도망가고 싶은 마음을 표현하였다. 매력터진 녀는 진지한 분위기가 불편한 듯 마음에게 웃게 해 주는 것이 매력이냐며 웃겨 달라고 하자 마음이 춤을 살짝 췄다. 이어서 매력터진 녀의 자기소개가 있었다. 자신의 가족은 온실 안에 있는 선인장과 같다고 하였다. 그 말을 할 때 살짝 눈시울이 붉어졌으나 얼른 웃었다. 지도자가 어떤 마음이냐고 묻자, 지금은 그 이야기를 할 수 없을 것 같다고 하며 다시 이야기를 이어나갔다. 어릴 때부터 부모님이 이혼하면 나는 누구와 살까를 늘 고민했으며 아빠와 살겠다고 다짐했었다고 한다. 그래서 지금까지도 아버지가 혼자 집에 있으면 친구들 약속 다 취소하고 아버지와 함께 집에 있었다고 한다. 지도자가 애써 웃지 않고 이야기하는 매력터진 녀의 모습이 더 가깝게 느껴질 것 같다고 말을 하자 갑자기 눈시울이 붉어졌다. 자신도 잘 알고 있는데, 그 말을 들으니까 아마 집단이 더 진행되면 자신도 자신의 이야기를 할 수 있을 것 같고 노력을 하겠다고 말을 하였다. 사랑해는 집단원의 나눔 속에서도 계속 눈물을 흘렸고, 눈물을 멈추지를 못했다. 집단원의 동의 하에 사랑해의 감정을 함께 다루었다. 어릴 적 부모님이 싸우시면서 가장 충격적인 말이 서로 죽자는 말이었으며 아무것도 할 수 없이 오빠랑 다른 방에 숨어서 떨고 있는 자신을 표현하였다. 가족 조각작업을 통해 그때 당시의 힘들었던 감정을 나루고, 빈의자 기법을 통해 자신과 아버지 의자에서 듣고 싶었던/하고 싶었던 말을 표현하게 하였다.

이어서 사랑해의 이야기를 통해 각자 경험한 것 또는 알아차린 점에 대해 나누고 다음 회기 안내 및 집단참가 경험 보고서를 안내하고 1-2회기를 마쳤다.

3-4회기 (4.18, 금, 18:30-22:30)
: 개인목표 설정, 나는 누구인가? 조하리의 창

지난 회기 집단 참여 후 각자의 경험을 나누는 것으로 시작하였다. 사랑해는 한결 편안해졌다며 웃으며 왔다고 하였고, 매력터진 녀는 첫 회기 때는 무기력 했었는데 기대감이 생겼다고 하였다. 마음과 긍정이, 이쁜이도 기대감을 가지고 집단에 참여하게 되었다고 하였다. 이어서 집단 안에서 도전해 볼 개인 목표를 설정하였다. 마음을 제외한 나머지 집단원은 목표 설정을 어려워하여, 각자가 고민한 목표를 제시하면 다른 집단원들이 도와서 목표를 수정해주는 과정을 통해 목표를 수립하였다.

2회기 때 나는 누구인가에 대해 나누지 못한 집단원의 이야기를 나누었다. 이쁜이는 오빠가 결혼하는 과정에서 새언니와 엄마, 아빠와 갈등이 심해졌고, 지금은 가족과 단절된 가족을 바라볼 때 자신이 중간 역할을 잘 하지 못한 부분에 대해 마음이 힘들다는 것을 나누었다. 마음은 이쁜이의 이야기를 듣는데 마음이 아프고 답답함을 느꼈다고 하였다. 머리로 생각하는 것이 아니라 정말 마음으로 느껴진다고 하며 가족이기 때문에 그런 마음을 느끼지 않을까? 하는 생각이 든다고 하였다. 사랑해는 이쁜이가 작성한 글 중 우리 가족은 행복했었다 라는 글이 과거형으로 되어 있는 것을 보고 자신의 가족은 과거에 불행했었고, 지금은 그나마 낫기 때문에 덜 힘들지만 이쁜이의 경우 과거에 행복했었기 때문에 지금이 더 힘들게 느껴질 것 같다고 말을 하였다. 매력터진 녀는 중간역할이라는 단어에 이미 마음이 느껴졌다며 눈시울을 붉혔고, 눈물이 나오는 걸 애써 참았다. 지도자가 느낌을 묻자 지금은 말하기가 어렵고, 가족 얘기를 하면 이런 마음이 든다며 아무에게도 말을 해 본 적이 없다고 하였다. 오늘도 자신은 솔직하게 말을 하지 못할 것 같다고 하며 자리를 일어나 화장실에 가서 눈물을 닦고 집단에 다시 참여하였다. 긍정은 말이 없었으며 매력터진 녀가 화장실에 다녀온 후 긍정은 화장실에 다녀왔다. 긍정은 자신의 배에서 소리가 날 때부터 신경이 쓰이기 시작했고, 그래서 집단에 몰입하기 어려웠다고 한다. 그래서 매력터진 녀가 화장실에 갔다 왔을 때 비로써 자신도 화장실에 갈 수 있었다며 미안하다고 하자 매력터진 녀가 그런 것을 신경쓰는 긍정의 모습에 놀랐다고 하였다. 지선도 소리가 살짝 들렸지만 전혀 방해받지 않았다고 하였다. 말하지 않고 조용히 화장실에 간 것도 용기있게 잘 했고, 집단에 나눠주어서 고맙다고 말하였다.

　조하리의 창에서 자신의 의사소통 유형을 알아보기 위해 Tell Card를 활용하여 마음나누기 작업을 하였다. 카드는 '가벼운 마음으로', '진지한 자세로', '깊은 마음으로'의 단계로 질문이 있으며, 단계별로 진실되게 느껴질 때 집단원들이 모두 인정하면 개방형 의사방향으로 한 단계씩 나아갈 수 있는 활동이다. 마음은 자신이 솔직하게 말을 했다고 생각했는데 그렇지 않은 것 같다며 그 말을 하고 나서 다른 내면의 이야기들이 올라오는 걸 보고 자신은 왜 솔직하게 말을 하지 않았을까에 대해 머물게 되었다고 하였다. 이 중에서 내가 제일 진실하지 않은 것 같다고 고백을 하였다. 매력터진 녀는 아버지와의 관계에 대해 솔직하지 못했었다. 의도적으로 피하고 싶어서 생각나는 아무 이야기나 말을 했었는데 집단원들이 그걸 아는 것 같다고 하였다. 왜 진실되지 않게 느껴진다고 했는지 집단원의 이야기를 듣기를 요청하였고, 마음이 시선이 흔들리는 걸 느꼈다고 하였다. 사랑해도 다른 이야기가 있는데 그냥 말하는 것처럼 느껴졌다고 하자 매력터진 녀가 이제 다 보이는구나 하며 웃었다. 여전히 자신은 가족 이야기를 어려워한다고 말하였다. 긍정은 자신의 삶을 이끌어가는 원동력이 무엇인가에 대한 질문에 계속 사로잡혀 힘들었는데 자신은 혼자서 격려하고 살아온 것 같다며 눈물을 흘리기 시작했다. 아무에게도 눈물을 보이려 하지 않고 친구는 많은데 마음을 나누는 친구가 없었던 것 같다며 소리내어 울기 시작했다. 한번도 해 보지 않은 행동을 지금 여기서 하고 있다고 하였고, 이쁜이는 자신도 그렇게 대책없이 운 적이 있었는데 표현하고 나니까 시원하더라며 긍정을 격려하였다. 여기서 마음을 터 놓을 수 있어서 좋고 고맙다고 긍정은 집단원에게 말을 하였다. 이쁜이는 자신이 말을 할 때 너무 단순하게 말을 하는 것을 알았고, 깊게 생각해 보지 않았던 것 같다고 말을 하였다.

5회기 (4.19, 토, 09:00-11:00) : 가치관 경매

가치관 경매 Sheet를 가지고 각자가 먼저 선 배팅을 한 후 경매를 시작하였다. 경매사는 사랑해가 주도하였으며, 다른 집단원의 잔여 금액까지 꼼꼼하게 계산을 하며 알려주기도 하였다. 긍정과 이쁜이는 핵심가치 몇 가지만을 선택하여 배팅하였고, 마음과 매력터진 녀, 사랑해는 금액에 맞게 골고루 가치별로 비용을 분산시키는 방식으로 배팅을 하였다. 경매가 종결되고 나서 각자가 참여하는 경험을 나누었는데, 이쁜이는 자신이 가족 관계를 매우 중요하게 생각하고 있구나 하는 생각이 들었다고 한다. 사랑해는 원래 우선순위였던 가정, 지혜, 사랑에 투자하려고 했는데 마지막에 지혜를 구매했는데 내가 해결해야 하는데 아직 못했구나 하는 생각과 계속 조금 더 내가 편안해지려면 뭔가를 배워야 하고 가족적으로도 계속 갈구하고 있구나라는 것을 느꼈다고 했다. 내가 해결하고 싶은데 못해서 산 게 아닌가 하는 생각이 들었다고 하였다. 매력터진 녀는 아직도 많이 가치를 두는게 여러 가지에 가치를 두고 있구나 라는 것과 욕심이 많다는 생각을 했다고 한다. 지금은 많은 가치를 가지고 있지만 살아가다 보면 우선순위가 생길 거라는 생각이 들었다고 한다. 긍정은 그냥 지금 상황으로서는 내가 다 가지고 있다고 생각을 해서 (설렘 → 긍정: 뭘 가지고 있다고?) 친구들의 존경과 사랑도 가지고 있고, 삶의 긍정적으로 볼 수 있는 자신감 등 지금으로서는 부족함이 없다라는 생각이 드는데 경제적으로 불안한 그런 게 있어서 경제적인 안정을 샀던 것 같다고 했다. 마음이 늘 먼저 말을 하는데 오늘은 가장 늦게까지 기다리고 있는 이유를 묻자 자신이 제일 마지막에 말을 해야겠다는 결심을 했는데 그 이유가 얘기를 들으면서 더 깊게 생각하는 것 같아서 생각한 다음 얘기를 해야겠다는 마음에 일부러 가만히 있었다고 했다. 설렘(지도자)을 보면서 나도 핵심 가치가 뚜렷하게 있었으면 좋겠다는 부러움이 있었고, 지금 내가 선택한 가치를 보니까 사랑, 애타심, 지식 이것이 있으면 해외에서 아이를 구할 수 있을 것 같다는 생각이 들었고 나는 이런 배팅을 잘 못할 줄 알았는데 결과를 보니까 내가 참 잘했다는 생각이 들었다고 하였다.

6회기 (4.19, 토, 11:00-14:00) : 가족 역동 이해

각자의 가계도를 그린 다음 가족 구성원에 대한 느낌을 표현하고, 가족 관계를 나타낸 다음 집단원의 가족을 소개하는 방식으로 진행하였다. 가계도를 그릴 때 매력터진 녀가 부쩍 힘들어하며 망설여했다. 마음의 가계도를 보다가 자신의 가계도를 그린 종이를 다리 밑으로 살짝 숨겼다. 제일 먼저 긍정이 자신의 가족을 소개하였다. 무뚝뚝한 아빠와 달리 늘 열심히 일하시던 엄마, 아빠와 성격이 비슷한 오빠라서 오빠와 얘기를 나눠본 적이 없고, 심부름 시키기 위해서 자신을 불러줄 때는 눈시울이 붉어질만큼 감동적이었다고 한다. (눈시울이 붉어짐) (설렘: 많이 외로웠다는 얘기구나) 대답해 주는 것 자체가 감동이었다고 했다. (이쁜이: 저는 이제 그럴 것 같아요) 가족관계를 가지고 가족 조각작업을 하였는데, 아버지가 외로워서 죽고 싶다는 말을 하였다고 하면서 긍정이 눈물을 흘리기 시작하였다. [편하게 울지 못하고 눈물을 참음] 지도자가 소리내어 울 것을 요청하자 소리내어 울기 시작하였다. 아빠가 죽고 싶다고 하는데 아무것도 할 수 없는 자신이 너무 한심스럽고 아빠의 약해진 모습을 보는 마음이 너무 아프고 가슴이 찢어지는 줄 알았다고 하였다. [눈물 계속 흘림] 긍정이의 가족 이야기를 듣고 집단원들이 돌아가면서 피드백을 나누고 긍정의 이야기를 통해 자신이 경험한 경험들을 함께 나누었다. (마음: 긍정이라도 집에 있어서 다행이었다는 생각이 들어요. 아버지의 죽고 싶다는 말을 들어줄 수 있어서 다행이다) (이쁜이: 저희 아버지도 그런 생각을 가지고 있을 수 있겠다는 생각이 들어요. 아빠의 그런 마음을 못 비추고 있으면 어떡하나? 부럽기도 하고 아쉽기도 해요) (사랑해: 저도 그 상황에서는 아무말도 못하고 듣지만 않았을까?) (설렘 → 사랑해: 감정이 올라오는데 어떤 마음이에요?) (사랑해: 저는 버티고 계신 분이 엄마인 것 같아요. 엄마가 만약 죽고 싶다고 얘기했을 때 제일 위태로워 보이기 때문에 그런 마음이 크지 않을까?) (설렘 → 사랑해: 마음이 아파요) (매력터진 녀: 미안 살짝 집중 못했어요)(설렘 → 매력터진 녀: 집중 못했을 이유가 있었을 것 같아요) (매력터진 녀: 뭐라고 딱히 말할 수가 ~ 모르겠어요.) 긍정은 집단원의 지지를 받아서 좋고 저 혼자만 알고 있었던 이야기를 가족한테 못했는데 마음이 편해진 것 같다고 하였다.

7회기 (4.19. 토. 14:00-16:00) : 가족 역동 이해

　각자의 목표 점검을 확인하고 이어서 마음의 가계도를 나누었다. 마음은 18세 이전의 자신의 가족에 대해 생각이 잘 나지 않는다고 하였다. 아버지는 자상하시고 항상 등교시켜 주셨던 분, 어머니는 나를 잘 챙겨주시고 간식을 챙겨주시는 분이라고 하였다. 어릴 때 기억이 잘 안나는데 엄마가 아프셨는데 마음에게는 이야기 안해주고 엄마 아빠가 몰래 이야기하는 걸 들었는데 그때 엄마가 죽는 줄 알았다고 한다. 장면 장면이 떠오르기는 하지만 잘 기억이 안난다고 하였다. (설렘: 오늘 나눠준 부모님은 따뜻하신 분 같아요. 그런데 집단에서 표현하는 이야기는 두분이 자주 싸우셨다고 해서 조금 혼란스러움이 느껴져요) 마음은 어릴 때는 자주 싸우셨는데 크면서 지금은 그렇지 않다고 하였다. (매력터진 녀: 저는 도시락 잘 싸준다는 부분에서 부모님이 많이 싸우기도 하셨지만 마음을 많이 생각해 주시는구나 라는 게 느껴졌어요) 물질적인 거는 동생한테 많이 갔지만 감정적인게 저한테 많이 왔던 것 같아요. 제가 제일 싫은 게 제가 딸이어서 저를 지우려고 했다는 이야기가 생각이 나고 아빠가 잘 해주는 이유도 그런게 아닌가 싶어서 참 싫었다고 말을 하였다. 마음은 이전에 남자 친구를 사귀면서 결혼을 생각했었는데 그럴 때마다 헤어졌고 그래서 이제는 지금 남자친구는 오히려 결혼을 생각하지 않고 만났는데 결혼을 하자고 하니까 불안하고 두렵다고 했다. (설렘: 불안함은 어떤 거예요?) 진짜라고 생각했는데 아니었던 것에 대한 상처. (사랑해: 제가 느끼는 거는 약간 정체성 혼란? 이라고 해야 하나? 그전에는 결혼 전제로 사람을 만났는데 이제는 과정을 전제로 사람을 만났기 때문에 혼란이 오는게 아닌가? 하는 생각이 들었어요) (설렘: 우리가 다 멘붕인 것 같아요 ~ 웃음) (매력터진 녀: 그냥 저는 제 생각에 책 볼 때 결과 보고 책 보지 않잖아요.) (마음: 저는 결과를 보고 책을 보거든요. 너무 확신에 차서 하는 말들 행동들 그런 걸 받고 나서 어색해하고 그만큼 돌아가지 않는 데서 실망감을 느끼고 이런 부분들이 좋으면서도 어색한 이전과는 방법이 다른 연애를 하다 보니까 그럴 수도 있겠다) (매력

터진 녀: 제가 보기에는 연애 경험이 억압되어서 조금 더디게 시작해서 18세 때 연애 감정을 뒤늦게 배우는 건 아닐까? 싶기도 하고) (설렘: 사회에서의 마음과 연애할 때의 마음이 다르군요) (매력터진 녀: 달라요) (마음: 저도 말을 하면서도 헷갈려요. 제 감정이 왔다 갔다 해서) 이어서 마음이가 엄마에게 솔직하게 말하지 못하는 마음을 집단원들의 각자의 아이디어로 해결방법을 나누었다. 그리고 마음의 이야기를 통해 각자가 경험한 것들을 나누고 회기를 마쳤다.

[축어록 7회기]
〈앞부분 생략〉

매력 1 : 저는 이것 쓸 때 너무 힘들었구요. (음) 하아~ 18살 때 저도 마음처럼 18살 때 기억이 막 그렇게 나지 않았던 것 같고 저는 제가 과거 이런 걸 잘 잊어버릴려고 하는게 있는지 과거보다는 현재에 더 중시하는 스타일이어서 좀 그렇고 아버지는 18살 때 아버지는 되게 거리감이 있는 사람이었어요. +는 그냥 아버지여서 +구요. 집안일도 잘 도와주시고 맡은 일도 잘 도와주시고 음 가정적이었던 것 같아요. 가정적이었는데 저와의 거리가 있었던 것 같아요. 저는 아버지가 되게 불편했거든요. 어릴 때부터 아빠랑은 너무 불편했고 제가 성인이 되어서 아빠랑 친해지고 약간 노력했던 것 같아요. 아빠의 사랑을 받기 위해서. 그리고 언니랑 아빠의 관계는 무척 좋았어요. (그랬구나) 언니는 내가 아빠가 불편하다고 하면 깜짝 놀랬어요. 니가 어떻게 그런 생각을 할 수가 있니? 나는 솔직히 불편했거든요. 그래서 그렇게 말했고. 언니는 관계가 이렇고 또 엄마하고 엄마는 어~늘 바쁘셨어요. 두 분도 자수성가하셔가지고 정말 고생 많이 하셔서 돈 버시는 스타일이어서 어릴 때 저도 항상 기억에 남는 거는 언니랑 둘이서 밥 챙겨 먹고, 5살 6살 때 맨날 손 붙잡고 돌아다니고 동네 [웃음] 엄마 아빠가 늘 바빴어요. (음~ 그랬구나) 그래서 엄마도 지금은 장사하시고 그러지만 어릴 때는 계 있잖아요. 돈을 계 모임을 하셔서 돈을 악착같이 모으셨거든요. 시장 바닥에 돈. 정말 다방 언니들 돈. 이렇게 다 엄마가 발이 넓으셨기 때문에 그렇게 엄마가 돈을 버시다 보니까 돈을 판매 사원 이런게 아니라 그 하나 돈 받으려고 악착같이 버셨던 것 같아요. 그래서 저는 [목소리가 작아짐] 5살 때 엄마 아빠가 없는게 언니와 둘이 있는게 제일 편했구요. 엄마 아빠 있는게 불편했고 [웃음] 그리고 늘 보면 엄마는 늘 싸움닭처럼 매일 싸웠어요. 아빠랑 싸우는게 아니라 모든 사람들과 싸웠어요. 어떻게 보면 엄마 돈을 받기 위함이었겠죠. 수단이었는데 나는 어릴 때 집에 들어오면 맨날 욕하고 전화 하면 욕하고 그 했던게 맨날 싸우는게 듣기 싫었어요. 그리고 술도 맨날 드셨거든요. 365일 매일 술 드셨던 것 같고 그러니까 약간 엄마가 아버지 같은 느낌. 조금 너무 강했어요. 이 집안 구조상 엄마 역할이. 결정이라든지 소리라든지 내뱉는게 그런게 너무 강해서 그리고 아빠도 직장 없으신 것도 아니고 아빠도 공무원 생활을 하셨지만 엄마를 내조하셨어요. 엄마의 수입이 더 크셨기 때문에. 돈을 많이 버는 사람이 목소리 더 낼 수 있지 않을까? 하는 생각을 어렸을 때부터 했었고 그런 엄마의 모습이 음 ~ [울먹임] 이렇게 엄마가 고생하셨기 때문에 내가 입고 싶은 것 먹고 싶은 것 내가 하고 싶은 것 이런 걸 할 수 있어서 감사한데 너무 그렇게 같이 막 딸 자식들한테 맨날 싸우는 모습을 그게 좀 아쉬웠던 것 같아요. 그래서 언니랑 엄마가 맨날 술먹고 [울먹임] 그래서 행패는 아닌데 그렇게 좀 주사가 좀 심하셔 가지고 (그래요) [눈물 흘림]

설렘 1 : 감정을 참지 마시고 수용해 보시겠어요. 어렵게 얘기해 주시는 거니까. 5살 때 집에 오면 엄마가 어떤 소리가 제일 먼저 들렸나요?

매력 2 : 술 먹고 욕하고 있는 것 (음) [눈물 흘림] (그래. 울어도 돼요) 도시락 이런 것도 받아본 적 없어요 (엄청 부러웠겠어. 그래서 그랬구나) [눈물 흘림. 참으려고 함]

설렘 2 : 먹지 말고 소리 내어 울어 보시겠어요?

매력 3 : 이게 익숙해서. 그냥 어릴 때 좀 웃긴 얘긴데 유치원 때 엄마가 도시락을 싸 줬는데 도시락 반찬이 짱아지랑 6살 반찬 중에서 어른 반찬이라서 유치원 선생님은 도시락을 안 싸와서 애들 반찬을 먹는데 내 반찬을 안 먹는 거예요 [눈물 흘림] 엄청 섭섭했어요 [눈물 흘림] 왜 웃기지? [눈물 흘림] 그냥 그런게. 그런데 동생이 태어났는데 그때 엄마가 약간 내 키울 때 보다 뭐가 안정적이었겠어. 동생한테 동그랑땡 해 주는데 그게 막 부러웠어요. [웃다가 눈물 흘림] 아이고~ 울면서 웃어요? 왜 이러지? 나는?

설렘 3 : 중요한 발견을 했어요. 우리가 세 번째 만났지만 무거울 때마다 웃으려고 하는거 (웃는 것)

매력 4 : 그런데 진짜 너무 고생하셨기 때문에 너무 감사하죠

설렘 4 : 이해하죠. 지금의 나이에서는 ~ 하지만 5살 내가 엄마한테 나는 엄마한테 뭘 원했어요?

매력 5 : 같이 있어주는 사람이었죠. 체육대회나 이런 것들도 우리 아줌마(?)가 아니라 엄마가 왔으면 좋겠고(음)

설렘 5 : [그립 인형] 여기서 가족을 한번 찾아보시겠어요?

매력 6 : 어 이건 나 같은데 하의실종? 다리가 [웃음] [엄마를 고르면서 눈물을 흘림. 계속 눈물을 흘림.]

설렘 6 : 지금 어떤 마음이에요?

매력 7 : [눈물 흘림] 뭔가 불안해요. [손을 누르고 비비면서 안절부절 못함. 몸을 부르르 떨고 있음] (불안해요) 언니가 (언니를 고르는데 힘이 들군요) 모르겠어요. 언니가 저는 언니랑 유치원 초등학교 중학교 고등학교 다 같이 나왔거든요. 한 살밖에 차이가 안나요. 거의 쌍둥이 같거든요. 언니 눈만 봐도 알아요. 우린 늘 그랬어요. 항상 둘이만 있었으니까. (그런데 언니를 고르는데 불안하군요) 음~ 저는 옛날만큼 언니에 대한 감정이 안 크거든요. 어떻게 보면 갈등이 좀 많았던 것 같아요. (그랬구나)

설렘 7 : 이 공간이 우리 집이라 생각하고 5살 때 우리 가족을 한번 표현해 보려고 해요. 아빠는?

매력 8 : [엄마-아빠 같이 있고, 언니와 매력은 등 돌리고 붙어 있음] 상황을 만들어야 하나? 모르겠어요. (거기에 같이 있군요) 5살 때 항상 같이 있었어요.

설렘 8 : 어떤 이야기가 들리나요?

매력 9 : [눈물 흘림] 어 난 그거 싸우는 거 하기 싫은데~ [눈물 흘림] 아후~ 못하겠어요. (음. 괜찮아요. 지금 마음이 어때요?) 불안해요. (무서운 거예요.) 어렸을 때 기억을 꺼내라고 하면 그때는 좀 [감정이 정리가 됨] 좀 외로웠나? 좀 그랬던 것 같아요.

설렘 9 : 외로움과 불안은 조금 다른데, 지금 몸이 많이 무서운 듯 보여요. 어떠세요?

매력 10 : 어릴 때 이야기를 하고 하면 그냥 싸웠던 때를 생각하면 어떻게 보면 내가 그 당시에 느꼈던 게 떠올려서 그러지 않았을까?

설렘 10 : 5살인 내가 그 장면을 늘 경험했었을 거에요.

매력 11 : 자주. 엄만 늘 술을 마셨으니까

설렘 11 : 음~ 무서웠을거야.

매력 12 : 무서웠어요. 억세었어요. 너무 억척스러웠어요.

설렘 12 : 음~ 그걸 표현하지도 못하고 언니랑 같이

매력 13 : 그런데 이렇게 좋았는데 이렇게 떨어져 있으니까 조금 (지금은?) 안 좋은 건 아닌데 진짜 쌍둥이처럼 이렇지는 않은 것 같아요. 나도 언니에 대해서 나이가 들다 보니까 나도 내가 살아야 되지 않나? 내 살길을 더 보게 되는 것 같고 언니 힘든 건 아는데도 이렇게 있으면(언니랑 아빠랑) 편이고 내가 크다 보니까 아빠랑 나랑 성격이 비슷해졌어요. 그런데 [언니와 엄마를 가르키며] 둘이는 너무 똑같애요. 그런데 언니는 난 엄마처럼 안 살거야. 엄마처럼 안 살거야 우리 술 먹을 때도 처음 술을 배울 때도 주사가 엄마 닮을까봐 정말 무서웠거든요. 그런데 우리 아빠는 주사가 깔끔하세요. 엄마처럼 안할거야 했는데 언니가 술 버릇 이런

거는 괜찮은데 그냥 성격이나 하는 행동이나 말투 이런게 엄마
랑 닮아가요. 둘이 만나기만 하면 싸워요. 그런데 언니도 저 보
다는 언니가 상처가 더 커요. 제가 보기에는 나는 어렸지만 더
컸고, 언니는 또 정서적으로 많이 힘들었어요. 사람에 대해서.
상처가 너무 많았기 때문에 저는 언니에 비해서 너무 평탄하게
살았던 게 저예요. 어떻게 보면 늘 이렇게 아 내보다 언니가 힘
드니까 괜찮아. 괜찮아 괜찮아 이렇게 억눌렀던 것 같아요. 난
괜찮아. 이렇게 남들에게 말 못했던 거는 내 친구들이 가정 환경
이 그렇게 좀 어려웠던 애들이 많아서 친구들이 보는 내 입장은
어 걔들 집이 왜? 아빠도 직장 있고 엄마도 돈 잘 버시는 것 같
고 매력이는 부유하게 잘 살잖아 (더 말을 못했구나) 그래서 저
는 항상 친구들한테는 얘는 더 큰 아픔이 있는데 얘는 엄마 아빠
가 이혼하셔서 얼마나 더 힘들었을까? 나는 이런 얘기를 하면 안
되지 했었고. 여기도 보면은 제가 지금 고등학교 때 보면 친구에
대해서 이런게 있었어요. 친구에 대한 내 속마음을 얘기하지는
못하면서 내 친구를 지켜야 한다는 생각이 강해서 저는 중고등
학교 때 싸움 진짜 많이 하고 다녔어요. 맨날 치고 박고 싸웠는
데 그 이유가 내가 사람을 신뢰 못해서가 아니라 내 친구가 이렇
게 이 사람이 내 친구한테 이러면 지가 뭔데? 이런 식으로 많이
치고 박고 싸우는 타입이어서 친구들을 보호하려는 게 강했고
그러면서 내가 더 강한 척 했던 것 같아요. 그래서 나의 이런 마
음을 더 말하지 못했던 것 같아요.

설렘 13 : 가족 이야기를 나누기가 쉽지가 않아요. 우리가 알고 가야 할 건
언제라도 내가 도움 받을 때는 이야기를 해 주면 좋겠어요. 왜냐
하면 한번 상한 감정이 들어오면 우리 몸이 기억을 해요. 음~ 그
래서

매력 14 : 그런데 나는 개인적으로 언니하고 엄마하고 이걸 제가 받고 나
서 그 후에 해야 할 몫은 엄마하고 같이 가족 상담 받게 하는 게
제 목표거든요. 솔직히. 제가 받아보고 나서 내가 괜찮아 지면.
다행히 나는 아직 버틸 힘이 있어요. 그런데 언니는 진짜 엄마도

아빠도 우리 둘이는 괜찮은 것 같은데~ 언니가 중고등학교 때 언니도 정말 언니는 내 보다 친구에 대한 의리가 대게 강했고 저는 친구도 중요하지만 집에 더 눈치를 보고 집에 더 일찍 들어가는 스타일이었는데 왜냐하면 언니가 하도 사고를 많이쳐서 (음) 엄마가 막 울면서 언니가 집을 나가서 언니 찾으러 엄마랑 나랑 삼촌이랑 언니 찾으러 돌아다니는데 막 월포나 이런데 보면 막 분장하고 노래하는 사람들 있잖아요. 거지 행세 하는 사람들을 보면서 [울먹이면서] 내딸이 이러고 있으면 어떡하지? 엄마도 걱정 되니까 막 우시는 거예요. [눈물 흘림] 많이 비행하던 언니 모습을 보니까 저는 못했어요. 그래서 항상 더 집을 신경을 많이 써요. 언니는 자기가 힘드니까 안 보이나봐요.

설렘 14 : 식구 신경 안 쓰고 나만 생각하면 어때요?

매력 15 : 저는 집만 변하면 좀 행복해요 늘. 행복해요. 그래서 저는 그때 말씀 드렸던 게 20대 초반 때 다 생각없이 혼자 있고 그냥 그 사람하고 연애할 때 그때는 풋풋하게 좋은 감정으로 만났으니까 가족 불화보다는 그때 내 모습이 솔직하지 않았나~

설렘 15 : 어린 매력이에게 지금의 매력이 어떤 말을 해 줄 수 있을까요? 겁을 내는 매력이에게~

매력 16 : [눈물 흘림. 웃으면서] 이거 귀여운데요?

설렘 16 : 매력아~ 많이 무서웠지? 도망가지도 못하고

매력 17 : [눈물 흘림] 무서웠어요.

설렘 17 : 매력이 지금 내 마음 어디에 있는 것 같아요?

매력 18 : [가슴을 가리키며] 마음이 아파요. 마음속에 있는 것 같아요. (어떻게 하고 싶어요?) 괜찮다고 말해주고 싶어요. 이렇게 [앉아서 눈물 흘리며 몸을 떨고 있음] 괜찮아. 아~ 못하겠어요. 선생님~ 이 얘기 하면서 다른 선생님 얼굴을 못 봤어요. 다른 선생님들 얼굴을 못 보겠어요. 모르겠어요~ 준비가 안 되었나봐요.

설렘 18 : 이 정도면 많이 한 거야

매력 19 : [웃으면서] 아직 산더미인데~

설렘 19 : 다른 건 몰라도 매력이는 좀 돌봐주고 가면 어떨까요?

매력 20 : 불쌍해요. 말씀하시는데 자꾸 다른 생각이 드는게 언니가 이것
먼저 받았으면 언니 걱정이 계속 되었어요 (언니가 생각나서)
[눈물 흘림] 언니가 많이 아프거든요.

설렘 20 : 언니 도와주려면 내가 힘이 있어야 도와줄 수 있어요~ 이 말 한
마디면 내가 덜 무서울 것 같은 말이 있다면

매력 21 : 괜찮아. 응 괜찮아~ 아 맞다. 나 지금 힘세요. 괜찮아. 괜찮아.
넌 이렇게 컸어~ [웃음] 괜찮아~ 고마워~ 잘 버텨줘서 고마워~
(음)

설렘 21 : 에이고 고생했다. 애썼다.~ [웃음] 자~ 더 하고 싶은 이야기가
있어요? 우리 가족에 대해서

매력 22 : 가족에 대해서~ 아~ 음~ 엄마한테 약간 이 부분이 아니더라도
부가적으로 받은 상처가 많이 컸어요. 그래서 엄마는 항상 미우
면서 그런데 엄마가 밉기도 하고 그래요. 엄마는 지금도 술먹고
들어오면 그 얼굴이 보기가 싫어요. 엄마 술 마시고 특유의 눈
풀림과 얼굴 빨개짐과 특유의 엄마의 술 먹고 들어오는 냄새 [울
먹이며] 역겨워요. 막 음~ 꼴보기 싫어요. 얼굴~ 그런데 요즘은
엄마가 술 안 드세요. 조금씩 드시는데 그래서 요즘은 마음이 좀
편한데 둘의 관계에서 다툼이 생각하는 것 보다 이상으로 격하
게 싸우기 때문에 이때 진짜 아빠의 그런 할 수도 없는 어깨 처
짐. 아빠도 중간에서 어떻게 할 수 없는. 어릴 때는 정말 무섭고
엄마가 잘못하면 아빠한테 말한다고 집에 못 들어갈 정도로 무
서웠는데 이제 나이가 드셔서 아빠도 상처를 많이 받아서 솔직
히 엄마 아빠 싸울 때 그런 모습 모면서 아빠 살았던 게 대단하
거든요. 저는 저는 못했을 건데. 아빠는 우리 믿고 살았대요. 이
게 역할이 바뀌었나봐. 우리 믿고 살았고 엄마는 항상 희생했다
고 말씀하시고 항상 엄마는 희생했다고 하지만 내가 보기에는
엄마가 다 하고 사셨다고. 그냥 그런 거~ 애기 업고 엄마 돈 벌

고 다니셨거든요.

설렘 22 : 엄마가 굉장히 힘드셨겠어요

매력 22 : 남자들하고 막 싸우고 그래서 엄마도 나도 옛날에 여자였고, 나
도 가난했고 내 니 나이 때 안 그랬다. 그렇게 말씀하시거든요.
환경이 이렇게 되다 보니까 억세지시고 대화 안되다 보니까 막
액션을 취하시거든요. [바닥을 치는] 이해는 하는데 내가 다 이
해하기에는 대화가 안되니까. 저는 싫은 게 대화 안되는 사람이
싫거든요.

설렘 23 : 내가 그때 얼마나 어려웠고 무서웠는지 알고 있고 그걸 아직은
안 보는 게 나한테는 도움이 되나 봐요. 나를 지켜오는 방법이었
나 봐요. 나중에 힘들 때 그때 다루어도 됩니다. 이만큼 마음 열
어주고 표현해 준 것만으로도 많이 해 준 거예요. 이 어려운 얘
기를 우리를 믿고 나눠줘서 고마워요. 선생님 가족을 위해서 왜
그렇게 마음을 쓰고 아빠를 염려했는지 충분히 이해가 가요. 그
래요~ 우리 선생님들은 어떠셨는지?

이쁜이 1 : 저도 이렇게 솔직한 모습. 얼마나 힘들고 아프면 솔직해지기 두
려워하는 것처럼 보였거든요. 그런데 오늘 노력하는 것 같기도
했어요. 그런 모습도 그리고 또 그 아까 내면의 있던 매력이가
좀 많이 위로 받고 좀 했으면 좋겠다.

설렘 24 : 안아주고 싶지? 꼭 안아 주셔도 돼요.

이쁜이 2 : [일어나서 매력이를 안아 줌] 얼마나 힘들었어? 음~ 괜찮아. 그
렇게 아팠는데도 이렇게 잘 크고. 무서워하지 말고 이제 [매력
눈물 흘림] 많이 아팠겠다. 무서웠겠고.

사랑해 1 : [매력이를 안으며] [매력이 눈물 흘림. 엉엉 소리내어 눈물 흘림]
나도 힘든데 다른 사람들 생각하고 나도 힘든데 [더 크게 눈물
흘림] 나도 힘든데. 내가 다 받아 줄테니까 너무 힘들어 하지마~
그리고 사랑해

마음 1 : [매력이를 안으며] 나는 이런 걸 잘 못해서 그냥 안아 줄게요. ~

[토닥토닥 두드려 줌]

긍정 1 : [매력이를 안으며] 괜찮아~ 이제 괜찮아~ 음~

매력 24 : 아 정말 뭔가 위로받는 기분이 들어요~ 다들 얘기해 주세요. 어떠셨는지 솔직하게?

사랑해 1 : 저는 어렸을 때 얘기하고 중학교 때 성장과정에서 친구들과의 관계, 지금 저희와의 관계에서 정말 잘 챙겨주시거든요. 저보고 따뜻하다고 말하는 게 저분은 진짜 실천하시는 분이세요. 저는 고맙고 그게 다 주변 사람들한테는 고맙기는 할텐데 그 매력님 생각하는 마음도 ~ 그 사람의 강도는 환경의 강도보다 내가 느끼는 강도가 더 힘들 수 있는 거잖아요. 음~ 조금 더 힘을 냈으면 좋겠어요. 우리한테 힘을 줬던 것처럼. 대게 많이 힘 돼 가지고 제가~

이쁜이 3 : 저도 회사에서 봤을 때 회사에서 봤다는 얘기해도 돼나? 항상 버티는 게 보였어요. 뭔가 하면은 대게 혼자서 버티면서 하는 해 내기는 해 내는데 대게 이렇게 보이는 것과 다르게 보이는 건 해 내는 건데 아마 대게 버티면서 해 내는 느낌? 힘들겠다는 느낌이 몇 번 있었거든요. 그런데 그게 이제 버티고 자기를 다시 단장하고 보이고 이게 그 5살부터 지금까지 이렇게 왔구나 라는 조금 음~ 마음이 좀 아픈 것 같아요. 좀 덜 해도 되지 않나? 가족 생각? 언니도 받아 봤으면 좋겠다는 말이 따뜻하게 가족 생각하고 있는 것 같기도 하고. 평상시에도 아를 챙기는 모습이 많았거든요. 마칠 때나 가족들 둘째 딸인데도 대게 가족들 많이 챙기고

매력 25 : 동생은 지금 부산에 있는데 다행인 것 같아요. 안 보니까 안 보는 게 나아요. 그런데 요즘은 조금 내 시간을 보내고 싶은 게 그게 내 care 하는 것 같아요. 내 시간 내 꺼. 이렇게 하는 게

설렘 25 : 내가 중심이 될 수 있다는 건 그만한 에너지가 있다는 것으로 보여요. 힘이 없는 사람은 주저앉는데 내가 아빠, 언니, 엄마까지 돌보고 회복하려고 고민하는건 무겁지만 그 무게를 감당하려는 사람이구나. 그래서 매력녀님이 얼마나 큰 그릇인가를 알게 되

는 저를 봅니다.

이쁜이 4 : 그래서 저는 그냥 막 버틴다고 너무 힘들면 조금 조금 포기는 아니지만 그래도 조금 진짜 그냥 티도 조금 내고 막 일하다가도 힘들면 음~ 그냥 웃고 이렇게 하지 말고 하지만 힘들다고 좀 하고 했으면 좋겠는데~ (우리한테는 안 버텨도 된다는 말이지요)

매력 26 : 그런데 저는 직장생활하면서 제 속마음 정말 얘기 잘 안하는 스타일인데 이 집단에서는 정말 내 감정을 너무 많이 표현해서 미안할 만큼 기분 나쁘면 기분 나쁘다 사사건건 다 말을 하는 거예요. 늘 받아주셔서 조금 건강해요. 이쁜이님한테도 사적인 얘기를 많이 오픈하고 옛날에는 정말 안 그랬거든요. 저는 제 이야기를 할 수 있는 것도 좋아요. 이 부분도. 그래서 좋아요. 솔직히. 진짜 진심으로

긍정 1 : 음 저는 선생님들 자세히는 잘 알지는 못해요. 인사만 하고 놀러가고 그랬던 사이라서 깊이는 잘은 모르는데 항상 매력터진녀님 볼 때 강한 에너지를 많이 느꼈었어요. 그런데 집단을 통해서 내면적으로 많이 약하신 부분도 있구나 대게 많이 느꼈고 제가 이이야기를 들을 때 되게 공감을 했던 게 저도 힘든 일이 있을 때 친구들한테 이야기 하고자 했을 때 저보다 주위 사람들이 더 힘든 게 느껴지니까 더 말을 못하고 꾹꾹 눌러 담았던 게 있었고. 그걸 이야기하려고 해도 어떻게 해야 할지 모르겠고 표현 자체가 어려워서 눌러 담고 있었던 것 같아서 그 이야기 들을 때 굉장히 마음 아팠던 것 같아요. 그래도 선생님이 집단을 통해서 마음을 표현하고 있고 마음이 건강해졌다고 하니까 제 마음이 더 좋았던 것 같아요. 네. 저도 표현을 하겠다 힘들면 이야기하겠다라고 그런 부분을 극복하겠다고 왔으니까 매력녀님도 그런 부분을 표현해서 마음이 조금은 안정이 되셨으면 해요

매력 27 : 감사해요. 진짜로

사랑해 2 : 방금 든 생각인데 어머님 안에 또 아버님의 강인함을 받은 것 같아요. 그것 때문에 버티고 있지 않나? [집단원 감탄함]

마음 2 : 저는 사실 안아주면서 얘기를 할 때 이쁜이님이나 사랑해님이랑 말씀을 하셨잖아요. 나는 어떻게 말을 해 줄 수 있을까? 나도 그런 말을 해 주고 싶은데 나는 못할 것 같았거든요. 나는 울 때도 손을 뻗지 못하는 저를 봤어요(음) 이 긍정님도 제 옆에 있지만 힘들어 할 때 당장 손을 뻗지를 못하는 거예요. 대게 부럽다는 생각을 했었고. 회사에서도 보면 언니한테도 연락을 잘 하고 사이가 되게 좋아 보였어요. 그게 다 노력을 하고 있었다고 생각되니까 얼마나 힘들었을까? 그런 생각이 들었고. 아까 인형을 안고 있었을 때 말로는 못했지만 마음속으로라도 이 아이한테 얘기를 해 주기를 바랬었고. 또 안아주면서 느꼈던 건 아~ 어렸을 때 나한테도 누가 안아줬으면 얼마나 좋았을까 가슴이 되게 아팠어요. (그랬구나) 얼마나 좋았을까. 나도 이런 이야기를 했을 때 누군가 나를 안아줬더라면 얼마나 좋았을까.

매력 28 : 어떻게 그 말을 해야 할 줄 몰랐었는데 확실히 사람은 한번 하게 되니까 좀 나오는 게 있다 싶고 (음) 그냥 어떻게 보면 나의 이렇게만 얘기했는데 선생님들이 힘들었겠다 해 주시니까 난 늘 그렇게 이 정도라고 남들은 다 이런 거라고 생각했었는데 그래도 그냥 감사한 것 같애요. 마음 알아주니까. (그래) 말하고 싶은 게 너무 많아요. [웃음] 미치겠어요.

8회기 (4.19, 토, 16:00~18:00) : 가족 역동 이해

이쁜이의 가계도를 소개하는 것으로 8회기를 시작하였다. 이쁜이는 결혼을 하고 현재 임신 8개월인데 친정 오빠가 결혼하기 전까지는 정말 친했었는데 결혼을 하고 나서 새언니가 들어오면서 친정 부모님과 관계가 틀어지기 시작했고 지금은 왕래조차도 하지 않는다고 하였다. 결혼한 시댁은 가족관계가 너무 좋은데 친정집만 오면 엄마 아빠가 너무 안쓰럽고 마음이 쓰여서 편하게 시댁을 가지도 못하고 어떻게 엄마 아빠를 도와야 할지 책임감만 크다고 하였다. 이쁜이는 나는 누구인가에서 오빠에 대한 이야기를 나누었는데 그때는 오빠가 그립다는 자신의 마음을 확인하였다고 했었다. 반면 새언니에 대해서는 욕을 편하게 할 수가 없다. 죄책감이 든다고 하였는데 오늘 가계도 작업에서는 새언니에 대한 원망이 많이 드러나 변화된 모습이 보였다. 이쁜이가 이야기를 하는 동안 집단원들은 모두 멍한 상태로 듣기만 하는 것 같았다. 지도자가 각자 어떤 생각들을 어떤 경험들을 하고 있는지 묻자 마음이 가장 먼저 말을 하였고, 이쁜이의 가족에 대해 편하게 들었다고 하였다. 사랑해는 이 작업을 하면서 가족 관계에 대해 정리가 된 것 같아 보인다고 하였고, 지탱해주는 분들이 참 많은 것 같다고 피드백해 주었다. 긍정이는 동그라미와 네모가 다 큰데 새언니와 형님만 작게 그려져 있어서 궁금하다고 하였고, 이쁜이는 그리고 싶은 대로 그렸는데 다 그리고 나니까 형님 생각나서 자연스럽게 그렸는데 다 그리고 나서 작은 걸 알았다고 했다. 매력터진 녀는 어제도 오늘도 이쁜이님이 가족에 대한 해결책 이런 걸 말씀하셨을 때 해결책 중심으로 듣지 않고 이쁜이의 입장에서 듣고 하니까 이 사람이 힘들었을 것에 대해 공감이 되어서 같이 마음이 아팠었다고 하였다. 지도자가 슈퍼비전 받은 내용으로 가족조각을 만들고 남편의 입장과 부모님의 입장에서 이쁜이에게 하고 싶어하는 이야기를 이쁜이가 직접 가족구성원이 되어 경험하면서 눈시울이 붉어졌다. 남편 역할과 이쁜이 역할을 해 주었던 마음은 나도 뒤돌아 설 수 있구나를 알아차렸다고 나누어 주었고, 이쁜이 자신도 친정만 바라보면서 남편은 생각지도 못했던 자신을 알아차렸고 부모님을 기쁘게 하는 일이 지금 고민하고 해결하려는 자신의 모습은 아닌 것 같다고 경험을 나누어 주었다. 이어서 사랑해의 가족관계를 나누었다. 첫날 많은 도움을 받아서 지금은 편안하게 소개할 수 있을 것 같다며 한결 편안한 마음으로 자신의 가족을 소개하였고, 집단원들도 울지 않고 담담하게 이야기하는 사랑해에게 많이 변했다며 피드백을 주었다.

9회기 (4. 21. 월, 18:30~20:30) : 장·단점 이해

각자가 생각하는 자신의 장·단점을 5가지씩 적고 뒷면에 집단원들이 장·단점을 한 가지씩 돌아가면서 작성하는 방법으로 활동을 진행하였다.

사랑해, 매력터진 녀, 마음, 긍정, 이쁜이 순서로 자신의 장·단점을 나누고, 집단원들의 피드백을 나누었다. 사랑해는 눈치보는 경향이 있는데 매력터진 녀가 눈치 좀 보지 말라고 피드백을 하였고 가끔은 힘들지 않을까 싶은데 없으면 너무 크게 느껴진다는 피드백을 주었다. 사랑해도 눈치 보는데 옛날에는 그게 심했는데 지금은 조금씩 놓게 되는 것 같다고 하였다. 매력터진 녀는 자신은 잘 몰랐는데 강한 에너지를 느끼게 해 준다는 피드백이 좋았다고 하자 긍정이 자신이 한 피드백이라고 수줍게 손을 들면서 말을 했다. 능력 있게 봐 주는 것 같아 고맙고 감사하다고 하였다. 매력터진 녀의 단점이 모두 여기서 보인 모습을 피드백한 것 아니냐고 하자 마음은 여기서의 모습을 쓴 것 맞다고 하였고, 그러나 이전에 선생님과의 관계에서 어색했던 게 이것과 관련 있는 것 같다고 피드백하였다. 마음은 항상 이야기를 들을 때 해결해주려고 하는 것 때문에 힘들었는데 오늘은 받아들이는 연습을 많이 했다고 하였다. 해결책을 찾으려고 하기보다 그 전에 그 사람의 마음을 이해하는 연습을 오늘 조금 한 것 같다고 하였다. 긍정이는 오늘 오후부터 부쩍 말을 적게 하였는데 마음도 목소리가 듣기 힘들었다고 피드백하자 이야기를 들으면서 더 좋은 말을 해 주었으면 좋겠는데 라는 생각이 많았다고 하였다. 혹시나 도움이 못 되면 어떡하지 하는 생각이 많았다는 마음을 나누었다. 지도자가 오전에 가치관 경매하기에서 자신은 다 가진 것 같다고 하였는데 자신의 단점에 자신감이 부족하다고 쓴 것과 불일치가 일어남을 피드백하자 그 부분에 대해서 자신이 가지지 않은 것만 본 것 같다고 하였다. 이쁜이는 평소 이 모습도 난데 그죠? 라는 말을 자주 한다고 하였는데 그 부분을 생각은 하지만 솔직하게 받아들이지 않는 것 같다는 긍정이의 피드백에 조금 놀라는 듯하였다. 이쁜이는 천천히 받아들여지는 것 같다며 이 모습이 나지? 내가? 이렇다 라고는 바로 되지는 않는 것 같다며 알아차리자 의미로 말을 하는 자신을 알게 되었다고 하였다. 마음은 집단이 이제 내일이면 마지막인데 다른 사람들은 다 도움 받는 것 같은데 자신은 뭔가 아쉬운 것 같다고 말을 하자 지도자가 빙산을 그려 그 마음을 탐색해 보게 하였다. 이어서 엄마와의 관계를 조각으로 보여주자 갑자기 얼굴이 붉어지고 가슴이 뛰며 당황해 하는 자신을 발견하였다. 내가 엄마한테서 원하는 것이 무엇인지 알 것 같다며 이제야 어릴 때 내가 어떠했는지 알아차린 것 같다며 집단원들에게 도와주어서 기쁘다고 말을 하였다.

10회기 (4.21, 월, 20:30-23:00) : 자기 강점 발견 및 집단 마무리

지금까지 자신이 살아오면서 기특했던 순간들을 떠올리며 자신이 가진 자원이 무엇이 있는지를 찾아보고 집단원들에게 나누는 활동을 하였다. 그리고 그 이야기를 들으면서 집단원이 느꼈던 느낌을 솔직하게 피드백하며 부정적으로만 생각하는 긍정이 자신의 모습을 알 수 있다며 이제는 긍정적인 것을 선택하겠다고 선언하였다. 매력터진 녀는 항상 다른 사람과 비교하다 보니 내가 작아 보였는데 내가 잘 하는 것도 있구나를 알게 되었다고 하였다. 사랑해는 자신이 얼마나 따뜻한 사람인지를 한번 더 확인하게 되었고, 이쁜이는 있는 그대로 솔직하게 자신을 드러내는 자기 모습에서 자유로움을 발견할 수 있었다고 하였다. 마음은 집단원 한명 한명에게 고마움을 표현하고 자신의 뛰어난 통찰력과 감정이 더해지면 더 좋겠다고 하였다. 이어서 집단원의 목표 달성 정도를 평가하고 집단에 참여하면서 고마웠던 집단원들에게 고마움을 나누었다. 이어서 집단 전체 참여 후 변화된 정도를 설문조사를 하고 집단참가 경험 보고서를 작성하는 것으로 활동을 마쳤다.

부록

개인은 누구나 사회 속에서 다른 사람들과의 관계를 맺으며 살아가고 있다. 집단에서의 인간관계의 위상은 개개인의 생활방법을 규정하는 힘이 된다. 따라서 인간관계를 어떻게 맺고 그것을 어떠한 방향으로 키워나가는가 하는 것은 개인의 발전에 매우 중요한 의미를 갖는다. 10시간(5회)이상에 걸쳐서 집단프로그램이 지속될 때에는 처음에 자기소개나 신뢰감 형성의 프로그램부터 도입하는 것이 좋다. 그리고 집단 구성원 상호간에 어느 정도 친숙해진 경우에는 모험적으로 자기를 노출하는 집단활동이나 상대방의 발전을 위하여 건전한 충고 내지 피드백을 주는 시간을 배정한다.

집단상담에서 활용될 프로그램 : 집단활동 및 연습

1. 집단활동 및 연습의 의의

개인은 누구나 사회 속에서 다른 사람들과 관계를 맺으며 살아가고 있다. 집단에서의 인간관계의 위상은 개개인의 생활방법을 규정하는 힘이 된다. 따라서, 인간관계를 어떻게 맺고 그것을 어떤 방향으로 키워나가는가 하는 것은 개인의 발전에 매우 중요한 의미를 갖는다.

타인과 관계를 맺는 과정에서 개인은 나름대로의 인간적 성장을 이루게 되고, 태도·흥미·습관·기술 등의 사회성을 개발할 수 있다. 주체적이며 자율적으로 다른 사람들과 더불어 바람직한 생활을 계속해 나갈 수 있다면 참다운 인간성과 사회성이 성장될 수 있을 것이다. 요컨대, 집단활동 프로그램은 자유롭고 풍요한 집단활동 속에서 민주적인 행동방식을 학습시키는 것이며, 또 집단지도의 과정에서 민주적 인간관계에 부합하는 풍토를 형성하는 절차로서도 극히 유용한 것이다.

풍요하고 바람직한 인간관계가 개인의 여러 면의 발달에 중요한 영향을 미침에도 불구하고, 우리들은 일상생활에서 상호간에 거리감을 둔 형식적이고 의례적인 관계를 지속한다. 이렇게 인간 대 인간의 진정한 관계를 발달시키지 못하고 형식적인 관계에 머무르게 되는 것은 자기노출의 기피와 자기이해의 부족 때문일 것이다. 의미있고 원만한 인간관계를 형성할 수 있는 능력은 여러 가지 대인관계 상황에서 이 두 가지 요인에 대한 자각과 적극적인 노력에 의하여 개발될 수 있다.

대인관계에서의 자기이해 및 자기노출의 의미를 이해하기 위하여 조하리(Johari)의 '마음의 창문'이라고 불리우는 도식을 살펴보자. 개방성 혹은 자기 정직성에 대하여, 조하리는 사람의 마음을 다음의 4개의 창으로 비유하고 있다.

집단활동 및 연습의 과정을 거침에 따라 ㄱ영역이 ㄴ, ㄷ영역으로 확대되고, ㄴ, ㄷ영역은 다시 ㄹ영역으로 확대된다. 이 과정에서 ㄱ영역이 가장 크게 확대될 가능성이 있다. 이것이 집단상담이나 개인상담의 목표가 되기도

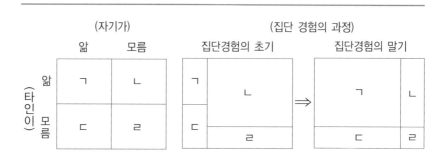

　ㄱ : 자기와 타인에게 알려져 있는 영역
　ㄴ : 남은 알고 있으나 자기에게는 보이지 않는 영역
　ㄷ : 자기는 알고 있으나 타인에게 비밀로 된 영역
　ㄹ : 자기도 타인도 알지 못하는 영역

하는 것이다.

　효과적인 인간관계의 발달이란 ㄴ, ㄷ, ㄹ의 영역을 줄임으로써, ㄱ의 영역을 넓히는 것을 의미한다. 이를 위하여 우리는 첫째로, 타인에게 비친 자기의 모습을 통하여 자기를 알아보고, 타인으로부터의 건설적인 피드백을 수용함으로써 보다 나은 방향으로 성장하려는 준비가 되어 있어야 한다. 둘째로, 남에게 '있는 그대로' 의 자기 자신을 내보이는 용기와 훈련이 필요하다.

2. 집단활동 및 연습의 내용

　10시간(5회) 이상에 걸쳐서 집단 프로그램이 지속될 때에는, 처음에 자기소개나 신뢰감 형성의 프로그램부터 도입하는 것이 좋다. 그리고 집단구성원 상호간에 어느 정도 친숙해진 경우에는, 모험적으로 자기를 노출하는 집단활동이나 상대방의 발전을 위하여 건전한 충고 내지 피드백을 주는 시간을 배당한다.

1) 자기소개

(1) 목 적

자기소개의 목적은 집단원 상호간에 이해를 돕고, 친밀해질 수 있는 길을 열며, 자신의 특징이 무엇인가를 확인하는 데에 있다. 즉, 낯선 사람끼리 모인 집단에서 자기를 소개함으로써 서로 간의 어색한 감정을 없애고, 서로에 대해서 알게 되며, 자기 자신을 다시 확인함으로써 자기와 타인이해의 도움이 된다. 이러한 활동을 통하여 자기와 공통점이 있거나 대화가 통하는 사람을 발견할 수 있는 길이 트이기도 한다.

(2) 활 동

활동 1

조그마한 종이를 나누어 주고 다음과 같이 적게 한 다음, 핀으로 왼쪽 가슴에 달게 한다.

- 고향, 또는 취미
- 가고 싶은 곳, 또는 하고 있는 일
- 이름(큰 글씨로)
- 자기의 성격을 나타내는 형용사 3가지(예; '짓궂은,' '바람둥이인,' '수줍은'), 또는 장래에 해보고 싶은일

이상의 내용을 다 기재하고 나서 집단 안에서 집단원들이 번갈아 가며 자기를 소개하도록 한다. 다른 집단원들이 발표자에게 더 알고 싶은 내용을 질문하도록 하여 상호간에 알리는 기회를 갖게 한다.

활동 2

(1) 조용히 눈을 감고 곰곰히 자기를 생각해보도록 한다. (2) 2, 3분 뒤 눈을 뜨게 한 후, 하나, 둘, 번호를 붙여 둘씩 짝이 되게 한다. (3) 짝끼리 마주보고 미소를 지으며 눈을 지그시 보면서, 정다운 악수를 하고 각자 자기의 이름을 소개한다. 다음에 조금 전에 눈을 감고 생각해본 자기를 짝끼

리의 대화를 통해 서로 자기소개를 한다. 먼저 홀수 짝이 소개를 하고 짝수 짝은 듣는다. 들릴 수 있도록 또렷하게, 정확히, 친절하게 소개를 해야 하며, 듣는 짝도 성실하고 진지하게 들어야 한다. 역할은 서로 바꾸어 한다. (4) 서로 소개받은 짝을 여러 사람 앞에서 자신이 들은대로 그 내용을 소개한다.

활동 3

2인조 4인조의 구성: (1) 실내(외)서 이리저리 자유스럽게 돌아다니다 가까운 사람과 짝(파트너)이 된다. (2) 나는 어떤 사람인가를 소개한다. 두 사람 모두 소개가 끝나고 서로가 이해되었을 때 손을 잡고 다른 짝(파트너)을 찾는다. 소개받을 때에는 특별히 듣는 태도에 주의해야 한다. (3) A조는 B조를 만나면서, 다음 그림과 같이 소개를 한다.

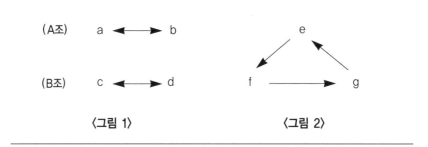

〈그림 1〉　　　　　　　　〈그림 2〉

[그림 1]에서 a는 B조에게 b를 소개하고 b는 a를 소개한다. 다시 B조는 c가 d를 A조에게 소개하고 d는 c를 소개한다. [그림 2]에서 e가 f를 소개하고 f가 g를, g가 e를 소개한다. (4) A조(a, b)나 B조(c, d)는 서로 다른 여러 조들을 찾아 위와 같은 방법으로 소개하고 소개받는다.

(3) 지도자의 유의사항

이 프로그램에서는 한 명의 지도자가 학급크기 정도의 대단위 집단을 다룰 수 있다. 지도자는 먼저 전체 집단원들에게 활동내용을 소개하고 나서, 되도록 낯선 사람끼리 (10명 내외로) 집단을 구성하도록 한다. 그리고 나서 5~10분간 자기소개 내용을 생각할 시간을 준 다음에, 약 30분간에 걸쳐 자기를 소개하는 프로그램으로 들어가게 한다. 자기소개의 요령은 각자가 낯선 장소에서 모르는 사람에게 자기를 가장 잘 알릴 수 있도록 진지하고 생동감있게 이야기하는 것이라고 알려준다. 자기소개가 끝난 다음에는 이 시간을 통하여 얻은 점이 무엇인가를 서로 이야기하도록 한다. 되도록 낯선 사람끼리 집단구성이 되도록 격려하는 것은, 모처럼 갖게 된 집단 프로그램을 통하여 집단원들로 하여금 많은 친구를 사귈 수 있도록 하며, 보다 폭넓은 자기이해와 상호적 도움을 얻기 위한 목적 때문이다.

2) 낯선 집단에서 친밀감을 형성하기

(1) 목 적

우리는 많은 사람 가운데서 곧잘 자기를 표현한다. 그러나 그런 기회를 통하여 자기가 따뜻하게 수용되었다는 느낌을 갖기는 힘들다. 그러므로 누군가와 1대 1로 사적인 이야기를 주고받을 때에, 그 집단에 대해 훨씬 더 친밀감을 느낄 수 있다.

자기노출을 시도하여 상대방에게 자신을 알리는 일은 상대방으로 하여금 자신과 친해질 수 있는 기회를 허용하는 것이다. 또한 자기를 보여준 다음에 상대방으로부터 자신에 대한 느낌을 들을 수 있으며, 이를 통하여 자기의 모습을 객관적으로 확인할 수 있다. 그러므로 성숙한 인간은 낯선 집단 안에서 누군가와 활발하게 대화하며, 자기 자신을 다소간 용기있게 내보일 줄 아는 사람이다. 내가 먼저 능동적으로 자기를 허심탄회하게 내보이는 행동은 좋은 친구를 많이 얻고 의미있는 관계를 맺을 수 있는 길이기도 하다.

(2) 활 동

활동 1 짝찾기 ─────────────────────────

⑴ 자유스러운 형태로 자리를 잡고 종이를 받는다. ⑵ 여러 장의 정사각형의 종이를 모양이 각각 다르게 두 쪽으로 나누어 그 한 쪽씩을 참가자들이 갖는다. ⑶ "함께 갑시다"라는 노래를 부르면서 자유롭게 원형을 그리며 빙빙 돌다가, 지도자의 호각소리에 따라 사람들을 찾아가 악수와 인

사를 하고 서로 갖고 있는 종이를 맞추어 원래의 형태였던 정사각형이 되는 짝을 찾는다. (4) 지도자는 제한시간까지 정사각형의 짝을 맞추지 못한 사람에게 가벼운 벌칙을 주거나 제일 먼저 짝을 맞춘 사람에게 상을 준다. 게임을 마친 후 소감을 자유롭게 발표하게 한다.

활동 2 ▶ 긴장 해소를 위한 신체접촉 ─────────

(1) 손가락씨름─ 손가락을 굽혀 마주대고 서로 밀어서 밀린 사람이 패자이다. (2) 팔씨름─ 흔히 보는 일반적인 팔씨름. (3) 외발씨름─한 발은 뒤로 하여 손으로 잡으며 한 손은 뒤 허리에 댄다. 외발로 밀치거나 쓰러지게 한다. (4) 순간 접착제─ 머리와 어깨를 서로 접착하여 어느 지점을 돌아오기. (5) 몸 두드리기─ 한 사람은 몸을 굽혀 힘을 빼고 누워 있으면 다른 사람이 힘빠진 사람을 일으켜 세우는 게임.

이상의 방법들은 신체의 접촉으로 긴장감을 해소시키고 친밀감을 갖도록 하여 공동체 의식을 높인다.

활동 3 ▶ 아이디어 짜내기(브레인스토밍) ─────────

상담자가 논쟁거리가 될 주제, 상황 또는 생각들을 참여자들에게 제시해준다. 그리고 다른 사람이 말하는 것을 방해하지 않는 범위내에서 큰 소리로 말해도 된다고 고무해준다. 누군가가 말하면 다른 사람들은 모두 들어야 한다. 어떤 경우라도 다름 사람의 말에 부정적, 논쟁적, 도전적으로 대들지 않도록 하며, 파괴적인 행동은 허용되지 않는다. 가능한 해결책들이 모두 다 나왔거나, 제한된 시간이 지나기 전까지는 참여자들끼리 서로 격려해준다.

(3) 지도자의 유의사항
항상 집단원의 개인차가 있음을 잊지 않고, 엉뚱한 질문이나 언동을 해도 핀잔을 주지 않으며, 진지한 분위기가 조성되도록 유의한다.

3) 신뢰감을 형성하기

(1) 목 적

우리는 상대방의 안전을 배려하며 남에게 신임받을 수 있도록 행동하는 가? 그리고 나는 남을 어느 정도로 신뢰하는가? 이 두 가지 문제에 대해서 자신을 돌이켜 보고, 이에 대한 자기이해를 얻도록 하는 것이 신뢰감 형성 하기의 목적이다.

위의 두 가지 질문에는 각기 이익과 불이익이 관련되어 있다. 그러므로 신 뢰감에 있어서 자기의 특성이 무엇인가를 알아보고, 그 특성으로 인하여 자 기가 경험하게 될 이점과 손해를 이해하도록 한다. 상대방에 대하여 내가 느 끼는 신뢰감의 정도는 상대방이 어떻게 행동하느냐에 따라 좌우될 수 있다.

(2) 활 동

활동 1 〉 뒤로 넘어지기 ─────────────

(1) 두 사람씩 짝짓기하여 앞뒤로 선다. 앞의 사람은 눈을 감은 채 기둥 처럼 꼿꼿이 서서 뒤로 쓰러지려 한다. 뒷 사람은 앞 사람(약 40도 정도 기 울어졌을 때)의 겨드랑이 밑에 손을 넣어 확실하게 받아서 지탱하거나, 어 깨와 전신으로 상대방을 받아 지탱한다. (2) 이때 다음과 같은 사항들을 주 의하도록 한다. 첫째, 두 다리에 힘을 주고 발 뒤꿈치를 주축으로 넘어진 다. 둘째, 공포심이나 불안감을 가지면 곧장 넘어지지 않고 다리를 이동하 게 된다. 셋째, 잘 쓰러지지 못하는 경우에는 우선 뒷 사람에게 지탱시켜 점차 각도를 낮추어가도록 한다.

활동 2 〉 원뿔 돌리기 ─────────────

(1) 진행방법에 있어 넘어지는 모습과 잡아서 돌려주는 방법을 시범해보 는 것이다. 집단원 전원을 7~8명의 소집단으로 나누고, 소집단별로 원을 만들어 선다. (2) 먼저 한 사람이 원안으로 들어가서 눈가림을 하여 장님이 된다. 장님의 뒤에 선 사람이 '준비 끝' 하고 외치고 장님을 받을 준비를 한 다. 신호가 끝나면 장님은 꼿꼿이 선 채 천천히 뒤로 넘어지는 자세를 취한

다. '준비 끝'을 외친 뒷 사람이 넘어지는 장님의 겨드랑이를 부축하여 잡고 옆 사람에게 장님을 넘긴다. 장님은 20도 정도의 경사로 누운 채 계속 옆사람에게 인계되어 집단원 전원을 거친 다음 눈을 풀고 제자리에 선다. 한 바퀴 돌린 후 반대방향으로 다시 한 바퀴 돌린다.

활동 3 ▶ 천국 여행 ──────────────────────

한 사람이 눈을 감고 천정을 향하여 반듯하게 눕는다. 눈을 슬그머니 감고 천국으로 가는 기분을 낸다. 집단원들이 누워 있는 사람을 머리 위로 들어 올린다(들어 올릴 때 수평이 유지되도록 주의한다). 가장 높이 들어 올린 후 서서히 바닥에 내려 놓는다(가급적 천천히 들어 내린다). 집단원 전체가 교대로 경험해본다.

(3) 지도자의 유의사항

《활동 1》과 《활동 2》에서는 뒤에서 받쳐주는 집단원과의 거리가 너무 멀면 주인공을 불안하게 하고, 너무 가까우면 경계심이 적어서 효과가 상실된다. 그러므로 양팔을 벌려 닿을 듯 말듯한 거리에 주인공을 세워두고 나서 시작한다. 주인공이 눈을 감은 후에는 둘러 서 있는 집단들의 위치를 한발씩 좌우로 옮기도록 하여, 주인공은 자기를 과연 누가 받아줄지 확실히 알 수 없는 상황으로 만드는 작업이 필요하다.

《활동 1》에서는 훈련이 다 끝난 뒤 쓰러질 때의 느낌과 쓰러지는 상대방을 받아서 지탱할 때의 느낌을 모두 발표시킨다. 다른 사람의 느낌 발표를 듣고난 뒤, 거기서 얻은 느낌을 몇 사람이 다시 발표하는 것도 중요하다. 《활동 2》에서는 자신이 돌 때의 느낌, 남을 돌릴 때의 느낌을 조별로 발표하고 그 중 한, 두 사람의 느낌을 전체에게 다시 발표하여 정리한다.

4) 가치의 명료화

(1) 목적

인간이 자기 자신이나 타인과 의미있는 관계를 맺으며 살아가기 위해서는 자신과 타인의 가치를 이해하는 것이 무척 중요하다. 자기가 무엇을 좋아하고 어떻게 살기를 원하는가에 대해서 명확히 인식하고 있는 사람은 특별한 곤란이나 갈등을 느끼지 않고서 자기 행동을 과감하게 결정한다. 그러므로 자신이 인생에서 가장 중요하게 여기는 것이 무엇인가를 충분히 인식할 필요가 있다. 즉, 자기에 대하여 충분한 이해를 갖고 중대한 시기에 자신에게 적합한 방향을 선택할 수 있는 힘 또는 스스로의 의사결정 능력을 배양할 필요가 있다.

가치명료화 프로그램의 목적은 집단원들 자신이 평소에 중요하게 생각하는 가치가 무엇인가를 확인하여 일상생활에서 자기에게 적합한 삶을 선택하고 결정하는 힘을 갖출 수 있도록 훈련시켜주는 것이다. 가치명료화의 단계는 친숙해지기, 자아개념 형성하기, 개인의 가치 인식하기, 결과음미 후 여러 대안 중에서 가치를 자유롭게 선택하기, 목표설정과 가치에 따른 실행을 돕기의 순서 등이다.

(2) 활 동

활동 1 ▶ 자아개념 형성하기 ───────────

한 사람의 자아개념은 그 사람 자신의 잠재적 가능성을 실현할 수 있는 정도를 결정해주기 때문에, 긍정적인 자아개념을 발전시키는 것이 개인의 적응이나 발달 뿐만 아니라 상담의 중요한 목표로 부각되고 있다. 다음의 활동들은 자기 자신이 지니고 있는 가치를 인식하고 발전시키는데 유용할 것이다.

(1) '나사능'의 표시

참여자들에게 "나는 사랑스러우며 능력이 있다"(나사능)고 선언하는 커다란 나사능 표지를 만들도록 한다. 하루를 지내면서 (또는 일정한 시간 동안) 사람들이 자기를 대해준 방식에 따라 표시를 작게 하거나 크게 한다. 어떤 사람이 또는 어떤 물건이 기분을 좋게 해주면 자신의 표지에다 종이 하나를 더 첨가하고, 반대로 만일 어떤 대상이 "나는 사랑스럽지도 않고 능력도 없다"고 느끼게 하면 표지의 조각 하나를 떼어낸다. 저녁이 (또는 정해진 시간이) 되면 함께 모여서 자신의 경험들을 토의하도록 한다.

(2) 광고놀이

상담자는 세 명 또는 네 명으로 구성된 각각의 소집단에게 하나의 분류

카드를 배부한다. 각 분류 카드에는 미소, 겸손, 정직, 근면, 협조적인, 신뢰할 수 있는 등과 같이 긍정적인 성품을 나타내는 한 개의 낱말이 들어 있다. 소집단들은 인쇄용지 위에 할당된 낱말에 대한 광고를 작성한다. 예를 들어, "미소− 이것은 자신을 즐겁게 하며 다른 사람도 즐겁게 합니다! 미소짓는 사람들에게 물어보십시요" 또는 "겸손은 가치가 있습니다. 당신이 좋아하는 겸손한 사람들은……" 등이 그런 것이다. 다 작성했으면 게시하도록 한다. 참여자들은 게시물 사이로 다니면서 그 특성을 나타낸다고 믿는 어떤 사람들의 이름을 그 위에 써 나간다. 모든 사람의 이름이 적어도 한번은 게시판 위에 쓰여져 있어야 한다(참여자들은 명단을 찾아 이름을 확인해본 후에 게시판에 그 이름을 쓸 수도 있다). 이 단계가 마무리되면 참여자들은 게시판을 돌면서 자기 이름이 가장 빈번하게 기록되어 있는 곳을 확인한다. 그 후 소집단별로 자신에 대해 발견한 것을 토의해본다.

활동 2 ▶ 개인의 가치를 인식하기

이 단계에서는 수용, 신뢰, 개방된 의사소통의 분위기가 조성되었으면, 자신의 가치들을 인식하도록 하고 또 그 가치들의 상대적 중요성을 확인하도록 돕는다.

(1) 순위 매기기

다음 문항을 읽고 각자가 일상생활에서 어떠한 것을 가장 중요시하는가를 우선 순위로 번호를 매기게 한다. 번호를 다 매기고 나면 집단 안에서 자기가 가장 중요시한 가치 두, 세 가지가 무엇이며 왜 그것들을 선택하였는가에 대하여 전체 집단원이 돌아가며 발표하고, 그 일이 끝나면 자기가 가장 경시한 두, 세 가지의 가치에 대해서 모든 집단원들이 의견을 나누도록 한다.

1. 야망을 가진다.	10. 상상력이 풍부하다.
2. 도량이 크다.	11. 독립심이 강하다.
3. 유능하다.	12. 지성적이다.
4. 명랑하다.	13. 논리적이다.
5. 단정하다.	14. 정이 많다.
6. 용기가 있다.	15. 충성심이 있다.

7. 용서한다. 16. 겸손하다.

8. 남에게 도움을 준다. 17. 자제력이 강하다.

9. 정직하다.

(2) 배우기 연습

배우기 연습은 개인으로 하여금 자기 자신과 자신의 가치에 대해 배울 수 있도록 도와주려는 것이다. 이것은 몇 가지 형식을 취할 수 있다. 그중 하나로서 "내가 오늘 나에 대하여 배운 것"이라는 일기가 있는데, 하루에 특정한 시간을 정해서 자신에 관해서 새로운 것을 배우도록 노력해보는 것이 그 내용이다. 이 노력을 하는 동안 자기 마음대로 자신을 새롭게 통찰해 볼 수 있는 모든 방법들, 예컨대, 실험적인 활동을 한다든가, 남에게 물어 본다든가, 활동을 계획한다든가 하는 등의 일을 시도해본다. 그밖의 활동 으로는 집단원이 어떤 특정한 시간에 자신을 즐겁게 해준 것들을 기록하는 '나를 기분좋게 했던 것들' 의 연습과, '내가 배우고 싶은 것들' 에 관한 목 록, 그리고 어떤 특정한 시간에 자기가 갖고 싶은 것들을 생각해보는 '열 망하는 것들' 의 목록 등이 있다.

활동 3 〉 결과를 음미한 후의 가치선택 ——————————

어떤 행동이 초래할 결과들을 사전에 검토하지 않고 서둘러서 결정해버 리기 때문에 나중에 그 결정을 후회하는 경우가 많다. 상담을 할 때 집단원 은 자기가 내릴 수 있는 각각의 결정이 어떤 결과를 초래할 것인가를 탐색 하도록 도움을 받는다. 이 과정은 선택과 실행 두 가지로 구분하여 여섯 가 지의 요소를 포함하고 있다.

〈선택하기〉

1. 선호 : 내가 정말로 좋아하는 것은 무엇인가?

2. 영향 : 내가 이런 결정을 하는 것은 어떤 영향 때문인가? 내가 얼마나 자유롭게 이 선택을 하고 있는 것인가?

3. 대안 : 이 선택 이외에 또 어떤 대안들이 있을 수 있는가? 그러한 대 안들을 충분히 고려해 보았는가?

4. 결과 : 내가 선택한 이것은 어떤 결과들을 초래하는가? 그 결과들에

대한 위험을 감수할 수 있는가? 그 결과들은 사회적으로 보아 유익할 것인가? 해로울 것인가?

〈실행하기〉

5. 행동으로 옮기기 : 이러한 선택을 실행으로 옮길 수 있는가? 나의 행동은 내가 내릴 결정과 일치하는가?

6. 유형화하기 : 행동을 통하여 이 선택을 지속적으로 이끌어나갈 수 있는가? 이러한 선택이 나의 행동에 지속적으로 반영되어 나타나려면 나의 생활유형을 어떻게 바꾸어야 하는가?

(1) 내가 선택한다.

참여자들에게 그들이 어떤 일을 하기 위해서 선택하려는 것과 그렇지 않은 대안들을 10개 또는 특정 수만큼 열거하도록 한다. 예를 들어, "나는 쇠고기보다는 튀긴 닭을 선택하겠다,""나는 바다를 건너기 위해서 비행기로 가는 것보다는 배로 가는 것을 택하겠다,""나는 골프보다 테니스를 선택하겠다" 등이 그런 것이다. "나는 선택하겠다"의 목록이 완성되면 소집단별로 나누어 각 개인마다 자신이 선택한 것을 계속 지켜나가면 어떤 결과들이 나타날 수 있는가 등을 논의해본다.

(2) 생존할 여섯 명을 선정하기

상담자는 소집단들을 조직한다. 이것은 바로 앞의 연습과 유사하지만, 참여자들은 지구에 있는 모든 생물체들을 단번에 멸망시킬 수 있는 능력을 가진 다른 혹성 외계인들이 와서 앞으로 24시간 내에 지구상의 모든 사람들을 죽이려고 계획하고 있다고 가정한다. 다만 당신이 위원으로 있는 심의회로 하여금 다음과 같은 결정을 하도록 한다. 전세계에 있는 사람 가운데서 6명만을 선정하여 이들을 다른 혹성에 데려갔다가 지상의 모든 사람이 죽은 뒤에 다시 지구로 데려오게 한다. 단, 당신의 친구나 친척이나 또는 아는 사람들을 뽑아서는 안 된다. 당신은 30분 내에 결정해야 하며, 외계인을 대표하는 자들에게 여섯 명을 선정한 이유를 제시할 수 있어야 한다. 당신은 누구를, 왜 선정하려고 하는가?

활동 4 ▶ 목표설정과 가치에 따른 실행을 돕기 ───────

우리는 가치, 신념 등을 쉽게 말하지만 이것들을 행동으로 옮기는 데에 어려움을 겪는 경우가 많다. 가치를 인식하고, 대안들 중에서 선택하는 법을 배우고, 결정을 하는 것들이 매우 중요하기는 하지만, 만일 가치목표가 설정되지 않고 이러한 목표들을 달성하기 위한 행동이 취해지지 않는다면 상대적으로 위의 과정들은 무의미해질 수밖에 없다. 다음에 나오는 활동들은 사람들이 자신이 결정한 것을 실행할 수 있도록 고무시키기 위하여 고안된 것이다.

(1) 일기 쓰는 연습

일기 쓰는 연습은 참여자들이 매일매일 어느 정도로 자신의 가치에 따라 행동하는지를 의식하게 하려는 것이다. 일기는 여러 가지 형식이 있을 수 있다. 예를 들어, '자기개선 일기'는 일정한 시간 동안 자기개선 목표가 무엇인지를 알려준다. 이 목표들은 일기의 표지에 써놓도록 한다. 일기를 쓰는 사람은 매일 이러한 가치들을 달성하기 위하여 취해진 활동들을 기록한다. 일기에 쓴 것들을 상담자 또는 소집단별로 함께 논의해도 좋다. '가치일기'는 하나의 중요한 가치를 실행하는 것에 초점을 맞춘다는 것 이외에는 자기개선 일기와 흡사하다. '가치일화'는 가치일기와 비슷하나 가치실행에 대한 노력을 보다 상세하고 실감나게 설명해준다는 점에서 조금 다르다.

(2) 약속어음

약속어음은 참여자가 법률적인 용어를 사용하여 어떤 가치를 성취하려는 약속 또는 의도를 쓰는 것으로, 특정한 날까지 이행하겠다든지 벌금을 지불한다든지 등의 객관적인 말로 기술하는 것이다. 대개 약속어음은 한 사람의 참여자와 다른 참여자 또는 한 사람의 참여자와 상담자간에 이루어지는 협약이다. 약속어음의 예로 다음과 같은 것이 있다.

> 나, 홍 길동은 학기가 끝날 때까지 나에게 부과되는 학교의 모든 숙제를 정해진 시간에 반드시 완성할 것임을 여기에 약속한다. 만일 내가 그렇게 하지 않으면, 나는 30일 동안 TV 및 영화를 보는 권리와 라디오를 듣는 권리를 포기한다.
>
> 서명 : 홍길동 (내담자)
> 증인 : 이장호 (상담자)

5) 자기성장

(1) 자기노출
① 목 적

자기노출은, 첫째로 타인이 자신을 이해할 수 있는 기회를 주며, 결과적으로 친밀감을 형성하여 좋은 벗을 만날 수 있게 한다. 둘째로, 자기 자신을 공개함으로써 내면적인 긴장이나 불안을 발산하게 되고 내적 자유를 누릴 수 있게 된다. 또한 상대방을 이해한다는 것이 얼마나 어려운 일이며, 낯선 사람에게 자신의 비밀을 토로한다는 것이 얼마나 큰 용기를 필요로 하는가를 경험하게 된다.

자기노출은 자기이해와 성장의 좋은 경험이기도 하다. 그런데 유의할 점은, 첫째로 위선적이고 허례적인 모습이 아니라 진실한 자신의 모습을 보여야 하며, 둘째로 자기노출은 점진적으로 하는 것이 안전하다는 점이다. 완전한 자기노출은 상대방에게 신뢰감을 느낄 때에만 가능하다. 집단 속에서 자기 이야기 중 어느 정도의 심각한 내용을 공개해야 할지는 각자가 결정하는 것이다.

② 활 동

활동 1 ▶ 부모님이 보는 나 ─────────

편안한 자세로 눈을 조용히 감는다. 부모님이 바라는 '나'의 모습을 생각해보고 기록한다. 그 후 기록한 '나'의 모습을 자유롭게 발표하고, 발표를 들은 사람들은 느낀 점을 서로 이야기한다.

활동 2 ▶ 장려할 점과 개선할 점 ─────────

16절 용지를 나누어주고 자기의 이름을 쓰게 한 후 옆 사람에게 준다. 그 용지를 받은 사람은 그 용지에 쓰인 이름의 주인공에 대해 개선할 점과 장려할 점을 쓴다. 쓰기를 마치면 옆 사람에게 넘겨준다. 같은 방법으로 모든 사람의 것을 기록한다. 쓰기를 다 마치면 본래의 용지를 주인에게 돌려준다. 용지의 주인은 다른 집단원들이 자신의 장단점을 객관적으로 본 것이기 때문에 기분이 언짢아도 그대로 수용해야 한다. 참여자들이 느낀 점을 서로 이야기하게 된다.

활동 3 ▶ 나에게 영향을 준 사람들과 일 ─────────

집단원들에게 종이와 연필을 나누어 준 다음, 그 종이 위에 현재의 자기가 되도록 영향을 준 사건이나 사람을 생각나는 대로 표현하게 한다. 자기 자신을 종이의 중앙에 두고, 기록하고자 하는 사건이나 사람은 동그라미로 나타내도록 하는데, 영향을 크게 미쳤으면 동그라미를 크게, 작게 미쳤으면 작게, 자신과 가깝다고 생각하면 가깝게, 멀다고 생각하면 자기에서부터 멀리 떨어지게 그리도록 한다. 다 그리고 나면 그림을 집단원에게 보이면서 설명하게 된다.

③ 지도자의 유의사항

지도자는 각 집단원이 다른 사람의 이야기를 진지하고 공감적인 태도로 듣도록 지시하며, 집단원 각자의 개인적 정보를 외부에 절대로 누설하지 말도록 당부한다. 또한 집단원들에게 말만 해버려도 반은 치료된다는 것을 이해시키고 문제를 지니고 있는 것은 성장의 징표임을 인식하게 한다. 문제를 쓰고 있을 때 남의 것을 엿보지 않게 하고 남의 의견이나 마음을 수용해보도록 권유한다.

(2) 자기이해: 자기수용

① 목 적

자기성장을 위해서는 자기 자신을 정확하게 이해하고 자기 자신을 있는 그대로 인정하고 받아들이는 능력이 필요하다. 자기 자신에 대한 이해란 자신의 신체, 건강, 지적 능력, 정서적 상태, 대인관계의 질과 양, 가치관 및 이와 관련된 자신의 행동에 대하여 현실적인 인식을 갖는 것이다. 자기이해를 통한 자기개념은 그 개인의 행동에 영향을 미치는 주된 요인이며 그가 세상을 보는 방식에 직접적으로 연관된다. 즉 자기 자신을 가치있고, 실력있고, 존경받고 있는 존재로 보는 사람은 세상을 적극적으로 보고, 반대로 자기를 가치없고 매력이 없는 존재로 보는 사람은 세상을 겁내고 불안하게 본다.

자기수용은 두 가지 수준에서 설명될 수 있다. 하나는 생리적 수준에서, 예컨대, 성이나 배뇨, 임신, 월경 그리고 늙는 것 등과 같은 자연적으로 일어나는 신체현상들을 하나의 사실로 인정하고 받아들이는 것이다. 다른 한 수준은 사랑과 안전, 소속, 명예 그리고 자기존중 등과 관련되는 보다 높은 수준에서 자기를 수용하는 정신적 차원이다. 자기수용적인 사람은 변화에 대해 신경증적인 죄의식이나 방어적인 태도를 갖지 않는다. 자기수용은 변화와 성장을 위한 출발점이라 할 수 있다. 따라서 자기수용은 상담의 목표 및 결과에서 중요한 부분이 된다. 또한, 자기수용은 자기실현을 해나가는 성공적인 사람들의 주된 특징들 가운데 하나이다.

② 활 동

활동 1 ▶ 자기이해 : 거울 응시법 ─────────────

똑바로 일어서서 거울 속의 자기를 5분 정도 응시한다. 머리끝에서 발끝까지 하나하나 주시하며 응시해본다. 난생 처음으로 자기 자신과 만나보았다는 기분으로 신체의 구석구석을 세밀하게 살펴본다.

거울 응시가 끝났으면 다음과 같이 질문에 답해본다.

- 나의 첫인상은?
  누가 내 얼굴이나 신체를 쳐다보면 어떤 감정이 들 것이며, 겉으로 표현하지 않은 감정이 있다면 그것은 무엇인가?
- 보다 좋은 인상을 만들려면 어떻게 해야 될 것인가?
- 용모나 특징은? (복장, 안경, 용모, 신체적 특징 등을 설명하는 식으로)
- 내가 보기 싫다고 생각되는 부분이 있다면 그 부분은?
- 목욕탕에서처럼 가능하다면 발가벗고 거울 앞에 서서 이 과정을 반복할 용기가 있는가?

거울 속의 자기 모습을 응시할 때는 특히 어느 부분이 빈약하고 어느 부분이 발달해 있는지를 확실히 해나가면서 모두 받아들인다. 거울 속의 자기를 응시했을 때의 과정에서 느낀 점을 서로 이야기한다.

활동 2 ▷ 자기이해 : 자서전 쓰기 ─────────────

용지를 나누어주고 30분 정도의 시간을 제공한다. 여러 가지 경험 가운데 최초의 경험을 쓸 수 있도록 유도하며, 쓰기 어려워하는 집단원을 위해 국어시간에 배운 전기문을 연상시켜 다시 설명한다. 쓰는 장소, 형식 등 모든 면에서 자유스러운 분위기를 조성하고 부드러운 분위기를 위해 배경음악 테이프를 틀어주기도 한다.

좋은 일이든 나쁜 일이든 자신의 모든 경험을 있는 그대로 엮어 글을 쓴다. 글을 쓸 때는 형식없이 생각나는 대로 쓰도록 하며 조상에 대한 내력이나 이야기들도 포함하여 쓴다. 쓴 사람의 이름은 밝히지 않아도 좋다.

다 쓴 후에는 자서전을 낭독시킨다. 이때 참여자들이 공개를 꺼릴 경우에는 지도자의 작품이나 참고자료를 먼저 낭독하여 분위기를 조성한다. 낭독 후에는 남의 자서전을 듣고 느낀 점을 발표한다. 이런 방법으로 자신의 자라온 생애를 회고하여 반성하는 기회를 가질 수 있다.

활동 3 ▷ 자기이해 : 새마음 갖기 ─────────────

이것은 마지막에 총정리로 실시하는 프로그램이다. 처음 참가할 때부터 지금까지 프로그램을 하면서 얻은 자기 자신의 경험과 다른 사람들의 생각, 느낀 점 등을 정리하여 자기 마음 속에 스스로 다짐한 각오를 집약하여 글로 쓴다. 모두 다 쓴 다음 한 사람씩 자기 소감문을 낭독한다. 소감문을 들은 다음 전체적으로 느낀 점을 다시 교환한다. 대집단의 경우는 소감문 낭독과 느낌 발표를 중집단으로 나누어 실시하고 대표로 하여금 전체에 발표하게 한다. 복사가 가능하면 소감문은 집단원 수만큼 복사하여 선물로 나누어 갖는다.

느낌의 발표가 끝난 후 다음 관점에서 종합정리를 유도한다.

- 경험을 종합정리하는 능력이 배양된다.
- 자신에 대하여 반성하는 기회가 된다.
- 자기와 타인이 같은 점과 다른 점을 어떻게 조화를 이루어야 할 것인가를 이해한다.

- 다른 친구들의 마음의 변화를 발견한다.
- 참된 이해는 감정의 공감이 있어야 함을 경험한다.

활동 4 > 자기수용 : 다시 태어나기 ──────────

흰 천(시트)을 둘러 쓰고 얼굴을 아래로 하고 눕는다. 시트 속에서 자기의 세계를 느껴 본다. 즉 자기가 살고 있는 이 세계에는 꼭 혼자 뿐임을 느껴본다.

"혼자 있고 싶은가?," "누구를 만나고 싶은가?"를 자신에게 물어 본다. 만일 다른 사람과 접촉하고 싶으면 일어나지만, 어떻게 해서 일어날 것인가를 자기 몸에 다 물어보고 대답을 듣고 일어난다.

양 손과 양 무릎은 바닥에 대고 누군가 다른 사람에게 접촉될 때까지 움직인다. 누군가와 부딪힐 경우 피해가면서 손으로 상대방을 확인해본다. 이때 음악이 흐르게 하고 말없이 시트 속에서 음악에 맞추어 움직여본다.

다시 혼자가 된다. 혼자 있는 상태에서 의식을 집중하고 혼자 있는 것이 어떤 감정인가를 느껴 본다. 시트 속에서 조그만하게 몸을 움추리고 어머니 자궁 속에 들어 있다는 자세를 취해본다. 이때 어머니 배 안에 있다는 느낌을 갖는지 못 갖는지를 느껴본다. 어머니 배 안에서 자기 힘으로 탄생되어 본다. 시트 속에서 밖으로 나와 어린애가 된다. 배 안에서 막 나왔기 때문에 말도 않고 움직이지도 않고 주위를 살펴본다. 점차 기어가며 다른 이들과 만나지만 말은 할 수 없다. 다음 순서로는 짚어보고, 갖고 싶다는 말만은 할 수 있고, 갖고 싶은 것에 대해서 싫다고 할 정도로만 답한다. 과정이 모든 끝난 후에 진행과정 중의 느낌을 서로 이야기한다.

활동 5 > 자기수용: 자기긍정도 ──────────

측정용지를 배부받아 자신이 어떤 사람인가를 생각해보면서 측정용지의 예, 아니오 란에 ○으로 표시한다.

측정용지의 내용은 다음과 같다.

◆ 자기긍정도 문항 ◆

우리들이 평소 자기에 관해서 생각하고 있는 것을 다음 문장을 보고 (예) (아니오)의
(   ) 속에 빠짐이 없이 표기를 한다.

	예	아니오
(1) 나는 지금의 자기와는 다른 사람이 되려고 생각하고 있다.	( )	( )
(2) 나는 학급에서(회의할 때) 여러 사람 앞에서는 대단히 말하기가 어렵다.	( )	( )
(3) 만약 될 수만 있다면 나 자신에 대하여 바꾸고 싶은 것이 많다.	( )	( )
(4) 나는 별로 괴로와하지 않고 결심할 수가 있다.	( )	( )
(5) 나는 사귀어보면 재미있는 사람이다.	( )	( )
(6) 나는 집에서 곧잘 화를 낸다.	( )	( )
(7) 어떤 새로운 것에 익숙해지려면, 시간이 많이 걸린다.	( )	( )
(8) 나는 같은 세대의 사람들에게는 평판이 좋은 편이다.	( )	( )
(9) 나의 양친(처, 남편)은 평소에 나의 기분을 생각해서 알아준다.	( )	( )
(10) 나는 곧잘 사람들이 하자는 대로 한다.	( )	( )
(11) 나의 양친(처, 남편)은 나에게 너무 큰 기대를 갖는다.	( )	( )
(12) 나는 때때로 나 자신이 싫어질 때가 있다.	( )	( )
(13) 여러 가지 일들이 뒤죽박죽되어 나의 생활을 복잡하게 만든다.	( )	( )
(14) 나보다 연하의 사람들은 내가 말한 것을 잘 듣는다.	( )	( )
(15) 나는 자기 자신을 별로 신용하고 있지 않다.	( )	( )
(16) 나는 내 집을 뛰쳐 나가려고 생각한 일이 때때로 있다.	( )	( )
(17) 나는 학교(직장)에서 어떻게 해야 할지 모를 때가 간혹 있다.	( )	( )
(18) 나는 다른 사람들에 비해서 별로 얼굴 모양이 좋지 않다.	( )	( )
(19) 나는 말하고 싶은 것이 있으면 대개 그것을 말해버린다.	( )	( )
(20) 나의 양친(처, 남편)은 나의 일을 알아주고 있다.	( )	( )
(21) 나는 다른 사람들에 비해서 별로 사람들에게 귀여움을 못받는다.	( )	( )
(22) 평소에 나의 양친(처, 남편)은 나에게 과도한 요구를 너무 한 것 같다.	( )	( )
(23) 나는 때때로 학교(직장)에서 일할 기분이 나지 않는다.	( )	( )
(24) 나는 보통 해야 할 일을 놓고 꼼꼼스럽게 괴로워하지 않는다.	( )	( )
(25) 나는 미덥지 못한 인간이다.	( )	( )

위의 자기긍정도 측정 조사표를 보고 양쪽 중 하나만 택일한다. 심각하게 생각하면 답할 수 없게 되므로 짧은 시간에 강도를 느끼는 쪽에 표시하면 된다. 초, 중, 고교생용 집계는 일반적 자기, 친구관계와 자기, 가정면에서의 자기, 학교에서의 자기로 한다. 그리고 일반적 항목의 평정영역은 일반적 자기, 사회적 자기, 가정면에서의 자기, 직장면에서의 자기의 4영역으로 나눈다.

채점 방법은 다음과 같다.

(1) 일반적 자기 채점항목당 1점으로 항목 번호 1, 3, 4, 7, 10, 12, 13, 15, 18, 19, 24, 25로 12항목이다. (12점)

(2) 친구관계와 자기(사회적 자기) 항목은 2점으로 5, 8, 1, 21, 4개 항목이다. (8점)

(3) 가정에서의 자기 채점항목은 3점으로 6, 9, 11, 16, 20, 22, 6개 항목이다. (18점)

(4) 학교에서의 자기(직장면에서 자기) 항목은 4점으로 2, 17, 23, 3개 항목이다. (12점)

훈련이 끝날 무렵 2차 긍정도 측정을 실시하여 1차 측정과 비교하여 보고, 측정상의 내용을 중심으로 서로 느낌을 이야기한다.

활동 6 ▶ 자기수용 : 인생선 긋기 ──────────────

용지를 1인 1매씩 배부한다. 배부된 용지에다 자유롭게 자신의 인생을 한 줄의 선으로 나타내도록 한다. 어떤 형태의 선이라도 좋으나 그 선이 끊어지는 것은 죽음의 순간임을 알리고 다 살았다고 생각될 때 멈춘다.

각자가 그린 인생선 위에 지금 자신의 현재점을 표시하도록 한다. 각자는 모두에게 표시점을 보여주고, 왜 그와 같은 인생선을 그렸는지를 설명한다. 어째서 현재점이 거기에 표시되어야 하는지 등을 자유롭게 발표하고 토론하며, 서로의 느낌을 이야기한다.

6) 집단 의사결정

(1) 목 적

사회생활을 하면서 어느 집단에 소속되게 되면 어떠한 사항에 대해 중대한 결정을 내려야 할 때가 빈번하다. 이런 현상은 가정에서부터 학교, 직장, 각 사업체, 행정부에 이르기까지 모든 집단에서 공통적으로 나타난다. 의사결정이 이루어지는 과정에서 발생하는 의견대립 등을 어떻게 다루는지, 그리고 집단 속에서 나의 여타 행동특성은 어떠한가를 이해함으로써, 자기개선의 길을 모색하고 효율적인 경영관리의 기술과 지도력을 배양할 수 있도록 한다.

(2) 활 동

활동 1 ▶ 난파선 ────────────────────

배가 난파되어가고 있다고 가정한다. 침몰하는 배에서 탈출하고자 구명보트(담요) 위에 집단원 모두가 눈을 감고 승선해 있다. 지도자가 "침몰이요"하고 외치면 구명보트가 가라앉거나 뒤집혀서 희생하게 된다.

승선자는 '구명'과 '희생'을 자유로 선택할 수 있기 때문에 구명보트에서 뛰어내릴 수도 있다(풍덩 소리를 내도 좋다). 누구나 '구명'이나 '희생'을 선택한다.

지도자는 구명과 자기 희생을 택한 사람에게 다음과 같이 질문을 하여 대답하게 한다.

질문 내용

가) 왜 빠졌습니까?
나) 왜 꼭 붙들고 눈만 감고 있었습니까?
다) 왜 당신은 자기 목숨을 살리려고 했습니까?
라) 왜 소리만 지르고 있었습니까?
마) "왜 ……했습니까?"하는 식으로 질문을 계속 던지고 대답을 촉구하여 상호간의 관계를 느끼게 한다.

활동 2 ▶ 인류 최후의 승리자 ─────────────────────

지도자는 배부된 유인물을 읽고 소집단별로 토의하도록 한다.

상 황

인류의 종말이 고해진 상태에 있다고 가정한다. 생존자 10명 중에서 7명을 수용할 수 있는 보호캡슐을 어느 과학자가 만들었다. 10명의 생존자들 중에서 어떤 사람을 제외하여야 할까? 인류 최후의 생존자가 될 7명과 생존하지 못할 3명을 토의하여 결정하라.

등장인물은 다음과 같다.

등장 인물

(1) 과학자 자신 (2) 외교관 (3) 외교관의 아내(임신 6개월, 몸이 몹시 약해 최근까지 병원에 입원해 있었으며 유산할 가능성이 크다) (4) 13세의 여동생 (5) 프로축구 선수이고 올림픽 만능선수 (6) 인기정상의 여가수 (7) 동남아시아에서 유학온 남자 대학생 (8) 갱생한 여자 전과 3범(아주 건강하고 일도 잘하며 센스가 빠름) (9) 유명한 역사가 (10) 매우 용감한 무장군인

토의하여 결정하면 다음의 항목을 제시하여 자기의 생각이나 느낌을 기록하고 자유롭게 발표한다.

가) 이 훈련을 통해 자기의 생각, 태도, 행동에 대하여 특별히 느낀 점은?
나) 이 훈련을 통해 다른 사람의 생각, 태도, 행동 등에 대하여 특별히 느낀 점은?

상담자는 소집단에서 발표한 내용을 종합정리한다.

(3) 지도자의 유의사항

전체 발표가 끝난 다음에 상담자는 이것이 가치관의 문제이기 때문에 일정한 정답은 없다는 것을 전체에게 알려준다. 그리고 나서 참여자들에게 다음과 같은 유인물을 나누어주고 토론시간에 보인 자기 자신의 행동을 잘

묘사한 항목에 각자가 체크해보도록 한다.

- 당신의 행동을 다음 항목별로 체크하십시오.
가) 집단의 참여도: 소극적, 적극적
나) 설득력: 집단원에게 자기 의견을 충분히 설득하였는가?
예____, 아니오____
　　　다른 사람의 의견에 쉽사리 자기 의견을 양보하였는가?
예____, 아니오____
다) 참여태도: 남에게 기회를 주지 않고 독점적이었나?
예____, 아니오____
　　　다른 사람의 이야기도 잘 경청하였나?　　예____, 아니오____
라) 지도력: 각 집단원이 골고루 이야기를 할 수 있도록 조정하는 여유를
　　　보였는가?　　　　　　　　　　　예____, 아니오____
　　　또는 집단의 돌아가는 흐름에 무관심하였는가?　예____, 아니오____
마) 이 경험을 통하여 깨달은 점, 노력할 점은 무엇인가?
예____, 아니오____

7) 자율성 기르기

(1) 목　적

자율성은 일정 기간 동안의 꾸준한 노력과 자기검토에 의하여 획득된다. 이 프로그램의 목적은 원하는 행동과 태도를 습득할 수 있도록 돕는 것이다.

(2) 활　동

활동 1　생활계획표 짜기 ─────────────────────

다음 항목 중에서 자기가 원하는 바, 개선하고 싶은 항목을 한 가지만 골라서 그 내용을 적고 계획을 구체적으로 짜본 다음에 1주 동안 실천에 옮겨보도록 한다. 생활계획표를 짜서 실천하는 방법은 다음과 같은 순서를 밟도록 한다.

예 시

영 역	시초의 목표량	실현가능성의 검토	조정된 목표량	실천후 자기강화
1. 공 부				
2. 일 상 생 활				
3. 대 인 관 계				
4. 금 전 관 리				
5. 건 강 관 리				
6. 취 미				
7. 기 타				

(1) 자기가 달성하고자 하는 목표의 양(수준)을 기록한다.

(2) 자기의 일상생활을 검토하여 보고 그 목표의 양이 현실적으로 충분히 달성할 수 있는 성질의 것인지를 검토(시간적, 경제적 여유가 충분하다든지 등)하도록 한다.

(3) 자기의 욕심과 현실성 간에 괴리가 나타나면 이것을 잘 조정하여 현실적으로 충분히 실천 가능한 수준으로 목표량을 조정한다.

(4) 매일 목표수준 달성여부를 기록해나가도록 한다.

(5) 목표성취에 뒤이어 자신을 강화할 계획을 짜서 실천하도록 한다. 즉 자신이 세운 목표수준을 성취한 다음에 자신을 기분좋게 하는 어떠한 계기를 반드시 마련하도록 한다(스스로 칭찬하는 일지를 쓴다거나, 좋아하는 음식을 먹는 등).

활동 2 ▶ 생활계획 실행의 평가

자기가 과거에 계획했던 취미나 교양활동의 내용을 서너 가지 이상 적어보도록 한다. 그리고 나서 계획대로 잘 실천되었나?, 실천이 잘된 이유와 잘되지 않은 이유는 무엇인가를 집단에서 20~30분간 발표한다.

이어서 다시 종이에 자기가 수차 계획했던 여러 가지 활동 중에서, 현실적으로 가장 절실하게 필요로 하는 것, 자기 소질과 흥미에 적합한 것, 평소의 자기 생활습관과 쉽게 연관지어지는 세 가지의 특성을 구비한 취미나 교양활동을 한, 두 가지 찾아내도록 한다.

다음, 찾아낸 활동을 위주로 새로이 계획표를 작성해보는 시간을 5~10분간 갖도록 한 다음에 수정된 계획안을 다시 집단 속에서 발표하도록 한다.

(3) 지도자의 유의사항

지도자는 집단원들에게 행동수정에 필요한 강화원리를 자세히 설명해줄 필요가 있다. 활동을 위하여 집단원이 미리 1주일간 행동목표를 정하고 실천해온 다음에 집단의 모임을 갖도록 한다. 그리고 1~7까지 영역 중에서 각자가 선택한 내용이 일치하는 사람끼리 똑같은 집단을 형성하게 된다. 집단 안에서 서로 공통의 주제에 대한 각자의 실천 전략과 소감을 토론해 보도록 한다.

8) 인간관계 능력의 배양

(1) 목 적

우리는 매일 사람들과 관계를 맺고 살아가면서도 효과적으로 타인과 관계를 맺고 갈등을 해결해나가는 방법, 즉 생산적인 인간관계의 기술에 대해서는 학교 및 사회의 여러 교육현장에서 거의 가르침을 받지 못하고 있다. 이 프로그램에서 바람직한 인간관계를 맺는데 도움이 되는 피드백 주고받기와 역할연습 활동의 몇 가지를 예시한다.

(2) 활 동

활동 1 ▶ 피드백 주고받기 ─────────────────

집단원 중 한 사람을 택하여 다른 집단원들이 돌아가면서 차례로 그 사람의 개선점을 먼저 솔직하게 지적해주도록 한다. 그 사람은, 자기 이야기를 듣고 변명이나 해명을 하고 싶은 충동이 있더라도 참고 있다가, 모든 집단원들의 피드백을 다 듣고 나서 맨 마지막에 소감만 짧막하게 발표하게 한다. 즉 피드백을 듣고 느낀 점만 한 마디로 간단히 표현하게 한다.

이러한 활동을 차례로 돌아가며 되도록이면 모든 집단원이 다 하고 나면, 이번에는 각 집단원에 대하여 전체 집단원들이 차례로 그에게서 발견한 장점을 지적해주도록 한다.

이때 상대방에 대하여 잘 모르거나 자기와 특별한 상호작용의 경험이 없을 경우엔 억지로 피드백을 하려 하지 말고 '통과' 하도록 한다.

활동 2 **돈으로 하는 피드백** ─────────────

집단원들에게 1만원권 10장으로 된 10만원 상당의 종이돈을 나누어준다. 이 종이돈을 자기를 제외한 나머지 집단원들에게 감사를 표시하는 마음으로 나눠주게 한다. 즉 이번 활동 중에 여러 면에서 도움을 많이 받은 사람에게는 감사한 만큼의 많은 돈을, 도움을 적게 받은 사람에게는 적은 액수의 돈을 적절히 나눠주게 한다. 10만원을 다 나눠주고 나면 한 사람씩 자신이 누구에게 얼마를 주었으며, 왜 그만큼의 금액을 주었는지 설명하게 한다.

이 활동의 마무리로 집단원 중에서 누가 가장 많은 돈을 받게 되었으며, 그 이유가 무엇인지를 알아보도록 한다.

활동 3 **역할연습** ─────────────

두 사람씩 조를 편성하여 한 사람은 내담자가 되고, 다른 한 사람은 상담자가 된다. 내담자의 말을 듣고 상담자가 "당신이 말하고 싶은 것은 이런 말이시군요?"라고 하며 대단히 관심을 표명하면서, 상대편의 감정과 말하고 싶은 것을 '확인' 해보는 것으로만 되풀이하고 또 되풀이한다.

5~10분 동안 계획적으로 되풀이하고 진행한 다음, 서로 역할을 교대한다. 말보다는 말 속에 내포되어 있는 의미나 기분 또는 감정을 읽는데 집중한다. 이것은 한 쪽이 내담자 역할을 하고 상대방이 상담자 역할을 하는 역할연기법이라고 말할 수 있다.

이 역할은 상대방의 감정이나 기분을 읽고 확인을 하는 연습에 집중하고, 자기의 의견이나 조언, 해석, 설교, 훈계, 비판, 평가같은 것은 절대로 피해야 한다. 이해란 감정을 수용한다는 것임을 알도록 한다.

역할연습에서 해낸 서로의 역할을 녹음기를 통해 들어보고 느낀 점과 진행상의 경험을 서로 이야기한다.

활동 4 **역할극** ─────────────

참여자들을 적절한 소집단(5~8명)으로 나눈다. 각 집단끼리 의견을 모아 자기 집단의 극 제목과 줄거리, 주제를 짠다. 그 줄거리에 따라 배역을 정하고, 연습하고, 분장한다(배역은 참여자 수만큼 정한다). 대사는 외울 시간이 없으므로 각자 줄거리에 맞추어 즉흥적으로 만들어서 연출한다(연습시간은 10분으로 한정한다).

연출순서를 정하고 차례대로 발표한다. 연출시간은 소집단 수에 따라 조정하되 대체로 5분 정도로 해본다. 배역을 정하고 연출하기까지의 다른 집단의 극을 보고 느낀 바, 어려웠던 점, 협동의 상태, 아쉬운 점에 대해 발표한다.

주제와 줄거리를 정하는 데 적극성과 창의성, 다재다능한 면모의 발견, 무엇이든 하면 된다는 생각, 막상 연기가 어려웠던 점 등에 대하여 상담자가 정리할 수도 있고, 한가지씩 제시하면서 참여자로 하여금 소감을 발표하게 할 수도 있다.

2. 심리상담사 윤리 강령

한국상담심리학회는 학회 회원들이 모든 인간의 존엄성과 가치를 존중하고 다양한 조력활동을 통해, 인간 개개인의 잠재력과 독창성을 신장하여 저마다 자기를 실현하는 건전한 삶을 살도록 돕는 데 헌신한다. 본 학회에서 인증한 상담심리사(1급, 2급)는 전문적 지식과 기술을 개발하고 전문가로서의 능력과 자질을 향상시키며, 상담심리사의 역할을 하는데 있어서 내담자의 복지를 최우선 순위에 둔다. 상담심리사는 전문적인 상담 활동을 통해 내담자의 개인적인 성장과 사회 공익에 기여하는데 최선을 다하고 상담심리사로서 자신의 행동에 책임을 진다. 이를 위하여 본 학회에서 인증한 상담심리사는 다음과 같은 윤리 강령을 숙지하고 준수할 것을 다짐한다.

1. 전문가로서의 태도

가. 전문적 능력

(1) 상담심리사는 자기 자신의 교육과 수련, 경험 등에 의해 준비된 범위 안에서 전문적인 서비스와 교육을 제공한다. 상담심리사는 자신의 능력의 한계를 인정하고 교육이나 훈련, 경험을 통해 자격이 주어진 상담활동만을 한다.

(2) 상담심리사는 자신이 가진 능력 이상의 것을 주장하거나 암시해서는 안되며, 타인에 의해 능력이나 자격이 오도되었을 때에는 수정해야 할 의무가 있다.

(3) 상담심리사는 자신의 활동분야에 있어서 최신의 과학적이고 전문적인 정보와 지식을 유지하기 위해 지속적인 교육과 연수의 필요성을 인식하고 참여한다.

(4) 상담심리사는 정기적으로 전문인으로서의 능력과 효율성에 대한 자기반성이나 평가가 있어야 하며, 필요한 경우 자신의 효율성을 증진시키기 위해 지도감독을 받을 책무가 있다.

(5) 상담심리사는 윤리강령과 시행세칙을 준수할 책임이 있다.

(6) 상담기관에 상담심리사를 고용할 때는 전문적인 능력을 갖춘 이를 선발해야 한다.

나. 성실성

(1) 상담심리사는 자신의 신념체계, 가치, 제한점 등이 상담에 미칠 영향력을 자각하고, 내담자에게 상담의 목표, 기법, 한계점, 위험성, 상담의 이점, 자신의 강점과 제한점, 심리검사와 보고서의 목적과 용도, 상담료, 상담료 지불방법 등을 명확히 알린다.

(2) 상담심리사는 개인의 이익을 위해 상담전문직의 가치와 권위를 훼손하는 행동을 해서는 안 된다.

(3) 상담심리사는 능력의 한계나 개인적인 문제로 내담자를 적절하게 도와줄 수 없을 때에는 상담을 시작해서는 안되며, 다른 상담심리사나 정신건강 전문가에게 의뢰하는 등 내담자를 도와줄 수 있는 방법을 강구한다.

(4) 상담심리사는 자신의 질병, 죽음, 이동, 또는 내담자의 이동이나 재정적 한계 등과 같은 요인에 의해 상담이 중단될 경우, 이에 대한 적절한 조치를 취해야 한다.

(5) 상담을 종결하는데 있어서 어떤 이유보다도 우선적으로 내담자의 관점과 요구에 대해 논의해야 하며, 내담자가 다른 전문가를 필요로 할 경우에는 적절한 과정을 거쳐서 의뢰한다.

(6) 상담심리사는 내담자나 학생, 연구 참여자, 동료들이 피해를 입지 않도록 적절한 조치를 취한다.

(7) 상담심리사는 자신의 기술이나 자료가 다른 사람들에 의해 오용될 가능성이 있거나, 개선의 여지가 없는 활동에 참여해서는 안되며, 이런 일이 일어난 경우에는 이를 바로잡거나 최소화하는 조치를 취한다.

다. 상담심리사 교육과 연수

(1) 상담심리사 교육은 학술적인 연구와 지도 감독하의 실습을 통합하는 과정으로 설정되어야 하며, 교육 프로그램은 교육생들이 상담기술, 지식,

자기이해를 넓힐 수 있는 방향으로 설정되어야 한다.

(2) 상담심리사 교육에 들어가기 전에 교육 프로그램의 내용, 기본적인 기술개발, 진로 전망에 대해 알려 준다.

(3) 교육 프로그램은 개인과 사회를 위하는 상담의 이상적 가치를 교육생들에게 고무해야 하며, 따라서 재정적 보상이나 손실보다는 직업애와 인간애에 더 가치를 두도록 한다.

(4) 교육생들에게 다양한 이론적 입장을 제시하여, 교육생들이 이 이론들의 비교를 통해서, 스스로 자신의 입장을 선택할 수 있도록 한다.

(5) 교육 프로그램은 학회의 최근 관련 지침과 보조를 맞추어 진행되어야 한다.

(6) 상담심리사 교육에서는 교육생들에 대한 지속적인 평가를 통해, 장래의 상담활동을 수행하는데 장애가 될 수도 있는, 교육생들의 한계를 알아내야 한다. 지도 교육하는 상담심리사는 교육생들이 상담자로서 성장할 수 있도록 도와주는 한편, 교육 프로그램을 통해서 바람직한 상담활동을 할 수 없는 사람을 가려낼 수 있어야 한다.

(7) 상담심리사는 상담심리사 교육과 훈련프로그램을 전문적으로 실시하고, 윤리적인 역할 모델이 되어 교육생들이 윤리적 책임과 윤리강령을 잘 인식하도록 돕는다.

(8) 상담심리사는 상담 성과나 훈련 프로그램을 홍보하기 위해 내담자 또는 수련생과의 관계를 이용하지 않는다.

(9) 상담심리사가 교육목적으로 저술한 교재는 교육과 연수과정에 채택할 수 있다.

라. 자격증명서

(1) 본 학회에서 인증한 상담심리사는 자신의 자격을 일반 대중에게 알릴 수 있다.

(2) 상담심리사는 자격증에 명시된 것 이상으로 자신의 자격을 과장하지 않는다.

(3) 상담이나 혹은 정신건강 분야에 관련된 석사학위를 가지고 있으나 박사학위는 그 이외의 분야에서 취득한 상담심리사는 그들의 상담활동에

서 '박사' 라는 말을 사용하지 않으며, 그 상담활동이나 지위와 관련하여 박사학위를 가진 상담심리사인 것처럼 대중에게 알리지 않는다.

2. 사회적 책임

가. 사회와의 관계

(1) 상담심리사는 사회의 윤리와 도덕기준을 존중하고, 사회공익과 자신이 종사하는 전문직의 바람직한 이익을 위해 최선을 다한다.

(2) 상담심리사는 경제적 이득이 없는 경우에도 자신의 전문적 활동에 헌신함으로서 사회에 공헌한다.

(3) 상담비용을 책정할 때 상담심리사들은 내담자의 재정상태와 지역성을 고려하여야 한다. 책정된 상담료가 내담자에게 적절하지 않을 때에는, 가능한 비용에 적합한 서비스를 받을 수 있는 방법을 찾아줌으로써 내담자를 돕는다.

(4) 상담 전문가가 되기 위해 수련하는 학회 회원에게는 상담료나 교육비 책정에 있어서 특별한 배려를 한다.

나. 고용 기관과의 관계

(1) 상담심리사는 자신이 종사하는 기관의 목적과 방침에 공헌할 수 있는 활동을 할 책임이 있다. 만일 자신의 전문적 활동이 기관의 목적과 모순되고, 직무수행에서 갈등이 해소되지 않을 때에는 기관과의 관계를 종결해야 한다.

(2) 상담심리사는 근무기관의 관리자 및 동료들과의 관계를 통해서 상담업무, 비밀보장, 공적 자료와 개인자료의 구별, 기록된 정보의 보관과 처분, 업무량, 책임에 대한 상호간의 동의가 이루어져야 한다. 이러한 동의는 구체적이어야 하며, 관련된 모든 사람이 알고 있어야 한다.

(3) 상담심리사는 그의 고용주에게 손해를 끼칠 수 있는 상황이나, 기관의 효율성에 제한을 줄 수 있는 상황에 대해 미리 경고를 해주어야 한다.

(4) 상담심리사의 인사배치는 내담자의 권리와 복지를 보장하고 증진시

킬 수 있도록 해야 한다.

(5) 상담심리사는 수련생에게 적절한 훈련과 지도감독을 제공하고, 수련생이 이 과정을 책임 있고 유능하게 수행할 수 있도록 도와야 하며, 만일 기관의 정책과 실제가 이런 의무의 수행을 막는다면, 가능한 범위에서 그 상황을 바로잡도록 노력한다.

다. 상담 기관 운영자

(1) 상담기관 운영자는 다음 목록을 작성해 두어야 한다. 기관에 소속된 상담심리사의 증명서나 자격증은 그 중 최고 수준의 것으로 하고, 자격증의 유형, 주소, 연락처, 직무시간, 상담의 유형과 종류, 그와 관련된 다른 정보 등이 정확하게 기록되어야 한다.

(2) 상담기관 운영자는 자신과 현재 종사하고 있는 직원의 발전에 책임이 있다.

(3) 상담기관 운영자는 직원들에게 기관의 목표와 상담 프로그램에 대해 알려주어야 한다.

(4) 상담기관 운영자는 고용, 승진, 인사, 연수 및 지도시에 나이, 문화, 장애, 성, 인종, 종교, 혹은 사회경제적 지위 등을 이유로 어떤 차별적인 행동을 해서는 안 된다.

(5) 상담기관 운영자는 직원이나 학생, 수련생, 동료 등을 교육, 감독하거나 평가시에 착취하는 관계를 가져서는 안 된다.

(6) 상담심리사가 개업상담가로서 상담을 홍보하고자 할 때는 일반인들에게 상담의 전문적 활동, 전문지식, 활용할 수 있는 상담 기술 등을 정확하게 알려주어야 한다.

(7) 기관에 재직 중인 상담심리사는 상담개업 활동에 적극적으로 종사하고 있지 않다면, 자신의 이름이 상업 광고에 사용되도록 해서는 안 된다.

(8) 상담심리사는 다른 상담심리사나 정신건강 전문가와 협력체제를 맺을 수 있는데, 이럴 때 기관의 특수성을 분명히 인지하고 있어야 한다.

(9) 상담심리사는 자신의 개업활동에 대해 내담자에게 신뢰감을 주기 위해 학회나 연구단체의 회원임을 거론하는 것은 비윤리적이다.

(10) 내담자나 교육생을 모집하기 위해, 개인상담소를 고용이나 기관 가

입의 장소로 이용해서는 안 된다.

라. 다른 전문직과의 관계

(1) 상담심리사는 자신의 방식과 다른 전문적 상담 접근을 존중해야 한다. 상담심리사는 함께 일하는 다른 전문적 집단의 전통과 실제를 알고 이해해야 한다.

(2) 공적인 자리에서 개인 의견을 말할 경우, 상담심리사는 그것이 자기자신의 관점에서 나온 것이고, 모든 상담심리사의 견해를 대변하는 것이 아님을 분명히 해야 한다.

(3) 내담자가 다른 정신건강 전문가의 서비스를 받고 있음을 알게 되면, 내담자의 동의하에 상담 사실을 그 전문가에게 알리고, 긍정적이고 협력적인 치료관계를 맺도록 노력한다.

(4) 상담심리사는 다른 전문가로부터 의뢰비용을 받으면 안 된다.

마. 자 문

(1) 자문이란 개인, 집단, 사회단체가 전문적인 조력자의 도움이 필요하여 요청한 자발적인 관계를 말하는데, 상담심리사는 자문을 요청한 내담자나 기관의 문제 혹은 잠재된 문제를 규명하고 해결하는데 도움을 준다.

(2) 상담심리사와 내담자는 문제 규명, 목표 변경, 상담 성과에 서로의 이해와 동의를 구해야 한다.

(3) 상담심리사는 자신이 자문에 참여하는 개인 또는 기관에게 도움을 주는데 필요한, 충분한 자질과 능력을 갖추었는지를 합리적인 방법으로 명시해야 한다.

(4) 자문을 할 때 개인이나 기관의 가치관을 바꾸는데 도움을 주고자 한다면 상담심리사 자신의 가치관, 지식, 기술, 한계성이나 욕구에 대한 깊은 자각이 있어야 하고, 자문의 초점은 문제를 가진 사람이 아니라 풀어나가야 할 문제 자체에 두어야 한다.

(5) 자문 관계는 내담자가 스스로 성장해 나가도록 격려하고 고양하는 것이어야 한다. 상담심리사는 이러한 역할을 일관성 있게 유지해야 하고,

내담자가 스스로의 의사결정자가 되도록 도와주어야 한다.

(6) 상담활동에서 자문의 활용에 대해 홍보할 때는 학회의 윤리강령을 성실하게 준수해야 한다.

바. 홍 보

(1) 상담심리사는, 전문가로서의 자신의 자격과 상담활동에 대해 대중에 게 홍보하거나 설명할 수 있으나, 그 내용은 정확해야 하며, 오해를 일으킬 수 있거나 거짓된 내용이어서는 안 된다.

(2) 상담심리사는 상담 수주를 위해 강연, 출판물, 라디오, TV, 혹은 다른 매체의 홍보에 대해 보수를 지급해서는 안 된다.

(3) 내담자의 추천을 통해서 새로운 내담자의 신뢰를 얻고자 할 때에는, 상황이 특수한 상태이거나, 취약한 상태인 내담자에게는 추천을 의뢰해서는 안 된다.

(4) 상담심리사는 출판업자, 언론인, 혹은 스폰서 등이 상담의 실제나 전문적인 활동과 관련된 잘못된 진술을 하는 경우 이를 시정하고 방지하도록 노력한다.

(5) 상담심리사가 워크샵이나 훈련프로그램을 홍보할 때는 소비자의 선택을 위해서 적절한 정보를 제공하고 정확하게 홍보해야 한다.

3. 인간권리와 존엄성에 대한 존중

가. 내담자 복지

(1) 상담심리사의 일차적 책임은 내담자의 복리를 증진하고 존엄성을 존중하는 것이다.

(2) 상담심리사는 내담자의 잠재력을 개발하여 건강한 삶을 영위하도록 도움을 주며, 어떤 방식으로도 해를 끼치지 않는다. 상담심리사는 내담자로 하여금 의존적인 상담관계를 형성하지 않도록 노력하여야 한다.

(3) 상담심리사는 상담관계에서 오는 친밀성과 책임감을 인식하고, 상담심리사의 개인적 욕구충족을 위해서 내담자를 희생시켜서는 안 된다.

(4) 상담심리사는 내담자의 가족이 내담자의 삶에 중요하다는 것을 인식하고, 필요하다면 가족의 이해와 참여를 얻기 위해 노력한다.

(5) 상담심리사는 직업 문제와 관련하여 내담자의 능력, 일반적인 기질, 흥미, 적성, 욕구, 환경 등을 고려하면서 내담자와 함께 노력하지만, 내담자의 일자리를 찾아주거나 근무처를 정해줄 의무가 있는 것은 아니다.

나. 다양성 존중

(1) 상담심리사는 모든 인간의 기본적인 권리, 존엄성, 가치를 존중하며 연령이나 성별, 인종, 종교, 성적인 선호, 장애 등을 이유로 내담자를 차별하지 않는다.

(2) 상담심리사는 내담자의 다양한 문화적 배경을 이해하려고 적극적으로 시도해야 하며, 상담심리사 자신의 고유한 문화적 정체성이 상담과정에 어떤 영향을 주는지를 인식해야 한다.

(3) 상담심리사는 자신의 고유한 가치, 태도, 신념, 행위를 인식하여 그것이 어떻게 다양한 사회에서 적용되는지를 깨닫고 있어야 하고, 내담자에게 자신의 가치를 강요하지 않는다.

다. 내담자의 권리

(1) 내담자는 비밀유지를 기대할 권리가 있고 자신의 사례기록에 대한 정보를 가질 권리가 있으며, 상담 계획에 참여할 권리, 어떤 서비스에 대해서는 거절할 권리, 그런 거절에 따른 결과에 대해 조언을 받을 권리 등이 있다.

(2) 상담심리사는 내담자에게 상담에 참여 여부를 선택할 자유와 어떤 전문가와 상담할 것인가를 결정할 자유를 주어야 한다. 내담자의 선택을 제한하는 제한점은 내담자에게 모두 설명해야 한다.

(3) 미성년자 혹은 자발적인 동의를 할 수 없는 사람이 내담자일 경우, 상담심리사는 이런 내담자의 최상의 복지를 염두에 두고 행동한다.

4. 상담관계

가. 이중 관계

(1) 상담심리사는 객관성과 전문적인 판단에 영향을 미칠 수 있는 이중 관계는 피해야 한다. 가까운 친구나 친인척 등을 내담자로 받아들이면 이중 관계가 되어 전문적 상담의 성과를 기대할 수 없으므로, 다른 전문가에게 의뢰하여 도움을 준다.

(2) 상담심리사는 상담 할 때에 내담자와 상담 이외의 다른 관계가 있다면, 특히 자신이 내담자의 상사이거나 지도교수 혹은 평가를 해야 하는 입장에 놓인 경우라면 그 내담자를 다른 전문가에게 의뢰한다. 그러나 다른 대안이 불가능하고, 내담자의 상황을 판단해 볼 때 상담관계 형성이 가능하다고 여겨지면 상담관계를 유지할 수도 있다.

(3) 상담심리사는 특별한 경우를 제외하고는, 내담자와 상담실 밖에서 사적인 관계를 유지하지 않도록 한다.

(4) 상담심리사는 내담자와의 관계에서 상담료 이외의 어떠한 금전적, 물질적 거래관계도 맺어서는 안 된다.

나. 성적 관계

(1) 상담심리사는 내담자와 어떠한 종류이든 성적관계는 피해야 한다.

(2) 상담심리사는 이전에 성적인 관계를 가졌던 사람을 내담자로 받아들이지 않는다.

(3) 상담심리사는 상담관계가 종결된 이후 최소 2년 내에는 내담자와 성적 관계를 맺지 않는다. 상담 종결 이후 2년이 지난 후에 내담자와 성적 관계를 맺게 되는 경우에도 상담심리사는 이 관계가 착취적인 특성이 없다는 것을 철저하게 검증해야 한다.

다. 여러 명의 내담자와의 관계

(1) 상담심리사가 서로 관계를 맺고 있는 둘 혹은 그 이상의 내담자들

(예: 남편과 아내, 부모와 자녀)에게 상담을 제공할 것을 동의할 경우, 상담심리사는 누가 내담자이며 각 사람과 어떠한 관계를 맺게 될지 그 특성에 대해 명확히 하고 상담을 시작해야 한다.

(2) 만약 그러한 관계가 상담심리사로 하여금 잠재적으로 상충되는 역할을 수행하도록 요구한다면, 상담심리사는 그 역할에 대해서 명확히 하거나, 조정하거나, 그 역할로부터 벗어나도록 한다.

5. 정보의 보호

가. 사생활과 비밀보호

(1) 상담심리사는 사생활과 비밀유지에 대한 내담자의 권리를 최대한 존중해야 할 의무가 있다.

(2) 내담자의 사생활 보호에 대한 권리는 내담자나 내담자가 위임한 법적 대리인에 의해 유예될 수 있다.

(3) 상담심리사는 내담자의 사생활 침해를 최소화하기 위해서 문서 및 구두상의 보고나 자문 등에서 실제 의사소통된 정보만을 포함시킨다.

(4) 상담심리사는 고용인, 지도감독자, 사무보조원, 그리고 자원봉사자들을 포함한 직원들에게도 내담자의 사생활과 비밀이 보호되도록 주지시켜야 한다.

나. 기 록

(1) 법, 규제 혹은 제도적 절차에 따라, 상담심리사는 내담지에게 전문직인 서비스를 제공하기 위해서 반드시 기록을 보존한다.

(2) 상담심리사는 녹음 및 기록에 관해 내담자의 동의를 구한다.

(3) 상담심리사는 면접기록, 심리검사자료, 편지, 녹음 녹화 테잎, 기타 문서기록 등 상담과 관련된 기록들이 내담자를 위해 보존된다는 것을 인식하며, 상담기록의 안전과 비밀보호에 책임진다.

(4) 상담기관이나 연구단체는 상담기록 및 보관에 관한 규정을 작성해야 하며, 그렇지 않을 경우 상담기록은 상담심리사가 속해있는 기관이나 연구

단체의 기록으로 간주한다. 상담심리사는 내담자가 기록에 대한 열람이나 복사를 요구할 경우, 그 기록이 내담자에게 잘못 이해될 가능성이 없고 내담자에게 해가 되지 않으면 응하는 것이 원칙이다. 단, 여러 명의 내담자를 상담하는 경우, 다른 내담자와 관련된 사적인 정보는 제외하고 열람하도록 한다.

(5) 상담심리사는 기록과 자료에 대한 비밀보호가 자신의 죽음, 능력상실, 자격박탈 등의 경우에도 보호될 수 있도록 미리 계획을 세운다.

(6) 상담심리사는 상담과 관련된 기록을 보관하고 처리하는데 있어서 비밀을 보호해야 하며, 이를 타인에게 공개할 때에는 내담자의 직접적인 동의가 있을 때에만 가능하다.

(7) 상담심리사는 다음에 정한 바와 같이 비밀보호의 예외가 존재하는 경우를 제외하고는, 내담자의 서면 동의 없이는 제 삼의 개인, 단체에게 상담기록을 밝히거나 전달하지 않는다.

다. 비밀보호의 한계

(1) 내담자의 생명이나 사회의 안전을 위협하는 경우가 발생한 경우에 한하여 내담자의 동의 없이도 내담자에 대한 정보를 관련 전문인이나 사회에 알릴 수 있다. 이런 경우 상담 시작 전에 이러한 비밀보호의 한계를 알려준다.

(2) 내담자가 감염성이 있는 치명적인 질병이 있다는 확실한 정보를 가졌을 때, 상담심리사는, 그 질병에 위험한 수준으로 노출되어 있는 제 삼자(내담자와 관계 맺고 있는)에게 그러한 정보를 공개할 수 있다. 상담심리사는 제 삼자에게 이러한 정보를 공개하기 전에, 내담자가 자신의 질병에 대해서 그 사람에게 알렸는지, 아니면 조만간에 알릴 의도가 있는지를 확인한다.

(3) 법적으로 정보의 공개가 요구될 때에는 비밀보호의 원칙에서 예외이지만, 법원이 내담자의 허락 없이 사적인 정보를 밝힐 것을 요구할 경우, 상담심리사는 내담자와의 관계를 해칠 수 있기 때문에 정보를 요구하지 말 것을 법원에 요청한다.

(4) 상황들이 사적인 정보의 공개를 요구할 때 오직 기본적인 정보만을

밝힌다. 더 많은 사항을 밝히기 위해서는 사적인 정보의 공개에 앞서 내담자에게 알린다.

(5) 만약 내담자의 상담이 여러 전문가로 구성된 팀에 의한 지속적인 관찰을 포함하고 있다면, 팀의 존재와 구성을 내담자에게 알린다.

(6) 상담이 시작될 때와 상담과정 중 필요한 때에, 상담심리사는 내담자에게 비밀 보호의 한계를 알리고 비밀 보호가 불이행되는 상황에 대해 인식시킨다.

(7) 비밀보호의 예외 및 한계에 관한 타당성이 의심될 때에 상담심리사는 동료 전문가의 자문을 구한다.

라. 집단상담과 가족상담

(1) 집단상담에서 상담심리사는 비밀보호의 중요성을 설명하고, 집단에서의 비밀보호와 관련된 어려움들을 토론한다. 집단 구성원들에게 비밀보호가 완벽하게는 보장될 수 없음을 알린다.

(2) 가족상담에서 한 가족 구성원에 대한 정보는, 허락없이는 다른 구성원에게 공개될 수 없다. 상담심리사는 각 가족 구성원의 사생활에 대한 권리를 보호한다.

(3) 자발적인 언행이 불가능하거나 미성년인 내담자를 상담할 때, 상담의 과정에서 필요하면, 부모나 보호자가 참여할 수 있음을 알린다. 그러나 상담심리사는 내담자의 이익을 위해 최선을 다한다.

마. 기타 목적을 위한 내담자 정보의 사용

(1) 교육이나 연구 또는 출판을 목적으로 상담관계로부터 얻어진 자료를 사용할 때에는 내담자의 동의를 구해야 하며, 각 개인의 익명성이 보장되도록 자료 변형 및 신상 정보의 삭제와 같은 적절한 조치를 취하여 내담자의 신상에 피해를 주지 않도록 한다.

(2) 다른 전문가의 자문을 구할 경우, 상담심리사는 사전에 내담자의 동의를 구해야 하며, 적절한 조치를 통해 내담자의 사생활과 비밀을 보호하도록 노력한다.

바. 전자 정보의 비밀보호

(1) 컴퓨터를 사용하면 광범위하게 자료를 보관하고 조사·분석 할 수 있지만, 정보를 관리하는데 한계가 있다는 사실을 알아야 한다.

(2) 내담자의 기록이 전자 정보 형태로 보존되어 제 3자가 내담자의 동의 없이 접근할 수 있을 때, 상담심리사는 적절한 방법을 통해 내담자의 신상이 드러나지 않도록 조치를 취한다.

6. 상담연구

가. 연구계획

(1) 상담심리사는 윤리적 기준에 따라 과학적인 방법으로 연구를 계획하고 수행한다.

(2) 상담심리사는 연구가 잘못될 가능성을 최소화하도록 연구를 계획한다.

(3) 연구를 계획할 때, 상담심리사는 윤리강령에 따라 하자가 없도록 한다. 만약 윤리적 쟁점이 명확하지 않다면, 상담심리사는 윤리위원회나 동료의 자문 등을 통해 쟁점을 해결한다.

(4) 상담심리사는 최선을 다해 연구 대상자의 권리와 복지를 보호하기 위한 적절한 조치를 취해야 한다.

(5) 상담심리사는 국가의 법과 기준 및 전문적 기준을 준수하는 태도로 연구를 수행한다.

나. 책 임

(1) 상담심리사는 연구가 진행되는 동안 연구 대상자의 복지에 대한 책임이 있으며, 연구 대상자를 심리적, 신체적, 사회적 불편이나 위험으로부터 보호해야 한다.

(2) 상담심리사는 자기 자신 혹은 자기 감독 하에 수행된 연구의 윤리적 행위에 대해서 책임이 있다.

(3) 연구자와 연구 보조자는, 훈련받고 준비된 과제만을 수행해야 한다.

(4) 연구를 수행하는데 있어서, 필요에 따라 숙련된 연구자의 자문을 구한다.

다. 연구 대상자의 참여 및 동의

(1) 연구에의 참여는 자발적이어야 한다. 비자발적인 참여는 그것이 연구 대상자에게 전혀 해로운 영향을 끼치지 않거나, 관찰연구가 필요한 경우에만 가능하다.

(2) 상담심리사는 연구 대상자를 구하기 위하여 부적절한 유인가를 제공하지 말아야 한다.

(3) 상담심리사는 연구 대상자가 이해할 수 있는 언어를 사용하여 연구의 목적, 절차 및 기대되는 효과를 설명한 후에 연구 동의를 받아야 한다.

(4) 상담심리사는 모든 형태의 촬영이나 녹음에 대해서 사전에 연구 대상자의 동의를 받아야 한다.

(5) 상담심리사는 정보를 숨기거나 사실과 다르게 알리는 것이 연구와 관찰에 필요한 경우를 제외하고는, 모든 연구 대상자에게 연구의 목적 및 특성에 대해 사실대로 알려야 한다. 연구의 특성상 사실과 다르게 보고한 경우에는 연구가 끝난 뒤 가능한 한 빨리 사실 그대로를 알려 주어야 한다.

(6) 상담심리사는 연구 대상자의 참여에 영향을 줄 수 있는 물리적 위험, 불편함, 불쾌한 정서적 경험 등에 관하여 반드시 사전에 알려주어야 한다.

라. 연구결과 및 보고

(1) 상담심리사는 연구 대상자의 요구가 있을 경우, 연구 대상자에게 연구의 결과나 결론 등을 제공한다.

(2) 상담심리사는 연구 결과를 출판할 경우에 자료를 위조하거나 결과를 왜곡해서는 안 된다.

(3) 출판된 자신의 자료에서 중대한 오류가 발견된 경우, 상담심리사는 그러한 오류에 대해 수정, 철회, 정정하여야 한다.

(4) 상담심리사는 타 연구의 결과나 자료의 일부, 혹은 기본적인 내용에

대해서 아무리 자주 인용된다 할지라도 자신의 것으로 보고해서는 안 된다.

(5) 상담심리사는 자신이 수행한 연구 및 기여한 연구에 대해서만 책임과 공로를 갖는다. 연구에 많은 공헌을 한 자는 공동 연구자로 하거나, 공인을 해주거나, 각주를 통해 밝히거나, 혹은 다른 적절한 수단을 통하여 그 공헌에 맞게 인정해주어야 한다.

(6) 전문적이고 과학적인 가치가 있는 것으로 판명된 연구결과는 다른 상담심리사들과 상호 교환해야 하며, 연구결과가 연구소의 프로그램, 상담 활동, 기존 관심과 일치하지 않는다는 이유로 철회되어서는 안 된다.

(7) 상담심리사는 자신의 연구를 제 3자가 반복하기 원하고, 그만한 자격이 있으면, 연구 자료를 충분히 이용하도록 할 의무가 있다. 단 연구 대상자의 정보를 보호해야 한다.

(8) 상담심리사는, 이미 다른 논문이나 출판물에 전체 혹은 일부분이 수록된 원고를 전 출판사의 승인이나 인가 없이 이중발표하지 않는다.

7. 심리검사

가. 기본 사항

(1) 교육 및 심리 평가의 주된 목적은 객관적이면서 해석이 용이한 평가 도구를 제공하는데 있다.

(2) 상담심리사는 교육 및 심리 평가 방법을 활용하여 내담자의 복리와 이익을 추구하여야 한다.

(3) 상담심리사는 평가결과와 해석을 오용해서는 안 되고, 다른 사람들이 평가도구를 개발하고, 출판 또는 사용함에 있어서 정보를 오용하지 않도록 적절한 조치를 한다.

(4) 상담심리사는 검사결과에 따른 상담심리사들의 해석 및 권유의 근거에 대한 내담자들의 알 권리를 존중한다.

(5) 상담심리사는 규정된 전문적 관계 안에서만 평가, 진단, 서비스, 혹은 개입을 한다.

(6) 상담심리사의 평가, 추천, 보고, 그리고 심리적 진단이나 평가 진술은 적절한 증거 제공이 가능한 정보와 기술에 바탕을 둔다.

나. 검사를 사용하고 해석하는 능력

(1) 상담심리사는 자신의 능력의 한계를 알고, 훈련받은 검사와 평가만을 수행해야 한다. 또한 상담심리사는 지도감독자로부터 적합한 심리검사 도구를 제대로 이용하는지의 여부를 평가받아야 한다.

(2) 컴퓨터를 이용한 검사를 활용하는 상담심리사는 원 평가 도구에 대해 훈련받아야 한다.

(3) 수기로 하든지, 컴퓨터를 사용하든지, 상담심리사는 평가 도구의 채점, 해석과 사용, 응용에 대한 책임이 있다.

(4) 상담심리사는 타당도와 신뢰도, 검사에 대한 연구 및 검사지의 개발과 사용에 관한 지침 등 교육적·심리적 측정에 대해 철저하게 이해하고 있어야 한다.

(5) 상담심리사는 평가 도구나 방법에 대해 언급할 때, 정확한 정보를 제공하고 오해가 없도록 해야 한다. 지능지수나 점수 등이 근거 없는 의미를 내포하지 않도록 특별한 노력을 기울여야 한다.

(6) 상담심리사는 심리 평가를 무자격자에게 맡겨서는 안 된다.

다. 사전 동의

(1) 평가 전에 내담자의 동의를 미리 얻지 않았다면, 상담심리사는 그 평가의 특성과 목적, 그리고 결과의 구체적인 사용에 대해 내담자가 이해할 수 있는 말로 설명해야 한다. 채점이나 해석이 상담심리사나 보조원에 의해서 되든, 아니면 컴퓨터나 기타 외부 서비스 기관에 의해서 이루어지든지, 상담심리사는 내담자에게 적절한 설명을 하도록 조치를 취해야 한나.

(2) 내담자의 복지, 이해 능력, 그리고 사전 동의에 따라 검사 결과의 수령인을 결정짓는다. 상담심리사는 어떤 개인 혹은 집단 검사결과를 제공할 때 정확하고 적절한 해석을 함께 제공하여야 한다.

라. 유능한 전문가에게 정보 공개하기

(1) 상담심리사는 검사 결과나 해석을 포함한 평가 결과를 오용해서는

안되며, 다른 사람들의 오용을 막기 위한 적절한 조치를 취한다.

(2) 상담심리사는 특별한 경우를 제외하고는, 내담자나 내담자가 위임한 법적 대리인의 동의가 있을 경우에만 그 내담자의 신분이 드러날 만한 자료(예를 들면, 계약서, 상담이나 인터뷰 기록, 혹은 설문지)를 공개한다. 그와 같은 자료는 그 자료를 해석할 만한 능력이 있다고 상담심리사가 인정하는 전문가에게만 공개되어야 한다.

마. 검사의 선택

(1) 상담심리사는 심리검사를 선택할 때 타당도, 신뢰도, 검사의 적절성, 제한점 등을 신중히 고려한다.

(2) 상담심리사는 다문화 집단을 위한 검사를 선택할 때, 사회화된 행동과 인지 양식을 고려하지 않은 부적절한 검사를 피할 수 있도록 주의한다.

바. 검사 시행의 조건

(1) 상담심리사는 표준화된 조건과 동일한 조건에서 검사를 시행한다. 검사가 표준화된 조건에서 시행되지 않거나, 검사 시간에 비정상적인 행동이 발생할 경우, 그러한 내용을 기록해야 하고, 그 검사 결과는 무효 처리하거나 타당성을 의심할 수 있다.

(2) 상담심리사는 컴퓨터나 다른 전자식 방법을 사용하였을 때, 시행 프로그램이 내담자에게 정확한 결과를 적절히 제공하도록 보장할 책임이 있다.

(3) 인사, 생활지도, 상담활동에 주로 활용되는 검사결과가 유의미하기 위해서는 검사내용에 대한 선수지도나 내용을 언급하면 안 된다. 그러므로 검사지를 안전하게 보호하는 것도 상담심리사의 책임이다.

사. 검사 점수화와 해석, 진단

(1) 상담심리사는 검사 시행과 해석에 있어서 나이, 인종, 문화, 장애, 민족, 성, 종교, 성적 기호, 그리고 사회경제적 지위의 영향을 고려하고, 다른 관련 요인들과 통합 비교하여 검사 결과를 해석한다.

(2) 상담심리사는 기술적 자료가 불충분한 평가 도구의 경우 그 결과를 해석할 때 신중해야 한다. 그러한 도구를 사용하는 특정한 목적을 내담자에게 명백히 알려 주어야 한다.

(3) 정신 장애를 진단하기 위해서 상담심리사는 특별한 관심을 가져야한다. 내담자에 대한 치료 장소, 치료 유형, 또는 후속조치를 결정하기 위한 개인 면담 및 평가방법을 주의 깊게 선택하고 사용한다.

(4) 상담심리사는 내담자의 문제를 정의할 때, 내담자가 속한 문화의 영향을 받는다는 것을 인지한다. 내담자의 정신 장애를 진단할 때 사회경제적 및 문화적 경험을 고려해야 한다.

아. 검사의 안전성

(1) 상담심리사는 공인된 검사 또는 일부를 발행자의 허가 없이 사용, 재발행, 수정하지 않는다.

(2) 상담심리사는 시대에 뒤진 자료나 검사 결과를 사용하지 않는다. 다른 사람이 쓸모없는 측정이나 검사 자료를 사용하지 않도록 상담심리사는 도와준다.

8. 윤리문제 해결

가. 윤리위원회와 협력

(1) 상담심리사는 본 윤리강령 및 적용 가능한 타 윤리강령을 숙지해야 할 의무가 있다. 윤리적 기준에 대해 모르고 있거나, 잘못 이해하고 있다는 사실이 비윤리적 행위에 대한 근거가 되지는 못한다.

(2) 상담심리사는 윤리강령의 시행 과정을 돕는다. 상담심리사는 윤리강령을 위반한 것으로 지목되는 사람들에 대해 윤리 위원회의 조사, 요청, 소송절차에 협력한다.

나. 위 반

(1) 상담심리사가 윤리적으로 행동하는지에 대한 의구심을 유발하는 근거가 있을 때, 윤리 위원회는 적절한 조치를 취할 수 있다.

(2) 특정 상황이나 조치가 윤리강령에 위반되는지 불분명할 경우, 상담심리사는 윤리강령에 대해 지식이 있는 다른 상담심리사, 해당 권위자 및 윤리위원회의 자문을 구한다.

(3) 소속 기관 및 단체와 본 윤리강령 간에 갈등이 있을 경우, 상담심리사는 갈등의 본질을 명확히 하고, 소속 기관 및 단체에 윤리강령을 알려서 이를 준수하는 방향으로 해결책을 찾도록 한다.

(4) 다른 상담심리사의 윤리위반에 대해 비공식적인 해결이 가장 적절한 개입으로 여겨질 경우에는, 당사자에게 보고하여 해결하려는 시도를 한다.

(5) 명백한 윤리강령 위반이 비공식적인 방법으로 해결되지 않거나 그 방법이 부적절하다면 윤리위원회에 위임한다.

부 칙

(1) 본 윤리강령은 2003년 5월 17일부터 시행한다.

(2) 본 윤리강령은 학회 명칭과 상담전문가 명칭을 변경함에 따라 해당되는 용어를 수정하여 2004년 4월 17일자부터 시행한다.

찾아보기

[저자 약력]

이 장 호

- 서울대학교 심리학과 졸업
- University of Texas at Austin, Ph.D.(상담심리 전공)
- 서울대학교 사회과학대학 심리학과 교수 역임(현 명예교수)
- 현, 서울디지털대학교 상담심리학부 초빙교수(노인상담 강좌 담당)
  한국노인심리상담협회 대표

최 승 애

- 이화여자대학교 영어영문학과 학사
- 서울대학교 대학원 심리학과 상담심리전공 석사
- 계명대학교 대학원 교육학과 상담심리전공 박사
- (사)한국상담학회 자격관리위원장
- 한동대학교 상담대학원 겸임교수
- 현, 포항공과대학교 상담심리 교수
  최승애심리상담센터 소장

집단상담 : 원리와 실제

2015년 2월 5일 초판 인쇄
2015년 2월 10일 초판 1쇄 발행

저 자 이 장 호 · 최 승 애
발행인 배 효 선

발행처 도서출판 法 文 社

413-120 경기도 파주시 회길동 37-29(문발동)
등록 1957년 12월 12일 / 제2-76호(윤)
전화 (031)955-6500~6 Fax (031)955-6525
e-mail(영업): bms@bobmunsa.co.kr
(편집): edit66@bobmunsa.co.kr
홈페이지 http://www.bobmunsa.co.kr
조 판 광 암 문 화 사

정가 24,000원   ISBN 978-89-18-21063-6